Monika Reimann / Sabine Dinsel

Großer Lernwortschatz Deutsch als Fremdsprache

Un completo vocabulario para el aprendizaje de la lengua alemana

Deutsch – Spanisch
Alemán – Español

Spanische Bearbeitung
Traducción al español

Trinidad Bonachera Álvarez

Max Hueber Verlag

Autorinnen und Verlag danken
Herrn **Gerd Antensteiner** und Frau **Raffaella Pepe**
für die Bearbeitung des Wortschatzes hinsichtlich
sprachlicher und landeskundlicher Besonderheiten
Österreichs und der Schweiz.

3. 2. 1. | Die letzten Ziffern
2009 08 07 06 05 | bezeichnen Zahl und Jahr des Druckes.
Alle Drucke dieser Auflage können, da unverändert,
nebeneinander benutzt werden.
1. Auflage

Verlagsredaktion: Hans Hillreiner, Ismaning; César Arencibia Rodríguez, Ismaning
Umschlaggestaltung: Parzhuber & Partner, München
Satz: Federer & Krauß GmbH, Augsburg
Druck und Bindung: Ludwig Auer GmbH, Donauwörth
Printed in Germany
ISBN 3-19-007473-9

Inhalt
Índice

Vorwort
Prólogo

El *Großer Lernwortschatz Deutsch als Fremdsprache* es una herramienta actual, completa y eficaz para el aprendizaje de vocabulario, que corresponde a las necesidades actuales de la enseñanza de una lengua extranjera.
El *Großer Lernwortschatz Deutsch als Fremdsprache* está dirigido tanto a adultos como a jóvenes que posean un nivel elemental, intermedio o avanzado y deseen revisar, consolidar, extender o / y reforzar sus conocimientos del vocabulario alemán.
Con sus aproximadamente 15.000 entradas el *Großer Lernwortschatz Deutsch als Fremdsprache* ofrece un extenso vocabulario fundamental que puede ser una base ideal para prepararse antes de visitar un país de lengua germana. Este vocabulario le facilitará un mejor desenvolvimiento en situaciones del mundo laboral, del colegio, de la vida cotidiana o de la privada, además de poderle ser de gran utilidad a la hora de preparar un examen.
El *Großer Lernwortschatz Deutsch als Fremdsprache* es especialmente adecuado para los autodidactas, pero puede también emplearse como material complementario a partir de la mitad del nivel elemental (nivel A2 en el *Europäischen Referenzrahmen*).
El vocabulario que forma parte de la lista de palabras del *Certificado de alemán* (nivel B1 del *Europäischen Referenzrahmen*) está marcado con un asterisco*.
El *Großer Lernwortschatz Deutsch als Fremdsprache* está dividido sistemáticamente en temas y subtemas. Las palabras principales, es decir, las que son más importantes y típicas dentro de un determinado tema, van en color para que se las pueda identificar más rápidamente. Para facilitar el trabajo existen al final del libro una lista de las palabras en español y otra en alemán ordenadas alfabéticamente y acompañadas por el número del capítulo en el que se las puede encontrar. Este sistema ayuda a la hora de buscar una palabra determinada y todas aquellas que estén relacionadas con ese tema. Para hacer más sencillo el manejo de estas listas se han incluido solamente las palabras principales y sus traducciones al español.

¿Por qué se han ordenado las palabras según los temas?
Las investigaciones psicológicas sobre el aprendizaje y la memoria demuestran que la persona que aprende un idioma recuerda mejor las palabras cuando las aprende en campos semánticos y en contextos significativos. Por eso las palabras no aparecen en este diccionario aisladas, sino en ejemplos que muestran cómo pueden ser utilizadas en una situación comunicativa concreta.
Además la ordenación de las palabras según los temas unida a la lista de palabras más importantes es mucho más agradable para el usuario, que encuentra en un mismo lugar todas las palabras, expresiones, modismos e informaciones culturales referidas a una situación comunicativa concreta. Por ejemplo, si uno va a un restaurante a comer, le pueden servir las siguientes palabras, modismos e informaciones culturales de ayuda: *ist hier noch frei? / bezahlen Bitte. / s Menü / Wieviel Trinkgeld soll ich geben?*, etc.

Además hay recuadros con información sobre los siguientes temas:

características culturales específicas de los países de habla alemana

campos semánticos, lenguaje especializado y términos técnicos

expresiones y modismos referidos al tema que se está tratando

particularidades gramaticales y "falsos amigos"

refranes y expresiones coloquiales que no forman parte del vocabulario obligatorio, pero que suponen una información adicional y aportan algo de diversión.

A través de estos recuadros informativos que contienen expresiones y modismos y de los ejemplos que aparecen junto a las entradas se le transmite a la persona que aprende la utilización concreta de las palabras en el uso activo de la lengua.

Un *Großer Lernwortschatz Deutsch* de la lengua alemana también tiene naturalmente en cuenta las variantes austriaca y suiza. Estas entradas vienen acompañadas por las abreviaturas *österr* y *schweiz* respectivamente. Las variantes específicas del sur de Alemania llevan, por su parte, la abreviatura *süddt.*

En el apéndice del libro se hayan dos listas separadas con las variantes austriaca y suiza que aparecen en el *Großer Lernwortschatz Deutsch als Fremdsprache* (incluidas las variantes estándar de la lista de vocabulario del *Certificado de alemán*). También hay recuadros informativos especiales cuando existen características culturales en Austria y Suiza distintas a las alemanas; en estos casos las diferencias se explican de una forma contrastiva.

Benutzerhinweise / Zeichenerklärung
Indicaciones para el usuario / Explicaciones de los símbolos

s **Wọrt**, ¨-er	entrada principal en negrita y azul: Así están marcadas las palabras más importantes en cada tema. Estos términos también se pueden encontrar en las listas de palabras ordenadas alfabéticamente al final del libro.
r Mann	abreviatura del artículo determinado masculino *der*
e Frau	abreviatura del artículo determinado femenino *die*
s Kind	abreviatura del artículo determinado neutro *das*
s Kind, *-er*	forma del plural con terminación del plural: *Kind, Kinder*
s Haus, *¨-er*	forma del plural con modificación de la vocal radical: *Haus, Häuser*
r Direktor, -en // e Direktorin, -nen	símbolo para separar las formas masculina y femenina
[...]	texto entre corchetes: nota de la traductora al español, o cuando no existe ningún equivalente en español.
Sg	Esa palabra sólo existe en singular con ese significado.
Pl	Esa palabra sólo existe en plural con ese significado.
ụntergehen	indicación del acento de la palabra: aquí vocal corta
unterschr<u>ei</u>ben	indicación del acento de la palabra: aquí vocal larga
+A	con acusativo (sólo con preposiciones que pueden ir con diferentes casos)
+D	con dativo (sólo con preposiciones que pueden ir con diferentes casos)
jn	jemanden (= alg / acusativo / objeto directo)
jm	jemandem (= alg / dativo / objeto indirecto)
etw	etwas (= algo)
alg	alguien
algo	algo
süddt.	variante del sur de Alemania
österr.	variante austriaca
schweiz.	variante suiza
ugs.	coloquial
Esp / LAm	España / Latinoamérica
soñar *con*	palabra en cursiva en la columna española, cuando existe el peligro de un fallo típico por *interferencia*, es decir, cuando una palabra o una regla española puede ser usada o aplicada erróneamente en el idioma alemán. Los llamados "falsos amigos".

s Handy ['hɛndi]	la transcripción fonética sólo aparece cuando la pronunciación de la palabra alemana no está clara al tratarse, por ejemplo, de un extranjerismo o de un internacionalismo.
↔	contrario / antónimo
*	parte de la lista de palabras del *Certificado de alemán*

Partimos de la base de que el usuario del *Großer Lernwortschatz Deutsch als Fremdsprache* posee los conocimientos básicos de la gramática alemana, por eso en las entradas sólo se encuentran las siguientes aclaraciones:

gehen (ging, ist gegangen)	las formas del pasado de los verbos irregulares (sólo en las entradas principales)
gut (besser, best-)	las formas irregulares de los comparativos (sólo en las entradas principales)
(sich) waschen	los pronombres reflexivos (entre paréntesis cuando no son necesarios)
jn waschen	*jemanden*; verbo que rige acusativo
jm helfen	*jemandem*; verbo que rige dativo
sich beklagen (über +*A*)	preposición, sólo con preposiciones que pueden ir con diferentes casos (acusativo o dativo), es decir, no aparece ninguna aclaración con preposiciones que siempre van o con acusatico o con dativo; en este caso se da por sabido.

Lerntipps
Consejos para el aprendizaje

Indicaciones y... consejos para aprender el vocabulario

Aprender palabras nuevas
Al aprender el vocabulario pronuncie las palabras y las oraciones alemanas en voz alta prestando especial atención a la acentuación, ya que al leerlas, pronunciarlas en voz alta y oírlas aumenta la capacidad de la memoria.
También está demostrado que se incrementa la facilidad para memorizar cuando uno se mueve a la hora de aprender. El aprendizaje del vocabulario sólo es efectivo, en la mayoría de los casos, cuando el tema es interesante y la motivación lo suficientemente grande.

- ➡ Escriba **las palabras** de cada capítulo (que usted considere más importantes) **en fichas**. Así puede aprender vocabulario da igual dónde esté.
- ➡ Cubra una columna del libro y traduzca cada una de las entradas. **Dígalas en voz alta**.
- ➡ Intente aprender de una forma diferente, en movimiento, por ejemplo, cuando **esté dando un paseo**.
- ➡ Descubra **en qué situación** puede usted aprender mejor. De cualquier modo debe evitar que el ruido y la música lo distraiga.
- ➡ Aprenda con **un casete** o con una minigrabadora. Grabe la palabra o la oración española, haga una pequeña pausa y a continuación diga la palabra u oración alemana. Preste especial atención a la entonación.
  Para aprender escuche usted la casete y repita la palabra o la oración en voz alta.
- ➡ Aprenda sólo **las palabras que le interesen especialmente**, las que necesite (para un examen) o las que quiera utilizar en alguna ocasión.

Repetir las palabras
Las palabras sólo se pueden retener en la memoria a largo plazo cuando se repiten, se utilizan de forma activa o se identifican **en más de una ocasión**.

- ➡ Si aprende con fichas, (véase arriba), puede usted utilizar un fichero y repetir las palabras **sistemáticamente cada cierto tiempo**: las fichas con las palabras que usted ya conoce pasan al último compartimento del fichero. Usted debe revisarla algunos días más tarde. Las fichas con las palabras que usted todavía no sabe muy bien permanecen en el primer compartimento para volverlas a aprender.
- ➡ Cuelgue en su casa o en su **trabajo carteles** con las palabras u oraciones más difíciles de aprender. Échele un vistazo varias veces al día.
- ➡ Cuando haya aprendido nuevas palabras, escuche o lea algo referido a ese tema o hable con alguien de ello o escriba un pequeño texto utilizándolas.

Aprenda las palabras en pequeñas cantidades
No todas las personas tienen a la hora de aprender el mismo ritmo ni necesitan el mismo tiempo. Pero después de **unos 30 minutos** la mayoría no puede seguir memorizando.

➡ Aprenda las palabras nuevas, pero haga **un descanso** después de unos 30 minutos. Haga algo distinto durante 5 o 10 minutos. Despeje su cabeza dándose un masaje en lo lóbulos de las orejas o describiendo un ocho en el aire con la nariz. Haga cualquier cosa que lo relaje.

¡Le deseamos mucha suerte y éxito en su aprendizaje!

Las autoras

1 Kontakte / Kommunikation
Relaciones / Comunicación

Soziale Kontakte
Relaciones sociales

e **Begrüßung**, -en	saludo
***begrüßen**	saludar
***grüßen** / Hallo sagen	saludar / decir hola
Grüßen Sie Herrn Schneider von mir. – Ich werde es ausrichten.	Salude al señor Schneider de mi parte. – Se lo diré.
r ***Gruß**, ⸚e	saludo
Liebe Grüße an Gerd. – Mach ich.	Muchos saludos a Gerd. – Sí, se los daré.
Ich soll Sie von Herrn Straub grüßen. / Schöne Grüße von Klaus.	El señor Straub le manda saludos. / Muchos recuerdos de Klaus.

¡Hola!

*Guten *Tag. / Hallo! *Herr / *Frau Heuer.*	Hola, señor / señora Heuer.
Guten Tag zusammen. (ugs.)	Hola a todos.
*Guten *Morgen.*	Buenos días.
*Guten *Abend.*	Buenas tardes / noches.
*Gute *Nacht.*	Buenas noches.[al despedirse hasta el día siguiente]
Morgen. (ugs.)	Buenos días.
Grüezi. ['gry:ɛtsi] / *Salü.* ['zaly *auch* za'ly:] *(schweiz.)*	Hola.
Servus. (südd., österr.)	Hola.
Grüß Gott. / Grüß dich / euch. (südd., österr.)	Hola.
Hi. ['hai] *(ugs.)*	Hola.
Lange nicht gesehen. (ugs.)	¡Cuánto tiempo sin vernos!
Freut mich. / Angenehm.	Encantado. // Encantada.
**Willkommen (zu Hause).*	Bienvenido // Bienvenida (a casa).
**Herzlich Willkommen.*	Le / Te doy la más cordial bienvenida.
Schön, dass Sie da sind. / dass Sie kommen konnten.	Qué bien que está aquí / que ha podido venir.
Ah, da bist du ja (endlich).	Ah, ya estás aquí (por fin).
Im Namen der Firma heiße ich Sie herzlich willkommen.	En nombre de la empresa sea usted bienvenido / le doy la bienvenida.
Wir freuen uns, Sie heute hier begrüßen zu dürfen.	Nos alegramos de poderle saludar / dar la bienvenida hoy aquí.

e **Anrede**, -n	tratamiento
jn korrekt ↔ falsch **anreden** / **ansprechen** (spricht an, sprach an, hat angesprochen)	dirigirse a alg correctamente ↔ incorrectamente

jn mit falschem Namen anreden	dirigirse a alg por el nombre equivocado
Wie soll ich ihn anreden?	¿Cómo debo dirigirme a él?
r ***Titel**, -	título
r **Adelstitel**	título nobiliario
Darf ich vorstellen: Ferdinand Herzog von Bayern.	Le presento a Ferdinand, duque de Baviera.
r **akademische Titel** / r **Doktortitel**	título académico / doctorado
Ihr wurde der akademische Titel eines Doktor phil. verliehen.	A ella se le concedió el doctorado en filosofía.
e Ehrendoktorwürde / Dr. h.c. (= honoris causa)	doctorado honoris causa
Er hat die Ehrendoktorwürde der Universität Heidelberg erhalten.	Ha recibido el doctorado honoris causa por la Universidad de Heidelberg.

Actualmente uno se debe dirigir a las personas diciéndoles *Herr / Frau Berger.* La forma anticuada *Fräulein* (para las mujeres solteras) apenas se suele utilizar.
En las apariciones públicas se dice: *Liebe Bürgerinnen und *Bürger!* – ¡Querido pueblo! / ¡Queridos ciudadanos / habitantes de … [lugar]! · *Liebe Kolleginnen, liebe Kollegen!* – ¡Queridos compañeros / colegas! *Meine Damen, meine Herren!* – ¡Damas y caballeros!
En el lenguaje escrito son posibles las siguientes expresiones: *Politikerinnen und *Politiker / Politiker(in) / Politikerinnen* – [políticas y políticos] / políticos / políticas · *Personen aus der *Politik* – personas del mundo de la política

Los títulos académicos se pueden utilizar delante del nombre cuando nos dirigimos a una persona, pero no necesariamente: *Herr / Frau *Professor.* – señor catedrático // señora catedrática. A los médicos se les llama con frecuencia doctor: *Herr /Frau *Doktor Herr / Frau Dr. Peters.* En Austria se utilizan los títulos mucho más que en Alemania. Se emplean con frecuencia, por ejemplo, *Ing. (Ingenieur* – ingeniero después de un bachillerato técnico), *Mag. (Magister / Magistra* – licenciado // licenciada), *DI (Diplomingenieur* – diplomado en ingeniería)) y Dr. (Doktor). Otro uso especial de Austria es que a los profesores de instituto (*Gymnasium*) también se les llama *Frau / Herr Professor (Huber).*

A las personas públicas que trabajan en algún organismo estatal se las llama, por ejemplo, *Herr *Bundespräsident // Frau *Bundespräsidentin* (señor presidente [federal] // señora presidenta [federal]), *Herr *Bundeskanzler // Frau *Bundeskanzlerin* (señor // señora canciller [federal]), *Herr Botschafter // Frau Botschafterin* (señor embajador // señora embajadora), *Herr *Ministerpräsident // Frau *Ministerpräsidentin* (señor primer ministro // señora primera ministra).

A las personas de la iglesia se dirige uno del siguiente modo: *Herr Pfarrer / Hochwürden / Herr Pastor* (señor cura / vuestra ilustrísima / señor pastor). Cuando se ora se tutea a Dios.

duzen / jn mit Du anreden ↔ **siezen** / jn mit Sie anreden	tutear / tratar a alg de tú ↔ tratar a alg de usted

Er hat mir das Du angeboten.	Me ha dicho que puedo tutearlo.
Wollen wir uns nicht duzen?	¿Por qué no nos tuteamos?
In dieser Firma duzen sich alle / sind wir alle per du.	En esta empresa se tutea todo el mundo.
Er duzt sich mit seiner Chefin.	Se tutea con su jefa.

¿Du **o** *Sie?*

La forma ***Sie*** crea distancia. ***Du*** e ***ihr*** se utilizan cuando existe confianza como, por ejemplo, en la familia, con los amigos más próximos y con los niños y jóvenes (hasta los 16 años). Además en determinados grupos sociales cuando se ha decidido de antemano o en aquellos contextos sociales donde se considera normal como, por ejemplo, entre estudiantes, niños, jóvenes y compañeros de trabajo. Sólo se pasa del *Sie* al *Du* cuando las dos personas están de acuerdo. Normalmente es la persona mayor la que ofrece el *Du* a la más joven y no al revés.

r ***Kontakt**, -e	relación / contacto
den Kontakt zu jm ***aufnehmen** (nimmt auf, nahm auf, hat aufgenommen) ↔ **abbrechen** (bricht ab, brach ab, hat abgebrochen)	ponerse en / establecer contacto con alg ↔ romper las relaciones con alg
den Kontakt **aufrecht** ***erhalten** (erhält, erhielt, hat erhalten)	mantener el contacto
Wir bleiben in Kontakt / Verbindung. Ja?	Nos mantenemos en contacto, ¿de acuerdo?
(sich) ***vorstellen**	presentar(se)
Darf ich mich vorstellen?	¿Permite(n) que me presente?
Darf ich Ihnen meinen Mann vorstellen?	¿Permite que le presente a mi marido ?

El primer contacto

Wie geht's? / Wie geht es Ihnen?	¿Cómo estás? / ¿Cómo está usted?
Danke, sehr gut / super (ugs.) / gut / ganz gut. Und Ihnen?	Muy bien / estupendamente / bien / bastante bien, gracias. ¿Y usted?
Naja, es geht.	Bueno, vamos tirando.
Ach, nicht so gut.	Huy, no demasiado bien.
Ach, das tut mir aber Leid.	Huy, no sabe / sabes cómo lo siento.
Entschuldigen Sie bitte. / Hallo. Ich hätte eine Frage. – Ja (bitte)?	Disculpe, por favor. / Perdón, tengo una pregunta. – Sí, (dígame).
**Entschuldigung. Könnten Sie mir *helfen?*	Perdone, ¿podría usted ayudarme?
Ja. / Gern. / Na klar. / Sicher. / Natürlich. / Aber ja.	Sí. / Con gusto. / Claro que sí. / Indudablemente. / Naturalmente. / Por supuesto.
Um was geht es denn? / Was soll's denn sein?	¿De qué se trata? / ¿En qué puedo ayudarle?
Nein, tut mir Leid. / Entschuldigung, ich hab's eilig. / Leider nicht. / Das geht gerade nicht.	No, lo siento. / Lo siento, tengo prisa. / Por desgracia no es posible. / Ahora no es posible.

*Einen *Moment bitte. / Gleich. / Sofort. / Können Sie kurz warten?*	Un momento, por favor. / En seguida. / Inmediatamente. / ¿Puede esperar un momento?
Kann ich etwas für Sie tun?	¿Qué puedo hacer por usted?
Kann ich Ihnen behilflich sein?	¿Puedo ayudarle?
*Ja *gern. / Das wäre *nett / *lieb.*	Sí, por favor. / Sí, sería muy amable de su parte.
*Nein *danke, es geht schon / ich schaffe das schon.*	No, gracias, no hace falta / puedo yo solo.
*Können Sie nicht *aufpassen? / Hey. (ugs.)*	¿No puede tener cuidado? / Eh.
Entschuldigung, das wollte ich nicht. / Das tut mir schrecklich Leid.	Lo siento, no ha sido mi intención. / Lo siento muchísimo.
Keine Ursache. / Das macht (doch) nichts. / Das kann doch jedem mal passieren. / Das kann vorkommen.	No tiene importancia. / No importa. / Eso le puede pasar a cualquiera. / Eso puede pasar.
Danke. / Vielen Dank. / Herzlichen Dank. / Besten Dank. / Sehr nett von Ihnen.	Gracias. / Muchas gracias. / Gracias de todo corazón. / Muy agradecido. / Muy amable de su parte.
Bitte. / Gern geschehen. / Nichts zu danken. / Schon gut. / Kein Problem.	De nada. / Ha sido un placer. / No hay de qué. / Está bien. / No tiene importancia.

s ***Missverständnis**, -se	malentendido
***missverstehen** (missverstand, hat missverstanden)	entender / comprender mal
richtig ↔ falsch ***verstehen** (verstand, hat verstanden)	entender / comprender bien ↔ mal
verständlich ↔ **unverständlich**	comprensible ↔ incomprensible

Volver a preguntar

*Entschuldigung. / *Verzeihung.*	Perdone. / Disculpe.
Ich habe nichts / nur einen Teil verstanden.	No he entendido nada. / Sólo he entendido una parte.
Wie bitte?	¿Cómo? / ¿Qué?
Ich kann Sie nicht verstehen.	No puedo entenderle.
*Bitte *wiederholen Sie das.*	Por favor, repítalo otra vez.
Noch einmal bitte.	Otra vez, por favor.
*Bitte *sprechen Sie langsamer.*	Por favor, hable usted más despacio.
Was haben Sie gesagt?	¿Qué ha dicho usted?
Sagten Sie am 13. oder am 30.?	¿Dijo usted el día 13 o el 30?
*Das habe ich nicht (*richtig) / *falsch verstanden.*	Esto no lo he entendido (bien). / Esto lo he entendido mal.
Haben Sie alles verstanden?	¿Lo ha comprendido todo?
Können Sie mir folgen?	¿Me sigue?
*Ist das *klar?*	¿Está claro?

Ist noch etwas unklar? / Ist noch eine Frage offen geblieben?	¿Hay algo que no esté claro? / ¿Queda todavía alguna pregunta?
Entschuldigung, habe ich Sie richtig verstanden?	Perdone, ¿le he entendido bien?
*Meinen Sie *vielleicht: …?*	¿Quiere quizás decir: …?
Also, das heißt / d.h., …	Entonces, esto quiere decir …
*Können Sie mir das noch mal genau *erklären?*	¿Me lo puede explicar otra vez más detalladamente?
*Können Sie das *aufschreiben?*	¿Lo puede escribir?

***sich verabschieden** (von)	despedirse (de)
sich verabschieden mit einem Kuss / einem Händedruck / einer Umarmung	despedirse con un beso / con un apretón de manos / con un abrazo
Lass dich ***umarmen**.	Deja que te abrace. [Dame un abrazo.]
r **Abschied**, -e	despedida
Der Abschied von der Familie fällt mir schwer.	Me cuesta despedirme de mi familia.
ein tränenreicher / kurzer Abschied	una despedida emotiva [con lágrimas]/ corta
jm zum Abschied **die *Hand schütteln**	dar la mano a alg para despedirse
jm zum Abschied ***winken** (gewunken)	decir adiós a alg con la mano (para despedirse)

¡Adiós!

**Auf Wiedersehen. / Wiedersehen.*	Adiós
Tschüs. / Tschau. / Ciao. [tʃau]	Adiós.
Ade. (südd.) [a'de:]	Adiós.
Servus. (südd./österr.)	Adiós.
Adieu. (schweiz.) [a'di̯ø:]	Adiós.
*Bis *bald / *später / *gleich / *nachher.*	Hasta pronto / más tarde / ahora / luego.
Einen schönen Tag / Abend noch.	¡Que tenga un buen día / una buena tarde / noche!
(Ein) Schönes Wochenende.	¡Que pase un buen fin de semana!
*Bis *morgen / nächste Woche.*	Hasta mañana. / Hasta la semana que viene.
Mach's gut. / Machen Sie's gut. (ugs.)	¡Que te vaya bien!/¡Que le vaya bien!
*Viel *Spaß. / Viel *Erfolg. / Viel *Glück. / Alles Gute.*	¡Que se / te divierta(s)! / ¡Mucho éxito! / ¡Mucha suerte! / ¡Felicidades!
Toi, toi, toi.	¡Mucha suerte!
*Gute *Reise.*	¡Buen viaje!
Grüße an Ihre Frau. / Grüßen Sie bitte Ihre Frau.	Recuerdos a su mujer. / Por favor, déle recuerdos a su mujer de mi parte.

Ich hoffe, wir sehen uns bald wieder.	Espero que volvamos a vernos pronto.
*Wir *freuen uns darauf, Sie bald wiederzusehen.*	Esperamos volverlos a ver pronto. / Nos alegraría volver a verlos pronto.
Wir hören dann wieder voneinander.	Nos mantendremos en contacto.
Ich darf mich dann verabschieden.	Ahora me despido.
*Hat mich sehr gefreut. / Vielen Dank für Ihren *Besuch.*	Me ha alegrado mucho verlo. / Muchas gracias por su visita.
Oh, (ist es) schon so spät?	Oh, ¿es ya tan tarde?
Tut mir Leid, aber ich muss jetzt weiter. / Ich muss jetzt leider gehen.	Lo siento, pero me tengo que ir ya. / No tengo más remedio que irme ya.
Jetzt muss ich aber los.	Ahora me tengo que ir.

seine **Personalien** angeben / weitergeben	dar / comunicar los datos personales
r ***Name**, -n	nombre
Wie heißen Sie? / Wie ist Ihr Name?	¿Cómo se llama usted? / ¿Cuál es su nombre?
Wie war Ihr Name gleich wieder?	¿Cómo era su nombre?
r ***Vorname** / r ***Nachname**	nombre (de pila) / apellido
e (alte / derzeitige / neue) ***Adresse**, -n	la dirección (antigua / actual / nueva)
e **Heimatadresse**	dirección particular
e Privatadresse *schweiz.*	dirección particular
Wie ist Ihre Adresse? / Welche Adresse haben Sie?	¿Cuál es su dirección? / ¿Qué dirección tiene usted?
e **Telefonnummer**, -n / e **Handynummer**, -n ['hɛndi…] / e **Faxnummer**, -n	número de teléfono / número del móvil / número de fax
Geben Sie mir bitte Ihre Telefonnummer.	Déme su número de teléfono, por favor.
Hast du vielleicht Peters Telefonnummer?	¿Tienes por casualidad el número de teléfono de Peter?
Meine Handynummer hat sich geändert. Die neue Nummer lautet: 123…	El número de mi móvil ha cambiado. Mi número nuevo es: 123…
e ***E-Mail-Adresse**, -n ['i:me:ladrɛsə]	dirección electrónica
r **Geburtsort**, -e	lugar de nacimiento
Wo sind Sie geboren?	¿Dónde ha nacido usted?
s **Geburtsdatum**, -daten / r ***Geburtstag**, -e	fecha de nacimiento / cumpleaños
Wann ist Ihr Geburtstag? / Wann sind Sie geboren?	¿Cuándo es su cumpleaños? / ¿Cuándo ha nacido usted?
***buchstabieren**	deletrear
Wie buchstabieren Sie das?	¿Cómo se deletrea?

Wie buchstabieren Sie das?	**¿Cómo se deletrea?**
A wie Anton	A como Antonio
B wie Berta	B como burro
C wie Cäsar	C como César
D wie Dora	D como Dolores
E wie Emil	E como Emilio
F wie Friedrich	F como Federico
G wie Gustav	G como Gustavo
H wie Heinrich	H como hotel
I wie Ida	I como India
J wie Julius	J como Julio
K wie Kaufmann	K como Kilo
L wie Ludwig	L como Lima
M wie Marta	M como Marta
N wie Nordpol	N como noviembre
O wie Otto	O como Oscar
P wie Paula	P como Paula
Q wie Quelle	Q como queso
R wie Richard	R como Romeo
S wie Siegfried	S como Sevilla
T wie Theodor	T como tango
U wie Ulrich	U como uniforme
V wie Viktor	V como Víctor
W wie Wilhelm	W como Whisky
X wie Xanthippe	X como xilófono
Y wie Ypsilon	Y como Yolanda
Z wie Zeppelin	Z como zapato

En Austria se deletran las letras J y Q de otra forma: para la *J* se dice [je] (en lugar de[jot]) y para la *Q* [kwe] (en lugar de [ku]).

Informationsaustausch
Intercambio de información

e ***Information**, -en	información
e vertrauliche Information	información confidencial
Informationen ***geben** / **weitergeben** (gibt weiter, gab weiter, hat weitergegeben)	dar / pasar información
In etwa zehn Minuten werden die Ergebnisse ***bekannt gegeben**.	Dentro de unos diez minutos se darán a conocer los resultados.
***fragen** (nach +*D*) ↔ ***antworten** (auf +*A*) / **beantworten**	preguntar (sobre) ↔ responder
Informationen **austauschen**	intercambiar información

Zu Ihrer Information: Die Kantine ist gleich hier um die Ecke.	Para su información: La cantina está aquí al lado a la vuelta de la esquina.
***sich informieren** (über +*A*)	informarse (sobre)
***sich erkundigen** (bei +*D*) (nach +*A*)	preguntar (a alg) (sobre algo)
Frag doch mal an der Information nach.	Pregunta en información.

Können Sie mir weiterhelfen? Ich suche … / Ich brauche …	¿Me puede ayudar? Busco … / Necesito …
*Wissen Sie vielleicht, ob der *Zug* pünktlich ankommt?*	¿Sabe por casualidad si el tren va a llegar puntual(mente)?
*Können Sie mir *sagen, wie *spät es ist?*	¿Me puede decir qué hora es?
*Ich hätte gerne eine Information / eine *Auskunft.*	Me gustaría que me diera una información.
*Ich hätte da eine *Frage.*	Tengo una pregunta.

***erklären**	explicar
e **Erklärung**, -en	explicación
e **Worterklärung**, -en / e **Definition**, -en	explicación de una palabra / definición
umschreiben (umschrieb, hat umschrieben)	parafrasear

Was ist denn das?	¿Qué es eso?
Wie nennt man denn das?	¿Cómo se llama eso?
Wer kann mir das erklären?	¿Quién me puede explicar eso?
*Was ist das deutsche *Wort für „ajo"?*	¿Cuál es la palabra alemana para ajo?
Was ist das Gegenteil von „schnell"?	¿Cuál es el antónimo de "schnell"?
Was ist der Unterschied zwischen „zahlen" und „bezahlen"?	¿Cuál es la diferencia entre "zahlen" y "bezahlen"?
Wie sagt man auf Deutsch? / Wie heißt das auf Deutsch?	¿Cómo se dice en alemán? / ¿Cómo se llama en alemán?
Entschuldigung, ich weiß das Wort auf Deutsch nicht.	Lo siento, no sé la palabra en alemán.
Helfen Sie mir bitte. Ich komme nicht auf das Wort.	Ayúdeme, por favor. No me acuerdo de la palabra.
*Ich brauche ein … für den *Computer. Ich weiß nicht, wie man das nennt. Es ist ein langes Kabel. – Eine Verlängerungsschnur?*	Necesito un … para el ordenador. No sé cómo se llama. Es un cable largo. – ¿Un alargador?
*Sie meinen *vielleicht ein …*	Quizás quiera usted decir un …
Wahrscheinlich / Vermutlich …	Probablemente / Seguramente …
Ich glaube, dass …	Yo creo que …
*Ich bin mir nicht *sicher, aber …*	No estoy muy seguro, pero …
Ich weiß es nicht genau.	No lo sé exactamente.

Ja.	Sí.
Na klar.	Claro que sí.
Ach ja.	Ah, sí.
Richtig.	Correcto.
Das ist es.	Eso es.

***vergẹssen** (vergisst, vergaß, hat vergessen) ↔ ***sich erịnnern** (an +*A*)	olvidar ↔ acordarse (de)
ein/einen Blackout haben	quedarse en blanco
Mir fällt das Wort nicht mehr ein. / Das Wort ist mir gerade entfallen.	Ya no me acuerdo de la palabra. / Se me acaba de olvidar la palabra.
Es liegt mir auf der Zunge.	Lo tengo en la punta de la lengua.
Warte – gleich komme ich drauf.	Espera – en seguida me acuerdo.
***erzählen** (von)	contar
***berịchten** (von)	informar (de)
Morgen bekommen Sie einen ausführlichen ***Berịcht**.	Mañana recibirá usted un informe detallado.
e **Zusạmmenfassung**, -en	resumen

Was haben Sie uns zu berichten?	¿Qué nos tiene que decir? / ¿De qué nos tiene que informar?
Wie liefen die Gespräche?	¿Cómo fueron las conversaciones?
*Und? Was haben Sie (Neues) *erfahren?*	¿Y? ¿De qué se ha enterado usted? / ¿Se ha enterado usted de algo nuevo?
Erzähl doch mal.	Cuéntalo.
Wie war's? / Wie lief's?	¿Cómo fue?
Was ist passiert?	¿Qué ha pasado?
Was war los?	¿Qué pasó? / ¿Qué ocurrió?
Stimmt es, dass …?	¿Es verdad que …?
Ist es richtig, dass …?	¿Es cierto que …?
Stimmt es etwa nicht, dass …? – Doch.	¿No es verdad que …? – Sí que lo es.
Unglaublich.	Increíble.
Nein wirklich?	No, ¿de verdad?
Kaum zu glauben.	In creíble.
Das wundert mich nicht.	No me extraña.
Ach?!	¿De verdad?

Meinungen
Opiniones

e ***Meinung**, -en / e ***Ansicht**, -en	opinión / parecer / punto de vista
Das ist meine **persönliche** Meinung / die **offizielle** Meinung.	Ésta es mi opinión personal / la opinión oficial.
Wir sind **derselben** ↔ **verschiedener** Meinung.	Somos de la misma opinión ↔ de diferente opinión.
eine bestimmte Ansicht / Meinung haben	tener una opinión determinada
seine Meinung *ändern	cambiar de opinión
jn **nach seiner Meinung *fragen**	preguntar a alg su opinión
Meinungen austauschen	intercambiar opiniones
eine (kleine) Meinungsverschiedenheit haben (über +*A*)	tener una (pequeña) discrepancia de opinión (sobre) [no estar totalmente de acuerdo en algo]
jm deutlich ↔ vorsichtig die Meinung sagen	decirle a alg abiertamente / claramente ↔ con cuidado / cuidadosamente la opinión
***meinen**	pensar, ser de la opinión
Das verstehe ich nicht. Wie meinst du das? / Meinst du das ehrlich?	Eso no lo entiendo. ¿Qué quieres decir? / ¿Piensas eso de verdad?
zustimmen ↔ ***widersprechen** (widerspricht, widersprach, hat widersprochen) / ***ablehnen**	estar de acuerdo ↔ contradecir, rebatir / rechazar, rehusar, declinar
***dafür** ↔ ***dagegen sein** (ist, war, ist gewesen)	estar a favor ↔ en contra
jm Kontra geben	llevar la contraria a alg
das **Pro und Kontra** (abwägen)	(sopesar) los pros y los contras
r ***Vorteil**, -e ↔ r ***Nachteil**, -e	ventaja ↔ desventaja
Argumente dafür und dagegen ***sammeln**	reunir argumentos a favor y en contra
jn ***überreden** / ***überzeugen**	persuadir / convencer a alg

*Was *denken Sie darüber?*	¿Qué piensa usted sobre esto?
*Wie *finden Sie die neue Mode?*	¿Qué le parece a usted la nueva moda?
Und was halten Sie davon?	¿Y qué piensa usted sobre esto?
Was ist Ihre Meinung (dazu)?	¿Cuál es su opinión?
Ich denke / finde / glaube / meine, …	Yo pienso / A mí me parece / Yo creo / yo opino …
Ich nehme an, dass …	Supongo que …
*Ich bin *überzeugt davon, dass …*	Estoy convencido de que …
*Wir *vermuten, dass …*	Suponemos / Sospechamos que …
Meiner Meinung nach …	Según mi opinión …
Soviel ich weiß, …	Que yo sepa …

Richtig. / Genau. / Das stimmt.	¡Eso es! / Exactamente. / Eso es cierto.
Einverstanden. / In Ordnung. / Also gut.	De acuerdo. / Vale Esp / OK LAm. / Bueno.
*Sie haben *Rẹcht.*	Tiene usted razón.
Da bin ich völlig Ihrer Meinung!	En eso estoy totalmente de acuerdo con usted.
Wir sind wieder einmal einer Meinung.	Volvemos a estar de acuerdo.
Das sehe ich genauso.	Lo mismo pienso yo.
Egal.	Da igual.
*Das ist mir (ganz) *egal.*	Me da (exactamente) igual / lo mismo.
Das macht mir nichts aus.	No me importa. / No me molesta nada.
Von mir aus. / Meinetwegen.	Por mí / Por lo que a mí respecta.
Ganz wie Sie wollen.	Como usted quiera.
Was soll's?	¿Qué más da?
*Stimmt das *wịrklich?*	¿Es verdad?
*Ich bin mir da nicht so *sịcher.*	(En eso) No estoy tan seguro.
*Ich habe da meine *Zweifel.*	Tengo mis dudas.
Ich muss Ihnen leider widersprechen.	Lo siento, pero tengo que contradecirle.
Nein, ich glaube eher, dass …	No, yo creo más bien que …
Da bin ich (völlig) anderer Meinung.	Tengo una opinión (totalmente) distinta.
Ich sehe das ganz anders.	No estoy de acuerdo en absoluto.
Tut mir Leid, Sie haben Unrecht.	Lo siento, usted no tiene razón.
*Das ist so einfach nicht *rịchtig.*	Eso es simplemente incorrecto. / Por mucho que digas, así no es correcto.
Das stimmt (so) nicht.	No es cierto. / Está equivocado.
Das ist Quatsch / Unsinn / kompletter Blödsinn. (ugs.)	Eso es una tontería / absurdo / una estupidez.
Das ist nicht fair (von Ihnen).	No es justo (por su parte).
Das mag ja stimmen, aber …	Puede ser cierto, pero …
Mag schon sein, aber …	Puede ser, pero …
Im Großen und Ganzen ja, aber …	En términos generales / En general sí, pero …
*Da können Sie zwar *Rẹcht haben, aber …*	Puede que tenga usted razón, pero …
Schön und gut, aber …	Está bien, pero …
Es hängt davon ab, was / ob …	Depende de lo que / de si …
Es kommt darauf an, wann / ob …	Depende de cuándo / de si …
Darum geht's hier aber nicht. Eigentlich …	Ésa no es la cuestión. / Ése no es el punto. En realidad …
Einerseits ja, andererseits: …	Por un lado sí, pero por el otro …

Vorschläge / Bitten
Sugerencias / Peticiones

r ***Vorschlag**, ¨-e	sugerencia / propuesta
Das ist ein guter ↔ schlechter Vorschlag!	Ésa es una buena ↔ mala propuesta.
ein **akzeptabler** / **annehmbarer** ↔ **inakzeptabler** Vorschlag	una propuesta aceptable ↔ inaceptable
ein **konstruktiver** Vorschlag	una sugerencia constructiva
einen Vorschlag ***annehmen** (nimmt an, nahm an, hat angenommen) ↔ ***ablehnen**	aceptar ↔ rechazar una propuesta
***vorschlagen** (schlägt vor, schlug vor, hat vorgeschlagen)	sugerir / proponer
Ich schlage vor, wir machen jetzt eine kurze Pause. – Eine gute Idee!	Propongo / Sugiero que hagamos ahora un pequeño descanso. – ¡Buena idea!

Sugerencias

Ich würde Folgendes vorschlagen: …	Yo sugeriría / propondría lo siguiente: …
Ich hätte einen Vorschlag zu machen.	Tengo una sugerencia.
Darf ich einen Vorschlag machen?	¿Puedo hacer una sugerencia?
Mein Vorschlag ist: …	Mi sugerencia / propuesta es …
Ich glaube, Sie sollten weniger rauchen.	Creo que debería fumar menos.
Wie wäre es, wenn …?	¿Qué le(s) parece si …?
Was denkst du: Sollen wir das Auto kaufen?	¿Qué piensas? ¿Debemos comprar el coche?
*Nehmen wir doch das *Angebot an. Was halten Sie davon?*	Aceptemos la oferta. ¿Qué le parece a usted?
An Ihrer Stelle würde ich das Angebot annehmen.	En su lugar aceptaría la oferta.
*Vielleicht können wir das *Gespräch heute Abend beim Abendessen fortsetzen.*	Quizás podríamos continuar la conversación esta noche mientras cenamos.
Also, dann um 20 Uhr im Hotel (, wenn es Ihnen recht ist).	Bueno, entonces a las ocho en el hotel (si a usted le parece bien.)

e ***Möglichkeit**, -en	posibilidad
Es gibt mehrere Möglichkeiten.	Hay varias posibilidades.
e ***Bitte**, -n	petición / favor
eine **dringende** / **höfliche** Bitte	una petición urgente / educada
jn um etw *bitten (bat, hat gebeten)	pedirle algo a alg
Dürfte ich Sie bitten, etwas leiser zu sprechen.	¿Pueden hablar, por favor, un poco más bajo?

Hilfst du uns, bitte? – Dazu bin ich gern ***bereit**.	¿Nos ayudas, por favor? – Con mucho gusto.
r ***Wunsch**, ⸚e	deseo
einen Wunsch formulieren / ausdrücken / zum Ausdruck bringen	formular un deseo / expresar un deseo
e ***Absicht**, -en	intención
Sie hat die Absicht, eine Weltreise zu machen.	Tiene la intención de hacer un viaje alrededor del mundo.
Das hat er mit Absicht gemacht.	Lo hizo queriendo.
e **Aufforderung**, -en	invitación, requerimiento
jn ***auffordern** etw zu tun	pedir a alg que haga algo
Alle wurden aufgefordert, den Raum zu verlassen.	Se les pidió a todos que abandonaran la habitación.

Peticiones

*Würden Sie mich *bitte durchlassen? / Kann ich bitte durch?*	¿Me deja pasar usted, por favor ? / ¿Puedo pasar, por favor?
*Könnten Sie mir bitte beim Tragen *helfen?*	¿Me puede ayudar, por favor, a llevar [las bolsas]?
Ich möchte eine Reservierung machen.	Quisiera hacer una reserva.
Es wäre schön, wenn du kommen könntest.	Estaría muy bien si pudieras venir.
Kommen Sie doch bitte herein.	Entre, por favor.
Melden Sie sich bitte bis heute 3 Uhr.	Por favor, preséntese hoy antes de las tres.
Fahren Sie endlich Ihr Auto weg!	¡Quite su coche de una vez de ahí!

***erlauben** ↔ ***verbieten** (verbot, hat verboten)	permitir / dejar ↔ prohibir
Meine Eltern erlauben mir das nie.	Mis padres nunca me lo permiten.
Meine Eltern haben mir verboten, auf die Party zu gehen.	Mis padres me han prohibido ir a la fiesta.
e ***Erlaubnis**, -se ↔ s ***Verbot**, -e	permiso ↔ prohibición
Er muss seine Eltern erst **um Erlaubnis bitten**.	Primero debe pedirle permiso a sus padres.

Verzeihung / Entschuldigung, ist der Platz noch frei / brauchen Sie den Stuhl?	Disculpe / Perdone, ¿está este sitio todavía libre? / ¿necesita la silla?
Erlauben Sie / Gestatten Sie, dass ich rauche? – Ja, kein Problem.	¿Puedo fumar? – Sí, no hay ningún problema.
Stört es Sie, wenn ich rauche?	¿Le molesta si fumo?
Kann ich / Könnte ich mal telefonieren?	¿Puedo / Podría llamar por teléfono?
Haben Sie etwas dagegen, wenn ich das Fenster wieder schließe?	¿Le molesta / Está usted de acuerdo si cierro otra vez la ventana?
Kann ich hier parken?	¿Puedo aparcar aquí?
Wer hat dir erlaubt, Kuchen zu naschen?	¿Quién te ha permitido comer pastel?
Wage es nicht, zu spät zu kommen.	No te atrevas a llegar tarde.

Reaktionen
Reacciones

e ***Reaktion**, -en	reacción
***positiv** ↔ ***negativ** ***reagieren**	reaccionar positivamente ↔ negativamente
neutral reagieren	reaccionar imparcialmente
s ***Gefühl**, -e / e **Emotion**, -en	sentimiento / emoción
Gefühle ***zeigen** ↔ **unterdrücken** / **verdrängen**	mostrar ↔ ocultar/ reprimir los sentimientos
(in) guter ↔ schlechter ***Stimmung** sein	Estar de buen ↔ mal humor
Wie fühlen Sie sich heute?	¿Cómo se siente usted hoy?
Geht's gut?	¿Va todo bien?

*Wie *schön. ↔ Wie *schade.*	¡Qué bien/ bueno! ↔ ¡Qué pena!
Schön / Gut, dass … ↔ Schade, dass …	Qué bien / bueno que … ↔ Qué pena que …
*So ein *Glück. ↔ So ein *Pech.*	¡Qué suerte! ↔ ¡Qué mala suerte!
*Fährst du morgen zurück? – Ja, Gott sei Dank. ↔ Ja, *leider.*	¿Vuelves mañana? – Sí, gracias a Dios. ↔ Sí, por desgracia.
Das freut mich aber (für dich). / Ich freue mich für Sie. / Das freut mich zu hören.	Me alegra (por ti). / Me alegro por usted. / Me alegro de oír eso.
Ach, das tut mir aber (schrecklich) Leid. / Das finde ich aber schade. / Das ist ja furchtbar.	Oh, lo siento (mucho). / Es una verdadera pena. / Es terrible.

e **Sympathie**, -n ↔ e **Antipathie**, -n	simpatía ↔ antipatía
***gefallen** (gefällt, gefiel, hat gefallen) ↔ **missfallen** (missfällt, missfiel, hat missfallen)	gustar ↔ no gustar / disgustar
Der Vorschlag gefällt mir nicht.	No me gusta la sugerencia.
Wie hat dir das Konzert gefallen? – Gut, ich mag / ich höre gern / ich liebe Mozart.	¿Te ha gustado el concierto? – Sí, me gusta / oigo con gusto a / me encanta Mozart.

Wie gefällt es Ihnen hier?	*¿Le gusta estar aquí?*
*Sehr *gut.*	Sí, mucho.
Wunderbar. / Fantastisch. / Herrlich.	Maravilloso./ Fantástico./ Estupendo.
Ich bin begeistert.	Estoy encantado.
**Super! (ugs.) / *Toll! (ugs.) / Spitze! (ugs.) / Klasse! (ugs.) / Prima! (ugs.)*	¡Estupendo! / ¡Guay! / ¡Maravilloso! / ¡Fantástico! / ¡Excelente!
*Sehr *interessant.*	Muy interesante.
Naja, es geht.	Bueno, no está mal.
Nicht so (gut).	No demasiado.
Naja.	Regular.
*Es ist *langweilig / *hässlich / *schrecklich hier.*	Estar aquí / Este lugar es aburrido / feo / horroroso.

Kommst du mit?	*¿Vienes? / ¿Nos acompañas?*
*Gute *Idee. / Gut. / Einverstanden. / Meinetwegen.*	Buena idea. / Bueno. / De acuerdo. / Por mí.
Ja, warum nicht? / Ja, das geht. / Okay. / In Ordnung.	Sí, ¿por qué no? / Sí, de acuerdo. / Vale. / De acuerdo.
Nein, das geht leider nicht. / Nein, tut mir Leid. / Lieber nicht.	No, por desgracia no es posible. / No, lo siento. / Mejor no. [Prefiero no ir.]
Ich weiß nicht so recht.	No estoy tan seguro.
Ich habe leider keine Zeit. / Ich kann leider nicht.	Por desgracia no tengo tiempo. / Desgraciadamente no puedo.
Auf keinen Fall. / Kommt (gar) nicht in Frage.	De ninguna manera. / Es (totalmente) imposible.
Ein andermal vielleicht. / Gern, aber leider …	Quizás en otra ocasión. / Me gustaría, pero por desgracia …

bejahen / ja sagen ↔	afirmar / decir (que) sí ↔ negar / decir
verneinen / nein sagen	(que) no.
s ***Ja** ↔ s ***Nein**	sí ↔ no
ein definitives ↔ unentschiedenes Ja	Un sí rotundo ↔ dudoso
Antworten Sie mit Ja oder Nein.	Responda afirmativa o negativamente.
Ich kann mich nicht ***entscheiden** (entschied, hat entschieden). / ***entschließen** (entschloss, hat entschlossen).	No me puedo decidir.
***Grundsätzlich** bin ich einverstanden.	En principio estoy de acuerdo.

Ja – nein – doch	
*Isst du *gern Schokolade? – Ja, *regelmäßig. ↔ Nein, die schmeckt mir nicht.*	¿Te gusta comer chocolate? – Sí, siempre [con regularidad] ↔ No, no me gusta.
Ein bisschen Wasser? – Ja bitte. ↔ Nein danke.	¿Un poco de agua? – Sí, por favor ↔ No, gracias.
*Essen Sie kein Fleisch? – Doch, *normalerweise schon.*	¿No come usted carne? – Sí, normalmente sí.
Kommst du nicht gleich mit? – Doch, einen Moment noch.	¿No te vienes también ahora? – Sí, es sólo un minuto.

La forma afirmativa **doch* se utiliza en una respuesta si la pregunta ha sido formulada negativamente con **nicht* o **kein-*.

2 Der Mensch
El ser humano

2

1

Angaben zur Person
Datos personales

r ***Name**, -n	nombre
***heißen** (hieß, hat geheißen)	llamarse
Wie heißen Sie? / Wie ist Ihr Name?	¿Cómo se llama usted? / ¿Cuál es su nombre?
Ich heiße Sabine Bauer.	Me llamo Sabine Bauer.
Mein Name ist Bauer, Sabine Bauer.	Mi nombre es Bauer, Sabine Bauer.
Wie heißt du? / Wie ist dein Name?	¿Cómo te llamas? / ¿Cuál es tu nombre?
Ich heiße Sabine. Und du?	Me llamo Sabine. ¿Y tú?
r ***Nachname**, -n	apellido
Mein Nachname ist Bauer.	Mi apellido es Bauer.
r ***Vorname**, -n	nombre (de pila)
Mein Vorname ist Sabine.	Mi nombre es Sabine.
Meine Vornamen sind Sabine Maria.	Mis nombres (de pila) son Sabine Maria.
Wie ist Ihr ***Geburtsname**?	¿Cómo es su apellido de soltera?
Mein Geburtsname ist Bergmann.	Mi apellido de soltera es Bergmann.
Sabine Bauer, geb. Bergmann	Sabine Bauer, nacida Bergmann.

A diferencia de la cultura hispana, donde ni el hombre ni la mujer cambian sus apellidos al casarse, en los países de habla alemana se produce este cambio. Hasta hace poco era siempre la mujer la que abandonaba su apellido de soltera (*Mädchenname*) para adoptar el de su marido. Actualmente la expresión ***Mädchenname*** para designar el apellido de nacimiento de una mujer ha sido sustituida por ***Geburtsname***, ya que los hombres también pueden adoptar el apellido de su mujer cuando se casan.

s ***Alphabet** / s ABC	alfabeto / abecedario
s lateinische / griechische / arabische Alphabet	alfabeto latino / griego / árabe
***buchstabieren**	deletrear
r ***Buchstabe**	letra
***aussprechen** (spricht aus, hat ausgesprochen)	pronunciar
Entschuldigung, wie spricht man Ihren Namen aus?	Perdone, ¿cómo se pronuncia su nombre?
r ***Spitzname**, -n	apodo / mote
r Übername, -n *schweiz.*	apodo / mote
Mein Spitzname ist Bine.	Mi apodo es Bine.
Meine Freunde nennen mich Bine.	Mis amigos me llaman Bine.
***nennen** (nannte, hat genannt)	llamar
s **Geburtsdatum**, -daten	fecha de nacimiento

Sie ist am 6.5.1974 / am sechsten Mai 1974 geboren.	Nació el 6-5-1974 / el seis de mayo de 1974.
Wann haben Sie / hast du Geburtstag? – Am 6. Mai.	¿Cuándo es su / tu cumpleaños? – El 6 de mayo.
r *Geburtstag, -e	cumpleaños
Er hat heute Geburtstag.	Hoy es su cumpleaños.
Sie hat nächsten Montag Geburtstag.	El próximo lunes es su cumpleaños.

Las fechas es escriben así:

6. Mai 1974 o 6. 5. 74 o 06.05.1974 (en formularios)
1974 = neunzehnhundertvierundsiebzig
2001 = zweitausendeins

s *Alter	edad
Wie alt sind Sie? / Wie alt bist du?	¿Cuántos años tiene usted? / ¿Cuántos años tienes?
Ich bin 35.	Tengo 35 años.
r *Geburtsort, -e	lugar de nacimiento
r Wohnort, -e	lugar de residencia
e Nationalität, -en / e *Staatsangehörigkeit, -en	nacionalidad
Welche Staatsangehörigkeit haben Sie? – Ich bin Deutsche / Deutscher.	¿Qué nacionalidad tiene usted? – Soy alemana / alemán.
r Familienstand	estado civil
*ledig / *verheiratet / geschieden / *verwitwet	soltero / casado / divorciado / viudo
s Geschlecht: männlich ↔ weiblich (in Formularen)	sexo: varón ↔ hembra (en formularios)
e *Größe	altura, talla
*groß (größer, größt-)	alto, grande
Wie groß sind Sie / bist du?	¿Cuánto mide usted / mides?
s *Gewicht	peso
*wiegen (wog, hat gewogen)	pesar
Wie viel wiegen Sie / wiegst du?	¿Cuánto pesa usted / pesas?
e *Religion, -en	religión
Was ist Ihre Konfession?	¿Cuál es su confesión religiosa?
e *Adresse, -n / die Anschrift, -en	dirección / señas
Unter dieser Adresse bin ich immer zu erreichen.	Me puede(s) localizar siempre en esta dirección.

2

2 Körperteile und Organe
Partes del cuerpo y órganos

r ***Körper**, -	cuerpo
r ***Kopf**, ¨-e	cabeza
von Kopf bis Fuß	de los pies a la cabeza
mit dem Kopf ***nicken**	saludar con la cabeza
s **Gehirn**, -e	cerebro
s ***Haar**, -e	pelo
Ich ließ mir die Haare schneiden.	Me he cortado el pelo.
s ***Gesicht**, -er	cara
e **Stirn**	frente
die Stirn runzeln	arrugar la frente
s ***Auge**, -en	ojo
Sie hat blaue Augen.	Tiene ojos azules.
mit den Augen zwinkern	guiñar los ojos
e ***Nase**, -n	nariz
die Nase rümpfen	arrugar la nariz, [hacer algo a regañadientes]
e **Backe**, -n / e **Wange**, -n	mejilla / cachete
jn auf die Wange küssen	besar a alg en la mejilla
e **Sommersprosse**, -n	pecas
r Märzenflecken, - *schweiz.*	pecas
s **Kinn**	barbilla
r ***Mund**, ¨-er	boca
Mach bitte beim Essen den Mund zu!	Por favor, cierra la boca cuando comes. [Por favor, no comas con la boca abierta.]
e ***Stimme**, -n	voz
Er hat eine sympathische Stimme.	Tiene una voz agradable.
r ***Zahn**, ¨-e	diente
ein Zahn wackelt	Se mueve un diente.
s **Gebiss**, -e	dentadura
s (künstliche) Gebiss / die dritten Zähne *Pl*	dentadura postiza
e **Zunge**, -n	lengua
e **Lippe**, -n	labio
s ***Ohr**, -en	oreja, oído
s **Trommelfell**	tímpano
r ***Hals**, ¨-e	cuello, garganta
den Hals recken	alargar / estirar el cuello
e **Kehle**, -n	garganta
e **Schulter**, -n	hombro
Er zuckte nur mit den Schultern / Achseln.	Se encogió simplemente de hombros.
r ***Rücken**, -	espalda
r ***Arm**, -e	brazo
den Arm beugen	doblar el brazo

r **Ell(en)bogen**, -	codo
e ***Hand**, -̈e	mano
jm zur Begrüßung die Hand geben	dar la mano a alg (para saludar)
r ***Finger**, -	dedo
r Ringfinger / r Zeigefinger / r Mittelfinger / r Daumen / r kleine Finger	dedo anular / índice /corazón / pulgar / meñique
r **Fingernagel**, -̈	uña
sich die Fingernägel schneiden	cortarse las uñas
s ***Bein**, -e	pierna
s ***Knie**, Knie ['kni:ə]	rodilla
Kniebeugen machen	hacer flexiones
das Knie beugen	doblar la rodilla
r ***Fuß**, -̈e	pie
r **Zeh**, -en	dedo del pie
auf Zehenspitzen gehen	andar de puntillas

Expresiones con las partes del cuerpo

Sie muss sich ihre Probleme von der Seele reden. – Tiene que desahogarse.
Ich stecke bis über beide Ohren in Arbeit. – Estoy de trabajo hasta las orejas.
Er ist bis über beide Ohren verliebt. – Está enamorado hasta el tuétano.
Er macht keinen Finger krumm für mich. – No mueve un dedo por mí.
Halt ihn dir ja vom Leib! – ¡No dejes que se te acerque!
Sie lebt von der Hand in den Mund. – No tiene dónde caerse muerto.
Er ist ein Geizhals. – Es un tacaño.
Ich bringe es nicht übers Herz, ihr die Wahrheit zu sagen. – No me atrevo a decirle la verdad.
Diese Nachricht ist mir wirklich unter die Haut gegangen. – Esta noticia me ha llegado al alma.
Was ist denn dir für eine Laus über die Leber gelaufen? – ¿Por qué estás tan mosqueado?
Das ist mir ziemlich an die Nieren gegangen. – Esto me aflige mucho.
Das Wort liegt mir auf der Zunge. – Tengo la palabra en la punta de la lengua.

En alemán se utilizan poco los adjetivos posesivos acompañando a las partes del cuerpo y a la ropa.

Er hat die Nase gerümpft. – Ha arrugado la nariz.
Sie zog sich die Schuhe an. – Se puso los zapatos.
Er zuckte mit den Schultern. – Se encogió de hombros.

e ***Brust**, -̈e	pecho
r **Brustkorb**	torax / pecho
dem Baby die Brust geben	dar el pecho al bebé
e **Rippe**, -n	costilla
s ***Herz**, -en	corazón
Mein Herz klopfte heftig.	El corazón me late con fuerza.
e **Lunge**, -n	pulmón

e **Leber**, -n	hígado
e **Niere**, -n	riñón
r ***Magen**, ⸚	estómago
r ***Bauch**, ⸚e	barriga
auf nüchternen Magen	en ayunas
r **Unterleib**, -er	abdomen
r **Darm**, ⸚e	intestino
s **Gesäß**, -e / r **Hintern**, - / r **Po**, -s	trasero / nalgas / culo Esp
r **After** / r **Anus**	ano
e **Blase**, -n	vejiga urinaria
r **Urin** / r **Harn**	orina
urinieren	orinar
pinkeln *ugs.*	hacer pipí
die **Genitalien** / die **Geschlechtsteile**	genitales
die männlichen / weiblichen Geschlechtsteile	los genitales masculinos / femeninos
e **Vagina** / e **Scheide**	vagina
r **Eierstock**, ⸚e	ovario
e **Gebärmutter** / r **Uterus**	matriz / útero
r **Penis**	pene
e **Prostata**	próstata
r **Kreislauf**	circulación
s ***Blut**	sangre
r **Blutspender**, - // e **Blutspenderin**, -nen	donante de sangre
e **Vene**, -n / e **Arterie**, -n / e **Ader**, -n	vena / arteria
e Krampfader, -n	variz
s **Skelett**, -e	esqueleto
r **Knochen**, -	hueso
s **Gelenk**, -e	articulación
e ***Haut**	piel
r **Muskel**, -n	músculo
e **Sehne**, -n	tendón
r **Nerv**, -en	nervio
Sie hat gute ↔ schlechte Nerven.	Tiene nervios de acero ↔ Es muy irritable.

Äußere Erscheinung
Apariencia

***groß** (größer, größt-)	alto, grande
Er ist 1,98 m groß, also jetzt schon größer als sein Vater.	Mide un metro y 98 centímetros, así que ya es más alto que su padre.
***klein**	bajo, pequeño
Sie hat kleine Füße.	Tiene pies pequeños.

***schlank**	delgado
Sie ist groß und schlank.	Es alta y delgada.
***dünn**	delgado
***mager** / dürr *ugs.*	flaco / canijo
hager	flaco / enjuto
***dick**	gordo
rundlich / mollig	regordete / gordito
Sie hat ein rundliches Gesicht.	Tiene la cara redonda.
korpulent / beleibt / füllig	corpulento / grueso / relleno
Er ist sehr korpulent.	Es muy corpulento.
***kräftig** (gebaut) / stämmig	fornido / recio
muskulös	musculoso
ein muskulöser Körper	un cuerpo musculoso
untergewichtig ↔ **übergewichtig**	bajo / falto de peso ↔ sobrado de peso
***breit(schultrig)**	ancho (de espaldas / de hombros)
***hübsch** ↔ ***hässlich**	guapo – feo
ein hübsches Gesicht	una cara bonita
***schön**	guapo, bonito
Du hast **wunderschöne** Augen.	Tienes unos ojos preciosos.
gut aussehend	apuesto / guapo / bien parecido
ein gut aussehender Mann / eine gut aussehende Frau	un hombre apuesto / una mujer guapa
attraktiv	atractivo

Eufemismos

Frau Mayer ist etwas füllig geworden. (= Sie ist dick geworden.) – Frau Mayer ha puesto unos kilitos.
Sie ist vollschlank. (= Sie ist dick.) – Está metidita en carnes.
Er ist von kräftiger Statur. (= Er ist dick.) – Es un hombre corpulento.

s ***Gesicht**, -er	cara
ein schmales / ovales / rundes / rundliches Gesicht	una cara delgada / ovalada / redonda / regordeta
e **Gesichtsfarbe** / r **Teint** [tɛ̃:]	tez
eine gesunde Gesichtsfarbe haben	tener un color saludable
***blass**	pálido
Warum bist du heute so blass? Bist du krank?	¿Por qué estás hoy tan pálido? ¿Estás enfermo?
***bleich**	pálido
Sie wurde kreidebleich vor Schreck.	Se puso blanca como la pared de miedo.
***rot werden**	ponerse rojo
Sie wurde rot vor Verlegenheit.	Se puso roja de vergüenza.
s ***Auge**, -n	ojo
blaue / grüne / braune Augen	ojos / azules / verdes / marrones
strahlen	resplandecer, radiar

Sie strahlt vor Freude.	Estaba radiante de alegría.
e **Falte**, -n	arruga
faltig / **runzelig**	arrugado
s ***Haar**, -e	pelo
Er hat blonde / braune / schwarze / rote / graue Haare.	Tiene el pelo rubio / castaño / negro / pelirrojo / cano.
Er hat kurze / lange / glatte / lockige Haare.	Tiene el pelo corto / largo / lacio / rizado.
In letzter Zeit fallen mir die Haare aus.	Últimamente se me cae el pelo.
e **Frisur**, -en	peinado
Ich möchte mal wieder eine neue Frisur ausprobieren.	Me gustaría probar otra vez un nuevo peinado.
gekämmt ↔ **ungekämmt**	peinado ↔ despeinado
zerzaust ↔ **gut frisiert**	desgreñado ↔ bien peinado
e **Blondine**, -n	rubia
r **Zopf**, ⸚e	trenza
Sie trägt einen Zopf.	Lleva una trenza.
e **Perücke**, -n	peluca
Sie trägt eine Perücke.	Lleva una peluca.
Sein Haar lichtet sich.	Su pelo ralea / se hace ralo.
***dicht** ↔ **schütter**	denso, espeso, tupido ↔ ralo, escaso, fino
Er hat dichtes ↔ schütteres Haar.	Tiene muchos / pocos pelos.
e **Glatze**, -n	calva
Er bekommt langsam eine Glatze.	Se está quedando calvo.
Bereits mit 35 Jahren hatte er eine Glatze.	Ya con 35 años tenía una calva / era / estaba calvo.
r ***Bart**, ⸚e	barba
r Schnurrbart / r Vollbart / r Drei-Tage-Bart	bigote / barba (cerrada) / barba de tres días

Expresiones con el pelo

Lass dir deshalb keine grauen Haare wachsen. – No te preocupes por eso.
Da stehen mir ja die Haare zu Berge! – ¡Se me ponen los pelos de punta!
Er findet immer ein Haar in der Suppe. – Él siempre encuentra inconvenientes.
Warum lässt du nie ein gutes Haar an ihr? – ¿Por qué la pones siempre de vuelta y media / vestida de limpio?
Ihr fresst mir noch die Haare vom Kopf! – Os lo coméis todo. / ¡Algún día me tragaréis vivo!
Sie hat Haare auf den Zähnen. – No tiene pelos en la lengua.
Das ist doch haarsträubend! – ¡Es espeluznante!.
Peter kann niemandem ein Haar krümmen. – Peter no es capaz de matar ni a una mosca.
Aber das ist doch an den Haaren herbeigezogen! – ¡Pero eso no tiene ninguna relación con lo otro! [a la hora de argumentar].
Das wäre um ein Haar schief gegangen. – Por poco no sale mal. / Ha salido bien por los pelos.

Die zwei liegen sich immer in den Haaren. – Esos dos siempre andan a la greña.
Sie haben sich mal wieder in die Haare gekriegt. – Otra vez están riñendo.
Das ist doch Haarspalterei! – ¡Pero eso es una nimiedad / pequeñez!

e ***Kleidung** *Sg*	ropa
Sie ist immer **elegant** /m **modisch** / ***schick** / ***chic** gekleidet.	Siempre va vestida elegantemente / a la última (a la moda) / elegantemente.
Sie ist **unmodisch** / **schlampig** gekleidet.	Va vestida de una forma anticuada / desaliñada.
Sie trägt einen Pullover und einen Rock.	Lleva un jersey y una falda.
gepflegt ↔ **ungepflegt**	aseado ↔ desarreglado / descuidado
Sein ungepflegtes Äußeres finde ich schrecklich.	Me parece espantoso su aspecto descuidado.
***schmutzig** / **schmuddelig**	sucio / mugriento
vergammelt	desastrado
zerknittert	arrugado

Kindheit und Jugend
Infancia y juventud

s ***Baby**, -s [be:bi]	bebé
s **Neugeborene**, -n	recién nacido
s Babyalter	primera infancia [hasta los 2 años aproximadamente]
***wachsen** (wächst, wuchs, ist gewachsen)	crecer
s **Kleinkind**, -er	niño pequeño // niña pequeña
e **Kindheit** / s **Kindesalter**	infancia / edad infantil / niñez
im Kindesalter	en la niñez
In diesem Haus hat meine Mutter von Kindheit an gewohnt.	Mi madre ha vivido en esta casa desde la niñez / desde que era una niña.
eine glückliche Kindheit verleben	tener una infancia feliz
s ***Kind**, -er	niño // niña
kindlich	infantil
Sie ist noch sehr kindlich.	Todavía es muy infantil.
Sie ist ein ***Einzelkind**.	Es hija única.
e **Kinderbetreuung**	cuidado de los niños [en ausencia de los padres]

Existen varias formas de ***Kinderbetreuung*** de 0 a 6 años:

Kinderkrippe = guardería estatal o privada (de 0 a 3 años)
Kindergarten = guardería estatal o privada (de 3 a 6 años)
La ***Tagesmutter*** es una señora que cuida en su propia casa a niños mientras sus padres están en el trabajo.
Una ***Babysitter*** (niñera / canguro Esp) es contratada sólo por algunas horas durante el día o la noche.

s (Kinder-)**Heim**, -e	hogar infantil
r ***Betreuer**, - // e ***Betreuerin**, -nen	mentor // mentora
e **Wiege**, -n	cuna
Das wurde ihr in die Wiege gelegt.	Lo heredó.
von der Wiege bis zur Bahre	desde la cuna hasta la sepultura
s **Kinderbett**, -en	cama de niño
r **Kinderwagen**, - / ⸚ *südd.*	cochecito de niño
r Buggy, -s [bagi]	sillita de paseo / cochecito
r **Schnuller**, -	chupo / chupete
r Nuggi, - *schweiz.*	chupo / chupete
s ***Spielzeug** / e **Spielsache**, -n	juguete
***spielen**	jugar
e Spielzeugeisenbahn, -en	tren de juguete
s Spielzeugauto, -s	coche de juguete
s **Stofftier**, -e	animal de trapo / felpa / peluche
r **Teddybär**, -en	osito de peluche
s **Bilderbuch**, ⸚er	libro ilustrado / con imágenes / con dibujitos
ein Bilderbuch anschauen	mirar un libro ilustrado
ein Buch / Bilderbuch vorlesen	leerle a alg un libro / un libro ilustrado
s ***Märchen**, -	cuento
ein Märchen erzählen	contar un cuento
r **Stift**, -e	lápiz
r Buntstift, -e	lápiz de color
r Wachsmalstift, -e	lápiz de cera
***malen**	pintar
r Malkasten, ⸚	caja de pinturas
r Malblock, ⸚e	cuaderno para pintar
s Malbuch, ⸚er	libro de colorear
e ***Puppe**, -n	muñeca
s Puppenhaus, ⸚er	casa de muñecas
r Puppenwagen, - / ⸚ *südd.*	cochecito de muñecas
r **Comic**, -s ['kɔmɪk]	tebeo / cómic
s **Puzzle**, -s ['pasl *auch* 'pʊsl]	rompecabezas

Juegos infantiles típicos

dentro de casa

Karten spielen	jugar a las cartas
Verstecken spielen	jugar al esconder / al escondite
*mit Puppen / *Autos / r (Modell-)*Eisenbahn spielen*	jugar con las muñecas / los coches / el tren
mit Playmobil spielen	jugar con el playmobil
Vater – Mutter – Kind spielen	jugar a las casitas
Brettspiele machen	jugar a juegos de mesa
malen / basteln / kneten	pintar / hacer trabajos manuales / jugar con la plastilina
am Computer spielen	jugar al ordenador / a la computadora LAm

fuera de la casa

Dreirad fahren	montar en triciclo
Roller fahren	montar en patinete
Kickboard fahren	montar en patinete
**Fahrrad fahren / *Rad fahren / Velo fahren (schweiz.)*	montar en bicicleta
Inlineskates fahren	patinar
Skateboard fahren	ir en monopatín
Schlittschuh fahren	patinar sobre hielo
Schlitten fahren	montar en trineo
am Kinderspielplatz spielen	jugar en el parquecito
rutschen	tirarse por el tobogán
schaukeln	columpiarse
im Sandkasten spielen	jugar en la piscina / cajón de arena
Sandburgen bauen	hacer castillos de arena
wippen	montarse / columpiarse en el subibaja
Ball spielen	jugar a la pelota
Fangen spielen	jugar al coger / al pilla-pilla
Räuber und Gendarm spielen	jugar a policías y ladrones
eine Schnitzeljagd machen	[rally donde hay que ir haciendo lo que te indican en distintos papelitos]

***jung** (jünger, jüngst-)	joven
jugendlich	juvenil
r / e ***Jugendliche**, -n	el // la joven (persona joven)
junge Leute *Pl*	gente joven
e ***Jugend** *Sg*	juventud
die heutige Jugend / die Jugend von heute	la juventud actual / la juventud de hoy
in meiner Jugend / als ich jung war	en mi juventud / cuando yo era joven
r **Flegel**, -	gamberro, descarado

r Schlingel, -	pillo / tunante
r / e **Minderjährige**, -n	el // la menor (de edad)
minderjährig ↔ **volljährig** sein	ser menor / mayor de edad
r / e **Heranwachsende**, -n	adolescente
e **Pubertät**	pubertad
Meine Tochter ist in der Pubertät.	Mi hija está en la pubertad.
r **Teenager**, - ['ti:ne:dʒɐ]	adolescente, quinceañero
r / e **Volljährige**, -n	(persona) mayor de edad
s **Erwachsenwerden**	crecer, madurar
r Jugendclub, -s	club juvenil
s Jugendzentrum, -en	centro juvenil
e Jugendherberge, -n	albergue juvenil
e Jugendarbeitslosigkeit	paro juvenil
jugendfrei	apto para menores
e Jugendliteratur	literatura juvenil

Erwachsenenalter
Edad adulta

r / e ***Erwachsene**, -n	adulto // adulta
s ***Alter** *Sg*	edad, vejez / tercera edad
im Alter von vierzig Jahren	de cuarenta años de edad
im hohen Alter	en edad avanzada
***alt** (älter, ältest-)	viejo / mayor
Wie alt sind Sie?	¿Qué edad tiene usted?
alt werden ↔ jung bleiben	envejecer / hacerse mayor ↔ permanecer joven
Wir werden langsam älter.	Nos vamos haciendo viejos.
alt sein / aussehen / wirken	ser viejo/ parecer viejo / estar viejo
das **mittlere Lebensalter** (ca. 40 – 65)	edad madura
eine Frau mittleren Alters	una mujer de mediana edad / madura
Sie ist in den besten Jahren.	(Ella) Está en la flor de su vida.
im reifen Alter von 50 Jahren	en la madura edad de 50 años

Eufemismos

eine ältere Person	una persona mayor
ein betagter Mann	un hombre entrado en años
ein Mensch im fortgeschrittenen Alter	una persona de edad avanzada
eine Person im reifen Alter	una persona de cierta edad

Er ist über die besten Jahre hinaus. / Er ist nicht mehr der Jüngste.	(Él) Está en el otoño de su vida. / Ya no es un chiquillo.
im vorgerückten Alter	de edad avanzada
das Herannahen des Alters	el acercamiento a la vejez

Sie erreichte ein hohes Alter.	(Ella) Alcanzó una edad avanzada.
ein alternder Künstler	un artista envejecido
e **Lebenserwartung**	esperanza de vida
Wechseljahre *Pl*	menopausia
in die Wechseljahre kommen	llegar a la menopausia
alte Leute	ancianos
r **Rentner**, - // e **Rentnerin**, -nen	el // la pensionista / jubilado // jubilada
r Pensionist, -en // e Pensionistin, -nen *österr.*	el // la pensionista / jubilado // jubilada
r / e Pensionierte, -n *schweiz.*	el // la pensionista / jubilado // jubilada
e ***Rente**, -n / e ***Pension, -en**	pensión
in Rente / Pension gehen / sich pensionieren lassen / in den (vorzeitigen) Ruhestand gehen	jubilarse (anticipadamente)
r **Frührentner**, - // e **Frührentnerin**, -nen	persona que se ha jubilado anticipadamente
r / e frühzeitig Pensionierte, -n *schweiz.*	persona que se ha jubilado anticipadamente
s (vorzeitige) Ausscheiden aus dem Arbeitsleben	jubilación (anticipada)
im Rentenalter	en edad de jubilación
s ***Altersheim**, -e / s ***Altenheim**, -e / s **Seniorenheim**, -e	residencia de ancianos
altern	envejecer
Durch seine schwere körperliche Arbeit ist er schnell gealtert.	El duro trabajo corporal lo ha envejecido rápidamente.
typische **Altersbeschwerden**	achaques típicos de la edad
e **Alterserscheinung**	síntoma de la vejez
Pigmentflecken auf der Haut sind eine typische Alterserscheinung.	Las manchas oscuras en la piel son un síntoma típico de la vejez.
altersbedingt	debido a la edad
e **Langlebigkeit**	longevidad
nachlassende körperliche Energie	decaimiento físico
in seinen letzten Lebensjahren	en sus últimos años
altersschwach / **gebrechlich**	decrépito
ein gebrechlicher alter Mann	un anciano decrépito
bei schlechter Gesundheit sein	estar mal de salud
s **Pflegeheim**, -e	asilo / residencia [para personas que necesitan asistencia diaria]
auf einen Platz in einem Pflegeheim warten	esperar para conseguir una plaza en un asilo
Essen auf Rädern	servicio de comidas a domicilio (para ancianos)
r **Verfall** *Sg*	deterioro
senil	senil
e Senilität	senilidad

e Alzheimerkrankheit	la enfermedad de Alzheimer
an der Alzheimerkrankheit leiden	padecer / sufrir la enfermedad de Alzheimer
verkalkt sein (ist, war, ist gewesen)	estar senil

Persönlichkeit und Verhalten
Personalidad y comportamiento

sich ***verhalten** (verhält, verhielt, hat verhalten)	comportarse
In dieser Situation hätte ich mich anders verhalten.	En esa situación me hubiera comportado de otra forma.
s ***Verhalten** *Sg*	comportamiento
Manchmal ist sein Verhalten unmöglich.	Su comportamiento es a veces inaceptable.
sich **benehmen** (benimmt, benahm, hat benommen)	comportarse / portarse
Die Kleine hat sich gut / schlecht benommen.	La pequeña se ha (com)portado bien / mal.
s **Benehmen** *Sg*	comportamiento / conducta, modales
auf gutes Benehmen achten	cuidar los modales
e ***Rücksicht**, -en	consideración
Du sollst Rücksicht nehmen auf andere!	¡Debes tener consideración con los demás!
sich **blamieren**	hacer el ridículo
Sie hat sich vor allen blamiert.	(Ella) Ha hecho el ridículo delante de todos.
jm etw **peinlich sein** (ist, war, ist gewesen)	avergonzarse / dar vergüenza de algo / sentirse mal por algo
Entschuldigen Sie bitte, das ist mir sehr peinlich!	Disculpe, por favor. ¡No sabe usted cuánto lo siento!

Adjetivos referidos al comportamiento de una persona

geduldig ↔ ungeduldig	paciente ↔ impaciente
**höflich ↔ *unhöflich*	educado ↔ maleducado
**freundlich ↔ *unfreundlich*	amable ↔ poco amable
anständig ↔ unanständig	decente ↔ indecente
**reif ↔ *unreif*	maduro ↔ inmaduro
**vernünftig ↔ *unvernünftig*	sensato, juicioso ↔ insensato
bescheiden ↔ unbescheiden	modesto ↔ presuntuoso
**sympathisch ↔ *unsympathisch*	simpático ↔ antipático
**fair / gerecht ↔ *unfair / ungerecht*	justo ↔ injusto
kultiviert ↔ unkultiviert	cultivado ↔ poco cultivado
rücksichtsvoll ↔ rücksichtslos	considerado ↔ desconsiderado

anspruchsvoll ↔ anspruchslos	exigente ↔ poco exigente
taktvoll ↔ taktlos	discreto ↔ indiscreto
liebenswürdig ↔ unverschämt	amable ↔ insolente, descarado
*artig / brav ↔ *frech*	bueno ↔ travieso
**klug ↔ *dumm*	listo ↔ tonto
launisch	ser propenso a cambiar con frecuencia de humor
**merkwürdig*	extraño
vornehm	distinguido, refinado

Los antónimos se forman normalmente con el prefijo ***un-*** o con el sufijo ***-los***.

e **Persönlichkeit** — personalidad
Sie hat eine starke Persönlichkeit. — (Ella) Tiene una fuerte personalidad.

s **Wesen**, – — carácter/ manera de ser
Sie besitzt ein sympathisches Wesen. — (Ella) Tiene un carácter atractivo.
r ***Charakter**, Charaktere — carácter
Er hat einen starken Charakter. — (Él) Tiene un carácter fuerte.

Adjetivos que describen el carácter de una persona

**ehrlich ↔ *unehrlich*	honesto ↔ deshonesto
sensibel ↔ unsensibel	sensible ↔ insensible
aufrichtig ↔ unaufrichtig	sincero, franco ↔ poco sincero
ausgeglichen ↔ unausgeglichen	equilibrado ↔ desequilibrado
gehemmt ↔ ungehemmt	inhibido ↔ desinhibido, desenvuelto
selbstsüchtig ↔ selbstlos	interesado ↔ desinteresado
egoistisch ↔ altruistisch	egoista ↔ altruista
mitfühlend ↔ mitleidlos / wenig mitfühlend	compasivo ↔ despiadado
**offen ↔ verschlossen*	campechano, abierto ↔ reservado / cerrado

s **Temperament** — temperamento, genio
Monika hat viel Temperament. — Monika tiene mucho temperamento.

temperamentvoll — temperamental
***fröhlich** / ***lustig** ↔ ***traurig** — alegre, divertido ↔ triste
cholerisch — colérico
r ***Gegensatz**, ⸚e / s ***Gegenteil**, -e — oposición / contraste, contrario
Im Gegensatz zu ihr ist er eher ruhig. — En contraste con ella, él es más tranquilo.

Die Beherrschung **verlieren** — perder el control
(sich) ***verändern** — cambiar
Sabine hat sich in letzter Zeit ziemlich verändert. Findest du nicht auch? — Sabine ha cambiado bastante últimamente. ¿No te parece?
gute ↔ schlechte ***Laune** haben — tener buen ↔ mal humor

gut gelaunt ↔ trübsinnig / bedrückt — de buen humor / alegre ↔ melancólico / triste / agobiado

Anna machte heute einen sehr bedrückten Eindruck. — Anna parece que está muy agobiada hoy.

Unsere Lehrerin hatte heute schlechte Laune. / Unsere Lehrerin war heute schlecht gelaunt. — Nuestra profesora tenía hoy mal humor. / Nuestra profesora estaba hoy de mal humor.

Adjetivos importantes en el mundo laboral

fähig ↔ unfähig	capaz, competente ↔ incapaz, incompetente
**erfahren ↔ *unerfahren*	con experiencia ↔ inexperto
*fleißig ↔ *faul*	trabajador ↔ vago
flexibel ↔ unflexibel	flexible ↔ inflexible
**zuverlässig / verlässlich ↔ *unzuverlässig*	fiable ↔ poco fiable
verantwortungsbewusst ↔ verantwortungslos	responsable ↔ irresponsable
belastbar ↔ wenig belastbar	capaz de soportar mucho [por ejemplo, estrés] ↔ incapaz de soportar mucho
anpassungsfähig ↔ nicht anpassungsfähig	capaz de adaptarse ↔ incapaz de adaptarse
bescheiden ↔ eingebildet	modesto ↔ arrogante, presumido

gütig ↔ boshaft — bondadoso ↔ malicioso

ein boshafter Blick / Nachbar — una mirada maliciosa / un vecino malicioso

erbarmungslos — despiadado

Er nützt andere erbarmungslos aus. — (Èl) Utiliza a los demás despiadadamente.

korrupt [kɔ'rʊpt] — corrupto

ein korrupter Politiker — un político corrupto

¡Cuidado con los falsos amigos!

alemán	español	español	alemán
brav	bueno / bien educado	*bravo*	wild
ein süßes Kind	un niño salado	*un niño dulce*	ein liebevolles Kind
konservativ	conservador	*conservativo*	erhaltend
alt	mayor, viejo	*alto*	groß
dezent	discreto	*decente*	anständig
luxuriös	lujoso	*lujurioso*	Lüstling

***konservativ ↔ progressiv** — conservador ↔ progresista

***tolerant ↔ intolerant / engstirnig** — tolerante/ amplio de miras/ ↔ intolerante / estrecho de miras

***großzügig ↔ geizig / knauserig** — generoso ↔ avaro / tacaño / agarrado

lässig / locker ↔ pingelig — natural / sin afectación ↔ pedante

La total carencia de una cualidad se puede expresar así:
Es mangelt ihm//ihr an (+D) ...:
*Es mangelt ihr vollkommen an Ehrgeiz / *Mut / *Humor / Mitleid / Talent.* –
Carece totalmente de ambición / valor / humor / compasión / talento.

charmạnt ↔ **ụncharmant**	encantador ↔ falto / desprovisto de encanto
Sie besitzt keinerlei Charme.	Está desprovista de cualquier encanto.
optimịstisch ↔ **pessimịstisch**	optimista ↔ pesimista
kontạktfreudig ↔ **zurụ̈ckhaltend**	sociable / abierto ↔ reservado / cerrado
***interessạnt** ↔ ***lạngweilig**	interesante ↔ aburrido
***stạrk** (stärker, stärkst-) ↔ ***schwạch** (schwächer, schwächst-)	fuerte ↔ débil
zäh / ***hạrt** (härter, härtest-) ↔ schwach	duro ↔ débil
ein harter Bursche / Typ	un tipo duro
mutig ↔ **feige**	valiente ↔ cobarde
ein feiger Anschlag	un ataque cobarde
r **Feigling**, -e	cobarde
Er ist ein ziemlicher Feigling.	Es un gallina.
***neugierig**	curioso
Sei nicht so neugierig!	¡No seas tan curioso!
entspạnnt ↔ **ạngespannt**	relajado ↔ tenso
***nervös**	nervioso
***durcheinạnder** sein	estar confuso
***ruhig** ↔ **aufgeregt**	tranquilo ↔ agitado / excitado
Er war vor der Operation sehr ruhig.	Estaba muy tranquilo antes de la operación.
(sich) ***aufregen**	alterarse / excitarse / enfadarse
Meine Mutter regt sich immer auf, wenn ich spät nach Hause komme.	Mi madre siempre se enfada cuando llego tarde a casa.
respẹktvoll ↔ ***frẹch**	respetuoso ↔ descarado / fresco
Sei nicht so frech zu deinen Eltern.	No seas tan descarado con tus padres.

Para describir a las personas existen muchas expresiones con *wie*:

Er ist ...	Él es ...
frech wie Oskar.	fresco como una lechuga.
mutig wie ein Löwe.	fiero como un león.
**kạlt wie eine Hundeschnauze.*	frío como el hielo.
fleißig wie eine Biene.	trabajador como una hormiga.
schlau wie ein Fuchs.	astuto como un zorro.
sanft wie ein Lamm.	manso como un cordero.
störrisch wie ein Maultier.	terco como una mula.
stur wie ein Bock.	terco como una mula.
**stọlz wie ein Pfau.*	orgulloso como un pavo real.
dumm wie Bohnenstroh.	tonto de remate.

Sinne und Sinneseindrücke
Sentidos y sensaciones

r ***Sinn**, -e	sentido
die fünf Sinne	los cinco sentidos
r **Gesichtssinn**	(el sentido de) la vista
r **Gehörsinn**	(el sentido de) el oído
r **Geruchssinn**	(el sentido de) el olfato
r **Geschmackssinn**	(el sentido de) el gusto
r **Tastsinn**	(el sentido de) el tacto
sinnlich	sensorial, sensual
Sie ist eine sehr sinnliche Frau.	Es una mujer muy sensual.
r **Sinneseindruck**, ¨-e	sensación
r ***Eindruck**, ¨-e	impresión
Wir haben den Eindruck, dass …	Tenemos la impresión de que …
s ***Gefühl**, -e	sentimiento, sensación
Ich hatte das Gefühl, dass …	Tenía la sensación de que …
e **Empfindung**, -en	sentimiento, sensación
empfindlich	sensible / delicado
Meine Tochter ist extrem schmerzempfindlich.	Mi hija es extremadamente sensible al dolor.
Sei doch nicht immer so empfindlich!	¡No seas siempre tan sensible / delicado!
r **Orientierungssinn**	sentido de la orientación
Sie hat einen guten Orientierungssinn.	Tiene un buen sentido de la orientación.
***sehen** (sieht, sah, hat gesehen)	ver
Siehst du den Schmetterling dort oben?	¿Ves la mariposa allí arriba?
e **Sicht**	la vista
Sie ist **kurzsichtig** ↔ **weitsichtig**.	Es miope / corta de vista ↔ hipermétrope.
Das war eine sehr kurzsichtige Entscheidung.	Fue una decisión con muy poca vista.
Langsam kam der Zug in Sicht.	Poco a poco se pudo divisar el tren.
in Sichtweite von	al alcance de la vista
Eine Lösung des Problems ist noch nicht in Sicht.	Todavía no está a la vista una solución al problema.
sichtbar ↔ **unsichtbar**	visible ↔ invisible
***schauen**	mirar
Was ist los? Warum schaust du so traurig?	¿Qué pasa? ¿Por qué estás tan triste?
Schauen Sie sich das mal bitte an!	Por favor, mire usted esto / échele un vistazo a esto.
sich etw ***ansehen** / ***anschauen**	ver / mirar

Möchten Sie sich den Film auch ansehen / anschauen?	¿Le gustaría también ver la película?
***beobachten**	observar, notar
e **Beobachtung**, -en	observación
Haben Sie letzte Nacht irgendetwas Besonderes beobachtet?	¿Notó / Notaron anoche algo especial?
Notiz nehmen von	hacer caso de, tomar nota de
Sie nahm keine Notiz von ihm.	(Ella) No le hizo ningún caso.
***bemerken**	notar, darse cuenta de
Hat denn niemand den Diebstahl bemerkt?	¿No se ha dado cuenta nadie del robo?
wahrnehmen	percibir, notar
e **Wahrnehmung**, -en	percepción
Niemand nahm wahr, dass Ralf gegangen war.	Nadie notó que Ralf se había ido.
r ***Blick**, -e	mirada, vista
Er warf nur einen kurzen Blick auf das Foto.	(Él) Sólo le echó una mirada / un vistazo a la foto.
r **Blickkontakt**	contacto visual / con la mirada
Blickkontakt aufnehmen mit jm	establecer contacto con la mirada
Es war Liebe auf den ersten Blick.	Fue amor a primera vista.
Das sieht man doch auf einen Blick!	¡Se ve a primera vista!
Wir bekamen ihn nur kurz zu Gesicht.	Sólo lo llegamos a ver un momento.
e ***Brille**, -n	gafas, lentes LAm, anteojos LAm
Seit kurzem muss ich eine Brille tragen.	Desde hace poco tengo que llevar gafas.
Deine neue Brille gefällt mir.	Me gustan tus nuevas gafas.
e Brille ***abnehmen** (nimmt ab, nahm ab, hat abgenommen) ↔ **aufsetzen**	quitarse ↔ ponerse las gafas
e **Kontaktlinse**, -n	lentillas / lentes de contacto
***blind** sein	ser ciego

Er war wie von Sinnen. – No estaba en sus cabales.
Er ist nicht ganz bei Sinnen. – No está en su sano juicio.
Dafür hat sie einen sechsten Sinn. – Para eso tiene un sexto sentido.
Mir steht jetzt nicht der Sinn nach Reden. – Ahora no tengo ganas de hablar.
Das geht mir nicht mehr aus dem Sinn. – No me lo puedo quitar de la cabeza.
Sie macht alles ohne Sinn und Verstand. – Hace todo sin ton ni son / a tontas y locas.
Das ist ganz in meinem Sinn. – Estoy totalmente de acuerdo con eso.
Damit habe ich nichts im Sinn. – No me interesa en absoluto.
Das ist nicht im Sinne des Erfinders. – Eso está pensado de otra forma. / Eso no se hace así.

s ***Ohr**, -en	oreja, oído
Ich werde die Ohren offen halten.	Mantendré los oídos abiertos.
s **Geräusch**, -e	ruido
Was war das denn für ein Geräusch?	¿Qué ha sido ese ruido?

***hören**	oír
Hast du das Geräusch gehört?	¿Has oído ese ruido?
jn **kommen hören**	oír llegar a alg
Tut mir Leid, ich habe Sie nicht kommen hören.	Lo siento, no lo he oído llegar.
Radio hören	oír / escuchar la radio
***zuhören**	escuchar
Warum hörst du mir nicht zu?	¿Por qué no me escuchas?
r **Krach** / r ***Lärm**	ruido
Ich kann diesen Lärm hier nicht aushalten.	No puedo soportar el ruido que hay aquí.
(sich) ***gewöhnen** an *+A*	acostumbrarse a
Langsam gewöhnt er sich an den Lärm in der Straße.	Poco a poco se va acostumbrando al ruido de la calle.
e ***Gewohnheit**, -en	costumbre
***laut** ↔ ***leise**	alto / fuerte ↔ bajo
Sprechen Sie bitte etwas lauter.	Hable, por favor, un poco más alto.
das Gerät lauter ↔ leiser stellen	subir / bajar el volumen
geräuschvoll ↔ geräuschlos	ruidoso ↔ silencioso
Die Klimaanlage ist zu laut.	El aire acondicionado es demasiado ruidoso.
***ruhig** / ***still**	tranquilo, quieto, callado
Sei doch mal bitte ruhig!	¡Estate quieto!
e ***Ruhe** / e **Stille**	tranquilidad / silencio, silencio
s **Gehör**	oído
Er ist ein bisschen **schwerhörig**.	Es un poco duro de oído.
s **Hörgerät**, -e	audífono, sonotone
***taub**	sordo
taubstumm	sordomudo
Er ist taubstumm.	Es sordomudo.

Expresiones con *hören*

Ich habe ihn nicht gehört. – No lo he oído.
Haben Sie auch etwas darüber gehört? – ¿Ha oído usted también algo acerca de eso?
Unser Hund hört auf den Namen Poldi. – Nuestro perro responde al nombre de Poldi.
Hast du mal wieder etwas von Susanne gehört? – ¿Has vuelto a tener noticias de Susanne?
Lass mal wieder was von dir hören! – ¡Mantente en contacto!.
Er hört sich einfach gern reden. – Le gusta oírse a sí mismo.
Man höre und staune! – ¡Es increíble!
Wer nicht hören will, muss fühlen! – Si no quieres oír [obedecer], sufrirás las consecuencias.

r **Laut**, -e	sonido
ein kaum wahrnehmbarer Laut	un sonido apenas perceptible
r **Klang**, ⸚e	sonido / tono
Mir gefällt der Klang seiner Stimme.	Me gusta el tono de su voz.
klingen (klang, hat geklungen) / tönen *schweiz.*	sonar
Das Auto klingt wie ein Diesel.	El coche tiene el sonido de un diesel.
r **Ton**, ⸚e	tono
Mir gefällt dein Ton nicht.	No me gusta tu tono.
e **Lautstärke**	volumen
e ***Nase**, -n	nariz
Er hat eine Nase für gute Geschäfte.	(Él) Tiene olfato para los buenos negocios.
***riechen** (roch, hat gerochen)	oler
Wonach riecht es hier? – Nach frisch gebackenem Kuchen.	¿A qué huele aquí? – A pastel recién hecho.
r **Geruch**, ⸚e	olor
Ich liebe den Geruch von frisch gemahlenem Kaffee.	Me encanta el olor a café recién molido.
r **Duft**, ⸚e	aroma
duften	tener buen aroma / olor
Diese Rosen duften ja wunderbar!	Estas rosas huelen estupendamente / tienen un olor estupendo.
***atmen**	respirar
durch die Nase / den Mund einatmen ↔ ausatmen	aspirar ↔ espirar por la nariz / por la boca
r **Atem**	respiración
r **Gestank**	hedor / mal olor
***stinken** (stank, hat gestunken)	heder / oler mal

En español el "aroma" es algo que se huele y resulta agradable – en alemán: *Duft* o *Aroma*.
En alemán *el aroma* también se puede paladear y resultar agradable – en español: sabor / gusto.
der Duft frisch gemahlenen Kaffees – el aroma a café recién molido
Diese Tomaten haben überhaupt kein Aroma / keinen Geschmack. – Estos tomates no tienen ningún sabor / no saben a nada.

r ***Geschmack**, ⸚er	sabor / gusto
Die Geschmäcker sind verschieden.	Sobre gustos no hay disputa / no hay nada escrito.
Das hat einen bitteren Geschmack.	Tiene un sabor amargo.
***schmecken**	saber / gustar [con comidas y bebidas]
Das schmeckt ***süß** / **salzig** /***sauer** / ***bitter**.	Sabe dulce / salado / agrio / amargo.

La palabra alemana

Geschmack, como la española *"gusto"*, tiene otros significados:

1. Distinguir lo bonito de lo feo y lo bueno de lo malo: *Was Kleidung und Einrichtung betrifft, hat sie einen guten / sicheren Geschmack.* – En lo que respecta a la ropa y al mobiliario tiene buen gusto / un gusto indudable.
2. La preferencia de alguien por algo: *Das ist nicht jedermanns Geschmack.* – Esto no es del gusto de todos.
   El verbo ***schmecken*** en solitario también puede significar "saber bien / estar bueno":
   Mm, das schmeckt aber. – Mm, qué bien sabe / qué bueno está.
   Schmeckt es? – ¿Sabe bien? / ¿Está bueno? / ¿Te gusta?

s **Aroma**, -en	sabor / gusto, aroma
aromatisch	lleno de sabor, aromático
r ***Appetit**	apetito
Das hat mir den Appetit verdorben.	Me ha quitado el apetito.
***kosten** / ***probieren**	probar
Kann ich mal probieren?	¿Lo puedo probar?
berühren	tocar
e **Berührung**, -en	tacto
Der Stoff fühlt sich sehr weich an.	La tela tiene un tacto muy suave.
***anfassen** / angreifen *österr.*	coger / agarrar
(Die Waren) bitte nicht anfassen!	¡Por favor, no toquen las mercancías!
spüren	sentir
Sie spürte den Schmerz nicht.	(Ella) No sintió el dolor.
***träumen**	soñar
Ich habe letzte Nacht etwas Schreckliches geträumt. / Ich hatte letzte Nacht einen schrecklichen Traum.	Anoche soñé algo horrible./ Anoche tuve un sueño horrible.
r ***Traum**, ⸚e	sueño

Gefühle und Einstellungen
Sentimientos y actitudes

s ***Gefühl**, -e	sentimiento, sensación
***fühlen**	sentir
Wie fühlen Sie sich in Ihrer neuen Wohnung?	¿Cómo se siente en su nuevo piso?
Hier fühle ich mich richtig wohl!	Aquí me siento muy a gusto.
Ich fühle mich noch ein bisschen fremd in Berlin.	Todavía me siento un poco extraño en Berlín.
Sie fühlte sich müde und deprimiert.	Se sentía cansada y deprimida.
e ***Stimmung**, -en	ambiente

Die Stimmung beim Fußballspiel war super!	¡El ambiente en el partido de fútbol fue espléndido!
Es herrschte eine ausgelassene Stimmung.	Reinó un ambiente distendido.
e ***Laune**, -n	humor
guter ↔ schlechter Laune sein	tener buen / mal humor
Warum bist du heute so schlechter Laune?	¿Por qué tienes hoy tan mal humor?
emotional	emocional
bewegend	emocionante
Die Geburt meines Kindes war der bewegendste Augenblick meines Lebens.	El nacimiento de mi hijo / -a fue el momento más emocionante de mi vida.
zumute sein	sentirse, tener ganas de
Mir ist zum Weinen zumute.	Tengo ganas de llorar.
Mir ist jetzt nicht nach Späßen zumute.	No tengo ganas de bromas.
s **Bedürfnis**, -se	necesidad
Ich habe zur Zeit das Bedürfnis nach viel Ruhe.	Actualmente tengo necesidad de mucha tranquilidad.
e Zuneigung	cariño
sich verlieben (in +*A*)	enamorarse (de)
Julia hat sich unsterblich verliebt!	Julia se ha enamorado perdidamente.
e ***Liebe** *Sg*	amor
***lieben**	querer / amar, encantar
Ich liebe ihn sehr.	Lo quiero mucho.
Ich liebe es, im Meer zu schwimmen.	Me encanta nadar en el mar.
Ich mache das nur aus Liebe zu ihm.	Sólo lo hago por amor a él.
anbeten	adorar
Er betet seine neue Freundin an.	Adora a su nueva novia.
e **Leidenschaft**, -en	pasión
leidenschaftlich	apasionado
s **Begehren**	deseo
begehren	desear
s **Verlangen** nach	deseo de
e **Sehnsucht**, ⸚e nach	añoranza, ansia / anhelo
Ich habe solche Sehnsucht nach dir.	Te añoro mucho.
sich **sehnen** nach	añorar / extrañar LAm, ansiar / anhelar
Sie sehnen sich nach Frieden.	Anhelan la paz.
***gern haben**	gustar
Ich hab ihn sehr gern.	Él me gusta mucho.
Was hätten Sie gern?	¿Qué le gustaría?
***gern** (+ *Verb*)	gustar (+ verbo)
Ich fahre gern mit dem Zug.	Me gusta viajar en tren.
Ich bin sehr gern mit dir zusammen.	Me gusta mucho estar contigo.
***mögen** (mag, mochte, hat gemocht)	gustar
Ich mag keine Schokolade.	No me gusta el chocolate.
genießen	disfrutar
den Ausblick genießen	disfrutar el panorama
Ich genieße es, mit ihr zusammen zu sein.	Disfruto estando contigo.

Otras formas de expresar cariño y simpatía

Sie war mir sofort sympathisch. – Me cayó bien enseguida.
Auf Schokolade ist er ganz versessen. – El chocolate lo vuelve loco.
Die Berge haben es mir angetan. – Las montañas me han cautivado.
Er genießt die Zuneigung aller. – Goza del afecto / cariño de todos.
Diese Aufgabe würde mich reizen. – Esa tarea me atraería mucho.
Alte Bücher faszinieren mich. – Los libros antiguos me fascinan.
Sie schwärmt für Madonna. – Es una gran admiradora de Madonna.
Ich glaube, sie ist ihm wirklich zugetan. – Creo que ella de verdad le tiene afecto.

s ***Interesse**, -n	interés
Mit großem Interesse habe ich Ihre Stellenanzeige gelesen.	He leído con gran interés su anuncio de trabajo.
***sich interessieren für**	interesarse por
Interessieren Sie sich auch für klassische Musik?	¿Se interesa usted también por la música clásica?
***interessant**	interesante

¡No confunda ***interessiert*** con ***interessant*** y ***sich interessieren für***!
*Ich bin sehr **interessiert** an Ihrem Angebot.* – Estoy muy interesado en su oferta.
*Das ist ein sehr **interessantes** Angebot.* – Es una oferta muy interesante.
***Interessieren** Sie **sich für** klassische Musik?* – ¿Le interesa la música clásica?

***lieber** *(+ Verb)*	preferir (+ verb)
Ich reise lieber mit dem Zug.	Prefiero viajar en tren.
***vorziehen**	preferir
Ich ziehe es vor, hier zu bleiben.	Prefiero quedarme aquí.
vertragen (verträgt, vertrug, hat vertragen)	soportar / aguantar
Er verträgt keine Kritik.	No soporta que lo critiquen / ninguna crítica.
ertragen (erträgt, ertrug, hat ertragen) / **aushalten** (hält aus, hielt aus, hat ausgehalten)	soportar / aguantar
Ich kann seine Arroganz nicht ertragen.	No soporto su arrogancia.
Ich halte diesen Lärm hier nicht mehr aus!	¡No aguanto más el ruido que hay aquí!
tolerieren	tolerar
e **Toleranz**	tolerancia
***tolerant** ↔ **intolerant**	tolerante ↔ intolerante
Sei doch nicht so intolerant!	¡No seas tan intolerante!
jn etw ***angehen**	concernir
Diese Sache geht mich nichts an. Da halte ich mich raus.	Ese asunto no me concierne. En eso no me meto.
sich **abfinden** mit (fand ab, hat abgefunden)	resignarse / conformarse con algo

Ich kann mich nicht damit abfinden, dass …	No me puedo conformar con el hecho de que …
sich etw ***bieten** / ***gefallen lassen** (lässt, ließ, hat gelassen)	consentir / admitir
Das lasse ich mir nicht bieten / gefallen!	¡Eso no lo consiento / admito!
nicht mögen / **nicht leiden können** / **nicht ausstehen können**	desagradar / no soportar / no aguantar
Ich kann ihn nicht leiden / nicht ausstehen.	No lo soporto/ aguanto.
e **Abneigung**, -en (gegen)	aversión / manía
Ich empfinde eine große Abneigung gegen sie.	Le tengo mucha manía.
sich ***ärgern** über +*A*	enfadarse / enojarse por algo
Worüber ärgerst du dich denn so?	¿Por qué te enfadas de ese modo?
***zornig**	furioso
Warum wirst du denn gleich so zornig? Er hat dir doch nichts getan!	¿Por qué te pones en seguida tan furioso? ¡Él no te ha hecho nada!
***hassen**	odiar
Ich hasse es, wenn ich mich so abhetzen muss.	Odio tener que darme prisa.
r **Hass** *Sg*	odio
Ihre Augen waren voller Hass.	Sus ojos estaban llenos de odio.

Verbos que expresan una gran aversión

Sie verabscheut ihn.	Lo aborrece / detesta.
Sie kann ihn nicht ausstehen.	No lo puede ver.
Ich verabscheue Gewalttätigkeit.	Detesto la violencia.
Sie verachtet ihn.	Lo desprecia.

r **Optimismus** ↔ r **Pessimismus**	optimismo ↔ pesimismo
optimistisch ↔ **pessimistisch**	optimista ↔ pesimista
***hoffen**	esperar
Wird er uns helfen? – Ich hoffe es.	¿Nos ayudará? – Espero que sí.
e ***Hoffnung**	esperanza
Man darf nie die Hoffnung aufgeben.	No se puede perder la esperanza.
e **Befürchtung**	temor
befürchten	temer
Ich befürchte, er kommt nicht mehr.	Temo que no venga más.
verzweifeln	desesperar
Er sah sie verzweifelt an.	Él la miró desesperado.
e **Verzweiflung**	desesperación
Ihr stand die Verzweiflung ins Gesicht geschrieben.	La desesperación estaba escrita en su rostro. / Se podía leer la desesperación en su rostro.
s ***Vorurteil**, -e	prejuicio
Vorurteile gegen Ausländer	prejuicios contra los extranjeros
subjektiv ↔ **objektiv**	subjetivo ↔ objetivo

Adjetivos con los que se expresa enfado

*Sie war *böse / *ärgerlich / verärgert, weil er sie wie immer warten ließ.* – Estaba disgustada / enfadada / enojada porque él la hizo esperar como siempre.

*Der Chef war *wütend.* – El jefe estaba furioso / rabioso.

e ***Angst**, ⸗e	miedo
***Angst haben** (vor +*D*)	tener miedo de
Hast du Angst vor Hunden?	¿Le tienes miedo a los perros?
***ängstlich**	miedoso
***erschrecken** (erschrickt, erschrak, ist erschrocken) / schrecken *österr.*	asustarse
jn ***erschrecken**	asustar / dar un susto a alg
sich ***fürchten** (vor +*D*)	asustarse de
e **Furcht**	miedo
Sie fürchtet sich vor dem Fliegen.	(Ella) Tiene miedo a volar.
vorsichtig (sein)	(ser) cuidadoso
e ***Vorsicht**	cuidado / precaución
***stolz sein** (ist, war, ist gewesen) (auf +*A*)	estar orgulloso de
Auf diese Leistung sind wir stolz.	Estamos orgullosos del trabajo realizado.
eifersüchtig sein (auf +*A*)	estar celoso
Bist du eifersüchtig auf ihn?	¿Estás celoso de él?
e **Eifersucht**	celos
beneiden	envidiar
Ich beneide dich um diesen Job.	Te envidio por ese trabajo.
***überraschen**	sorprender
Ich bin überrascht dich hier zu sehen.	Estoy sorprendido de verte aquí.
e **Überraschung**, -en	sorpresa
Was für eine Überraschung!	¡Qué sorpresa!
(sich) ***wundern**	maravillar(se)
erstaunt	asombrado
Wir waren ganz erstaunt / verblüfft, sie hier zu sehen.	Estábamos totalmente asombrados / atónitos / perplejos de verla aquí.
***weinen**	llorar
***schreien** (schrie, hat geschrien)	llorar, gritar
Hör doch, das Baby schreit.	Escucha, el bebé está llorando.
***lachen**	reír(se)
Was gibt es da zu lachen?	¿Qué motivo hay para reírse? / ¿De qué os reís?
s **Gelächter**	risa

Verbos que significan sonreír y reír

**lächeln*	sonreír(se)	**lachen*	reír(se)
grinsen	reír(se) irónicamente	*kichern*	reírse para dentro
schallend lachen	reír(se) a carcajadas		

e **Einstellung**, -en	actitud
eine positive ↔ negative Einstellung gegenüber etw/jm haben	tener una actitud positiva ↔ negativa frente a / ante algo / alg
e **Haltung**, -en	actitud
Ihre ablehnende Haltung gegenüber unserem Vorschlag hat mich überrascht.	Me ha sorprendido su actituld negativa ante nuestra propuesta / su oposición a nuestra propuesta.

Ethik und Moral
Ética y moral

e **Moral**	moralidad, moral
Das ist eine Frage der Moral.	Es una cuestión de moral.
Meiner Meinung nach hat er seltsame Moralvorstellungen.	En mi opinión tiene unas ideas sobre la moralidad un tanto extrañas.
moralisch ↔ **unmoralisch**	moral ↔ inmoral
moralische Prinzipien / Maßstäbe	principios / valores morales
Er fühlt sich moralisch verpflichtet, ihr zu helfen.	Se siente moralmente obligado a ayudarla.
unmoralisches Verhalten	comportamiento inmoral

Expresiones sobre la moral

Vater hat heute seinen Moralischen! – Papá tiene hoy remordimientos.
Seine dauernden Moralpredigten gehen mir langsam auf die Nerven. – Sus sermones continuos me están empezando a sacar de quicio.
Du mit deiner Doppelmoral! – ¡Tú y tu doble moral!

ethisch	ético
e **Ethik**	ética
***gut** (besser, best-) ↔ ***schlecht**	bueno (mejor, óptimo / el/la mejor) ↔ malo
das **Gute** ↔ das **Schlechte**	el bien, lo bueno ↔ el mal, lo malo
Sie glaubt immer an das Gute im Menschen.	Siempre cree en la bondad del ser humano / que el ser humano es bueno.
Gutes tun	hacer el bien
eine gute Tat ↔ eine schlechte / böse Tat	una obra buena ↔ una obra mala
gutmütig	bonachón / bueno por naturaleza
Opa ist ein sehr gutmütiger Mensch.	El abuelo es bueno por naturaleza.
***menschlich** sein	ser humano
***richtig** ↔ ***falsch**	correcto ↔ incorrecto

Da hast du richtig gehandelt.	Te has comportado correctamente.
s ***Recht** ↔ s **Unrecht**	justicia ↔ injusticia
im Recht ↔ Unrecht sein	tener razón ↔ no tener razón / equivocarse
Ich weiß, dass ich im Unrecht war.	Sé que me equivoqué.
***böse**	malo / malvado
das Böse	el mal
der Konflikt zwischen Gut und Böse	El conflicto entre el bien y el mal
e **Sünde**, -n	pecado
Es wäre eine Sünde, das zu tun.	Sería un pecado hacer eso.
s **Gewissen**	conciencia
ein ruhiges / gutes ↔ schlechtes Gewissen haben	tener la conciencia tranquila / limpia ↔ tener remordimientos
Gewissensbisse haben	tener remordimientos de conciencia
gewissenhaft	concienzudamente
Er hat alle Arbeiten gewissenhaft erledigt.	(Él) Ha realizado todos los trabajos concienzudamente.
s **Ideal**, -e	ideal
Er lebt entsprechend seinen Idealen.	(Él) Vive de acuerdo con sus ideales.
idealistisch	idealista
e **Tugend**, -en ↔ s **Laster**, -	virtud ↔ vicio
Rauchen ist sein größtes Laster.	Fumar es su mayor vicio.
e **Weisheit**	sabiduría
e **Tapferkeit**	valor / valentía
e ***Schuld**	culpa
***schuldig** ↔ ***unschuldig**	culpable ↔ inocente
Es ist alles ihre Schuld.	Todo es culpa suya.
e **Integrität**	integridad
Er ist ein integrer Mensch.	Es un hombre íntegro.
e **Gerechtigkeit** *Sg*	justicia
gerecht ↔ **ungerecht**	justo ↔ injusto
für eine gerechte Sache kämpfen	luchar por una causa justa
e **Ehrlichkeit**	honradez / honestidad
***ehrlich** ↔ ***unehrlich**	honrado / honesto ↔ deshonesto
Ehrlich währt am längsten.	La honradez siempre triunfa al final.
r **Gehorsam** ↔ r **Ungehorsam**	obediencia ↔ desobediencia
Sie ist ein gehorsames Kind.	Es una niña obediente.

Las siete virtudes cardinales

r Glaube	fe	*e *Hoffnung*	esperanza
*e *Liebe*	caridad	*e Gerechtigkeit*	justicia
e Tapferkeit	fortaleta	*e Klugheit*	prudencia
e Mäßigkeit	templanza		

Los siete pecados capitales

r Hochmut	soberbia	*r *Zorn*	ira
r Neid	envidia	*e Unkeuschheit*	lujuria
e Unmäßigkeit	gula	*r Geiz*	avaricia
e Trägheit	pereza		

e **Anständigkeit**	decencia
anständig ↔ **unanständig**	decente ↔ indecente
Sicherlich ist er ein anständiger Kerl.	Estoy seguro de que es un tío decente.
Du sollst keine unanständigen Wörter benutzen.	No debes decir ninguna palabra malsonante / ninguna palabrota.
e **Treue**	fidelidad
Er schwor ihr ewige Treue.	(Él) Le juró fidelidad eterna.
***treu** ↔ ***untreu**	fiel ↔ infiel
schwören (schwor, hat geschworen)	jurar
***versprechen** (verspricht, versprach, hat versprochen)	prometer
Er hat mir versprochen, sich nicht mehr zu ***verspäten**.	(Él) Me ha prometido que no va a volver a retrasarse / a llegar nunca más tarde.
vertrauenswürdig	digno de confianza
Ist sie ein vertrauenswürdiger Mensch?	¿Es una persona en la que se puede confiar?
e **Gier** / e **Habsucht**	codicia / afán de lucro
seine **Geldgier** / **Machtgier**	su codicia / su afán de poder
gierig / **habsüchtig** sein	codicioso
e **Korruption** / e **Bestechung**	corrupción / soborno
korrupt / **bestechlich** sein	ser corrupto / sobornable
Glauben Sie, dass er korrupt ist?	¿Cree usted que es corrupto?
e **Scheinheiligkeit** / e **Heuchelei**	hipocresía
scheinheilig / **heuchlerisch**	hipócrita
Sei nicht immer so scheinheilig!	¡No seas siempre tan hipócrita!
***lügen** (log, hat gelogen)	mentir
e ***Lüge**, -n	mentira
r **Lügner**, - // e **Lügnerin**, -nen	mentiroso
Er ist ein verdammter Lügner.	Es un maldito mentiroso.
r **Nichtsnutz**, -e	inútil
r **Gauner**, -	granuja / tunante
Der alte Gauner hat mich betrogen.	El viejo tunante me ha engañado.

r **Skrupel**, -	escrúpulo
Sie hatte nicht die leisesten Skrupel.	No tuvo el más mínimo escrúpulo.
skrupellos	sin escrúpulos
r ***Fehler**, -	fallo / error
Jeder macht mal Fehler.	Todo el mundo comete a veces errores.
sich **schämen** (für)	avergonzarse (de / por)
e **Scham**	vergüenza
Ich bin **beschämt**.	Estoy avergonzado.
Du solltest dich schämen.	Deberías estar avergonzado / avergonzarte de ti mismo.
e **Reue**	arrepentimiento
bereuen	arrepentirse
Der Angeklagte hat die Tat bereut.	El acusado se ha arrepentido de lo que hizo.
reumütig	arrepentido
jm etw **peinlich** sein (ist, war, ist gewesen)	dar vergüenza a alg de algo / sentir vergüenza de algo
Das braucht dir nicht peinlich zu sein.	No tienes que sentir vergüenza por eso.
obszön / **unzüchtig**	obsceno
Er reißt immer obszöne Witze.	Siempre está contando chistes obscenos.

Persönliche Beziehungen
Relaciones humanas

e ***Beziehung**, -en	relación
ihre Beziehung zu Männern	su relación con los hombres
Ich habe eine sehr gute Beziehung zu / mit meinen Nachbarn.	Tengo muy buenas relaciones con mis vecinos.
seine Beziehungen spielen lassen	hacer valer todos sus contactos
sich mit jm **gutstellen**	intentar entablar amistad con alg
zurechtkommen (kam zurecht, ist zurechtgekommen) / **auskommen** mit (kam aus, ist ausgekommen)	llevarse bien con
Ich komme gut mit ihm zurecht / aus.	Me llevo bien con él.
Wir kommen gut miteinander aus.	Nos llevamos bien.
sich ***verstehen** (verstand, hat verstanden)	entenderse
Wir verstehen uns sehr gut.	Nos entendemos muy bien.
gegenseitig	mutuo, mutuamente
sich ***unterstützen**	apoyarse
Sie unterstützen sich sehr.	Se apoyan mutuamente.
e ***Freundschaft**, -en	amistad
r ***Freund**, -e // e **Freundin**, -nen	amigo // amiga, novio // novia

Expresiones relacionadas con los amigos y con la amistad

*eine enge / *hẹrzliche Freundschaft*	una amistad íntima / estrecha
freundschaftliche Beziehungen	relaciones amistosas
*Freundschaft *schließen mit jm*	intimar con alguien
r Freundschaftsbeweis, -e	una prueba de amistad
jm einen Freundschaftsdienst erweisen	hacer un favor a alg como amigo
Ich sage Ihnen das in aller Freundschaft.	Se lo digo como amigo.
*Freundschaften *pflegen*	cuidar las amistades
*Freunde *fịnden*	hacer amigos
*Freunde *verlieren*	perder amigos
ein alter Schulfreund / Studienfreund von mir // eine alte Schulfreundin / Studienfreundin von mir von mir	un antiguo amigo del colegio / de los estudios // una antigua amiga del colegio // de los estudios
Wir sind dicke Freunde / Freundinnen.	Somos amigos íntimos // amigas íntimas.
Er hat seit kurzem eine feste Freundin.	Tiene desde hace poco una novia fija.

r / e ***Bekạnnte**, -n	conocido
Sie ist eine gute Bekannte von mir.	Es una amiga mía.
e **Bekạnntschaft**, -en	trato, relaciones
***bekạnnt** (sein)	(ser) conocido
jm//sich ***begegnen**	encontrarse / encontrar a alguien
Wo sind wir uns schon einmal begegnet?	¿Dónde nos hemos visto antes?
***kẹnnen lẹrnen**	conocer
Ich habe sie in London kennen gelernt.	La he conocido en Londres.
Allmählich lernte sie ihn besser kennen.	Lo fue conociendo mejor.
vertraut (sein)	(ser) de confianza
Wir sind uns sehr vertraut.	Tenemos mucha confianza.
jm **nahe stehen** (stand, hat / ist gestanden)	tener confianza con alg
Wir standen uns immer sehr nahe.	Siempre nos tuvimos mucha confianza.
r ***Nạchbar**, -n // e **Nạchbarin**, -nen	vecino // vecina
Trinken wir auf eine gute Nachbarschaft!	¡Brindemos por una buenavecindad!
e **Gleichgültigkeit**	indiferencia
s **Mịtgefühl**	pésame / condolencia, simpatía
Ich möchte Ihnen mein tiefes Mitgefühl ausdrücken.	Me gustaría darle mi más sentido pésame.
s **Mịtleid**	compasión / piedad
Mitleid haben mit jm	tener compasión de alg
Sie verdienen kein Mitleid.	No merece compasión alguna.
e **Solidarität**	solidaridad
solidarisch sein (mit)	ser solidario
r ***Rat** / r ***Ratschlag**, ¨-e	consejo
Eine gute Freundin weiß fast immer einen Rat.	Una buena amiga casi siempre puede aconsejarte.

e **Zuneigung**	cariño
e ***Liebe**	amor
***lieben**	querer / amar
verliebt sein in jn	estar enamorado de alg
Sie ist in ihn verliebt.	Está enamorada de él.
nicht ausstehen / **leiden können**	no soportar / aguantar
Ich kann ihn nicht ausstehen / leiden!	¡No puedo soportarlo!
r **Hass**	odio
***hassen**	odiar
Ich hasse den Winter.	Odio el invierno.

Personas que tienen o que hacen algo en común

r Spielkamerad, en // e Spielkameradin, -nen	compañero // compañera de juego
r Schulkamerad, -en // e Schulkameradin,-nen	compañero // compañera de clase
r Studienkollege, -n // e Studienkollegin, -nen	compañero // compañera de estudios
r Mitbürger, - // e Mitbürgerin, -nen	ciudadano // ciudadana
r / e Mitreisende, -n	compañero // compañera de viaje
r Kumpel, -	colega
*r *Kollege, -n // e Kollegin, -nen*	compañero // compañera de trabajo / colega
r Komplize, -en // e Komplizin, -nen	cómplice
*r *Teilnehmer, - // e *Teilnehmerin, -nen*	participante
*r *Partner, - // e Partnerin, -nen*	compañero / -a

e ***Gruppe**, -n	grupo
alle Mitglieder der Gruppe	todos los miembros del grupo
Gruppendruck ausüben auf jn	presionar a alg en grupo
e ***Familie**, -n	familia
r **Klub**, -s	club
r ***Verein**, -e	club / asociación
einem Verein beitreten ↔ aus einem Verein austreten	entrar en un club ↔ salir de un club
s ***Mitglied**, -er	miembro
e **Mitgliedschaft** in einem Verein / Klub	la pertenencia a un club / asociación
e ***Gesellschaft**, -en	compañía
Sie leistet ihm Gesellschaft.	Le hace compañía.
Er sehnt sich nach Gesellschaft.	Anhela tener compañía.
e ***Gemeinschaft**, -en	comunidad
***gemeinsam**	juntos
e ***Hilfe**, -n	ayuda
Sie hat ein bisschen Hilfe nötig.	Necesita un poco de ayuda.
jm ***helfen** (hilft, half, hat geholfen)	ayudar a alg
e **Unterstützung**	apoyo
moralische / finanzielle Unterstützung	apoyo moral / económico
***unterstützen**	apoyar

e **Zusammenarbeit**	cooperar
e ***Gruppe**, -n / s ***Team**, -s [ti:m]	grupo / equipo
Wir haben das in Teamwork gemacht.	Lo hemos hecho en grupo.
r ***Kontakt**, -e	contacto
Wir müssen in Kontakt bleiben.	Tenemos que mantenernos en contacto.
Wir haben den Kontakt zu ihr verloren.	Hemos perdido el contacto con ella.
e ***Verbindung**, -en	contacto
Sie hat gute Verbindungen.	Tiene buenos contactos / buenas relaciones.
in Verbindung stehen mit (stand, hat / ist gestanden)	estar en contacto con
sich **in Verbindung setzen** mit	ponerse en contacto con
Er setzte sich mit ihr in Verbindung.	Se puso en contacto con ella.
sich ***unterhalten** mit (jm) / über +*A* (unterhält, unterhielt, hat unterhalten)	hablar / conversar / charlar de algo con alg
Wir müssen uns mit ihm darüber unterhalten.	Tenemos que hablar de eso con él.
s ***Gespräch**, -e	conversación
r **Dialog**, -e	diálogo
einen **Dialog führen** mit	dialogar con
den Dialog nicht abbrechen lassen	no interrumpir el diálogo
e ***Diskussion**, -en	discusión
Darüber gab es lange Diskussionen.	Hubo largas discusiones sobre eso.
e **Spannung**, -en	tensión
Es gibt leichte Spannungen innerhalb der Gruppe.	Hay pequeñas tensiones dentro del grupo.
r **Konflikt**, -e	conflicto
einen **Konflikt austragen** (trägt aus, trug aus, hat ausgetragen)	deshacer un conflicto
einen **Konflikt *lösen**	resolver un conflicto
e **Meinungsverschiedenheit**, -en	diferencias de opinión
Wir hatten eine kleine Meinungsverschiedenheit.	Tuvimos algunas diferencias.
e **Auseinandersetzung**, -en	discusión / choque
Sie hatten oft Auseinandersetzungen.	Chocaban / Discutían con frecuencía.
r ***Streit**, -s	pelea / riña
sich ***streiten** (stritt, hat gestritten)	pelearse / reñir
Sie haben sich oft gestritten.	Se han peleado con frecuancia.
Darüber lässt sich streiten.	Eso se puede discutir.
e **Uneinigkeit**	desacuerdo
sich **nicht *einig** / sich ***uneinig sein** (ist, war, ist gewesen)	no ponerse de acuerdo / estar en desacuerdo
Wir sind uns darüber noch nicht einig.	Todavía no nos hemos puesto de acuerdo.

e **Feindseligkeit**, -en (gegenüber jm)	hostilidad (a / hacia alg)
feindselig	hostil
r ***Feind**, -e // e **Feindin**, -nen	enemigo // enemiga
Sie hat sich dort viele Feinde gemacht.	Se ha buscado un montón de enemigos allí.
r **Gegner**, - // e **Gegnerin**, -nen	adversario // adversaria
Mach ihn dir nicht zum Gegner!	¡No hagas de él un adversario!
e **Sympathie** [zympa'ti:] (für) ↔ e **Antipathie** / e **Abneigung** (gegen)	simpatía ↔ antipatía
r **Vorwurf**, ¨-e	reproche
jm Vorwürfe machen	hacer reproches a alg
jm etwas **vorwerfen** (wirft vor, warf vor, hat vorgeworfen)	reprochar algo a alg
e **Beleidigung**, -en	insulto, ofensa
***beleidigen**	insultar, ofender
Warum bist du denn so beleidigt?	¿Por qué estás tan ofendido?
e **Kränkung**, -en	insulto / ofensa / agravio
kränken / ***verletzen**	insultar, ofender / herir
Seine Äußerung hat mich sehr gekränkt.	Lo que ha dicho me ha ofendido / herido mucho.
sich **gekränkt fühlen**	sentirse ofendido
jm etw **übel nehmen** (nimmt, nahm, hat genommen)	tomarle a alg algo a mal
Das habe ich ihr sehr übel genommen.	Se lo he tomado muy a mal.
e **Rache**	venganza
sich rächen (an +*D*)	vengarse de
verachten	despreciar
e **Verachtung**	desprecio
Das gibt noch „böses Blut".	Eso suscitará discordias.

Algunos insultos

Du Trottel / Idiot / Depp / Esel!	¡Tú eres imbécil / idiota / tonto / un burro
So ein Idiot!	¡Qué idiota!
Du bist wohl verrückt?	¡Tú estás loco!
Du hast doch einen Knall!	¡Tú estás mal de la cabeza!

e ***Entschuldigung**, -en	disculpa
sich ***entschuldigen** (für)	disculparse
***verzeihen** (verzieh, hat verziehen) / **vergeben** (vergibt, vergab, hat vergeben)	perdonar
Können Sie ihr denn das nicht verzeihen?	¿No puede usted perdonárselo?
e ***Verzeihung**	perdón
Oh, Verzeihung! Das tut mir Leid!	¡Oh, perdón!¡Lo siento mucho!

Sexualität
Sexualidad

s **Geschlecht**, -er	sexo
das andere Geschlecht	el sexo opuesto
***männlich** ↔ ***weiblich**	masculino ↔ femenino
e **Zärtlichkeit**, -en	ternura / cariño
zärtlich sein (ist, war, ist gewesen)	ser tierno / cariñoso
jn **verführen**	seducir a alg
erotisch	erótico
e **Erotik**	erotismo
r **Sex**	sexo
Sex haben (mit)	acostarse (con)
e **Sexualität**	sexualidad
e Sexualerziehung	educación sexual
s Sexualverbrechen, -	delito sexual
sexuell	sexual
e sexuelle Belästigung	acoso / abuso sexual
heterosexuell	heterosexual
homosexuell	homosexual
e Homosexualität	homosexualidad
***schwul**	gay / marica
r **Schwule**, -n	gay / marica
lesbisch	lesbiano
e **Lesbierin**, -nen / e **Lesbe**, -n	lesbiana
e **Empfängnisverhütung**	anticoncepción / contracepción
s ***Kondom**, -e / s Präservativ, -e	condón / preservativo
e ***Pille** *Sg*	píldora
e Spirale, -n	espiral
e **Schwangerschaft**, -en	embarazo
***schwanger sein**	estar embarazada
Sie ist zum zweiten Mal schwanger.	Está embarazada por segunda vez.
r **Schwangerschaftsabbruch**, ⸚e / e **Abtreibung**, -en	aborto
abtreiben lassen	abortar
eine Abtreibung vornehmen lassen	realizar un aborto
e **Prostitution**	prostitución
e **Prostituierte**, -n / e **Hure**, -n	prostituta / puta
r **Stricher**, - / r **Strichjunge**, -n	chapero / puto
e **Vergewaltigung**, -en	violación
jn **vergewaltigen**	violar a alg
sexueller **Missbrauch**	abuso sexual
e Geschlechtskrankheit, -en	enfermedad venérea
***Aids** / s / r HIV-Virus	SIDA / síndrome de inmunodeficiencia adquirida

Leben und Tod
Vida y muerte

r ***Tod** / r **Todesfall**, ⸚e	muerte
Es gab einige Todesfälle.	Hubo algunos muertos / algunas muertes.
***sterben** (stirbt, starb, ist gestorben)	morir
Er sagte mir das auf dem Sterbebett.	Me lo dijo en su lecho de muerte.
Woran ist sie gestorben? – An Krebs / Altersschwäche.	¿De qué ha muerto ? – Ha muerto de cáncer / de viejo.
Sie starb eines natürlichen Todes.	Murió de muerte natural.
r / e **Sterbende**, -n	moribundo // moribunda
r / e **Verstorbene**, -n	difunto // difunta
Sie ist heute morgen verstorben.	Ha muerto esta mañana.
***lebendig** ↔ ***tot**	vivo ↔ muerto
***tödlich**	mortal
eine tödliche Verletzung	una herida mortal
r / e **Tote**, -n	muerto // muerta
r Totenschein, -e	certificado de defunción
e **Obduktion**, -en / e **Autopsie**, -n	autopsia
eine Obduktion durchführen	practicar / hacer una autopsia
r **Sarg**, ⸚e / e **Urne**, -n	ataúd / féretro
begraben / **beerdigen**	enterrar
Wo liegt sie begraben?	¿Dónde está enterrado?
r **Friedhof**, ⸚e	cementerio
s **Begräbnis**, -se / e **Beerdigung**, -en / e **Beisetzung**, -en	funeral / entierro / sepelio
Ich war auf ihrer Beerdigung.	Estuve en su entierro.
s **Bestattungsinstitut**, -e	funeraria / casa de pompas fúnebres
e **Trauerfeier**, -n	funerales / honras fúnebres
e **Totenmesse**, -n	misa de difuntos / de réquiem
s **Krematorium**, Krematorien	crematorio
s **Grab**, ⸚er	tumba / sepulcro
am Grab einen Kranz niederlegen	depositar una corona fúnebre en una tumba
r **Grabstein**, -e	lápida
Ruhe in Frieden *(Grabinschrift)*	descanse en paz (epitafio)
von der Wiege bis zur Bahre *idiom.*	desde la cuna hasta la sepultura
s **Beileid**	pésame
Herzliches Beileid!	¡Mi más sentido pésame!

En un funeral

Wir haben nichts in die Welt gebracht und wir bringen nichts hinaus. Der Herr gibt, der Herr nimmt; der Name des Herrn sei gelobt. No hemos traído nada a este mundo ni nos podemos llevar nada de él. El señor da, el Señor quita, bendito sea el nombre del Señor. *Erde zu Erde, Asche zu Asche, Staub zu Staub.* Tierra a la tierra, ceniza a la ceniza, polvo al polvo.

e **Seele**, -n	alma
s Leben nach dem Tod	la vida más allá de la muerte
die **Hinterbliebenen** *Pl*	la familia del difunto / los deudos / allegados
(be)**trauern**	estar de luto, sentir / llorar la muerte de alg
Tausende trauerten um sie.	Miles de personas sintieron su muerte.
e **Trauer**	luto
Sie ist immer noch in Trauer.	Todavía está de luto.
r **Nachruf**	necrológica / obituario
e **Todesanzeige**, -n	esquela mortuoria
e **Euthanasie** / e **Sterbehilfe**	eutanasia
r **Selbstmord**	suicidio
e Selbstmordrate, -n	índice de suicidio
Sie beging Selbstmord.	Se suicidó.
umkommen (kam um, ist umgekommen)	perder la vida
Bei dem Absturz kamen 96 Menschen ums Leben.	96 personas perdieron la vida al caerse el avión.
jn **umbringen** (brachte um, hat umgebracht)	matar / asesinar a alg
s **Testament**, -e	testamento
r letzte Wille	última voluntad
sein letzter Wille	su última voluntad
erben ↔ **vererben**	heredar
s **Erbe**	herencia
Das Erbe muss ***gleichmäßig** unter den Geschwistern verteilt werden.	La herencia debe ser repartida entre los hermanos a partes iguales.
r **Erbe**, -n // e **Erbin**, -nen	heredero // heredera
r **Nachkomme**, -n	descendiente

3 Die Familie
La familia

3.1 Verwandtschaft
Relaciones familiares / Parentescos

3.2 Partnerschaft
Relaciones de pareja

3.3 Kinder
Hijos

Verwandtschaft
Relaciones familiares / Parentescos

e ***Familie**, -n	familia
Meine Familie lebt seit zwei Generationen hier.	Mi familia vive aquí desde hace dos generaciones.
e **Verwandtschaft**	parientes / familia / parentesco
r / e ***Verwandte**, -n	el // la pariente / el // la familiar
Haben Sie Verwandte in Deutschland?	¿Tiene usted parientes / familiares en Alemania?
Sie ist nicht mit mir ***verwandt**.	No tiene ningún parentesco conmigo.
r / e ***Angehörige**, -n	familiares / deudos / allegados
Sind die Angehörigen benachrichtigt worden?	¿Se ha avisado ya a los familiares?
r **Stammbaum**, ¨-e	árbol genealógico
r **Vorfahr**, -en	antepasado
Meine Vorfahren kommen aus Polen.	Mis antepasados proceden de Polonia.
e **Abstammung** / e **Herkunft**	origen / procedencia
Sie sind polnischer Abstammung.	Son de origen polaco.
In den USA leben Menschen verschiedenster Herkunft.	En los Estados Unidos viven personas de diferentes procedencias.
Eltern *Pl*	padres
r ***Vater**, ¨- // e ***Mutter**, ¨-	padre // madre
s ***Kind**, -er	hijo // hija, niño // niña
Meine Kinder sind schon aus dem Haus.	Mis hijos ya no viven en casa.
Eltern sorgen für ihre Kinder.	Los padres cuidan de sus hijos.
***sorgen** (für)	cuidar
r ***Sohn**, ¨-e // e ***Tochter**, ¨-	hijo // hija
r ***Bruder**, ¨- // e ***Schwester**, -n	hermano // hermana
r Halbbruder, ¨- // e Halbschwester, -n	medio hermano // media hermana
Geschwister *Pl*	hermanos

Stiefeltern / Stiefvater / Stiefmutter	padrastros / padrastro // madrastra
Stiefkinder / Stiefsohn / Stieftochter	hijastros / hijastro // hijastra
Stiefgeschwister / Stiefbruder / Stiefschwester	hermanastros / hermanastro // hermanastra
**Schwiegereltern / *Schwiegervater / *Schwiegermutter*	suegros / suegro // suegra
**Schwiegersohn / *Schwiegertochter*	yerno // nuera

r **Schwager**, – // e **Schwägerin**, -nen	cuñado // cuñada
r ***Onkel**, -s // e ***Tante**, -n	tío // tía
r Großonkel, – // e Großtante, -n	tío abuelo // tía abuela
r ***Neffe**, -n // e ***Nichte**, -n	sobrino // sobrina
r ***Cousin**, -s [ku'zɛ̃:] // e ***Cousine**, -n [ku'zi:nə]	primo // prima
r **Vetter**, -n	primo // prima
Brigitte ist eine Cousine von mir.	Brenda es una prima mía.
Großeltern *Pl*	abuelos
r **Großvater**, ⸚ // e **Großmutter**, ⸚	abuelo // abuela
r Urgroßvater // e Urgroßmutter	bisabuelo // bisabuela
Urgroßeltern *Pl*	bisabuelos

Mama (auch [ma'ma:]) */ Mami / Mutti*	mamá / mami
Papa / Papi / Vati	papá / papi
Oma / Omi	abuela
Opa / Opi	abuelo

r ***Enkel**, – // e **Enkelin**, -nen	nieto // nieta
Enkelkinder *Pl*	nietos
r Urenkel // e Urenkelin	bisnieto // bisnieta
Urenkel *Pl*	bisnietos

Partnerschaft
Relaciones de pareja

s ***Paar**, -e	pareja
Seit wann sind Linda und Franz ein Paar?	¿Desde cuándo están Linda y Franz juntos?
zusammenleben	vivir juntos
Ralf und Sabine sind nicht verheiratet, aber sie leben schon seit fünf Jahren zusammen.	Ralf y Sabine no están casados, pero viven juntos desde hace ya cinco años.
die eheähnliche Lebensgemeinschaft	unión consensual / pareja de hecho
r **Lebensgefährte**, -n // e **Lebensgefährtin**, -nen / r **Lebenspartner**, - // e **Lebenspartnerin**, -nen	compañero // compañera
***sich verlieben** (in +*A*)	enamorarse (de)
***verliebt sein** (in +*A*)	estar enamorado (de)
Bist du in ihn verliebt?	¿Estás enamorada de él?
***Liebling**, -e	cariño

r **Flirt**, -s [flœrt]	flirteo
flirten ['flœrtn]	flirtear
sich verloben	prometerse
verlobt sein (mit)	estar prometido (con)
e **Verlobung**, -en	compromiso matrimonial
Die Verlobung fand im engsten Familienkreis statt.	El compromiso matrimonial tuvo lugar en el más íntimo círculo familiar.
r / e **Verlobte**, -n	prometido // prometida
r **Heiratsantrag**, ¨-e	propuesta matrimonial
Peter hat mir einen Heiratsantrag gemacht.	Peter me ha pedido que me case con él.
e ***Ehe**, -n	matrimonio
Sie hat eine Tochter aus erster Ehe.	Tiene una hija del primer matrimonio.
e **Heirat**	boda / casamiento
***heiraten**	casarse con
Wir haben 1998 geheiratet.	Nos casamos en 1998.
Mein Sohn heiratet nächsten Sommer.	Mi hijo se casa el próximo verano.
Ich würde ihn nie heiraten!	¡No me casaría en la vida con él!
***verheiratet sein** (mit)	estar casado (con)
Sie ist mit einem Künstler verheiratet.	Está casada con un artista.

Acción	**Estado**
Peter hat sich verliebt. Peter se ha enamorado.	*Peter ist verliebt.* Peter está enamorado.
Peter und Katja haben sich an Silvester verlobt. Peter y Katja se han prometido en Fin de Año.	*Peter und Katja sind seit Silvester verlobt.* Peter y Katja están prometidos desde Fin de Año.
Peter und Katja heiraten im Juli. Peter y Katja se casan en julio.	*Peter und Katja sind seit Juli verheiratet.* Peter y Katja están casados desde julio.
Peter und Katja haben sich getrennt. Peter y Katja se han separado.	*Peter und Katja sind / leben seit einem Jahr getrennt.* Peter y Katja están / viven separados desde hace un año.
Peter und Katja haben sich scheiden lassen. Peter y Katja se han divorciado.	*Peter und Katja sind endlich geschieden.* Peter y Katja están por fin divorciados.

e ***Hochzeit**, -en / e **Trauung**, -en	boda
Frau Berger und Herr Dr. Rein geben ihre **Vermählung** bekannt.	La señora Berger y el doctor Rein tienen el placer de anunciar su boda.
s **Standesamt**, ⸚er	registro civil
e standesamtliche / kirchliche Trauung	boda civil / por la iglesia
Am Freitag heiraten wir standesamtlich und am Samstag kirchlich.	El viernes nos casamos por lo civil y el sábado por la iglesia.
Die Trauung fand in der Kirche statt.	La boda tuvo lugar en la iglesia.
r **Polterabend**, -e	despedida de soltero // soltera

En Alemania todas las parejas tienen que casarse en el registro civil (***Standesamt***), también aquellas que posteriormente deseen hacerlo por la iglesia. La noche antes de la boda algunas parejas celebran una fiesta (***Polterabend)*** con sus amigos y familiares en la cual a veces se rompen platos viejos para que el futuro matrimonio tenga suerte en su vida de casados. Desde el año 2001 también las parejas homosexuales pueden contraer matrimonio por lo civil.

s **Aufgebot**, -e	amonestaciones
r **Bräutigam**, -e // e **Braut**, ⸚e	novio // novia
s **Brautpaar**, -e	novios
s **Ehepaar**, -e	matrimonio
e **Heiratsurkunde**, -n	acta matrimonial
r **Trauzeuge**, -n // e **Trauzeugin**, -nen	padrino // madrina, el // la testigo
mein ***Mann** // meine ***Frau**	mi marido / esposo // mi mujer / esposa
mein Gatte / Ehemann // meine Gattin / Ehefrau (*förmlich*)	mi marido / esposo // mi mujer / esposa (formal)
r **Ehering**, -e	alianza
s **Hochzeitskleid**, -er	vestido de novia
r **Brautstrauß**, ⸚e	ramo de novia
e **Hochzeitsreise**, -n / **Flitterwochen** *Pl*	luna de miel
Wohin fahren Sie auf Hochzeitsreise?	¿Adónde van a ir de luna de miel?
In den Flitterwochen fliegen wir nach Jamaica.	Vamos a ir a Jamaica de luna de miel.
r **Hochzeitstag**	aniversario de boda
Morgen feiern wir unseren ersten Hochzeitstag.	Mañana celebramos nuestro primer aniversario de boda.
e **silberne / goldene Hochzeit**	bodas de plata / de oro
Meine Großeltern feiern nächstes Jahr ihre goldene Hochzeit.	Mis abuelos celebran el año que viene sus bodas de oro.
r **Junggeselle**, -n	soltero
Er ist ein überzeugter Junggeselle.	Es un solterón empedernido.
eheliche ↔ **uneheliche** Kinder	hijo legítimo ↔ ilegítimo
e **Gleichberechtigung**	igualdad de derechos
***gleichberechtigt**	con los mismos derechos
jm ***treu** ↔ **untreu sein**	ser fiel ↔ infiel
Ich war ihr nie untreu.	Nunca le fui infiel.

s ***Verhältnis**, -se / e **Affäre**, -n	aventura
Casanova hatte viele Affären.	Casanova tuvo muchas aventuras.
r **Liebhaber**, – / e **Geliebte**, -n	el // la amante
Hat er eine Geliebte?	¿Tiene una amante?
Seine Frau hatte einen Liebhaber.	Su mujer tenía un amante.
r **Frauenheld**, -en	donjuán / mujeriego
s ***Vertrauen** ↔ s ***Misstrauen**	confiar ↔ desconfiar
sich ***streiten** (stritt, hat gestritten) ↔ sich wieder **versöhnen**	pelearse ↔ reconciliarse
r ***Kuss**, ¨-e	beso
(sich) ***küssen**	besar(se)
sich ***trennen**	separarse
Meine Eltern haben sich getrennt.	Mis padres se han separado.
Sie leben jetzt getrennt.	Viven ahora separados.
e **Trennung**, -en	separación
Trennungen sind immer schmerzhaft.	Las separaciones son siempre dolorosas.
scheitern / in die Brüche gehen (ging, ist gegangen)	fracasar
Unsere Ehe ist gescheitert / in die Brüche gegangen.	Nuestro matrimonio ha fracasado.
e **Scheidung**, -en	divorcio
Die Zahl der Scheidungen nimmt von Jahr zu Jahr zu.	El número de divorcios aumenta cada año.
Susanne hat die Scheidung eingereicht.	Susanne ha pedido / solicitado el divorcio.
Sie leben in Scheidung.	Se están divorciando.
r **Scheidungsanwalt**, ¨-e	abogado matrimonialista
sich scheiden lassen (lässt, ließ, hat gelassen)	divorciarse
Anton will sich scheiden lassen.	Anton se quiere divorciar.
geschieden sein	estar divorciado
Wir haben uns in gegenseitigem Einvernehmen scheiden lassen.	Nos hemos divorciado de mutuo acuerdo.
r Exmann, ¨-er // e Exfrau, -en	exmarido // exmujer
r **Unterhalt** *Sg* / e **Unterhaltszahlung**, -en	manutención / pensión
Muss er Unterhalt für seine Ex-Frau zahlen? – Für die Frau nicht, aber für die Kinder.	¿Tiene que pagar manutención para su mujer? – Para su mujer no, pero para los hijos sí.
Alimente *Pl*	manutención
s **Sorgerecht**	custodia
s **alleinige** ↔ **gemeinsame** Sorgerecht	custodia única ↔ compartida

En Alemania se les concede a los padres después del divorcio automáticamente *das **gemeinsame Sorgerecht*** (custodia compartida). Si el padre o la madre desean tener *das **alleinige Sorgerecht*** (custodia única) tienen que solicitarlo y justificar esta petición.

Kinder
Hijos

s **Ungeborene**, -n / s ungeborene Kind	el niño que aún no ha nacido / nonato
s ***Baby**, -s ['be:bi] / r **Säugling**, -e	bebé
s ***Kind**, -er	niño [genérico]
r ***Junge**, -n // s ***Mädchen**, -	niño // niña
r ***Bub**, -en *südd./österr./schweiz.*	niño
e **Schwangerschaft**, -en	embarazo
Sie ist ***schwanger**. / Sie bekommt ein Baby / ein Kind.	Está embarazada. / Espera un hijo.
Sie ist im vierten Monat schwanger.	Está de tres meses. [Está en el cuarto mes de embarazo.]
e werdende Mutter	futura madre
e morgendliche **Übelkeit**	náuseas (del embarazo)
e **Wehe**, -n	contracción
das Einsetzen der Wehen	el comienzo de las contracciones
e **Hebamme**, -n	matrona / comadrona
e **Entbindung**, -en	parto / alumbramiento
e **Entbindungsklinik**, -en	hospital maternal
e ***Geburt**, -en	nacimiento
ein Kind **gebären** / **zur Welt bringen**	dar a luz
Unsere Tochter wurde heute früh **geboren.**	Nuestra hija ha nacido esta mañana temprano.
jm **ähnlich sein** / **sehen**	parecerse a alg
Sie ist / sieht ihrer Mutter sehr ähnlich.	Se parece mucho a su madre.
e **Geburtsurkunde**, -n	partida de nacimiento
r **Kaiserschnitt**, -e	cesárea
Unser Sohn kam per Kaiserschnitt zur Welt.	Nuestro hijo nació por cesárea.
e **Fehlgeburt**, -en	aborto
e **Frühgeburt**, -en	nacimiento prematuro
Das Baby kam zehn Wochen zu früh.	El niño nació con diez semanas de antelación.
Zwillinge *Pl* / **Drillinge** *Pl*	gemelos, mellizos / trillizos
Eineiige Zwillinge kann man kaum unterscheiden.	A los gemelos apenas se los puede distinguir.
***unterscheiden** (unterschied, hat unterschieden)	distinguir
e **Taufe**, -n	bautizo, bautismo
s **Patenkind**, -er	ahijado // ahijada
s Göttikind, -er *schweiz.*	ahijado // ahijada
r **Pate**, -n / r Patenonkel, - // e **Patin**, -nen / e Patentante, -n	padrino // madrina
r Götti, – // e Gotte, -n *schweiz.*	padrino // madrina

stillen	dar el pecho / amamantar
Ich habe meine Tochter sechs Monate lang gestillt.	Yo le he dado seis meses el pecho a mi hija.
die **Flasche geben** (gibt, gab, hat gegeben)	dar el biberón
den Schoppen geben *schweiz.*	dar el biberón
füttern	dar de comer
r **Schnuller**, – / r Didi, -s *ugs.*	chupo / chupete
r Nuggi, – *schweiz.*	chupo / chupete
e **Windel**, -n	pañal
wickeln / **die Windel wechseln**	cambiar los pañales
r ***Topf**, ¨-e	orinal / escupidera
Musst du auf den Topf?	¿Tienes que hacer pipí en el orinal?
das Baby ***baden**	bañar al bebé
das Baby ***anziehen** ↔ ***ausziehen** (zog an / aus, hat an / ausgezogen)	vestir ↔ desnudar al bebé
das Baby abziehen *schweiz.*	desnudar al bebé
s **Wiegenlied**, -er / s **Schlaflied**, -er	nana / canción de cuna
ein Schlaflied singen	cantar una nana
e **Gutenachtgeschichte**, -n	cuento (para dormirse)
eine ***Geschichte vorlesen** (liest vor, las vor, hat vorgelesen)	leer un cuento
das Kind **ins Bett bringen** (brachte, hat gebracht)	acostar al niño
Ich muss jetzt die Kinder ins Bett bringen.	Tengo que acostar a los niños.
***aufwachen** ↔ ***einschlafen** (schläft ein, schlief ein, ist eingeschlafen)	despertarse ↔ dormirse
s **Trotzalter**	[edad difícil]
e **Pflege**	cuidado
ein Kind **in Pflege geben** (gibt, gab, hat gegeben) ↔ **nehmen** (nimmt, nahm, hat genommen)	dar en acogida ↔ acoger a un niño
Pflegeeltern *Pl*	padres acogentes
adoptieren	adoptar
e **Adoption**, -en	adopción
zur Adoption freigeben (gibt frei, gab frei, hat freigegeben)	dar en adopción
Wir möchten ein Kind adoptieren.	Queremos adoptar a un niño.
s **Adoptivkind**, -er / s adoptierte Kind	niño adoptivo / adoptado
r **Vormund**	tutor
r / e **Waise**, -n / s **Waisenkind**, -er	huérfano // huérfana
s **Waisenhaus**, ¨-er	orfanato
r / e **Alleinerziehende**, -n	padre // madre que educa solo // sola a su hijo
e berufstätige Mutter	madre trabajadora
e ***Verantwortung**, -en	responsibilidad
Verantwortung übernehmen / tragen	cargar con / asumir la resposabilidad

e ***Erziehung**	educación
r Erziehungsurlaub / e Elternzeit	baja maternal prolongada [3 años]
ein Kind **großziehen** / **aufziehen** (zog auf, hat aufgezogen)	criar / educar a un niño
***erziehen** (erzog, hat erzogen)	educar
Sie wurde streng erzogen.	Recibió una educación muy severa.
Ihre Kinder sind sehr gut erzogen.	Sus hijos están muy bien educados.
r **Erzieher**, – // e **Erzieherin**, -nen	educador // educadora (en una guardería)
Die Erzieherinnen in unserem Kindergarten sind sehr nett.	Las señoritas de nuestra guardería son muy agradables.
r / e **Erziehungsberechtigte**, -n	el // la responsable de la educación
e **Erziehungsberatung**	orientación educacional
r **Erziehungsberater**, – // e **Erziehungsberaterin**, -nen	consejero // consejera educacional
***schimpfen**	reñir / regañar
Ich muss jetzt nach Hause, sonst schimpft meine Mutter.	Me tengo que ir ahora a casa, si no [me] riñe mi madre.
***schlagen** (schlägt, schlug, hat geschlagen) / **hauen**	pegar
Du sollst nicht andere Kinder hauen!	¡No debes pegar a otros niños!
sein Kind ***loben**	elogiar a su hijo
sein Kind **verwöhnen**	mimar a su hijo
Erwin ist ziemlich verwöhnt.	Erwin está bastante mimado.
Er ist ***frech** / ungezogen ↔ **brav.**	Es fresco / descarado / mal educado ↔ bueno.
Ihr Sohn kann **sich** einfach nicht **benehmen**!	¡Vuestro hijo no sabe comportarse!
e ***Schwierigkeit**, -en	dificultad
Verwöhnte Kinder machen in der Schule oft Schwierigkeiten.	Los niños mimados causan con frecuencia dificultades en el colegio.
ein Kind **misshandeln**	maltratar a un niño
e **Kindesmisshandlung** / r **Kindesmissbrauch**	maltrato / abuso de los niños
e **Kinderbetreuung**	cuidado de los niños
r **Babysitter**, - ['be:bizɪtɐ]	niñera // niñero / Esp el // la canguro
s **Aupair** (-mädchen, -) [o:'pɛ:ɐ̯]	au-pair
s **Kindermädchen**, – / e **Kinderfrau**, -en	niñera
s **Taschengeld**	paga
s Sackgeld *schweiz.*	paga
Wir haben sein Taschengeld auf 5 Euro erhöht.	Le hemos subido la paga a 5 euros.

4 Dinge des Alltags
Vida cotidiana

Essen
Comer

essen (isst, aß, hat gegessen)	comer
s ***Essen*** *Sg*	comida
s ***Frühstück***	desayuno
s ***Morgenessen***, - / r / s Zmorge(n), - *schweiz.*	desayuno
r ***Honig***	miel
e ***Marmelade***, -n / e ***Konfitüre***, -n	mermelada, confitura
Was trinken Sie zum Frühstück: Tee oder Kaffee?	¿Qué bebe usted para desayunar: té o café?
Ich frühstücke immer um 7 (Uhr).	Siempre desayuno a las 7.
s ***Mittagessen***	almuerzo / Esp comida
Zum Mittagessen gibt es heute Pasta.	Hoy hay pasta para almorzar.
s ***Abendessen***	cena
s Nachtessen *schweiz.*	cena
Wir gehen heute zum Abendessen aus.	Hoy salimos a cenar.
s ***Menü***, -s	menú

Para expresar en alemán que algo está recién preparado se emplea:
frisch gebackenes Brot = pan recién hecho
frisch zubereiteter Kaffe = café recién hecho
frisch ausgepresster Orangensaft= zumo / jugo de naranja recién exprimido

e ***Mahlzeit***, -en	comida
eine warme ↔ kalte Mahlzeit	una comida caliente ↔ fría

El desayuno (***Frühstück***) en Alemania, Austria y Suiza consiste normalmente en pan, panecillos con mantequilla, mermelada, miel y a veces también un huevo o fiambre. En los últimos años hay cada vez más personas que toman cereales, croasanes, tostadas, yogur o simplemente fruta. El almuerzo / La comida (***Mittagessen***) comienza entre las 12 y las 13 horas y está compuesto de carne, patatas, arroz o pasta con verduras o ensalada.
Para la cena (***Abendessen***) hay normalmente pan con mantequilla, fiambre y queso, pero cada vez se cocina con más frecuencia por las noches porque cada vez hay más personas, sobre todo en las grandes ciudades, que no van a casa a almorzar.

e Zwischenmahlzeit, -en	merienda, tentempié
e Brotzeit *südd.* / r Snack, -s	merienda, tentempié, bocadillo
e Jause, -n *österr.*	merienda, tentempié
Brotzeit machen *südd.* / jausnen *österr.*	merendar, tomar un tentempié / algo [entre comidas]
s ***Picknick***, -s	comida en el campo
Treffen wir uns doch am Samstag zum Picknick am See!	¡Encontrémonos el sábado para ir a comer al lado del lago!

r **Brunch** [brantʃ]	desayuno fuerte a media mañana
Kommt ihr am Sonntag zum Brunch zu uns? So gegen 12?	¿Venís el domingo a hacer un buen desayuno a casa a eso de las 12?
r ***Hunger**	hambre
***hungrig** ↔ ***satt** sein	estar hambriento ↔ estar satisfecho / harto
Ich habe großen Hunger. / Ich bin sehr hungrig.	Tengo mucha hambre. / Estoy muy hambriento.
r ***Appetit**	apetito
Guten Appetit! – Danke, ***ebenfalls** / ***ebenso** / ***gleichfalls**.	¡Que aproveche! – Gracias, igualmente.
***ausgezeichnet**	excelente, delicioso
Das Essen war ausgezeichnet.	La comida fue excelente / deliciosa.
***enttäuschen**	decepcionar, defraudar
Das Essen hat uns leider enttäuscht.	Por desgracia la comida fue decepcionante.
***anbieten** (bot an, hat angeboten)	ofrecer
Was darf ich Ihnen anbieten?	¿Qué le / les puedo ofrecer?
sich ***ernähren**	alimentarse
Ich versuche, mich gesund zu ernähren.	Intento alimentarme saludablemente.
e **Ernährung**	alimentación, dieta, régimen
fettarme Ernährung	régimen bajo en grasas / dieta baja en grasas
***gesunde** ↔ ***ungesunde** Ernährung	dieta sana ↔ insana / poco sana
***vegetarisch**	vegetariano
r **Vegetarier**, - // e **Vegetarierin**, -nen	vegetariano // vegetariana
Ich bin Vegetarier.	Soy vegetariano.
s ***Nahrungsmittel**, -	alimento
Lebensmittel *Pl*	alimentos [nombre colectivo]
e **Fertignahrung** *Sg*	comida precocinada
e ***Dose**, -n / e ***Büchse**, -n	lata
Essen aus der Dose / Büchse	comida enlatada
e **Kalorie**, -n	caloria
e kalorienarme ↔ kalorienreiche Kost / Ernährung	comida / dieta baja en calorías ↔ con muchas calorías
e ***Diät**, -en	régimen, dieta
eine Diät machen	hacer un régimen
e ***Milch**	leche
s **Milchprodukt**, -e	producto lácteo
e fettarme Milch / e Vollmilch	leche desnatada / entera
e ***Butter**	mantequilla
e ***Margarine**	margarina
e süße ↔ saure ***Sahne**	nata / LAm crema dulce ↔ ácida
r Schlagobers ↔ r Sauerrahm *österr.*	nata / LAm crema dulce ↔ ácida
r ***Rahm** ↔ r **Sauerrahm** *südd.*	nata / LAm crema dulce ↔ ácida

e Schlagsahne / r Schlagrahm *südd.* / s Schlagobers *österr.*	nata montada / batida
die Sahne steif schlagen	montar la nata
r **Jog(h)urt** / r Fruchtjoghurt	yogur / yogur de frutas
r ***Quark** / r Früchtequark	cuajada / cuajada de frutas
r ***Topfen** *südd. / österr.*	cuajada
r ***Käse** / e Käsesorte, -n	queso / tipo de queso
r Camembert ['kaməmbe:ɐ̯]	camembert
r Weichkäse ↔ r Hartkäse	queso blando ↔ duro
s ***Eis**	helado
e Glace, -n *schweiz.* [glas]	helado
s Fruchteis / s Milch(speise)eis	helado de fruta / de leche
s ***Ei**, -er	huevo
s ***Brot**, -e	pan
e Scheibe Brot / e / Brotscheibe	rebanada de pan
Brot aufschneiden (schnitt auf, hat aufgeschnitten)	cortar el pan
s ***Gebäck** *Sg*	bollería, pasteles

Tipos de pan

s Weißbrot	pan blanco
s Graubrot / s Ruchbrot (schweiz.)	pan negro
s Vollkornbrot	pan integral
s Toastbrot ['to:stbro:t]	pan de molde
*s *Brötchen, - / e *Semmel, -n (südd. / österr.) / s Semmeli, - (schweiz.) / s Bürli, - (schweiz.)*	panecillo / viena
s belegte Brötchen / s Sandwich ['zɛntvɪtʃ]	bocadillo, sandwich / emparedado
e Breze, -n / e Brezel, -n	saladilla [pan salado y enroscado]

Bollería y pastelería

*r *Kuchen, -*	pastel, tarta
r Obstkuchen / r Fruchtkuchen (schweiz.)	tarta de frutas
e Torte, -n	tarta
e Sahnetorte	tarta de nata / crema
*s *Hörnchen, - / s Kipferl, - (österr.)*	cruasán
s Nusshörnchen, - / r Nussgipfel (schweiz.)	cruasán relleno de crema de algun producto seco: nueces, avellanas, …
e Waffel, -n	barquillo
s / r Keks, -e / s Guetsli, - (schweiz.)	galleta
*r *Pfannkuchen, - / r Palatschinken, - (österr.)*	crepe / LAm panqueque

s ***Getreide** *Sg*	cereal, grano
r Weizen	trigo
r Roggen	centeno

r Hafer / Haferflocken *Pl*	avena / copos de avena
s **Müsli**	muesli
s Müesli / s Birchermüesli, - *schweiz.*	muesli
Cornflakes *Pl* ['ko:ɐ̯nfle:ks]	(copos de) cereales
s ***Mehl**	harina
s Vollkornmehl	harina integral
r ***Reis**	arroz
***Nudeln** *Pl*	pasta
Spagetti *Pl* / e **Pasta**	espagueti(s) / pasta
r **Kloß**, ⸚e	albóndiga / bola de masa de patatas hervida
r ***Knödel**, - *südd. / österr.*	albóndiga / bola de masa (pan o patatas) hervida
r Semmelknödel, - / r Kartoffelknödel, -	albóndiga / bola de pan / de patatas
r **Teig**, -e	masa
den Teig kneten / rühren	amasar / remover la masa
r Pizzateig / r Brotteig	masa de pizza / de pan
s ***Fleisch** *Sg*	carne
Wie lange ist das Fleisch ***haltbar**?	¿Hasta cuando / Cuanto tiempo aguanta la carne (sin que se estropee)?
s Haltbarkeitsdatum, -daten	fecha de caducidad
das Fleisch schneiden	cortar la carne
s **Geflügel** *Sg*	aves
s **Wild** *Sg*	(carne de) caza
e ***Wurst** / Wurstsorten, -n	embutidos, fiambre / tipos de embutidos, de fiambre
e Wurst, ⸚e	salchicha
aufgeschnitten ↔ am Stück	cortado ↔ en una pieza
r Aufschnitt *Sg*	fiambre / embutido cortado en lonchas

Carne

s Rindfleisch	carne de vaca
s Schweinefleisch	carne de cerdo
s Kalbfleisch	carne de ternera
s Lammfleisch	carne de cordero
s Putenfleisch	carne de pavo
s Trutenfleisch (schweiz.)	carne de pavo
*s *Hackfleisch*	carne picada
*s *Faschierte (österr.)*	carne picada
r (geräucherte) Speck	beicon / panceta (ahumada)
*r *Schinken (*roh ↔ gekocht)*	jamón (serrano ↔ jamón (de) York)

Aves

*s *Huhn, ⸚er / s *Hähnchen, -*	pollo
*s *Poulet, -s* [pu'le:] *(schweiz.)*	pollo
e Ente, -n	pato
e Gans, ⸚e	ganso
e Pute, -n / r Truthahn, ⸚e	pavo

Caza

s Reh, -e	venado
r Hirsch, -e	ciervo
s Wildschwein, -e	jabalí
r Hase, -n	liebre
s Kaninchen, -	conejo

Salchichas

s Wiener Würstchen, -	salchicha de Francfort
s Frankfurter Würstel, - (österr.)	salchicha de Francfort
s Wienerli, - / s Frankfurterli, - (schweiz.)	salchicha de Francfort
e Bratwurst, ⸚e	salchicha [para hacerse a la plancha]
e Nürnberger Rostbratwurst, ⸚e	salchicha de Nuremberg [para hacerse a la plancha]
e Leberwurst, ⸚e	paté / fuagrás
e Salami, -[s]	salami

r ***Braten**, -	asado
r / s **Gulasch** [*auch* 'gʊ...]	carne guisada [en pequeños trozos]
s ***Steak**, -s [ste:k]	bistec
s ***Schnitzel**, - ['ʃnɪts̮l]	filete
s **Kotelett**, -s	chuleta
e ***Soße**, -n / e ***Sauce**, -n ['zo:sə]	salsa
r ***Fisch**, -e	pescado

Pescado

e Forelle, -n	trucha	*e Scholle, -n*	platija / solla
r Zander, -	perca	*e Seezunge, -n*	lenguado
r Barsch, -e	besugo	*e Sardine, -n*	sardina
r Lachs, -e	salmón	*r Hecht, -e*	lucio
r Räucherlachs	salmón ahumado	*r Seehecht, -e*	merluza
r Steinbutt	rodaballo	*r Karpfen, -*	carpa
r Hering, -	arenque	*s Fischstäbchen, -*	palitos de merluza
r Tunfisch, -e	atún		

Meeresfrüchte *Pl*	mariscos
e **Auster**, -n	ostra
e **Krabbe**, -n / e Garnele, -n / e Crevette, -n	gamba
r Krabbensalat	cóctel de gambas

s ***Gewürz**, -e	especia
würzen	sazonar, condimentar
s ***Salz**	sal
r ***Pfeffer**	pimienta
frische **Kräuter**	hierbas aromáticas
r Salzstreuer, -	salero
e Pfeffermühle, -n	molinillo para la pimienta

Especias

e Petersilie	perejil	*r Schnittlauch*	cebolleta, cebollino
s Basilikum	albahaca	*s Oregano*	orégano
r Rosmarin	romero	*r Salbei*	salvia
e Nelke	clavo	*e Muskatnuss*	nuez moscada
r Chili	guindilla	*s Lorbeerblatt*	laurel
r Zimt	canela		

r ***Zucker**	azúcar
Das schmeckt ***süß** / ***sauer** / ***salzig** / ***bitter**.	Esto sabe dulce / ácido / salado / amargo.
Das schmeckt ganz schön ***scharf**. (schärfer, schärfst-)	Esto está pero que muy picante / picantísimo.
r ***Essig**, -e	vinagre
s ***öl**, -e	aceite
s Olivenöl / s Sonnenblumenöl	aceite de oliva / aceite de girasol
r süße ↔ scharfe **Senf**, -e	mostaza dulce ↔ picante
s ***Gemüse** *Sg*	verdura
s **Kilo**, -[s] / s **Pfund**, -[e] *südd.*	kilo / medio kilo
Ein Pfund / halbes Kilo Tomaten bitte.	Medio kilo de tomates, por favor.

Verdura

*e *Kartoffel, -n*	patata / LAm papa
Salzkartoffeln / Bratkartoffeln	patatas cocidas / patatas salteadas, refritas
r Kartoffelbrei / Pommes Frites (Pl)	puré de patatas / patatas fritas
r Kartoffelstock (schweiz.)	puré de patatas
e Karotte, -n (südd./österr.) / e Mohrrübe, -n / e gelbe Rübe, -n / e Möhre, -n	zanahoria
s Rüebli, - (schweiz.)	zanahoria
*e *Tomate, -n / r *Paradeiser, - (österr.)*	tomate
*e *Zwiebel, -n / Frühlingszwiebeln*	cebolla / cebolleta
e Gurke, -n	pepino
e Paprika, -s	pimiento
Peperoni (Pl) (schweiz.)	pimiento
e Aubergine, -n	berenjena
e Zucchini, -s / Zucchetti (Pl) (schweiz.)	calabacín
*r *Pilz, -e / s *Schwammerl, - (südd. / österr.)*	seta

r Champignon, -s	champiñón
e Erbse, -n	guisante
*e *Bohne, -n*	judía verde
r Spargel	espárrago
e Artischocke, -n	alcachofa
r Kohl / r Weißkohl / r Rotkohl / s Blaukraut	col, repollo / col blanca, repollo blanco / lombarda / lombarda
r Blumenkohl / r Karfiol (österr.)	coliflor
r Rosenkohl / Kohlsprossen (Pl) (österr.)	col de Bruselas
r Broccoli	brécol
r Spinat	espinaca
r Mais	maíz

r ***Salat**, -e	ensalada, lechuga
e **Salatsoße**, -n / s **Dressing**, -s	aliño
r Kopfsalat / r grüne Salat	lechuga
r Eissalat / r Krautsalat / r Tomatensalat / r Gurkensalat	lechuga iceberg / ensalada de col / de tomate / de pepino
r gemischte Salat	ensalada mixta
r **Obstsalat**	ensalada de frutas / macedonia
r Fruchtsalat *schweiz.*	ensalada de frutas / macedonia
s ***Obst** *Sg* / e **Frucht**, ⸚e	fruta
Obst schälen	pelar la fruta
e Schale, -n	cáscara, piel
r Kern, -e	pipa

Fruta

*r *Apfel, ⸚*	manzana
*e *Birne, -n*	pera
r Pfirsich, -e	melocotón
*e *Aprikose, -n*	albaricoque
*e *Marille, -n (österr.)*	albaricoque
e Nektarine, -n	nectarina
e Banane, -n	plátano
e Kirsche, -n	cereza
*e *Pflaume, -n*	ciruela
e Zwetschge, -n	ciruela
*e *Orange, -n* [o'rãʒə] / *e *Apfelsine, -n*	naranja
e Grapefruit, -s ['gre:pfru:t]	pomelo
e Mandarine, -n	mandarina
*e *Zitrone, -n*	limón
e Weintraube, -n / e Traube, -n	uva
e Rosine, -n	pasa
e Weinbeere, -n (schweiz.)	pasa
e Dattel, -n	dátil

e Ananas, -	piña
e Nuss, ¨-e	fruto seco [nombre genérico]
e Walnuss / e Haselnuss / e Erdnuss	nuez / avellana (americana) / cacahuete
e Baumnuss, ¨-e (schweiz.)	nuez
e Kastanie, -n	castaña

Bayas

e Erdbeere, -n	fresa
e Johannisbeere, -n	grosella
e Ribisel, -n (österr.)	grosella
e Himbeere, -n	frambuesa
e Brombeere, -n	(zarza)mora
e Blaubeere, -n / e Heidelbeere, -n	arándano
e Stachelbeere, -n	grosella espinosa

reif** / überreif ↔ **unreif	maduro / pasado ↔ verde
Äpfel **ernten** / **pflücken**	recolectar manzanas
r ***Nachtisch** / e ***Nachspeise**, -n / s ***Dessert**, -s [dɛ'sɛːɐ̯]	postre
e **Süßigkeit**, -en	dulce, golosina
e ***Schokolade**, -n	chocolate
eine Tafel / ein Stückchen Schokolade	una tableta / una onza de chocolate
r Schokoriegel, -	chocolatina
s Marzipan *Sg*	mazapán
s Nougat *Sg*	nougat
e **Praline**, -n / s **Konfekt** *Sg*	bombón / confites
s/r ***Bonbon**, -s [bõ'bõː]	caramelo
s **Gummibärchen**, -	gomita

Trinken
Beber

***trinken** (trank, hat getrunken)	beber
s ***Getränk**, -e	bebida
alkoholfreie ↔ alkoholhaltige Getränke	bebida con alcohol ↔ sin alcohol
r ***Durst**	sed
durstig sein	tener sed / estar sediento
Hast du Durst? / Bist du durstig?	¿Tienes sed?
s **Leitungswasser**	agua del grifo

En Alemania, Austria y Suiza tiene el agua muy buena calidad y se puede beber sin ningún tipo de reserva.

s ***Mineralwasser**	agua mineral [con gas]
stilles Mineralwasser / Mineralwasser ohne Kohlensäure	agua mineral con poco gas / sin gas
e **Kohlensäure**	gas (ácido carbónico)
Ich möchte bitte ein stilles Mineralwasser.	Me gustaría, por favor, un agua mineral con poco gas.
r ***Saft**, ⸚e	zumo / LAm jugo
***enthalten** (enthält, enthielt, hat enthalten)	contener
Dieser Saft enthält viele Vitamine.	Este zumo (con)tiene muchas vitaminas.
r Orangensaft	zumo / jugo de naranja
frisch gepresster Orangensaft	zumo / jugo natural de naranja
r Apfelsaft	zumo / jugo de manzana
e Apfelsaftschorle	zumo / jugo de manzana con agua mineral con gas
gespritzter Apfelsaft *österr.*	zumo / jugo de manzana con agua mineral con gas
e/s (Coca-) ***Cola**®	Coca-Cola™
e ***Limonade**	gaseosa, casera™
e Orangen- / Zitronenlimonade	gaseosa de naranja / de limón
s/r **Spezi**®	coca-cola mezclada con gaseosa de naranja
r ***Kaffee** [*auch* ka'fe:]	café
Ich möchte bitte eine Tasse Kaffee.	(Me gustaría tomar)Una taza de café, por favor.
s Kännchen Kaffee	una jarrita de café [con el contenido para dos tazas]
r Milchkaffee	un manchado [un café con mucha leche]
s Haferl Milchkaffee	un manchado en un tazón
s **Koffein**	cafeína
koffeinfreier Kaffee	café sin cafeína

Tomar el ***Kaffee*** es como merendar en España. En el sur de Alemania, y especialmente los fines de semana, se toma café con tarta o pasteles. El café se sirve con nata (*Sahne, Schlag* en Austria y Rahm en Suiza), leche o leche condensada y azúcar. En el norte de Alemania, sin embargo, se suele tomar té por las tardes.

r ***Tee** [te:] / Teesorten	té / tipos de té
Möchten Sie den Tee mit Milch oder Zitrone?	¿Quiere usted el té con leche o con limón?
r schwarze / grüne Tee	té (negro) / té verde
r **Kräutertee**	infusión
r Pfefferminztee / r Kamillentee / r Früchtetee	poleo, menta / manzanilla / té rojo
e ***Milch**	leche
fettarme Milch ↔ Vollmilch	leche desnatada ↔ leche entera

e (heiße) ***Schokolade**	chocolate (caliente / a la taza)
r **Kakao** [ka'kau]	cacao, Cola-Cao™
Möchtest du einen Kakao?	¿Quieres un Cola-Cao™?
e Ovomaltine *schweiz.*	bebida hecha de malta
r ***Alkohol**	alcohol
Was darf ich Ihnen zu trinken anbieten?	¿Qué le puedo ofrecer para beber?
r **Aperitif**, -s [aperi'ti:f]	aperitivo
r **Cocktail**, -s ['kɔkte:l]	cóctel
einen Cocktail mixen	preparar un cóctel
r **Likör**, -e	licor
r Liqueur, -s *schweiz.*	licor
r **Sekt**	cava
r **Champagner** [ʃam'panjɐ]	champán
r ***Wein**, -e	vino
Schenkst du bitte den Wein ein?	Por favor, ¿Puedes servir [escanciar] el vino?
r Weißwein / r Rotwein / r Rosé [ro'ze:]	vino blanco / tinto / rosado
lieblich ↔ ***trocken**	dulce ↔ seco
Können Sie mir bitte einen trockenen Rotwein empfehlen?	¿Me puede recomendar un vino tinto seco?
r **Jahrgang**, ¨-e	año
1998 war ein guter Jahrgang.	1998 fue un buen año.
r **Schnaps**, ¨-e	aguardiente
r Digestif, -s [digɛs'ti:f]	digestivo
s ***Bier**, -e	cerveza
helles ↔ dunkles Bier	cerveza rubia ↔ negra
Noch ein Bier, bitte!	¡Por favor, otra cerveza!
alkoholfreies Bier	cerveza sin alcohol
ein Kasten Bier	una caja de cerveza
r***Kasten**, ¨- / e ***Kiste**, -n *österr.*	caja
s Altbier	cerveza [oscura con un mayor tiempo de fermentación]
s Weißbier / s Weizenbier	cerveza de trigo
s Radler	clara [cerveza con gaseosa]
s Starkbier	cerveza fuerte
s Pils	cerveza Pilsen
***Prost**!	¡Salud!

Si se pide una cerveza en Rheinland, le traen a uno automáticamente un vaso con un contenido de 0,2 litros; en Baviera, sin embargo, le sirven a uno 0,5 o 0,4. En la Oktoberfest de Múnich, en Hofbräuhaus y en las terrazas de algunas cervecerías *(Biergarten)* sólo te traen una jarra de un litro (Mass).
En Suiza se pide una Stang y te sirven 0,3 litros.

nüchtern ↔ **betrunken** sein	sobrio ↔ borracho, bebido
blau sein *ugs.*	estar borracho
Er war gestern Abend total betrunken / blau.	Anoche estaba totalmente borracho / como una cuba.
r / e Betrunkene, -n	borracho // borracha
e ***Flasche**, -n	botella
s ***Glas**, ¨-er	vaso
Lasst uns doch ein Glas Wein zusammen trinken!	¡Bebamos un vaso de vino juntos!
r **Flaschenöffner**, -	abrebotellas
aufmachen ↔ zustöpseln	abrir ↔ tapar con un corcho
r **Korkenzieher**, -	sacacorchos
r Zapfenzieher, - *schweiz.*	sacacorchos
r Korken, -	corcho
Wein **eingießen** (goss ein, hat eingegossen) / **einschenken**	escanciar / echar vino
Wein nachgießen / nachschenken	volver a llenar un vaso
verschütten	derramar / volcar
***probieren** / ***kosten**	probar, catar
einen Schluck trinken	beber un sorbo / un buche
das Glas austrinken	apurar un vaso / vaciar un vaso
Der Wein ***schmeckt** wunderbar!	¡El vino sabe estupendamente / está buenísimo!
Die Flasche ist (halb)***voll** ↔ (halb) ***leer**.	La botella está (medio) llena ↔ (medio) vacía.

Rauchen
Fumar

***rauchen**	fumar
Hier ist das Rauchen **verboten**!	¡Aquí está prohibido fumar!
Ich habe es endlich geschafft, mit dem Rauchen aufzuhören!	¡Por fin he conseguido dejar de fumar!
r ***Raucher**, - ↔ r ***Nichtraucher**, -	fumador ↔ no fumador
Ich rauche nicht. / Ich bin Nichtraucher.	No fumo. / No soy fumador.
r Raucherhusten	tos de fumador
r Kettenraucher, -	fumador empedernido
r Gelegenheitsraucher, -	fumador ocasional
r Raucherbereich ↔ r Nichtraucherbereich	zona de fumadores ↔ de no fumadores
Darf ich hier rauchen?	¿Puedo fumar aquí?
r **Tabak** *Sg*	tabaco
r Drehtabak	tabaco de liar
s Zigarettenpapier, -e	papel de liar
e selbst gedrehte Zigarette	cigarro liado por uno mismo
eine Zigarette drehen	liarse un cigarro

s **Nikotin**	nicotina
e ***Zigarette**, -n	cigarro / cigarrillo
e Filterzigarette, -n	cigarro con filtro
Zigaretten ohne Filter / filterlose Zigaretten	cigarro sin filtro
eine **Schachtel** / eine **Packung** Zigaretten	una cajetilla / un paquete de cigarros
r Zigarettenautomat, -en	máquina de tabaco
e Stange(, -n) Zigaretten	cartón de tabaco

> En Alemania se puede comprar también tabaco en máquinas que se encuentran en la calle, colgadas en las paredes de algunos edificios, o en los bares.

e **Zigarre**, -n	puro
e Kiste(, -n) Zigarren	caja de puros
e **Pfeife**, -n	pipa
eine Zigarette / Zigarre / Pfeife ***anzünden** ↔ ***ausmachen** / **ausdrücken**	encender ↔ apagar un cigarro / un puro / una pipa
e **Kippe**, -n	colilla
Haben Sie Feuer?	¿Tiene fuego?
s ***Feuerzeug**, -e	encendedor / mechero
s ***Streichholz**, ¨-er	cerilla / fósforo
s ***Zündholz**, ¨-er *südd. / österr. / schweiz.*	cerilla
r ***Aschenbecher**, -	cenicero

Körperpflege
Higiene personal

e **Körperpflege**	higiene personal
e **Hygiene**	higiene
***sauber** ↔ ***schmutzig**	limpio ↔ sucio
gepflegt ↔ **ungepflegt**	cuidado ↔ descuidado
sich ***waschen** (wäscht, wusch, hat gewaschen)	lavarse
Hast du dir die Hände gewaschen?	¿Te has lavado las manos?
gründlich	a conciencia
***baden** / ein Bad nehmen	bañarse / tomar un baño
e ***Badewanne**, -n	bañera / LAm bañadera / LAm tina
Hast du schon gebadet?	¿Ya te has bañado?
(sich) ***duschen**	ducharse
e ***Dusche**, -n	ducha
Ich gehe jetzt unter die Dusche.	Me voy a duchar / a la ducha.
e ***Seife**, -n	(una pastilla de) jabón
e **Waschlotion**, -en	jabón líquido / gel de baño

r **Waschlappen**, -	manopla
s ***Handtuch**, ⸚er	toalla (de mano)
s Gästehandtuch	toalla para los invitados
s Badetuch	toalla de baño
sich die ***Haare waschen**	lavarse la cabeza / el pelo
s **Shampoo**, -s ['ʃampo]	champú
e Pflegespülung, -en	suavizante del pelo
s Haarspray, -s	laca
e **Haarbürste**, -n	cepillo (del pelo)
r **Kamm**, ⸚e	peine
Vergiss nicht, dir noch die Haare zu kämmen.	No te olvides de peinarte.
r **Föhn**, -e / r Haartrockner, -	secador (del pelo)
sich die Haare schneiden lassen	cortarse el pelo
Ich muss mir mal wieder die Haare schneiden lassen.	Tengo que ir otra vez a cortarme el pelo.
r ***Friseur**, -e // e **Friseurin**, -nen [fri'zøːɐ̯]	peluquero // peluquera
r ***Coiffeur**, -e // e ***Coiffeuse**, -n [ko̯a'føːɐ̯] // [ko̯a'føːzə] *schweiz.*	peluquero // peluquera
beim Friseur einen Termin vereinbaren	pedir hora para el peluquero
Morgen gehe ich zum Friseur.	Mañana voy al peluquero / a la peluquería.

En la peluquería

waschen und schneiden	lavar y cortar
**kurz / kürzer*	corto / más corto
an der Seite / seitlich	en el lado
**vorn(e)* ↔ **hinten*	delante ↔ detrás
r Pony ['pɔni]	flequillo
e Dauerwelle, -n	permanente
fönen	secar el pelo
tönen	teñir [con un color no permanente]
färben	teñir

sich die **Zähne putzen**	lavarse los dientes
Ich muss mir noch die Zähne putzen.	Todavía me tengo que lavar los dientes.
e ***Zahnpasta**, -s / e ***Zahncreme**, -s	pasta de dientes / dentífrico
e **Zahnbürste**, -n	cepillo de dientes
e **Zahnseide**, -n	seda dental
sich die Zähne mit Zahnseide reinigen	limpiarse los dientes con la seda dental
sich nass ↔ trocken ***rasieren**	afeitarse con agua ↔ en seco
Ich muss mich noch rasieren.	Todavía me tengo que afeitar.
e Trockenrasur ↔ e Nassrasur	afeitado en seco ↔ con agua
e Rasiercreme, -s / r Rasierschaum	crema / espuma para el afeitado

r **Rasierapparat**, -e	maquinilla de afeitar
e **Rasierklinge**, -n	cuchilla / hoja de afeitar
sich **schminken**	pintarse, maquillarse
e **Schminke** / s **Make-up** [me:k'ap]	maquillaje
Make-up auftragen ↔ entfernen	maquillarse ↔ desmaquillarse

Algunos cosméticos

*e *Creme, -s* [kre:m]	crema
e Gesichtscreme	crema de la cara
e Reinigungscreme	crema limpiadora
e Reinigungsmilch (Sg)	leche limpiadora
e Feuchtigkeitscreme	crema hidratante
e Körperlotion, -en [...lo'tsio:n]	loción / crema corporal
s Körperöl	aceite corporal
s Duschgel	gel de ducha
s Rouge [ru:ʃ]	colorete
r Puder	polvos
r Lidschatten	sombra de ojos
r Kajalstift	lápiz de ojos
e Wimperntusche, -n	rímel
r Augenbrauenstift, -e	lápiz / perfilador de cejas
r Lippenstift, -e	barra / lápiz de labios
s Deodorant [deodo'rant], *s Deo (ugs.)*	desodorante
s Parfüm	perfume

e **Maniküre** / e **Pediküre**	manicura / pedicura
e **Nagelschere**, -n	tijeras de uñas
die Finger- / Fußnägel schneiden	cortarse las uñas
e **Nagelfeile**, -n	lima de uñas
r **Nagellack**, -e	pintura / esmalte de uñas
e **Watte**	algodón
s Wattestäbchen, -	bastoncillo de algodón
s **Taschentuch**, ⸚er	pañuelo
s Papiertaschentuch, ⸚er / s Tempo®, -s	pañuelo de papel / Kleenex™
sich die **Nase putzen**	limpiarse la nariz
s Toilettenpapier / s ***Klopapier** *ugs.*	papel higiénico
e ***Toilette**, -n [toa'lɛtə] / s ***WC**, -s / s ***Klo**, -s *ugs.*	Esp servicio / váter / baño
Ich muss auf die Toilette / aufs Klo.	Tengo que ir al baño / al servicio.
Wo ist bitte die Toilette?	¿Dónde está el baño / servicio?
e **Slipeinlage**, -n	salva-slips
r **Tampon**, -s	tampón
e **Binde**, -n	compresa

Kleidung
Ropa

e ***Kleidung** *Sg* / ***Kleider** *Pl*	ropa
Ich gebe nicht viel für Kleidung aus.	No gasto mucho en ropa.
Sie zieht sich immer gut an. / Sie ist immer gut gekleidet.	Siempre va / está bien vestida.
elegant / gut ↔ schlecht / schlampig / unordentlich gekleidet / angezogen sein	ir vestido elegantemente / bien ↔ mal / descuidadamente / con desaliño
e ***Mode**, -n	moda
r ***Trend**, -s [trɛnt]	*tendencia*
modisch / modern ↔ altmodisch / unmodern	a la moda / moderno ↔ pasado de moda / anticuado
***tragen** (trägt, trug, hat getragen)	llevar (puesto)
Sie trägt nie einen Hut.	Nunca lleva sombrero.
sich ***anziehen** (zog an, hat angezogen) ↔ sich ***ausziehen**	vestirse ↔ desvestirse / desnudarse
sich abziehen *schweiz.*	desvestirse / desnudarse
***anhaben** (hatte an, hat angehabt)	llevar (puesto)
Er hat ein blaues Hemd an.	Lleva una camisa azul.
Ich brauche etwas Neues zum Anziehen.	Necesito algo nuevo para ponerme.
e ***Garderobe**, -n	guardarropa
Die Garderobe befindet sich dort hinten.	El guardarropa está allí al fondo.
Darf ich Ihnen **den Mantel abnehmen**? (nimmt ab, nahm ab, hat abgenommen)	¿Me da, por favor, su abrigo?
Darf ich Ihnen **in den Mantel helfen**? (hilft, half, hat geholfen)	¿Puedo ayudarle a ponerse el abrigo?
den Mantel ablegen	quitarse el abrigo, dejar el abrigo en el guardarropa
Möchten Sie ablegen?	¿Quiere dejar su abrigo en el guardarropa?
r ***Mantel**, ¨-	abrigo
r Wintermantel ↔ Sommermantel	abrigo de invierno ↔ de verano
r Regenmantel / r Pelzmantel	gabardina / abrigo de piel
e ***Jacke**, -n	chaqueta
r **Anorak**, -s	anorak
e Windjacke, -n *schweiz.*	anorak
e **Mütze**, -n / e Kappe, -n	gorra
die Mütze aufsetzen	quitarse la gorra
s Stirnband, ¨-er	orejera [en forma de cintillo que cubre también la frente]
r **Hut**, ¨-e	sombrero
s ***Tuch**, ¨-er / s Kopftuch	pañuelo / pañuelo para la cabeza
r **Schal**, -s / s Halstuch	bufanda / pañuelo de cuello
r **Handschuh**, -e	guante

s ***Kleid**, -er	vestido
s Abendkleid	vestido de noche
s Hochzeitskleid	vestido / traje de novia
s Sommerkleid	vestido de verano
r **Reißverschluss**, ⸚e	cremallera
Mein Reißverschluss ist offen. Kannst du ihn mir bitte zumachen?	La cremallera está abierta. ¿Me la puedes cerrar, por favor?
s ***Kostüm**, -e	traje de chaqueta
r ***Rock**, ⸚e	falda
r Jupe, -s [ʒy:p] *schweiz.*	falda
s **Jackett**, -s [ʒa'kɛt]	chaqueta, Esp americana, LAm saco
r Veston, -s [vɛs'tõ:] *schweiz.*	chaqueta, Esp americana, LAm saco
s Sakko, -s	chaqueta, Esp americana, LAm saco
e ***Hose**, -n	pantalón / pantalones
e kurze Hose	pantalón corto / pantalones cortos
Können Sie die Hose kürzen?	¿Puede meterle los bajos a los pantalones?
e ***Jeans**, - [dʒi:ns]	vaqueros / tejanos / LAm bluejeans

Singular en alemán

Diese Hose war nicht teuer.
Este pantalón no fue caro./ Estos pantalones no fueron caros.
Nimm doch deine kurze Hose mit.
¿Por que no te llevas tu pantalón corto / tus pantalones cortos?
Diese Jeans ist zu eng.
Este vaquero es demasiado estrecho. / Estos vaqueros son demasiado estrechos.
Diese Strumpfhose hat eine Laufmasche.
Estas medias tienen una carrera.
Wo ist Daniels Badehose?
¿Dónde está el bañador de Daniel?

r ***Anzug**, ⸚e	traje
r Hosenanzug	traje pantalón
r Trainingsanzug	chándal
e ***Weste**, -n	chaleco
s Gilet, -s [ʒi'le:] *schweiz.*	chaleco
r **Smoking**, -s ['smo:kɪŋ]	esmoquin
r **Frack**, -s	frac
e **Krawatte**, -n	corbata
die Krawatte binden	anudarse la corbata
e **Fliege**, -n	pajarita
s ***Hemd**, -en	camisa
e ***Bluse**, -n	blusa
r Ärmel, -	manga

langärmelig ↔ kurzärmelig / ärmellos	de manga larga ↔ corta / sin mangas
r Kragen, -	cuello
r Knopf, ⸚e	botón
aufknöpfen ↔ zuknöpfen	abotonarse ↔ desabotonarse
einen Knopf annähen	coser un botón
s **T-Shirt**, -s ['ti:ʃø:ɐt]	camiseta
r ***Pullover**, - [pʊ'lo:vɐ]	jersey / LAm pulóver / LAm chompa
e **Strickjacke**, -n	rebeca / chaqueta de punto
e ***Unterwäsche** *Sg*	ropa interior
e **Badekleidung** *Sg*	ropa de baño

Ropa interior

*e *Unterhose, -n*	calzoncillo(s)
r Unterrock, ⸚e	combinación / enagua
*r *Slip, -s / r Schlüpfer, -*	braga(s)
Boxershorts	calzón(es) / calzoncillo(s)
e lange Unterhose, -n	calzoncillo(s) largo(s)
e Skiunterwäsche	ropa interior para esquiar
*s *Unterhemd, -en*	camiseta (interior)
r Büstenhalter, - / r BH, -s	sujetador / sostén / LAm corpiño
e Strumpfhose, -n	medias / pantis
s Korsett, -s	corsé

Ropa de baño

e Badehose, -n	bañador
r Badeanzug, ⸚e	bañador / traje de baño
r Bikini, -s	biquini

r ***Schuh**, -e	zapato
die Schuhe zum Schuster bringen	llevar los zapatos al zapatero
die Absätze erneuern lassen	cambiar las tapas a los zapatos
r Halbschuh	zapato (bajo) [en oposición a bota]
r Hausschuh	zapatilla (de estar en casa)
r Turnschuh / r Sportschuh / r Tennisschuh / r Fußballschuh	zapatilla de deporte / de tenis / bota de fútbol
r **Slipper**, -	mocasín
r Schlüpfer, - *österr.*	mocasín
e **Sandale**, -n	sandalia
r ***Stiefel**, - / r Gummistiefel	bota / bota de goma
r ***Strumpf**, ⸚e / r Kniestrumpf	calcetín (largo) / LAm media
e Strumpfhose, -n	medias / panties
e Seidenstrumpfhose, -n	medias / panties de seda
e **Socke**, -n / r Socken, - *südd. / schweiz.*	calcetín
e **Schürze**, -n	delantal / mandil
r **Kittel**, -	bata, babi, guardapolvo

e Kittelschürze, -n	bata sin mangas
r **Gürtel**, -	cinturón / correa
r **Hosenträger**, -	tirantes / LAm suspensores
e ***Tasche**, -n	bolsa
e Handtasche	bolso
e Umhängetasche	bolso de bandolera
e Hosentasche	bolsillo de pantalón
anprobieren / probieren	probarse
Wo kann ich das Kleid bitte anprobieren?	¿Dónde me puedo probar el vestido?
e **Umkleidekabine**, -n / e **Anprobe**, -n	probador
Steht mir diese Farbe?	¿Me pega / sienta bien este color?
e ***Größe**, -n / e Konfektionsgröße, -n	talla
Welche Größe haben Sie?	¿Qué talla tiene usted?
***passen**	estar bien [por el tamaño]
zu ***eng** ↔ zu ***weit**	demasiado estrecho ↔ demasiado ancho
Die Hose ist leider zu eng. Haben Sie sie noch eine Nummer größer?	Por desgracia el pantalón es demasiado estrecho. ¿Tiene usted una talla más grande?
zu ***groß** ↔ zu ***klein**	demasiado grande ↔ demasiado pequeño
zu ***lang** ↔ zu ***kurz**	demasiado largo ↔ demasiado corto
r **Schneider**, - // e **Schneiderin**, -nen	sastre, modisto // costurera / modista
***nähen**	coser
e Änderungsschneiderei, -en	taller de costura [para hacer arreglos]
die Hose kürzen / kürzer machen	meter los bajos a los pantalones / acortarlos
den Rock enger nähen	estrechar una falda / meterle en las costuras a una falda
r ***Stoff**, -e	tela
e ***Wolle**	lana
e Baumwolle	algodón
e **Seide**	seda
r **Samt**	terciopelo
e **Kunstfaser**	fibra
s ***Leder**	cuero
r ***Schmuck** *Sg*	joyas
r ***Ring**, - / r Ehering, -e	anillo / alianza
e **Halskette**, -n / e ***Kette**, -n	collar, cadena
s Armband, ⸚er	pulsera
e Brosche, -n	broche
r **Ohrring**, -e / r Ohrstecker, -	pendiente / zarcillo

Einkaufen
De compras

***einkaufen**	comprar
r **Einkauf**, ⸚e	compra
Einkäufe machen	hacer compras
Heute mache ich einige Weihnachtseinkäufe.	Hoy voy a hacer algunas compras de Navidad.
einkaufen gehen (ging, ist gegangen)	ir a la compra
Wir müssen noch einkaufen gehen.	Todavía tengo que ir a la compra.
e Einkaufstasche, -n / r Einkaufskorb, ⸚e	bolsa / canasto de la compra
r Einkaufswagen, -	carrito de la compra
s Einkaufszentrum, -zentren	centro comercial
einen Einkaufsbummel machen / durch die Stadt bummeln	ir de compras / ir de tiendas

Expresiones útiles

Ich suche …	Busco …
Haben / Führen Sie …?	¿Tienen / Venden ustedes…?
Wo finde ich …?	¿Dónde puedo encontrar …?
Was / Wie viel kostet …?	¿Qué / Cuánto cuesta …?
Könnten Sie es bitte als Geschenk einpacken?	¿Puede, por favor, envolverlo para regalo?
*Wo kann ich das *umtauschen?*	¿Dónde puedo descambiarlo?
Bekomme ich das Geld zurück oder einen Gutschein?	¿Me devuelven el dinero o me dan un vale?

s ***Kaufhaus**, ⸚er / s Warenhaus / s Möbelhaus	grandes almacenes / casa de muebles
Die Damenabteilung befindet sich im Erdgeschoss, gleich beim Eingang.	La sección de señoras está en la planta baja al lado de la entrada.
r ***Eingang**, ⸚ ↔ r ***Ausgang**, ⸚e	entrada ↔ salida
e ***Stufe**, -n	escalón
Vorsicht Stufe!	¡Cuidado con el escalón!
s **Versandhaus**, ⸚er	casa de ventas por correspondencia
r Versandhauskatalog, -e	catálogo de ventas por correspondencia
etwas bei einem Versandhaus kaufen	comprar algo por correspondencia
s **Online-Shopping** [ɔ'nlain'ʃɔpɪŋ]	comprar por internet / online
s ***Geschäft**, -e / r ***Laden**, ⸚	tienda / comercio
s Fachgeschäft	tienda especializada

Tipos de tiendas

s Modegeschäft / e Boutique, -n	tienda de modas / boutique
s Schuhgeschäft	zapatería
e Buchhandlung, -en	librería
s Antiquariat, -e	librería de segunda mano / de viejo
s Schreibwarengeschäft	papelería
e Papeterie, -n (schweiz.)	papelería
s Spielwarengeschäft	juguetería
s Möbelgeschäft	tienda de muebles
s Antiquitätengeschäft	tienda de antigüedades
s Sportgeschäft	tienda de deportes
s Fotogeschäft	casa de fotos
s Elektronikgeschäft	tienda de productos electrónicos
s Haushaltswarengeschäft	tienda de artículos para el hogar
s Zeitungsgeschäft	tienda de periódicos
*e *Trafik, -en (österr.)*	quiosco / puesto
s Blumengeschäft	floristería
r Juwelier, -e	joyería
*e *Apotheke, -n*	farmacia
*e *Drogerie, -n / r Drogeriemarkt, ⸚e*	droguería

Tiendas de alimentación

s Obst- und Gemüsegeschäft	frutería
r Naturkostladen, ⸚ / s Reformhaus, ⸚er	tienda de productos biológicos
*e *Bäckerei, -en*	panadería
e Konditorei, -en	confitería
*e *Metzgerei, -en / e Fleischerei, -en*	carnicería

r ***Kiosk**, -s / r Zeitungskiosk	puesto / quiosco de los periódicos
r ***Supermarkt**, ⸚e	supermercado
Ich geh' noch schnell in den Supermarkt.	Voy un momento al supermercado.
r ***Markt**, ⸚e	mercado
r Wochenmarkt / r Bauernmarkt	mecado semanal / mercado de campesinos [que venden sus propios productos]
Obst und Gemüse kaufe ich immer auf dem Markt.	Siempre compro la fruta y la verdura en el mercado.
e Markthalle, -n	mercado [cubierto]
e **Öffnungszeit**, -en / **Ladenöffnungszeiten** *Pl*	horas de apertura
Das Geschäft hat ***geöffnet** ↔ ***geschlossen**.	La tienda ha abierto ↔ cerrado.
s ***Schaufenster**, -	escaparate / LAm vitrina / LAm vidriera
e ***Fußgängerzone**, -n	zona peatonal

r **Verkäufer**, - // e **Verkäuferin**, -nen	dependiente // dependienta
r ***Kunde**, -n // e **Kundin**, -nen	cliente // clienta
Er ist ein guter / zufriedener Kunde.	Es un buen cliente / un cliente satisfecho.
kundenfreundlich	agradable con los clientes
r **Kundendienst**	servicio al cliente
e Kundenbetreuung	asesoramiento / aistencia al cliente
Sie erreichen unseren Kundenservice werktags von 9 bis 18 Uhr.	Se puede poner en contacto con nuestro servicio al cliente todos los días laborables desde las 9 hasta las 18 horas.
s ***Angebot**, -e	oferta
Das ist ein günstiges Angebot.	Es una buena oferta.
ein Angebot ***nützen** / **nutzen**	aprovechar una oferta
Das nützt mir nichts.	Esto no me sirve para nada.
s ***Sonderangebot**, -e	oferta especial
jn ***aufmerksam machen** auf +*A*	llamar la atención a alg sobre algo
„Darf ich Sie auf unser Sonderangebot aufmerksam machen?“	“¿Le puedo mostrar nuestra oferta especial?”
***teuer** ↔ **günstig** / ***billig** / ***preiswert**	caro ↔ barato / económico / bien de precio
Das war ein Schnäppchen.	Fue una ganga.
r **Sommerschlussverkauf** / r **Winterschlussverkauf**	rebajas de verano / de invierno
r Ausverkauf *schweiz.*	rebajas, liquidación
r Totalausverkauf *schweiz.*	liquidación total
r **Räumungsverkauf**	liquidación total
Das habe ich sehr günstig bei einem Räumungsverkauf bekommen.	Lo conseguí a muy buen precio en una liquidación total.
r **Flohmarkt**, ⸚e	mercadillo, rastro
r Secondhandladen, ⸚ ['zɛknthɛnt...]	tienda de segunda mano
***sparen**	ahorrar
Im Sommerschlussverkauf können Sie bis zu 40 Prozent sparen.	En las rebajas de verano puede ahorrar hasta un 40 por ciento.
e ***Rechnung**, -en	factura
Können Sie mir bitte eine Rechnung ausstellen?	¿Me puede hacer una factura?
e ***Kasse**, -n / e ***Kassa** *österr.*	caja
e ***Quittung**, -en	recibo
Hier ist Ihre Quittung.	Aquí está su recibo.
***zahlen** / ***bezahlen**	pagar
Zahlen Sie bar oder mit Karte?	¿Paga usted en efectivo o con tarjeta?
e EC-Karte, -n / e Kreditkarte, -n	tarjeta EC, tarjeta de crédito
e ***Tüte**, -n / s ***Sackerl**, - *österr.*	bolsa
e **Barzahlung**, -en	pago en efectivo
Sie bekommen bei Barzahlung 2% Skonto.	Se le hace un 2% de descuento si paga en efectivo.

e **Anzahlung**, -en	señal, depósito
Sie müssten bitte eine Anzahlung von 50 Euro leisten.	Por favor, tiene que dar una señal de 50 euros.
***ausreichen**	bastar / ser suficiente
„Ich möchte ja bezahlen, aber mein Geld reicht nicht aus."	"Me gustaría pagar, pero no tengo suficiente dinero."
e **Rate**, -n	plazo
Wir haben das Auto auf Raten gekauft.	Hemos pagado el coche a plazos.
e Ratenzahlung	pago a plazos
eine monatliche Ratenzahlung in Höhe von 100 Euro	un pago / plazo mensual de 100 euros
e **Lieferung**, -en	envío
***liefern**	enviar
Ab einem Betrag von 50 Euro liefern wir frei Haus.	Si la compra asciende a 50 euros o más se la enviamos gratis a casa.
e ***Marke**, -n	marca
e Markenkleidung	ropa de marca
r **Gutschein**, -e	vale
r Bon, -s [bɔŋ] *schweiz.*	vale
e **Reklamation**, -en	reclamación
r **Umtausch** *Sg*	cambio / devolución
Sie können die Ware nur mit dem Kassenbon umtauschen.	Sólo puede (des)cambiar el producto con el resguardo / tique de compra.

5 Zu Hause
En casa

5

1

Wohnen
La vivienda

r **Wohnort**, -e	lugar de residencia
***wohnen**	vivir
Wo wohnen Sie? – In Frankfurt. / In der Bahnhofstraße.	¿Dónde vive usted? – En Francfort, en la Bahnhofstraße.
***leben**	vivir
Ich lebe seit einem Jahr in Deutschland.	Vivo desde hace un año en Alemania.
e ***Stadt**, ¨-e	ciudad
städtisch	ciudadano, municipal, urbano
e **Metropole**, -n	metrópolis
s ***Zentrum**, Zentren	centro
Wir wohnen im Zentrum von Zürich.	Vivimos en el centro de Zúrich.
***zentral**	céntrico, central
Ich suche eine Wohnung in zentraler Lage.	Busco un piso que sea céntrico.
e ***Innenstadt**, ¨-e	centro de la ciudad
r ***Vorort**, -e	afueras, ciudad dormitorio
Sie wohnt in einem Vorort von Wien.	Vive en las afueras de Viena.
r **Stadtrand**	afueras, alrededores, periferia
Sie wohnt am Stadtrand von Zürich.	Vive en las afueras de Zúrich.
s ***Dorf**, ¨-er	pueblo
dörflich	rural, pueblerino
auf dem Land ↔ in der Stadt	en el campo ↔ en la ciudad
Wir wohnen lieber auf dem Land als in der Stadt.	Preferimos vivir en el campo que en la ciudad.
e ***Wohnung**, -en	piso / LAm apartamento
Wir haben eine Drei-Zimmer-Wohnung mit Balkon.	Tenemos un piso de tres habitaciones [de dos dormitorios] con balcón.
Er hat eine **Zweitwohnung** in Berlin.	Tiene una segunada vivienda en Berlín.
s **Apartment**, -s [a'partmənt]	apartamento, estudio

En Alemania, Austria y Suiza se incluye la sala de estar o el salón al indicar el número de habitaciones que tiene un piso *(Wohnung)*. Así un piso de tres habitaciones está compuesto, por ejemplo, por una sala de estar y dos dormitorios o por una sala de estar, un dormitorio y un despacho. La cocina y el cuarto de baño son elementos básicos en todos los pisos.
Los apartamentos (***Apartment***) cuentan por regla general con una sola habitación con una pequeña cocina y un cuarto de baño.

e Eigentumswohnung, -en ↔ e Mietwohnung, -en	piso en propiedad ↔ arrendado
e Dachterrassenwohnung / s Penthouse ['pɛnthau̯s]	ático
e Sozialwohnung	piso de protección oficial
s Eigenheim, -e	casa propia / en propiedad
s ***Erdgeschoss** / s ***Parterre** [par'tɛr(ə)]	planta baja
e **Etage**, -n [e'ta:ʒə] / r ***Stock** / s ***Stockwerk**, -e	piso / planta
s **Souterrain** [zutɛ'rɛ̃: *auch* 'zu:tɛrɛ̃:]	sótano
s Untergeschoss *schweiz.*	sótano
r ***Keller**, -	sótano
***liegen** (lag, hat gelegen)	estar (situado)
Meine Wohnung **liegt** im 3. Stock / in der 3. Etage / im Erdgeschoss / im Parterre.	Mi piso está en la tercera planta / en el tercer piso / en la planta baja.
r ***Balkon**, -s/-e	balcón, terraza [en un piso]
e ***Terrasse**, -n	terraza
s ***Gebäude**, -	edificio
s ***Haus**, ¨-er	casa

Gebäude

s Bürogebäude, - / s Bürohaus	bloque de oficinas
s Wohnhaus	edificio de viviendas
s Einfamilienhaus	casa unifamiliar
s Mehrfamilienhaus	casa con varias viviendas
s Reihenhaus	casa adosada
s Doppelhaus	casa para dos familias
s Bauernhaus	granja
s Fertighaus	casa prefabricada
r Bungalow, -s	chalé / bungaló
e Villa, Villen	mansión
s Landhaus / s Haus am Land	casa de campo
e Hütte, -n / e Holzhütte, -n	choza / cabaña
s Hochhaus	bloque / edificio alto
r Wolkenkratzer, -	rascacielos

Wo liegt euer Haus? – Am Stadtrand. / In einem Vorort. / Am Land. / Am See. / In den Bergen.	¿Dónde está vuestra casa? – En las afueras./ En una barriada en las afueras. / En el campo./ Al lado del lago. / En las montañas.
ein Haus mit Garten / mit Seeblick	una casa con jardín / con vistas al lago / al mar
r ***Wohnblock**, ¨-e	bloque de viviendas
***mieten** ↔ ***vermieten**	arrendar
e ***Miete**, -n	arriendo / alquiler

r **Mieter**, - // e **Mieterin**, -nen	arrendatario // arrendataria / inquilino // inquilina
r ***Vermieter**, - // e **Vermieterin**, -nen	propietario // propietaria
r Untermieter, - // e Untermieterin, -nen	subarrendatario // subarrendataria
ein möbliertes Zimmer in Untermiete	una habitación amueblada en subarriendo
Jahrelang habe ich zur Untermiete gewohnt.	He vivido mucho años en subarriendo.
e Wohngemeinschaft, -en / e WG, -s	piso compartido
r ***Makler**, - // e **Maklerin**, -nen	el // la agente inmobiliario / el // la agente de la propiedad inmobiliaria
e **Vermittlungsgebühr**, -en / e **Provision**, -nen	comisión
r **Kaufvertrag**, ¨-e	contrato de compraventa
r Vorvertrag, ¨-e	precontrato
r Kaufpreis, -e	precio de adquisición / compra
r Quadratmeterpreis, -e	precio por metro cuadrado
r Notar, -e	notario
r **Mietvertrag**, ¨-e	contrato de alquiler / de arrendamiento
einen Mietvertrag / Kaufvertrag abschließen / unterschreiben	hacer / firmar un contrato de alquiler / de venta
r ***Nachbar**, -n // e **Nachbarin**, -nen	vecino // vecina
r **Hausbewohner**, -	inquilino / ocupante de un piso
r **Mitbewohner**, - // e **Mitbewohnerin**, -nen	compañero // compañera de piso
r ***Hausmeister**, - // e Hausmeisterin, -nen	portero // portera / conserje / casero // casera
r Abwart, -e // e Abwärtin, -nen *schweiz.*	portero // portera / conserje / casero // casera
e Kaution	fianza
***einziehen** ↔ ***ausziehen** (zog aus, ist ausgezogen)	mudarse / cambiarse [a un nuevo piso] ↔ mudarse / cambiarse [del piso antiguo]
***umziehen**	mudarse / cambiarse de piso
übersiedeln *österr.*	mudarse / cambiarse de piso
r **Umzug**, ¨-e	mudanza
e Übersiedlung, -en *österr.*	mudanza

Las habitaciones dentro de la casa

*s *Zimmer, - / r *Raum, ¨-e*	habitación / cuarto / LAm pieza
s Wohnzimmer	sala de estar / salón / LAm living
s Schlafzimmer	dormitorio
s Kinderzimmer	dormitorio / habitación de los niños
s Esszimmer	comedor

s Arbeitszimmer	despacho
s Gästezimmer	habitación de invitados
*e *Küche, -n*	cocina
e Wohnküche	cocina comedor
*s *Bad, ¨er / s Badezimmer*	cuarto de baño
e Speisekammer, -n	despensa
r Abstellraum, ¨e	trastero
*r Flur, -e / r *Gang, ¨e / 'r Korridor, -e / e Diele, -n*	pasillo/ corredor/ recibidor
e Eingangshalle	entrada, vestíbulo [amplio]
r Hausflur	zaguán / entrada
*e *Treppe, -n*	escalera
*e *Stiege, -n (österr.)*	escalera
s Treppenhaus	descansillo / rellano
s Stiegenhaus (österr.)	descansillo / rellano
*r *Keller, - / r Kellerraum*	sótano
r Speicher / r Dachboden	desván
e Mansarde	desván
s Mansardenzimmer	buhardilla
e Waschküche / r Waschraum	lavadero
r Hobbyraum	habitación para el bricolaje

Lo que está fuera de la casa

r Schuppen, -	cobertizo / LAm galpón
r Geräteschuppen	cobertizo para las herramientas
e Scheune, -n	granero / pajar
e Hundehütte	casa del perro
s Gewächshaus	invernadero
r Pferdestall, ¨e	cuadra / caballeriza
r Hühnerstall, ¨e	gallinero
r Schweinestall, ¨e	pocilga
r Kuhstall, ¨e	establo
r Carport ['ka:ɐ̯po:ɐt]	cobertizo para el coche
r Fahrradabstellraum	habitación / garaje para las bicicletas
s Gartenhaus, ¨er	cenador / glorieta / pabellón
e Laube, -n	cenador / glorieta / pabellón

s **Quartier**, -e / e ***Unterkunft**	alojamiento
s Notquartier / e Notunterkunft	alojamiento de emergencia
r **Wohnwagen**, -/¨	caravana / ruló / LAm tráiler
s **Wohnmobil**, -e	caravana / ruló / LAm tráiler
s **Hausboot**, -e	casa flotante
s ***Zelt**, -e	tienda (de campaña) / LAm carpa
e ***Tür**, -en	puerta
Es ist jemand an der Tür.	Hay alguien en la puerta.

die Tür ***aufmachen** / ***öffnen** ↔ ***zumachen** / ***schließen** (schloss, hat geschlossen)	abrir ↔ cerrar la puerta
die Tür ***abschließen** / zuschließen / absperren *österr.*	cerrar la puerta con llave
e Haustür / e Hintertür / e Eingangstür / e Wohnungstür / e Zimmertür / e Terrassentür / e Drehtür / e Schiebetür	puerta de la casa / puerta trasera / puerta de entrada / puerta del piso / puerta de la habitación / puerta de la terraza / puerta giratoria / puerta corrediza
e ***Türklinke**	picaporte
e Türschnalle *österr.*	picaporte
s ***Schloss** / s Türschloss	cerradura / cerradura de la puerta
r ***Schlüssel**, -	llave
r Haus- / Wohnungs- / Zweit- / Garagenschlüssel	llave de la casa / del piso / de repuesto / del garaje
den **Schlüsseldienst** rufen	llamar al cerrajero
einen Schlüssel nachmachen lassen	mandar a hacer una copia de una llave
s Sicherheitsschloss, ¨-er	cerradura de seguridad
e ***Klingel**, -n	timbre
e Glocke, -n *österr.*	timbre
e Hausglocke, -n *schweiz.*	timbre
***klingeln**	llamar al timbre
läuten *österr./schweiz.*	llamar al timbre
Hat es gerade geklingelt?	¿Están llamando (a la puerta)?
e **Sprechanlage**, -n / e Gegensprechanlage, -n	interfono / portero automático
s ***Fenster**, -	ventana
das Fenster aufmachen ↔ zumachen	abrir ↔ cerrar la ventana
das Fenster kippen	inclinar la ventana (abrirla por la parte superior)
Es zieht. Mach bitte das Fenster zu!	Hay corriente. ¡Cierra, por favor, la ventana!

la casa por fuera

*e *Mauer, -n*	tapia, muro, muralla
r Zaun, ¨-e	valla / cerca
s Gartentor, -e	verja
*r *Briefkasten, ¨-*	buzón
e Eingangstür, -en	puerta de entrada
r Fensterladen, ¨-	contraventana / postigo
r Rollladen, ¨- / e Jalousie [ʒalu'ziː], *Jalousien* […'ziːən]	persiana
r Blumenkasten, ¨-	macetero
r Balkon, -e	balcón, terraza (en un piso)
e Terrasse, -n	terraza

*e *Garage, -n [ga'ra:ʒə]*	garaje
*s *Dach, ⸚er*	tejado
r Dachziegel, -	teja
r Schornstein, -e	chimenea
r Rauchfang, ⸚e / r Kamin, -e	chimenea
e Antenne, -n	antena
e Satellitenschüssel, -n	antena parabólica
e Regenrinne, -n / e Dachrinne	canalón

e ***Klimaanlage**, -n	aire acondicionado
***heizen**	poner la calefacción
e **Heizung**, -en	calefacción
e Zentralheizung	calefacción central
r ***Ofen**, ⸚	estufa
e Ölheizung / e Gasheizung / e Ofenheizung	calefacción de aceite / de gas / calefacción con estufa
r **Heizkörper**, -	radiador
s Thermostat, -e	termostato
r ***Strom** *Sg*	electricidad
r Stromzähler, -	contador (de la electricidad / de la luz)
den Stromzähler ablesen	leer el contador
r **Warmwasserboiler**, -	calentador de agua
***warm** (wärmer, wärmst-) ↔ *kalt (kälter, kältest-)	caliente ↔ frío
e ***Wärme** ↔ e ***Kälte**	calor ↔ frío
***frieren** (fror, hat gefroren)	congelarse / pasar mucho frío
r ***Aufzug**, ⸚e / r ***Lift**, -e	ascensor
r ***Hof**, ⸚e	patio
r Hinterhof	patio trasero
Die Kinder spielen im Hof.	Los niños juegan en el patio.

Einrichtung
Mobiliario

***einrichten**	amueblar
e **Einrichtung** *Sg*	mobiliario
***Möbel** *Pl*	mueble
möbliert	amueblado
***anschaffen**	adquirir / comprar
Beim Umzug haben wir uns neue Möbel angeschafft.	Al mudarnos nos hemos comprado muebles nuevos.
s Möbelhaus, ⸚er	casa de muebles
s Einrichtungshaus, ⸚er	casa de muebles

***gemütlich**	confortable, agradable
Ihre Wohnung ist sehr gemütlich / / sehr elegant / sehr geschmackvoll eingerichtet / sehr einfach möbliert.	Su piso es muy confortable / muy elegante / está amueblado con mucho gusto / está amueblado de una forma muy sencilla.
altmodisch ↔ ***modern** / zeitgemäß	anticuado ↔ moderno
r **Fußboden**, ¨-	suelo / LAm piso
r ***Teppich**, -e	alfombra
r Teppichboden, ¨-	moqueta
den Teppichboden verlegen	poner la moqueta
das Parkett verlegen	poner el parqué / parquet
e ***Decke**, -n	techo
r Plafond, -s *österr.*	techo
e ***Wand**, ¨-e	pared
e **Tapete**, -n	papel pintado
s ***Bild**, -er	cuadro
Wir müssen noch die Bilder und die Deckenlampe aufhängen.	Todavía tenemos que colgar los cuadros y la lámpara del techo.
r ***Schrank**, ¨-e	armario
r Kasten, ¨- *österr./schweiz.*	armario
r Einbauschrank	armario empotrado
r Kleiderschrank	armario / ropero
r ***Haken**, - / r Kleiderhaken, -	gancho /percha / perchero
e **Kommode**, -n	cómoda
e **Schublade**, -n	cajón
***öffnen** / ***aufmachen** ↔ ***schließen** (schloss, hat geschlossen) / ***zumachen**	abrir ↔ cerrar
s ***Bett**, -en	cama

s Doppelbett	cama de matrimonio
s Kinderbett	cuna
e Wiege, -n	moisés
s Schlafsofa, -s	sofá-cama
e Schlafcouch, -s/-en	sofá-cama
e Matratze, -n	colchón
*s *Kissen, - / s Polster, - (österr.)*	cojín
s Kopfkissen, -	almohada
*e *Decke, -n / e Bettdecke, -n*	manta / LAm frazada / LAm cobija
s Federbett / s Daunenbett	edredón
s Bettlaken, -	sábana
s Leintuch, ¨-er (österr.)	sábana
r Bezug, ¨-e	funda
r Überzug, ¨-e (österr.)	funda

s ***Regal**, -e	estantería
s Bücherregal / r Bücherschrank	estantería para libros
e Regalwand	mueble librería / mueble por módulos
s **Büfett**, -s [by'fe:] / s **Sideboard**, -s ['saitbo:ɐt]	aparador / LAm bufet
r ***Tisch**, -e	mesa
den Tisch **decken** ↔ **abräumen**	poner ↔ quitar la mesa
tischen ↔ abtischen *schweiz.*	poner ↔ quitar la mesa
e Serviette, -n	servilleta

r Esstisch	mesa de comedor
r Küchentisch	mesa de cocina
r Couchtisch	mesa del sofá
r Beistelltisch	mesa supletoria
r Nachttisch	mesilla (de noche)
*r *Schreibtisch*	escritorio
r Arbeitstisch	escritorio / mesa de trabajo
r Klapptisch	mesa plegable
r Gartentisch	mesa de jardín
e Tischdecke, -n	mantel, tapete

s ***Sofa**, -s / e ***Couch**, -s/-en [kautʃ]	sofá
Setz dich doch zu mir aufs Sofa.	Siéntate conmigo en el sofá.
r ***Sessel**, -	sillón / butaca / butacón
r Fauteuil, -s [fo'tø:j] *österr./schweiz.*	sillón / butaca / butacón
Setzen Sie sich doch dort in den Sessel.	Siéntese usted allí en el sillón.
r ***Stuhl**, ⸚e	silla
***bequem** ↔ unbequem	cómodo ↔ incómodo
r Sessel, - *österr.*	silla
r Schaukelstuhl	mecedora / LAm mecedor
r Liegestuhl	tumbona
r ***Hocker**, -	taburete
e ***Bank**, ⸚e / e **Sitzbank**	banco
r Sitz, -e	asiento
***sitzen** (saß, ist / /hat gesessen)	estar sentado
sich (hin)***setzen** ↔ ***aufstehen** (stand auf, ist aufgestanden)	sentarse ↔ levantarse
Setzen Sie sich doch bitte. / Bitte nehmen Sie Platz.	Por favor, siéntese. / Por favor, tome asiento.
s **Badezimmer**, - / s ***Bad**, ⸚er	cuarto de baño / baño
e ***Toilette**, -n / s ***Klo**, -s *ugs.*	Esp servicio / lavabo / LAm baño
Wo ist bitte die Toilette?	¿Dónde está el servicio?
e ***Badewanne**, -n	bañera / LAm tina / LAm bañadera
***baden**	bañarse
e ***Dusche**, -n	ducha

Sie ist gerade in / unter der Dusche.	Ahora mismo está en la ducha / está duchándose.
(sich) ***dụschen**	ducharse
Ich dusche noch schnell. Dann können wir gehen.	Me ducho rápido. Después podemos irnos.
s **Wạschbecken**, -	lavabo / LAm lavatorio
s Lavabo, -s *schweiz.*	lavabo / LAm lavatorio
r **Badezimmerschrank**	armario de baño / del cuarto de baño
r **Wạsserhahn**, ¨-e	grifo / LAm canilla
den Wasserhahn aufdrehen ↔ abdrehen	abrir ↔ cerrar el grifo
Der Wasserhahn tropft.	El grifo gotea.
s **Spülbecken**, - / e **Spüle**, -n	fregadero
e Abwasch, -en *österr.*	fregadero
e **Ạblage**, -n	escurridor / escurreplatos

Küchen- und Haushaltsgeräte	**Utensilios de cocina y electrodomésticos**
*r *Kühlschrank*	frigo(rífico) / nevera / LAm refrigerador(a) / LAm heladera
r Eiskasten, ¨- (österr.)	frigo(rífico) / nevera / LAm refrigerador(a) / LAm heladera
r Gefrierschrank / e Tiefkühltruhe, -n	congelador
e Geschirrspülmaschine, -n / e Spülmaschine / r Geschirrspüler	lavaplatos / lavavajillas
e Waschmaschine	lavadora
r Wäschetrockner, - / r Trockner, -	secadora
r Staubsauger, -	aspirador / aspiradora
r Herd, -e	cocina / LAm horno
e Küchenmaschine	robot de cocina
r Toaster, -	tostador / tostadora
e Brotschneidemaschine, -n	maquina de cortar pan
e Mikrowelle, -n	microondas
e Saftpresse, -n	exprimidor
e Kaffeemaschine, -n	cafetera
r Mixer, -	batidora

e ***Lạmpe**, -n	lámpara
e Stehlampe	lámpara de pie
e Nachttischlampe	lámpara para la mesilla de noche
r Lampenschirm, -e	pantalla
das Licht / die Lampe **ạnmachen** ↔ ***ausmachen**	encender ↔ apagar la luz / la lámpara
das Licht / die Lampe ***einschalten** ↔ ***ausschalten**	encender ↔ apagar la luz / la lámpara
das Licht / die Lampe aufdrehen ↔ abdrehen *österr.*	encender ↔ apagar la luz / la lámpara

das Licht / die Lampe anzünden ↔ ablöschen *schweiz.*	encender ↔ apagar la luz / la lámpara
e ***Steckdose**, -n	enchufe
r Lichtschalter, -	interruptor de la luz
e ***Uhr**, -en	reloj / reló
e Wanduhr / e Standuhr	reloj de pared / de pie
r ***Wecker**, -	despertador
r ***Spiegel**, -	espejo
r ***Vorhang**, ⸚e / e **Gardine**, -n	cortina, visillo
r Store, -s *österr.*	cortina, visillo
die Vorhänge aufziehen ↔ zuziehen	descorrer / abrir ↔ correr / cerrar las cortinas
r **Papierkorb**, ⸚e	papelera
r ***Mülleimer**, - / r **Abfalleimer**	cubo / LAm bote / LAm bidón/ LAm tarro / LAm tacho de la basura
r Mistkübel, - *österr.*	cubo / LAm bote / LAm bidón / LAm tarro / LAm tacho de la basura
r (Abfall-) Kübel, - *schweiz.*	cubo / LAm bote / LAm bidón / LAm tarro / LAm tacho de la basura
e **Mülltonne**, -n	contenedor de la basura
r Abfallcontainer, - *schweiz.*	contenedor de la basura
Bring bitte den Müll runter. Heute wird die Mülltonne geleert.	Por favor, baja la basura. Hoy vacían los contenedores.
e Mülltrennung	separación de las basuras
s Recycling [ri'saiklɪŋ]	reciclaje
r Plastikmüll / r Biomüll / s Altpapier	restos de plástico / basura orgánica / papel usado

Hausarbeit
Quehaceres domésticos

e **Hausarbeit**	faena / tarea
die Hausarbeit machen / erledigen	hacer las faenas de la casa / del hogar
r ***Haushalt**, -e	hogar, casa
Sie führt einen großen Haushalt.	Lleva una casa muy grande / con mucha familia.
e Haushälterin, -nen	ama de llaves
e ***Hausfrau**, -en // r **Hausmann**, ⸚er	ama de casa // “amo de casa”
r ***perfekte** Hausmann	un perfecto amo de casa
e **Reinigungsfrau**, -en	limpiadora / asistenta
s Reinigungspersonal *Sg*	personal de la limpieza

***aufräumen**	ordenar
Räum bitte dein Zimmer auf!	Por favor, ordena tu habitación.
fegen / **kehren**	barrer
kehren *österr.*	barrer
r **Besen**, -	escoba
Neue Besen kehren gut.	Lo nuevo es bueno / funciona bien. [p.e., un nuevo jefe]
Ich fress einen Besen, wenn das nicht stimmt.	Que me maten si no es verdad.
r **Staubsauger**, -	aspirador / aspiradora
Staub saugen	aspirar
Wir sollten mal wieder **staubsaugen**.	Ya hace falta que volvamos a aspirar.
Teppiche (aus)*klopfen	sacudir las alfombras
***putzen** / ***sauber machen**	limpiar
die Fenster putzen	limpiar las ventanas
die Küche gründlich sauber machen	limpiar la cocina a conciencia / hacer limpieza general en la cocina
Bitte putz dein Zimmer ***ordentlich**.	Por favor, limpia la habitación bien / como es debido.
wischen	limpiar, fregar
den Boden wischen	limpiar el suelo
***waschen** (wäscht, wusch, hat gewaschen)	lavar
einen Pullover von Hand waschen	lavar un jersey a mano
Die Tischdecke müsste mal wieder gewaschen werden.	Ya hace falta lavar otra vez el mantel.
Die Flecken sind (beim Waschen) leider nicht rausgegangen.	Por desgracia no han salido las manchas (al lavarlo).
e ***Wäsche** *Sg*	ropa sucia / colada
Wo ist meine schwarze Hose? – In der Wäsche.	¿Dónde están mis pantalones negros? – Con la ropa sucia.
die Wäsche **waschen** / ***spülen** / **schleudern**	lavar / enjuagar / centrifugar la ropa
die Wäsche waschen / schwemmen / schleudern *österr.*	lavar / enjuagar / centrifugar la ropa
***trocknen**	secar
Im Sommer trocknet die Wäsche schnell.	En verano se seca la ropa rápidamente.
die Wäsche **aufhängen** ↔ ***abnehmen** (nimmt ab, nahm ab, hat abgenommen)	tender ↔ recoger la ropa

Utensilios de limpieza

r Lappen, - / r Putzlappen / r Wischlappen	trapo / trapo de limpiar / bayeta (para limpiar el suelo)
*s *Tuch, ¨-er / s Wischtuch / s Putztuch*	paño / bayeta (para limpiar el suelo) / paño de limpieza
r Schwamm, ¨-e	esponja
e Spülbürste, -n	cepillo para fregar
s Spülmittel, -	lavavajilla / limpiavajilla
s Geschirrtuch	paño de cocina
s Fensterleder	gamuza
s Staubtuch	trapo del polvo
r Besen, -	escoba, cepillo (para barrer)
r Bartwisch, -e (österr.)	escobilla (de mano)
e Schaufel, -n	recogedor
r Staubsauger, -	aspirador / aspiradora
*s Waschpulver / s *Waschmittel*	polvos de lavar / detergente
s Putzmittel, -	producto de limpieza

bügeln	planchar
die Hemden bügeln	planchar las camisas
aufwischen	limpiar, secar
Wenn du etwas verschüttest, könntest du es bitte auch aufwischen.	Si derramas algo, también podrías limpiarlo.
Geschirr **spülen** / ***abwaschen**	fregar los platos
das Geschirr ***abtrocknen**	secar los platos
die **Spülmaschine** einräumen ↔ ausräumen	meter ↔ sacar la vajilla del lavaplatos
Eine Spülmaschine ist sehr ***nützlich**. Man spart damit viel Zeit.	Un lavaplatos es muy útil. Uno se ahorra mucho tiempo.
r **Staub**	polvo
Staub wischen	limpiar el polvo
Es ist nicht ***notwendig**, jeden Tag Staub zu wischen.	No es necesario limpiar todos los días el polvo.
abstauben	limpiar el polvo
Das Bücherregal müsste mal abgestaubt werden.	Hay que limpiarle el polvo a las estanterías de libros.
e **Kleiderbürste**, -n	cepillo de la ropa
abbürsten	cepillar
Er bürstete sich die Fusseln vom Mantel (ab).	Se cepilló las pelusas del abrigo.

5

4

Kochen
Cocinar

***kochen**	cocinar
e ***Küche**, -n	cocina
die gutbürgerliche / einfache / schnelle / französische Küche	la cocina tradicional / sencilla / rápida / francesa
r **Koch**, ⸚e // e **Köchin**, -nen	cocinero // cocinera
Sie ist eine hervorragende Köchin.	Es una excelente cocinera.
s **Kochbuch**, ⸚er	libro de cocina
s ***Rezept**, -e	receta
nach Rezept kochen	cocinar siguiendo una receta
r **Herd**, -e / r Elektroherd / r Gasherd	cocina / cocina eléctrica / de gas
r **Backofen**, ⸚	horno
e **Mikrowelle**, -n / s **Mikrowellengerät**, -e	microondas / horno microondas
r ***Topf**, ⸚e / r Kochtopf, ⸚e	cazuela / olla
r Topfdeckel, -	tapadera
r Griff, -e	mango, asa
r **Schnellkochtopf**	olla exprés / a presión
r **Wok**, -s	wok
e ***Pfanne**, -n / e **Bratpfanne**, -n	sartén
***braten**	asar, freír
ein Steak braten	freír un filete
r Schweine-, Rinder-, Kalbsbraten, -	asado de cerdo / vaca / ternera
kurz anbraten	poco hecho

braten	asar, freír
dünsten	rehogar
garen	cocinar a fuego lento
frittieren	freír
grillen	asar / preparar a la parrilla / a la plancha
schmoren	estofar / guisar
dämpfen	cocer

das Essen **aufwärmen**	calentar la comida
***Pudding** kochen	hacer un flan
Die Milch kurz **aufkochen** lassen und dann das Puddingpulver **einrühren.**	Dejar cocer un poco la leche y luego echar los polvos del flan y removerlo.
s **Hähnchen**, - / s **Brathähnchen**, -	pollo / pollo asado
***roh** ↔ ***gar** / **gekocht**	crudo ↔ cocinado
Wie möchten Sie das Steak: englisch, medium oder medium well / durch gebraten?	¿Cómo quiere el filete: poco hecho, medio hecho o bien hecho?

***weich** ↔ ***hart**	tierno ↔ duro
ein weiches ↔ hartes Ei	un huevo pasado por agua ↔ duro
s **Spiegelei**, -er	huevo frito
s **Rührei**, -er	huevo revuelto
***schneiden**	cortar
e **Scheibe**, -n	rebanada
(das Brot) in Scheiben schneiden	cortar (el pan) en rebanadas
das Gemüse ***putzen**	limpiar la verdura
die Kartoffeln **schälen**	pelar las patatas
den Salat **anmachen**	aliñar la ensalada
das Schnitzel **panieren**	empanar el filete
rühren / umrühren	batir

Modismos relacionados con la cocina (coloquial)

Er hat mich in die Pfanne gehauen.	Me ha machacado. [Me ha vencido.]
Ich koch' sie schon noch weich.	A ésta la convenzo.
*Sie machen *Hackfleisch aus ihm.*	Lo van a hacer picadillo.
*Lass ihn ruhig in seinem *Saft schmoren.*	Déjalo que se consuma en su propia miseria.

r ***Kuchen**, -	pastel, tarta
e Kuchenform, -en	molde
einen Kuchen ***backen**	hacer (al horno) un pastel
r **Teig**, -e	masa
den Teig anrühren / kneten	mezclar los ingredientes de la masa / amasar
den Hefeteig gehen lassen	dejar que fermente / que suba la masa con levadura
e **Torte**, -n	tarta
die Torte **garnieren**	decorar / adornar la tarta
die Sahne ***schlagen**	montar la nata
***Kaffee** [*auch* ka'fe:] machen / kochen	hacer café
r **Toaster**, -	tostador / tostadora
toasten	tostar
s Toastbrot, -e	pan de molde
s ***Besteck**	cubierto
s Salatbesteck	cubierto para la ensalada
r ***Löffel**, -	cuchara
r Suppenlöffel, -	cuchara sopera
r Kaffeelöffel, -	cucharilla
r Schöpflöffel, -	cucharón
s ***Messer**, -	cuchillo
***scharf** ↔ **stumpf**	afilado ↔ romo / desafilado
e ***Gabel**, -n	tenedor
e Kuchengabel, -n	tenedor para el pastel

r Schneebesen, -	batidor
r Kochlöffel, -	cuchara de madera
r Kartoffelschäler, -	pelador de patatas
r Dosenöffner, -	abrelatas
r Hobel, -	maquina de cortar / rebanador [p.e. para cortar rodajas de pepino]
s Sieb, -e	colador

r ***Teller**, -	plato
flache ↔ tiefe Teller	plato llano ↔ hondo
r Suppenteller	plato sopero
r Kuchenteller	plato de postre
e ***Tasse**, -n	taza
e Untertasse	el platito de la taza
s ***Glas**, ¨-er	vaso
s Weinglas / Sektglas / Wasserglas	copa de vino / copa de champaña / vaso
s Marmeladenglas	tarro / bote de mermelada
s **Gefäß**, -e	recipiente
e **Schale**, -n	cuenco / fuente
e **Schüssel**, -n	cuenco / escudilla
e Salatschüssel / Suppenschüssel	cuenco para la ensalada / para la sopa
e ***Dose**, -n	lata
Tomaten in der Dose	tomates de lata
r ***Messbecher**, -	taza medidora
s **Schneidebrett**, -er	tabla para cortar
e **Waage**, -n	peso / balanza
***wiegen** / abwiegen	pesar
s **Tablett**, -s	bandeja

6 Feste und Freizeit
Fiestas y tiempo libre

6

1

Feiertage und Urlaub
Días festivos y vacaciones

r **Feiertag**, -e — día festivo / de fiesta
gesetzliche / kirchliche Feiertage — fiestas estatales / religiosas

Días de fiesta más importantes
****Silvester*** – Noche Vieja
****Neujahr*** – Año Nuevo
Heilige Drei Könige – el Día de (los tres) Reyes (Magos)
****Ostern*** – Semana Santa
Karfreitag – Viernes Santo
Ostersonntag – Domingo de Resurrección / de Pascua
Ostermontag – Lunes de Pascua
Christi Himmelfahrt – el Día de la Ascensión
****Pfingsten*** – Pentecostés
Pfingstsonntag – Domingo de Pentecostés
Pfingstmontag – Lunes de Pentecostés
****Weihnachten*** – Navidades
r Heiligabend / r Heilige Abend – Nochebuena
1. / 2. Weihnachtsfeiertag – Navidad (25 / 26 de diciembre)
Maifeiertag / *Tag der Arbeit* (1. Mai) – el 1 de Mayo / el Día del Trabajo
****Nationalfeiertag*** *in Deutschland: Tag der Deutschen Einheit* (3. Oktober) – Fiesta Nacinal en Alemania: Día de la Reunificación
Nationalfeiertag in Österreich (26. Oktober) – Fiesta Nacional Austriaca
Nationalfeiertag in der Schweiz (1. August) – Fiesta Nacional Suiza

Además también existen otras festividades religiosas tanto católicas como protestantes. El que haya mayoría de protestantes o de católicos en un estado federal va a determinar que estos días sean realmente festivos, es decir, que no haya ni colegio ni trabajo y que los comercios estén cerrados. Así, por ejemplo, el Día del Corpus (*Fronleichnam*), el Día de la Asunción (*Mariä Himmelfahrt*) y el Día de Todos los Santos (*Allerheiligen)* son días festivos en Baviera ya que predominan los católicos, mientras que en Berlín son días laborables. Por el contrario, en Berlín se celebra el Día de la Reforma (*Reformationstag)* al ser la mayoría de su población protestante.
Si una fiesta pública o religiosa cae en jueves, algunas empresas cierran el viernes o los trabajadores se toman este día libre. Este día se recupera después haciendo horas extras en otros días laborables.
Normalmente la jornada laboral termina los viernes antes que los otros días de la semana y los trabajadores se van ya al mediodía a casa. También en este caso se recuperan estas horas trabajando más tiempo los otros días laborables.
Por regla general, en Alemania permanecen cerrados los colegios y las guarderías algunos días, o incluso hasta dos semanas, en otoño, en Navidades, en carnaval, en Semana Santa y en Pentecostés. Las vacaciones más largas son en verano (*Sommerferien*) y duran seis semanas y media.
En todos los estados federales de Austria se celebran sobre todo las fiestas católicas. Los protestantes tienen además el Viernes Santo libre.

r ***Urlaub** / ***Ferien** *Pl*	vacaciones
Urlaub machen / **im Urlaub sein** (ist, war, ist gewesen)	tener vacaciones / estar de vacaciones
auf Urlaub sein *österr.*	estar de vacaciones
Sind Sie geschäftlich hier? – Nein, auf Urlaub. / Nein, ich mache hier Ferien.	¿Está aquí por motivos de trabajo? – No, de vacaciones. / No, estoy aquí de vacaciones.
Haben Sie heute Abend Zeit? – Nein, wir wollen morgen **in Urlaub fahren** / **wegfahren**. (fährt weg, fuhr weg, ist weggefahren)	¿Tienen tiempo esta noche? – No, queremos irnos de vacaciones mañana.
auf Urlaub fahren *österr.*	ir de vacaciones
(schul-)**frei haben** / **sich frei nehmen** (nimmt, nahm, hat genommen)	tener el día libre / tomarse el día libre
Ich werde mir die nächsten Tage frei nehmen.	Me voy a tomar los próximos días libre.

Private und öffentliche Feierlichkeiten
Celebraciones privadas y públicas

s ***Fest**, -e / e ***Feier**, -n / e ***Party**, -s	fiesta
e Veranstaltung, -en	acto / evento
r ***Gast**, ¨-e	invitado
r Ehrengast, ¨-e	invitado de honor
r **Gastgeber**, - // e **Gastgeberin**, -nen	anfitrión // anfitriona
e ***Gastfreundschaft** *Sg*	hospitalidad
gastfreundlich ↔ **ungastlich**	hospitalario ↔ inhospitalario
ein Fest geben / (gibt, gab, hat gegeben) / ein Fest machen	dar / hacer una fiesta
Feste ***feiern** / begehen	celebrar fiestas / festejar
Du hast die Prüfung bestanden. Das müssen wir heute Abend mit einer großen Party feiern.	Has aprobado el examen. Tenemos que celebrarlo esta noche con una gran fiesta.
Das ist Grund genug zum Feiern.	Es razón suficiente para celebrarlo.
***einladen** (lädt ein, lud ein, hat eingeladen)	invitar
e **Einladung**, -en	invitación
eine Einladung **verschicken** ↔ ***erhalten** (erhält, erhielt, hat erhalten)	enviar ↔ recibir una invitación
eine Einladung ***annehmen** (nimmt an, nahm an, hat angenommen) ↔ ***ablehnen**	aceptar ↔ rechazar una invitación
Nach reiflicher Überlegung ist er der Einladung gefolgt.	Después de pensárselo mucho ha aceptado la invitación.

Texto de una invitación

Wir laden Sie und Ihre Lebensgefährtin / Ihren Lebensgefährten ein. – Lo / La invitamos a usted y a su compañero / compañera.

Abendgarderobe / festliche / elegante Kleidung ist erwünscht! – Se ruega se asista en traje de noche [las señoras] / traje oscuro [los caballeros] / vestido para la ocasión.

u.A.w.g. (= um Antwort wird gebeten) – Se ruega confirme su asistencia.

e **Feierlichkeit**, -en	celebración, festejo
Die Feierlichkeiten zur 1000-Jahr-Feier der Stadt dauern sieben Tage.	Los festejos / Las celebraciones por el milenio de la ciudad duran 7 días.
feierlich	solemne / ceremonioso, festivo
Das 100-jährige Firmenjubiläum wird in feierlichem Rahmen begangen.	El 100 aniversario de la empresa se festejará solemnemente.
Die Gäste waren in feierlicher / ausgelassener Stimmung.	Los invitados estaban muy animados / con muchas ganas de festejar.
s **Feuerwerk**	fuegos artificiales
Der Höhepunkt des Festes war ein gigantisches Feuerwerk.	El mejor momento / el punto álgido de la fiesta fueron unos fuegos artificiales colosales.
***sich amüsieren** / **sich vergnügen** / **sich gut *unterhalten** (unterhält, unterhielt, hat unterhalten)	divertirse / pasarlo bien
r ***Ball**, ⸚e / r Faschingsball, ⸚e	baile / baile de carnaval
auf einen Ball / **auf eine Party gehen** (ging, ist gegangen)	ir a un baile / a una fiesta
Der Wiener Opernball ist das gesellschaftliche Ereignis Wiens.	El Baile de la Ópera de Viena es el acontecimiento social más importante de Viena.
e Tanzveranstaltung, -en	baile
Heute: Geschlossene Gesellschaft!	Hoy cerrado por celebración privada.
r (Staats-) **Empfang**, ⸚e	recepción (oficial)
s **Festspiel**, -e / s **Festival**, -s / e Festwoche, -n	festival / semana conmemorativa
e **Eröffnungsfeier** ↔ e (Ab-) **Schlussfeier**	ceremonia de apertura ↔ de clausura
s **Festessen** / s Festmahl	banquete
s **Familienfest**, -e / s Familientreffen, -	fiesta / reunión familiar
Wir feiern Weihnachten im familiären / kleineren Kreis.	Celebramos las Navidades en familia / con los más íntimos.
e **Verlobung**, -en / e Verlobungsfeier, -n	compromiso matrimonial / la fiesta de petición de mano
e ***Hochzeit**, -en / e Hochzeitsfeier, -n	boda / convite de boda
r **Hochzeitstag**, -e	día de la boda, aniversario de boda

e silberne (= 25 Jahre) / e goldene (= 50 J.) / e diamantene Hochzeit (= 60 J.)	las bodas de plata / de oro / de diamantes
e eiserne (= 65 J.) / e steinerne (= 70 J.) Hochzeit	las bodas de hierro / de piedra
An ihrem 40. Hochzeitstag kam die ganze Familie zusammen.	En el 40 aniversario de su boda se reunió toda la familia.
e **Taufe**, -n	bautismo, bautizo
e Konfirmation / e Kommunion	confirmación [protestantes] / comunión
e Firmung	confirmación [católicos]
r Namenstag, -e	(día del) santo
r **Jahrestag**, -e	aniversario
Goethes Todestag	aniversario de la muerte de Goethe
s **Klạssentreffen**, -	reunión de antiguos alumnos
e Klassenzusammenkunft *schweiz.*	reunión de antiguos alumnos
s **Jubiläum**, Jubiläen	jubileo, aniversario
r ***Geburtstag**, -e	cumpleaños
s ***Geschẹnk**, -e	regalo
***schẹnken / ein Geschẹnk mạchen**	regalar / hacer un regalo
Was schenken wir ihr nur zum Geburtstag?	¿Pero qué podemos regalarle para su cumpleaños?
etw geschẹnkt bekọmmen (bekam, hat bekommen)	recibir algo de / como regalo
Zum Geburtstag bekam er eine Ballonfahrt geschenkt.	Para su cumpleaños recibió de regalo / le regalaron un viaje en globo.
sich für ein Geschenk ***bedạnken**	dar las gracias por un regalo
Zur Hochzeit wurden sie reich **beschẹnkt**.	Les hicieron muchísimos regalos por su boda.
***einpacken** ↔ ***auspacken**	envolver ↔ desenvolver / abrir
Könnten Sie mir das bitte als Geschenk einpacken?	Por favor, ¿Me lo puede envolver para regalo?
Sollen wir für das Geschenk nicht zusammenlegen?	¿Por qué no le compramos un regalo entre todos?

Hier hast du deine 30 Cent zurück. – Geschenkt!
Aquí tienes tus 30 céntimos de vuelta. – Déjalo, para ti.
Ein Bungeesprung. Den möchte ich nicht mal geschenkt haben!
Un salto al vacío con una goma atada a la cintura. Eso no lo querría yo ni regalado.
Ein neuer Porsche für 30.000 EURO. Das ist ja halb / fast geschenkt!
Un Porsche nuevo por 30.000 euros. ¡Eso es casi regalado / un regalo!
In meinem neuen Job bekomme ich nichts geschenkt.
En mi nuevo trabajo no me regalan nada / me lo tengo que ganar todo a pulso.

e ***Gratulation**, -en / r ***Glückwunsch**, ⸚e	felicitación, enhorabuena
***gratulieren** +*D*	felicitar, dar la enhorabuena
Wir müssen unserer Chefin noch zum Geburtstag gratulieren / noch alles Gute zum Geburtstag wünschen.	Tenemos que felicitar a nuestra jefa por su cumpleaños.
e **Glückwunschkarte**, -n	tarjeta de felicitación

Las palabras adecuadas para determinadas ocasiones

Alles Gute!	¡Felicidades!, ¡Enhorabuena!
Alles Liebe zum Geburtstag!	¡Feliz cumpleaños!
Herzlichen Glückwunsch zum Geburtstag / zur Verlobung / zur Hochzeit.	¡Feliz cumpleaños! / ¡Enhorabuena! (por tu compromiso matrimonial / por tur boda)
Meine (herzlichsten) Glückwünsche zur Geburt Ihrer Tochter / zum Freudigen Ereignis!	¡Mi (más sincera) enhorabuena por el nacimiento de su hija / por el feliz acontecimiento!
Die besten Glückwünsche zu …!	¡Muchas felicidades / Felicitaciones / Enhorabuena por …!
Alles Gute zum Geburtstag / zur Hochzeit / etc.	Feliz cumpleaños / Felicidades / Enhorabuena por la boda / etc
Im Namen der Kolleginnen und Kollegen	En nombre de todo el personal / de todos los compañeros me
möchten wir Ihnen ganz herzlich zum Geburtstag gratulieren.	gustaría desearle un muy feliz cumpleaños.
Die besten Glückwünsche zu Ihrem Firmenjubiläum und weiterhin viel Erfolg!	Mi más sincera enhorabuena por el aniversario de su empresa y le deseo que siga teniendo mucho éxito.
Viel Glück (und Erfolg)!	¡Mucha suerte (y mucho éxito)!
Frohe Ostern / Weihnachten!	¡Feliz Semana Santa / Navidad!
Frohes Fest!	¡Felices fiestas!
Schöne Feiertage!	¡Felices vacaciones! / ¡Que te lo pases bien en las vacaciones!
Gutes neues Jahr! / Ein glückliches neues Jahr!	¡Feliz Año Nuevo!
Guten Rutsch (ins neue Jahr)! (ugs.)	¡Feliz Año Nuevo!
Herzliches Beileid!	Mi más sentido pésame.

e ***Tradition**, -en	tradición
s **Volksfest**	fiesta popular
r **Umzug**, ⸚e / r Trachtenumzug	desfile / cabalgata
r ***Karneval** / r ***Fasching** / e ***Fas(t)nacht**	carnaval

Fiestas

Tiempo de carnaval: En Alemania y Austria comienza la época de carnaval (*Faschingszeit* o *Karneval)* el 11 del 11 a las 11 y 11 minutos y termina el martes de carnaval (*Faschingsdienstag / Karnevalsdienstag*), pues a las 0 horas del miércoles de ceniza (*Aschermittwoch*) comienza la cuaresma (*Fastenzeit).*
En el sur de Alemania se celebra el carnaval con cabalgatas (*Umzügen*), fiestas en la calle (*Straßenfesten)* y bailes de carnaval (*Faschingsbällen)* que normalmente tienen un tema determinado (por ejemplo, *Das Weiße Fest* – La fiesta blanca).
En la zona del Rin desde Maguncia (*Mainz*) hasta Colonia (*Köln*) y Düsseldorf tiene el carnaval una gran tradición y se celebra especialmente el lunes de carnaval (*Rosenmontag*) con grandes cabalgatas y fiestas organizadas por las asociaciones carnavaleras (*Karnevalsverein*). El jueves de la última semana de carnaval *(Altweiber-Tag / Altweiber-Fasching)* existe la tradición de que las mujeres tomen el poder de la ciudad y, por ejemplo, en ese día pueden cortarles la corbata a los hombres.
En el norte de Suiza, en la zona de Basilea (Basel), reciben las celebraciones de esta época el nombre de *Fastnacht*. Comienzan una semana después del lunes de carnaval (*Rosenmontag*) a las 4 de la madrugada con el llamado *Morgenstraich* y terminan el miércoles también a las 4 de la madruga. Durante esta celebración *(Basler Fastnacht)* desfilan por las calles muchos grupos pequeños y grandes con sus tambores y flautas para espantar, según una tradición ancestral, a los espíritus del invierno.
Otras fiestas populares importantes son las del vino y las de los viticultores en las zonas del Rin (*Rhein*) y del Mosela (*Mosel*), la fiesta de la cerveza (*Oktoberfest*) en Múnich y las fiestas del solsticio en el norte de Alemania.

Gesellschaftlicher Umgang
Relaciones sociales

s **Trẹffen**, - / e Zusammenkunft, ⸚e	reunión / encuentro
(sich) ***trẹffen** (trifft, traf, hat getroffen) / **zusạmmenkommen** (kam zusammen, ist zusammengekommen)	reunirse / encontrarse / verse
Wollen wir uns morgen kurz treffen? – Es ***hạ̈ngt** davon **ạb**, wie lange ich arbeiten muss.	¿Nos vemos un rato mañana? – Depende de hasta qué hora tenga que trabajar.
Wir sollten uns mal wieder mit Peter und Paul treffen.	Deberíamos encontrarnos otra vez con Peter y Paul.
Unsere Gruppe kommt alle 14 Tage zusammen.	Nuestro grupo se reúne cada 14 días.

Formular una invitación

Haben Sie heute Abend schon etwas vor? Ich würde Sie gerne zum Essen einladen. – ¿Tiene usted ya algo planeado para esta noche? Me gustaría invitarlo/la a cenar.

Darf ich dich heute Abend zum Essen ausführen? – ¿Te puedo llevar esta noche a cenar?

Hätten Sie Lust, morgen Abend auf ein Glas Wein zu uns zu kommen? – ¿Le gustaría [Tendría usted ganas de] venir mañana por la noche a casa a tomar una copa de vino?

Nächsten Montag feiern wir unser 10-jähriges Firmenjubiläum. Sie sind herzlich eingeladen. – El próximo lunes celebramos el décimo aniversario de nuestra empresa. Está usted invitado.

Wenn Sie mal in der Gegend sind, schauen Sie doch mal bei uns vorbei. – Si se encuentra alguna vez cerca de aquí, pásese por nuestra casa / venga a vernos.

aceptar una invitación y …	**rechazarla**
Vielen Dank. Sehr gern.	*Vielen Dank für die Einladung, aber leider …*
Muchas gracias. Con mucho gusto.	Muchas gracias por la invitación, pero por desgracia …
Vielen Dank für die Einladung.	*Das ist sehr nett von Ihnen, aber …*
Muchas gracias por la invitación.	Es muy amable de su parte, pero …
Sehr nett, gern.	*Schade, da kann ich leider nicht, da muss ich …*
Muy amable, con gusto.	¡Qué pena! Ese día no puedo, tengo que …
Da kann ich natürlich nicht nein sagen.	*Ich würde gern kommen, aber …*
A eso no puedo decir que no.	Me gustaría ir, pero …

Leider geht es heute nicht, aber wie wäre es mit morgen?
Por desgracia no puedo hoy, pero ¿qué te / le parece mañana?

… y las reacciones si se acepta	**o si se rechaza la invitación**
Schön, dass Sie kommen können.	*Na ja, macht nichts. Vielleicht geht es ein andermal.*
Qué bien que puede venir.	Bueno, no importa. Quizás sea posible en otra ocasión.
Gut, ich freue mich. Also dann bis Freitag.	*Ach, wie schade.*
Estupendo, me alegro. Entonces hasta el viernes.	¡Oh, qué pena!

e **Verabredung**, -en	cita
***sich verabreden** / **verabredet sein** (ist, war, ist gewesen)	quedar / citarse / estar citado
Sehen wir uns um 7 (Uhr)? – Geht leider nicht, da bin ich bereits mit Barbara verabredet.	¿Nos vemos a las 7? – No, no es posible, a esa hora he quedado ya con Bárbara.
etw ***abmachen** / ***ausmachen**	quedar en algo / ponerse de acuerdo en algo
Was hast du mit deinen Eltern abgemacht?	¿En qué has quedado con tus padres?
s **Rendezvous**, - [rãde'vu: *auch* 'rã:devu]	cita (amorosa)
ein Rendezvous haben (hat, hatte, hat gehabt)	tener una cita / estar citado
r **Lebensgefährte**, -n // e **Lebensgefährtin**, -nen	compañero // compañera
r ***Freund**, -e // e **Freundin**, -nen	amigo // amiga, novio // novia
Sein langjähriger Freund ist jetzt nach Australien gegangen.	Su novio de muchos años se ha ido ahora a Australia.
Sie ist seine Freundin. / Er ist mit ihr zusammen. / Er geht mit ihr. *ugs.*	Ella es su novia. / Están / Viven juntos. / Salen juntos.
e **Bekanntschaft**, -en	conocimiento, relación, trato
neue Bekanntschaften machen / Anschluss finden	conocer a nueva gente / hacer amigos
r/e ***Bekannte**, -n	conocido // conocida
Gestern habe ich durch ***Zufall** / ***zufällig** zwei alte Bekannte wiedergetroffen.	Ayer volví a ver por casualidad / casualmente a dos antiguos conocidos.

"Amigos"

Con la palabras *Freund* o *Freundin* se designa o bien a una persona con la cual se tiene una amistad o una con la cual se mantiene una relación amorosa o sexual. En los dos casos se trata de una relación estrecha. *Bekannte/r* (conocido) se emplea para referirse a una persona que uno conoce, pero a la que no le une ningún lazo estrecho de amistad.
La expresión políticamente correcta para un compañero o compañera homosexual o heterosexual con el que se mantiene una relación estable es *Lebensgefährte // Lebensgefährtin*.

***ausgehen** (mit)	salir (con)
Gehst du heute schon wieder aus / weg?	¿Vas a salir otra vez hoy?
(durch die Stadt) bummeln gehen	dar una vuelta (por la ciudad)
r Stubenhocker, - // e Stubenhockerin, -nen *ugs.*	sedentario // sedentaria
***tanzen gehen** (ging, ist gegangen)	ir a bailar
Darf ich (Sie um den nächsten Tanz) bitten?	¿Me concede el próximo baile?
***essen gehen** (ging, ist gegangen)	ir a comer fuera
einen *trinken gehen (ging, ist gegangen) / auf ein Bier gehen *ugs.*	ir a tomar una copa / una cerveza

Darf ich Sie einladen? Was trinken Sie? / Ich schmeiße eine Runde. *ugs.*	Yo invito. ¿Que desea beber? / Esta ronda la pago yo.
r ***Besuch**, -e	visita
***besuchen**	visitar
Er war vorigen Sommer bei uns **zu Besuch**.	Nos visitó el verano pasado.
Ach, du erwartest wohl Besuch?	Oh, esperas visita, ¿no?
spontan / unangemeldet **vorbeikommen** (kam vorbei, ist vorbeigekommen)	pasarse por casa de alg / presentarse en casa de alg
Du solltest dich / deinen Besuch vorher anmelden.	Deberías anunciar tu visita de antemano.
***mitbringen** (brachte mit, hat mitgebracht)	traer, llevar
Ich habe Ihnen eine Flasche Wein mitgebracht. – Vielen Dank, aber das wäre nicht nötig gewesen.	Le he traído una botella de vino. – Muchas gracias, pero no habría sido necesario.
s **Mitbringsel**, -	detalle, pequeño regalo

Lo que hay que recordar cuando uno recibe una invitación

Si lo invitan a comer a casa de alguien, lleve un ramo de flores (¡nunca rosas rojas!) o una botella de vino, cava o champán. Llegue bastante puntual, es decir, con un máximo de 10 o 15 minutos de retraso.
No se debe empezar a comer hasta que todos los invitados tengan algo en el plato y la anfitriona / el anfitrión haya comenzado a comer. En este momento se desean con frecuencia los comensales *Einen guten Appetit.*
Se puede brindar, pero no es necesario; si se hace con cerveza se dice *Prost!*, en los demás casos *Zum Wohl!*. En una comida de trabajo se puede decir: *Auf (eine/die) gute Zusammenarbeit!*
Al despedirse puede decir usted: *Vielen Dank für die Einladung. Es hat sehr gut geschmeckt.* – Muchas gracias por la invitación. La comida ha sido deliciosa.
El anfitrión, por su parte, le puede desear: *Einen schönen Abend.* – Que siga teniendo una buena tarde. *Kommen Sie gut nach Hause.* – Que vuelva usted bien a casa. O agradecerle su visita: *Vielen Dank fürs Kommen. / Schön, dass Sie gekommen sind. – Gracias por haber venido. / Qué bien que ha podido venir usted.*

Auswärts essen und trinken
Comer y beber fuera

s ***Restaurant**, -s [rɛstoˈrãː]	restaurante
ein Restaurant besuchen / in ein Restaurant gehen	ir a un restaurante
Kommst du mit (ins Restaurant)?	¿Vienes con nosotros (al restaurante)?

***aussuchen** / auswählen	elegir
Such du doch ein Restaurant aus.	Elige tú un restaurante.
ein **feines / elegantes** ↔ **einfaches** Restaurant	un restaurante distinguido / elegante ↔ sencillo
***empfehlen** (empfiehlt, empfahl, hat empfohlen)	recomendar
Können Sie mir ein gutes (indisches) Restaurant empfehlen?	¿Me puede recomendar un buen restaurante (indio)?
ein Restaurant mit Hausmannskost // mit regionalen Spezialitäten	un restaurante con comida casera / con especialidades regionales

*r (Land-) Gasthof, ⸚e / e *Gaststätte, -n / e *Kneipe, -n*	mesón / hostería / venta (en el campo) / restaurante / bar
*s *Gasthaus / s *Beisel, -n (Wien österr.)*	restaurante / bar
s Bistro, -s	bar-restaurante
*s (Eis-)*Café, -s / s Kaffeehaus, ⸚er (österr.)*	heladería / cafetería / café
e Teestube, -n	tetería
*e *Bar, -s*	bar, güisquería
r Weinkeller, -	bodega
s Stüberl, -	bar [normalmente una habitación del bar con las paredes de madera]
*s *Lokal, -e*	restaurante, bar
s Gartenlokal, -e	bar / restaurante con jardín
s Ausflugslokal, -e	merendero
*r *Biergarten, ⸚*	cervecería con jardín
r Heurige (österr.)	taberna
*e *Kantine, -n*	cantina
e Cafeteria, -s	cafetería
s Selbstbedienungsrestaurant, -s	restaurante (de) autoservicio / self-service
r (Schnell-)Imbiss, -e / e Imbissstube, -n	[pequeño bar donde se pueden comprar sobre todo salchichas]
r Würstelstand, ⸚e (österr.)	puesto de salchichas
e Raststätte, -n / s Autobahnrestaurant, -s	restaurante / bar de carretera

r **Geheimtipp**, -s	[un lugar donde se come bien, pero que no es muy conocido]
Das Restaurant „Goldener Löwe" ist ein echter Geheimtipp.	El restaurante „Goldener Löwe" es estupendo, aunque no sea tan conocido.
Ich habe ein neues Restaurant entdeckt, in dem man gut essen kann. – Wo denn?	He descubierto un nuevo restaurante en el que se come bien. – ¿Dónde?
Wohin gehen wir jetzt? – Warum nicht **zum Griechen / in die Pizzeria**?	¿Adónde vamos ahora? – ¿Por qué no vamos al (restaurante) griego / a la pizzería?

s vegetarische / italienische Restaurant / s Fischrestaurant	restaurante vegetariano / italiano / donde se sirve pescado
Was machen wir jetzt? – Gehen wir doch in den Biergarten!	¿Qué hacemos ahora? – vamos a la cervecería [con jardín]?
Was macht ihr heute? – Wir treffen uns mit Freunden in einer Kneipe.	¿Qué vais a hacer hoy? – Hemos quedado con unos amigos en un bar.

Comer fuera

Cuando se entra en un restaurante (a no ser que sea de varios tenedores) elige normalmente uno mismo la mesa que desea. En bares, cervecerías o ventas es posible sentarse en una mesa donde ya hay otras personas. En este caso hay que preguntar lo siguiente antes de sentarse: *Ist der Platz noch frei? / Darf ich mich zu Ihnen setzen? / Ist hier noch frei?*

En la mayoría de los restaurantes alemanes está todavía permitido fumar (en el año 2003). A veces, por ejemplo en los restaurantes vegetarianos, hay zonas delimitadas para los no fumadores.

Lo primero que el camarero / la camarera pregunta es qué se desea beber, normalmente cuando traen a la mesa la carta.

Se le paga al camarero en la mesa donde se ha estado. Si se desea pagar por separado, el camarero cobra individualmente a cada uno de los clientes. Se suele dar entre un 5 y un 10 por ciento de propina, dependiendo de cómo haya sido la comida y el servicio. En los restaurantes de mayor categoría uno decide qué propina quiere dar después de haber recibido la vuelta. En los bares o restaurantes más modestos uno le dice directamente al camarero / a la camarera cuánto se tiene que cobrar, sumándole uno mismo la propina al precio de la consumición. No es normal esperar a que se haya ido el camarero / la camarera para dejar la propina encima de la mesa.

r ***Gast**, ⸗e	cliente
r Stammgast, ⸗e	cliente habitual / asiduo
r Stammtisch, -e	mesa reservada para los clientes habituales / para una tertulia
***bestellen** ↔ eine Bestellung aufnehmen	pedir ↔ tomar nota de / anotar un pedido
r Gourmet, -s [gʊr'me:]	gourmet
r (Restaurant-) **Kritiker**, - // e **Kritikerin**, -nen	crítico gastronómico
r (Gast-) ***Wirt**, -e // e **Wirtin**, -nen / Wirtsleute *Pl*	dueño // dueña / propietario // propietaria / dueños / propietarios de un restaurante
r Koch, ⸗e // e Köchin, -nen	cocinero // cocinera
Das Essen schmeckt lecker ↔ komisch. – Darf ich mal kosten / probieren?	La comida sabe muy bien ↔ rara. – ¿La puedo probar?
r **Service** ['zø:ɐ̯vɪs]	servicio / atención

Der Service war ***gut** / **mittelmäßig** ↔ ***schlecht**.	El servicio ha sido bueno / mediocre ↔ malo. / Nos han atendido bien / regular ↔ mal.
e ***Bedienung**, -en	camarero // camarera / LAm mesonero // LAm mesonera, servicio / atención
eine ***freundliche** ↔ **unfreundliche** Bedienung	un camarero // una camarera amable ↔ poco amable
eine exzellente ↔ schlechte Bedienung	una atención / un servicio excelente ↔ una atención mala / un servicio malo
r (Ober-)***Kellner**, - // e **Kellnerin**, -nen	jefe // jefa de comedor / maestre sala
***bedienen**	servir, atender
servieren / das Essen bringen	servir / traer la comida
e ***Rechnung**, -en	cuenta
Die Rechnung geht heute auf mich. / Ihr seid heute eingeladen.	Hoy pago yo (la cuenta). / Hoy estáis invitados.
s ***Trinkgeld**, -er	propina
Wie viel Trinkgeld ist hier üblich?	¿Qué propina se suele dar aquí?
Er gibt immer ein gutes Trinkgeld.	Él siempre da una buena propina.

Reservas

Cliente:
Ich möchte gern für heute Abend einen Tisch reservieren … um 19.30 Uhr für 12 Personen … auf den Namen Schnitzelberger. –
Me gustaría reservar una mesa para esta noche … a las 7.30 para 12 personas … a nombre de Schnitzelberger.

Restaurante:
Auf welchen Namen bitte? / Wie war Ihr Name? –
¿A nombre de quién? / ¿Cómo era su nombre?
Für wie viele Personen? – ¿Para cuántas personas?
Um wie viel Uhr? – ¿A qué hora?
Tut mir Leid. Wir sind schon voll. / Alle Tische sind schon reserviert. –
Lo siento, ya estamos completos. / Todas las mesas ya están reservadas.

Después de entrar en el restaurante

Cliente:
Wir haben einen Tisch reserviert auf den Namen Schnitzelberger. – Hemos reservado una mesa / Tenemos reservada una mesa a nombre de Schnitzelberger.
Einen Tisch für 3 Personen, bitte. – Una mesa para tres (personas), por favor.

Restaurante:
Haben Sie (einen Tisch) reserviert? – ¿Han reservado una mesa? / ¿Han hecho una reserva?
Zu wievielt sind Sie? / Wie viele Personen? – ¿Cuántos son? / ¿Para cuántas personas?
**Nichtraucher oder *Raucher?* – ¿No fumador o fumador?
Gefällt Ihnen dieser Tisch? – ¿Les gusta esta mesa?
Hier entlang bitte. Ist der recht? – Por aquí, por favor. ¿Está ésta bien?

Hacer el pedido al camarero

Cliente:
Entschuldigung, können wir bitte bestellen? – Perdone, por favor, ¿podemos pedir?
Könnten Sie uns bitte die Speisekarte bringen? – Por favor, ¿nos puede traer la carta?
Was können Sie empfehlen? – ¿Qué puede recomendar(nos)?
Können Sie mir sagen, was „Königsberger Klopse" sind? –
¿Me puede decir qué son "Königsberger Klopse"?
Ich hätte gern / Ich nehme / Ich möchte ein Wiener Schnitzel. –
Me gustaría / Para mí un filete empanado.
Zu trinken hätten wir gern eine Flasche Rotwein. –
Para beber nos gustaría una botella de vino tinto.
Probier doch mal den Fisch. – ¿Por qué no pruebas el pescado?
Das Gleiche bitte. – Lo mismo, por favor.
Noch ein Gedeck bitte. / Ein Gedeck fehlt noch. –
Un cubierto / servicio más, por favor. / Falta un cubierto / servicio.

Restaurante:
Was wünschen / möchten Sie bitte? – ¿Qué desean?
Möchten Sie schon bestellen? / Haben Sie schon gewählt? / Haben Sie sich (schon) entschieden? – ¿Quieren pedir ya? / ¿Han elegido ya? / ¿Saben ya lo que van a pedir?
Möchten Sie zuerst einen Aperitif? – ¿Les gustaría comenzar con un aperitivo?
(Am Salatbüffet) Bitte bedienen Sie sich selbst. – (En el bufé de ensaladas) Por favor, sírvase usted mismo.
Ich würde Ihnen einen trockenen Rotwein empfehlen. – Yo le recomendaría un vino tinto seco.

Durante la comida

Cliente:
Bringen Sie mir bitte Salz und Pfeffer / eine Pfeffermühle. –
Tráigame, por favor, la sal y la pimienta /el molinillo de la pimienta.
Noch etwas Brot, bitte. – Un poco más de pan, por favor.
Entschuldigung, ein Messer fehlt. – Perdone, falta un cuchillo.
Darf ich rauchen? / Stört es Sie (, wenn ich rauche)? – ¿Puedo fumar? /
¿Les molesta (si fumo)?

Restaurante:
Möchten Sie noch einen Schluck Wein? / Darf ich Ihnen noch etwas einschenken? –
¿Les gustaría un poco más de vino? / ¿Les puedo echar un poco más de vino?
Hat es (Ihnen) geschmeckt? / War's gut? – Ja, sehr lecker. – ¿Le ha gustado? / ¿Ha estado bueno? – Sí, muy rico.

Reclamaciones

Cliente:
Entschuldigung, hier fehlt noch ein Gericht. –
Perdone, aquí todavía falta una comida / un plato.
Entschuldigung, ich hatte Kartoffeln als Beilage bestellt. –
Perdone, yo había pedido patatas / LAm papas de guarnición.
Ich möchte das zurückgehen lassen. – Por favor, lléveselo otra vez a la cocina.
Die Suppe ist kalt / zu salzig / versalzen. – La sopa está fría / salada.
Entschuldigung, aber die Rechnung stimmt nicht. –
Perdone, pero la cuenta está equivocada.
Ich würde gern den Geschäftsführer / Chef / Koch sprechen. –
Me gustaría hablar con el encargado / jefe / cocinero.

A la hora de pagar

Cliente:
Die Rechnung bitte. / Bitte zahlen. – La cuenta, por favor.
Wir möchten gern zahlen. – Nos gustaría pagar, por favor.
Sie sind heute mein Gast. / Ich lade euch heute ein. –
Hoy es usted mi invitado. / Hoy os invito yo.
Kann ich mit Kreditkarte zahlen? – ¿Puedo pagar con la tarjeta de crédito?
Gibst du kein Trinkgeld? Dann mach ich das. –
¿No vas a dar propina? Entonces lo hago yo.
Wie viel Trinkgeld sollen wir geben? – ¿Qué propina debemos dar?

Restaurante:
Zusammen oder getrennt? – ¿Pagan juntos o por separado?
Das macht (dann) 36 EURO 80 (Cents). – Son 36 euros 80 / y 80 céntimos.

Cliente:
40 EURO bitte. – Aquí tiene 40 euros.
Der Rest ist für Sie. – El resto es para usted.
Stimmt so. – Está bien así. / La vuelta es para usted.
Geben Sie mir bitte 60 EURO zurück. – Deme 60 euros de vuelta
(y el resto es para usted).

s ***Frühstück**	desayuno
r Brunch, -s	desayuno fuerte a media mañana
s **Mittagessen** / s **Abendessen**, -	comida / LAm almuerzo / cena
Gehen wir jetzt endlich Mittagessen? – Gut, aber ich möchte etwas Richtiges essen ↔ nur ein bisschen/eine Kleinigkeit essen.	¿Vamos ya de una vez a almorzar? – Bueno, pero me gustaría comer algo en condiciones ↔ pero sólo algo pequeño.
e ***Speisekarte**, -n	carta
Was empfehlen Sie uns heute?	¿Qué nos recomienda hoy?
s Tagesgericht, -e / s Mittagsmenü, -s	plato del día / menú del mediodía
Hier gibt es einen guten Mittagstisch.	Aquí sirven un buen almuerzo / una buena comida.

s Abendmenü, -s / e Abendkarte, -n	menú para la cena / carta para la cena
r **Seniorenteller**, - / s Seniorenessen, -	plato/ comida para la tercera edad
r **Kinderteller**, - / s Kindermenü / s ***Menü** für die kleinen Gäste	plato / menú para niños menú para los (clientes) más pequeños
e Salatbar / s Salatbüffet	bufé de ensaladas
s ***Gericht**, -e	plato
Die Portionen sind reichlich ↔ relativ klein.	Las raciones son grandes / buenas ↔ relativamente pequeñas.
s ***Essen**, - / e ***Mahlzeit**, -en	comida
Das Menü besteht aus fünf Gängen.	El menú está formado por cinco platos.
r erste / zweite / dritte ***Gang**	el primer / segundo / tercer plato
e **Vorspeise**, -n	entrada, entremeses
Als Vorspeise hätte ich gern einen Salat.	De entrada me gustaría una ensalada.
r ***Salat**, -e	ensalada
e ***Suppe**, -n	sopa
s **Hauptgericht**, -e	plato principal
r Hauptgang *schweiz.*	plato principal
gekocht / **gegrillt** / **gebraten** / gesotten	cocido / a la plancha / asado / hervido
Wie möchten Sie das Fleisch gebraten? Medium oder durch? – Leicht angebraten / Blutig *ugs.*, bitte.	¿Cómo quiere usted la carne? ¿Medio hecha o bien hecha? – Poco hecha, por favor.
e **Beilage**, -n	guarnición
Als Beilage bitte nur Spinat.	De guarnición, por favor, sólo espinacas.
e ***Nachspeise**, -n / s ***Dessert**, -s	postre
s ***Glas**, ⸚er	vaso
s Wein- / Bier- / Wasserglas	copa de vino / vaso de cerveza / de agua
Ich hätte gern ein Glas Wein / einen Schoppen Wein.	Me gustaría (beber) una copa de vino.
Entschuldigung, ich habe etwas Wein verschüttet.	Lo siento, he derramado un poco de vino.
Mir ist leider das Glas runtergefallen. / Das Glas ist leider umgefallen.	Lamento que se me haya caído el vaso. / Lamento que se haya caído el vaso.

jm reinen Wein einschenken – decirle a alg la verdad
*Im Wein liegt die *Wahrheit.* – (Los niños y) Los borrachos dicen la verdad.
Mir läuft das Wasser im Mund zusammen. – Se me hace la boca agua.
Das ist nicht dein Bier. (ugs.) – Esto no te incumbe.
So ein Saftladen! (ugs.) – ¡Vaya porquería de garito / local!

e ***Tạsse**, -n	taza
e Kaffeetasse, -n	taza de / para el café [recipiente]
e Tasse Kaffee	taza de café [contenido]
r ***Bẹcher**, -	jarra
r ***Tẹller**, -	plato
Brauchen wir flache oder tiefe Teller?	¿Necesitamos platos llanos u hondos?
s ***Bestẹck**, -s	cubierto
s ***Mẹsser**, - / e ***Gabel**, -n / r ***Lọ̈ffel**, -	cuchillo / tenedor / cuchara
Das Messer ist nicht scharf genug. Könnte ich ein neues haben?	El cuchillo no corta bien. ¿Me puede traer otro?
e **Serviẹtte**, -n [zɛr'vi̯ɛtə]	servilleta

Bebidas

nichtalkoholische ↔ alkoholische Getränke	bebidas no alcohólicas ↔ alcohólicas
*s *Wạsser, – mit Kohlensäure*	agua, agua con gas
s Wasser ohne Kohlensäure / stilles Wasser	agua sin gas / con poco gas
r Apfel- / Orangensaft, ⸚e	zumo / LAm jugo de manzana / naranja
e Apfelsaftschorle, -n	[= mezcla a partes iguales de zumo de manzana y agua mineral con gas]
r gespritzte Apfelsaft (österr.)	[= mezcla a partes iguales de zumo de manzana y agua mineral con gas]
s Spezi, -s	[= mezcla de coca-cola y gaseosa de naranja]
*r *Wein, -e*	vino
r Rot- / Weißwein	vino tinto / blanco
r offene Wein / Hauswein ↔ Wein in Flaschen / Flaschenwein	vino a granel / de la casa ↔ vino en botella / embotellado
ein lieblicher / leichter ↔ trockener / schwerer Wein	vino suave / ligero / de poco cuerpo ↔ vino seco / fuerte / generoso
e Spätlese	cosecha tardía
e Weinschorle, -n / r (rote/weiße) Gespritzte, -n (österr.)	[= mezcla a partes iguales de vino y agua mineral con gas]
*s *Bier, -e*	cerveza
s Weizenbier, -e	cerveza de trigo
ein alkoholfreies Bier	cerveza sin alcohol
s Pils, -	cerveza (de) Pilsen

Especialidades locales

eine Stange (schweiz.)	un vaso de cerveza
ein Kölsch	[= cerveza fuerte y muy pálida de Colonia]
ein Alt	[= cerveza negra y muy fermentada de Dusseldorf]
ein Helles / ein Dunkles (südd.)	una cerveza rubia / negra

ein helles / dunkles Weißbier (südd.)	una cerveza de trigo rubia / negra
ein Radler (südd.) / s Alsterwasser (nordd.)	[= mitad cerveza, mitad gaseosa]
eine Berliner Weiße mit Schuss	[= cerveza de trigo suave y muy espumosa endulzada con un poco de melaza de frambuesa o de aspérula / asperilla]
eine Russnmass / ein Russ (südd.)	[= mitad cerveza de trigo, mitad gaseosa]
s Rauchbier	cerveza "ahumada" [= cerveza negra hecha de malta que ha sido secada sobre leña humeante]
s Schwarzbier	[= cerveza negra muy oscura y con mucho cuerpo]
s Starkbier	cerveza "fuerte" (con un alto contenido de alcohol)
r Federweiße, -n	vino joven
r (rote/weiße) Sturm (österr.)	vino joven (tinto / blanco)

r **Snack**, -s [snɛk]	tentempié
Zum Hier-Essen? – Nein, zum Mitnehmen.	¿Para tomarlo aquí? – No, para llevar.
aus der Hand / im Stehen essen	comer de pie
r Toast, -s [to:st] / r Trinkspruch, ⸚e	brindis
Lasst uns auf das Brautpaar trinken.	Brindemos por los novios. / Bebamos a la salud de los novios.
e ***Garderobe**, -n [gardəˈro:bə]	guardarropa
Soll ich den Mantel für dich abgeben?	¿Te llevo el abrigo al guardarropa?
e Garderobenmarke, -n	el resguardo del guardarropa
e ***Toilette**, -n [toaˈlɛtə]	servicio / LAm baño
Entschuldigung. Ich muss noch kurz auf die Toilette.	Perdone. Tengo que ir un momento al servicio.
r Kinderstuhl, ⸚e	sillón alto / trona

Unterhaltsames / Leichte Unterhaltung
Diversiones

r **Jahrmarkt**, ⸚e / s **Volksfest**, -e / e Kirmes	feria
s **Karussell**, -s	tiovivo
Die Kinder sind zweimal Karussell gefahren.	Los niños se han montado dos veces en el tiovivo.

Atracciones de feria

s Fahrgeschäft, -e	cochecitos de feria
s Riesenrad	noria
e Achterbahn, -en	montaña rusa
e Geisterbahn, -en	tren fantasma / de la bruja
s Kettenkarussell, -s	sillas voladoras
r Schießstand, ¨-e / e Schießbude, -n	barraca de tiro al blanco
r Wurststand, ¨-e	puesto de salchichas
r Würstlstand, ¨-e	puesto de salchichas
s Bierzelt, -e	cervecería de feria (dentro de una carpa)

r **Zịrkus**, -se	circo
e Zirkusvorstellung	función de circo
s Zirkuszelt, -e	carpa del circo
r **Clown**, -s [klau̯n]	payaso
r **Artịst**, -en // e **Artịstin**, -nen	el // la artista
r Dompteur, -e [dɔmp'tøːɐ̯] // e Dompteurin, -nen	domador // domadora
s dressiertes Tier, -e	animal amaestrado
r **Akrobat**, -en // e **Akrobatin**, -nen	el // la acróbata
r Straßenkünstler, - // e Straßenkünstlerin, -nen	artista callejero // artista callejera
r Straßenmusikant, -en // e Straßenmusikantin, -nen	músico callejero // música callejera
Musizieren verboten!	¡Prohibido tocar y cantar!
e Kleinkunstbühne, -n / s Kabarett, -s	[= teatro para representaciones cortas, sobre todo humorísticas]
s **Nạchtleben**	vida nocturna
e ***Dịsko**, -s / e Diskothek, -en	discoteca
e Single-Party, -s	fiesta para solteros
s Tanzcafé, -s	café donde se puede bailar
e (Musik- / Tanz-) **Kapẹlle**, -n / e (Musik-) **Band**, -s [bɛnt *auch* bænd]	banda (de música / de baile)
Bei unserer Feier haben wir **Livemusik** ['lai̯fmuziːk].	En nuestra fiesta tenemos música en directo.
e ***Bar**, -s	bar
e ***Kneipe**, -n	bar
s Lokal, -e / s Beisel, -n *österr.*	bar
s Nachtlokal, -e / r Nachtklub, -s	cabaret / nightclub
e Weinstube, -n	bodega
s (Spiel-)Kasino, -s / e Spielbank, -en	casino

Reise und Reiseplanung
Viajar y planes de viaje

s Fernweh ↔ s ***Heimweh**	ansia de ver mundo ↔ nostalgia / morriña
e ***Reise**, -n / e ***Fahrt**, -en	viaje
Gute Reise! / Gute Fahrt!	¡Buen viaje!
eine Urlaubsreise / Ferienreise machen	hacer un viaje de vacaciones
r/e **Reisende**, -n	viajero // viajera
***reisen** / ***verreisen**	viajar / irse de viaje
Er ist für 3 Tage verreist.	Va a estar tres días fuera / de viaje.
Im Winter verreise ich nicht gerne.	En invierno no me gusta ir de viaje.
Wie lange bleibst du in der Mongolei?	¿Cuánto tiempo vas a estar / permanecer en Mongolia?
Im Juli fährt Uwe per Schiff nach New York.	En julio va / (viaja) Uwe a Nueva York en barco.
in Urlaub fahren (nach) (fährt, fuhr, ist gefahren)	ir de vacaciones
auf Urlaub fahren (nach) *österr.*	ir de vacaciones
in die Ferien fahren *schweiz.*	ir de vacaciones
nach Honolulu fliegen (flog, ist geflogen)	volar a Honolulú
Meine Nachbarn sind übers Wochenende verreist / weggefahren.	Mis vecinos pasan el fin de semana fuera.
eine Stadt besuchen	visitar una ciudad
Ich will im Urlaub vor allem neue Kulturen kennen lernen.	En las vacaciones quiero sobre todo conocer nuevas culturas.
***erleben**	experimentar / vivir
Was habt ihr im Urlaub alles erlebt?	¿Qué es todo lo que habéis hecho en las vacaciones?
s ***Reisebüro**, -s	agencia de viajes
ins / zum Reisebüro gehen	ir a la agencia de viajes
r Reiseveranstalter, - / r Reiseanbieter, -	promotor / organizador turístico / operador turístico
s **Reiseprospekt**, -e / r Reisekatalog, -e	prospecto / catálogo de viaje
verbilligte Reiseangebote	oferta de viaje a un precio reducido
e **Touristen-Information**, -nen [tuˈrɪstənɪnfɔrmaˈtsi̯oːn] / r Verkehrsverein, -e	información turística
s **Urlaubsangebot**, -e	oferta de vacaciones
r Kurzurlaub, -e	vacaciones cortas
e **Städtereise**, -n	visita / viaje a ciudades
e Studienreise, -n	viaje de estudios
e **Kreuzfahrt**, -en	crucero
e (Schweiz-) Rundreise, -n	recorrido (por Suiza)

e **Fahrradtour**, -en (durch)	recorrido en bicicleta
e Velotour, -en *schweiz.*	recorrido en bicicleta
e **Pauschalreise**, -n	viaje organizado
e Individualreise, -n [ɪndiviˈdu̯a:lraizə]	viaje organizado individualmente
r Abenteuerurlaub, -e	vacaciones aventureras / de aventuras
eine Reise nach China / zum Nordpol	un viaje a China / al Polo Norte
e **Weltreise**, -n	viaje alrededor del mundo
e Last-Minute-Reise, -n [la:stˈmɪnɪtraizə]	viaje last-minute / de última hora
im Land herumreisen	viajar por el país
Wie reisen Sie an? – Per / Mit dem ***Auto** / der ***Bahn** / dem ***Flugzeug**.	¿Cómo viene usted? – En coche / tren / avión.
per Anhalter fahren	ir / viajar en autoestop
e Mitfahrgelegenheit	[= viajar en el coche de otra persona sin pagar]
eine Reise (im Voraus) ***buchen** ↔ die Buchung **rückgängig machen**	reservar un viaje (por anticipado) ↔ anular la reserva
***reservieren** ↔ **stornieren**	reservar ↔ anular
s **Reiseziel**, -e / r Zielbahnhof / r Zielflughafen	destino / estación de destino / aeropuerto de destino
e **Anreise** / e **Anfahrt** ↔ e **Abreise**	llegada ↔ salida
r Zwischenstopp, -s	escala
r Reiseplan, ¨-e / e Reiseroute, -n	itinerario
einen Reiseplan aufstellen / die Reiseroute festlegen	programar un itinerario / fijar el itinerario
r **Urlaubsort**, -e	lugar de vacaciones
r **Tourismus** [tuˈrɪsmʊs]	turismo
Die Insel Mallorca lebt vom Tourismus.	La isla de Mallorca vive del turismo.
r ***Tourist**, -en // e **Touristin**, -nen	el // la turista
e **Reiseleitung**, -en	representante de un promotor turístico, guía
Die Reiseleitung vor Ort kümmert sich um Sie.	Nuestro(s) representante(s) en la zona se ocupará(n) de usted.
r **Reiseleiter**, - // e **Reiseleiterin**, -nen / r **Reiseführer**, - // e **Reiseführerin**, -nen / r Fremdenführer, - // e Fremdenführerin, -nen	el // la guía
Unsere Reiseführerin spricht sehr gut Italienisch. – Sie ist auch in der Schweiz geboren.	Nuestra guía habla muy bien italiano. – Claro, nació en Suiza.
r **Reiseführer**, -	guía (libro)
Wie alt ist der Kölner Dom? – Lies doch mal im Reiseführer nach.	¿De cuándo es la catedral de Colonia? – Mira a ver qué dice en la guía.
e **Stadtrundfahrt**, -en	recorrido por la ciudad

e Besichtigung, -en	visita
***besichtigen** / ***anschauen**	visitar / ver
e **Öffnungszeit**, -en	horario de apertura
Wann ist das Museum geöffnet? ↔ Wann schließt das Museum?	¿Cuándo está abierto el museo ? ↔ ¿Cuándo cierra el museo?
Die nächste Führung beginnt um 11 Uhr 30.	La próxima visita guiada comienza a las 11.30.
e ***Sehenswürdigkeit**, -en	monumento
In einer Woche besichtigen Sie die wichtigsten Sehenswürdigkeiten Europas.	En una semana visitarán ustedes los monumentos más importantes de Europa.
Wir möchten heute Abend die Stadt erkunden. Können Sie uns einen Tipp geben / etwas ***empfehlen** (empfiehlt, empfahl, hat empfohlen)?	Esta noche nos gustaría explorar la ciudad. ¿Nos puede dar un consejo / aconsejar algo?
s ***Souvenir**, -s [zuvəˈniːɐ̯] / s **Mitbringsel**, -	recuerdo
Schau mal, ich habe dir was mitgebracht.	Mira, te he traído algo.
r Kitsch	cursilería, objeto de mal gusto
Das ist kitschig / an der Grenze zum Kitsch.	Eso es de mal gusto / roza la cursilería.
e ***Grenze**, -n	frontera
über die Grenze gehen ↔ an der Grenze halt machen	cruzar la frontera ↔ pararse en la frontera
r **Zoll** / e Zollabfertigung	aduana / trámites aduaneros
durch den Zoll gehen	pasar por la aduana
Haben Sie etwas zu **verzollen**?	¿Tiene usted algo que declarar?
e Einfuhrsteuer	impuesto de importación
e Zollabgabe, -n	derechos de aduana
Zoll *zahlen	pagar derechos de aduana
zollfreie Waren	mercancías libres de impuestos
Zigaretten schmuggeln	pasar / introducir cigarros de contrabando
r ***Schmuggel** *Sg*	contrabando
e **Passkontrolle**, -n	control de pasaportes
durch die Passkontrolle gehen	pasar por el control de pasaportes
den Pass kontrollieren	controlar el pasaporte
r **Reisepass**, ⸚e	pasaporte
r ***Ausweis**, -e / r **Personalausweis**, -e	carnet / carné de identidad
e Identitätskarte, -n *schweiz.*	carnet / carné de identidad
***gültig** ↔ ***ungültig**	válido / en vigor ↔ caducado / sin validez
Der (Reise-)Pass ist **abgelaufen**.	El pasaporte está caducado.
s ***Visum**, Visa	visado / LAm visa
r Visumzwang / e Visumpflicht	visado obligatorio

Für bestimmte Länder gilt **Visumpflicht**. ↔ Die Einreise nach Deutschland ist für EU-Bürger **visumfrei**.	Para algunos países el visado es obligatorio. ↔ Los ciudadanos de la UE no necesitan un visado para entrar en Alemania.

El tratado de Schengener

Desde 1995 se han quitado los controles de pasaportes y de mercancias en las fronteras entre Alemania, los países del Benelux, Francia, España, Portugal, Italia y Austria. En contrapartida existe un control más riguroso en las fronteras de estos países con otros que no pertenecen a la UE y en los aeropuertos donde llegan aviones procedentes de otras zonas.

e **Botschaft**, -en	embajada
s (General-)**Konsulat**, -e	consulado (general)
e Visa-Abteilung, -en	departamento de visados
r ***Antrag**, ⸚e (auf ein Visum)	solicitud (para un visado)
s Einreisevisum	visado de entrada
ein Visum *beantragen	solicitar un visado
ein Visum ausstellen / erteilen	extender / conceder un visado
Dieses Visum ist nur 90 Tage gültig.	Este visado sólo es válido durante 90 días.
ablaufen (läuft ab, lief ab, ist abgelaufen)	expirar / vencer
Mein Visum läuft ab. – Dann lass es doch ***verlängern**.	Mi visado va a vencer / expirar pronto. – Pues prolóngalo.
***Geld *wechseln** / ***umtauschen**	cambiar dinero
Ich möchte 500 EURO in japanische Yen umtauschen.	Me gustaría cambiar 500 euros en yenes japoneses.
r Wechselkurs, -e	tipo de cambio
r Reisescheck, -s	cheque de viaje
einen Reisescheck einlösen	hacer efectivo un cheque de viaje
s ***Gepäck**	equipaje
r ***Koffer**, - / r Rollkoffer, -	maleta / LAm valija con ruedas
die Koffer *packen	hacer las maletas / LAm empacar
***aufmachen** ↔ ***zumachen**	abrir ↔ cerrar
Machen Sie mal den Koffer bitte auf.	¿Puede usted abrir la maleta, por favor?
r **Rucksack**, ⸚e	mochila
e (Reise-) ***Tasche**, -n	bolsa (de viaje)
***leicht** ↔ ***schwer**	ligero ↔ pesado
s **Schließfach**, ⸚er / e Gepäckaufbewahrung	consigna
r Gepäckträger, -	mozo del equipaje
r Kofferkuli, -s	carrito para el equipaje
e ***Versicherung**, -en	seguro
e Reise- / Gepäck- / Reiserücktritt- / Auslandskrankenversicherung	seguro de viaje / de equipaje / de anulación del viaje / de salud en el extranjero

eine Versicherung ***abschließen** (schloss ab, hat abgeschlossen) ↔ ***kündigen** | concertar / firmar un seguro ↔ rescindir / anular un seguro
r Impfausweis, -e / s Impfzeugnis, -se | certificado de vacunación
e (Schutz-) Impfung, -en | vacuna

Reiseunterkunft
Alojamiento

En el hotel

Cliente:

Wir suchen für drei Nächte ein Doppelzimmer. –
Buscamos una habitación doble para tres noches.
Haben Sie noch Zimmer frei? – ¿Tiene todavía habitaciones libres?
Wir bräuchten für drei Nächte ein Zimmer für 2 Personen. –
Necesitaríamos durante tres noches una habitación para 2 personas.
Was kostet ein Zimmer für eine Nacht? –
¿Cuánto cuesta una habitación (para una noche)?
Ich möchte für den 11.11.2004 ein Einzelzimmer reservieren. –
Me gustaría reservar una habitación individual para el 11-11-2004.
Ist das Frühstück im Preis eingeschlossen? – ¿Está incluido el desayuno?
Kann ich bei Ihnen mit VISA-Card bezahlen? – ¿Puedo pagar con la Visa?
Wo kann ich über Nacht mein Auto parken? –
¿Dónde puedo dejar el coche por la noche?

Hotel:

Leider haben wir zur Zeit keine Zimmer frei. –
Lo siento, pero no tenemos en este momento ninguna habitación libre.
Leider sind wir total ausgebucht. – Lo siento, estamos completos.
Für wie viele Nächte? – ¿Para cuántas noches?
Wie viele Personen? – ¿Cuántas personas?
Wie lange bleiben Sie? – ¿Cuánto tiempo se queda usted?
In welcher Kategorie? – ¿En qué categoría?
Ein Doppel- oder ein Einzelzimmer? – ¿Una habitación doble o individual?
Wie wollen Sie bezahlen? – ¿Cómo quiere pagar usted?
Inklusive/Mit Übernachtung und Frühstück für 2 Personen kostet das 70 EURO. –
Incluido el desayuno / Con alojamiento y desayuno para 2 personas cuesta 70 euros.

e ***Unterkunft**, ¨-e | alojamiento
***übernachten** | pasar la noche
r ***Gast**, ¨-e | cliente / huésped
***Zimmer**, - | habitación
s **Einzelzimmer**, - / s **Doppelzimmer**, - | habitación individual / doble
mit Zusatzbett, -en | con una cama supletoria

e Suite, -n [svi:t]	suit
s ***Hotel**, -s	hotel
s Motel, -s	motel
e ***Pension**, -en [pã'zi̯o:n *auch* pɛn…]	pensión
s ***Gasthaus**, ⸚er	casa de huéspedes / fonda
e Privatunterkunft, ⸚e	alojamiento en una casa particular
e **Jugendherberge**, -n	albergue juvenil
e (Zimmer-)**Reservierung**, -en / e Zimmervermittlung, -en	reserva(s) (de habitaciones / hoteles / servicio de reservas de habitaciones
empfehlenswert	recomendado / recomendable
Das Hotel ist sehr zu ***empfehlen**. ↔ Von diesem Hotel würde ich Ihnen **abraten**.	Este hotel es digno de ser recomendado. ↔ No le recomendaría este hotel.
Das Hotel ist für seine besonders gute Küche bekannt.	Este hotel es conocido por su excelente cocina.
e Eingangs- / Hotelhalle, -n / s Foyer, -s	vestíbulo / hall de un hotel
r Frühstücksraum, ⸚e	sala de desayunos
e ***Rezeption**, -en [ret͡sɛp'tsi̯o:n]/ r Empfang	recepción
r (Hotel-)Portier, -s	portero
ein Zimmer ***bestellen** / ***buchen** / ***reservieren** ↔ **stornieren** / die Buchung rückgängig machen	reservar una habitación ↔ anular una reserva
Wo wohnen Sie während Ihres Aufenthalts in Zürich? / Wo sind Sie untergebracht? – In einem Hotel.	¿Dónde se va a quedar el tiempo que esté en Zúrich? – En un hotel.
***sich beschweren**	quejarse
Der Hotelgast beschwert sich über die Kakerlaken im Zimmer	El huésped del hotel se queja de las cucarachas que hay en la habitación.
r **Zimmerpreis**, -e	precio de la habitación
e **Hauptsaison** / **Vorsaison** / **Nachsaison**	temporada alta / principio de temporada / final de temporada
e **Vollpension** / **Halbpension**	pensión completa / media pensión
***billig** ↔ ***teuer** (teurer, teuerst-)	barato ↔ caro
mit Aufschlag / Aufpreis ↔ mit Vergünstigung(en)	con suplemento ↔ con descuento
Für Zimmer mit Seeblick wird ein Aufpreis erhoben.	Para las habitaciones con vistas al mar se cobra un suplemento.
***sich lohnen**	valer la pena
Es lohnt sich, nach Vergünstigungen zu fragen.	Vale la pena preguntar por descuentos.
e Wochenendpauschale, -n	precio especial de fin de semana
r **Zimmerservice**	servicio de habitaciones
beim Zimmerservice ein Sandwich bestellen	pedir un bocadillo al servicio de habitaciones
r Weckruf, -e	llamada para despertar a alg

Könnten Sie uns bitte um sechs wecken?	Por favor, ¿nos puede despertar a las seis?
Bitte nicht *stören.	Por favor, no molesten.
e **Ạnreise** ↔ e **Ạbreise**	llegada ↔ partida
Wann reisen Sie an ↔ ab?	¿Cúando llega ↔ se marcha / va usted?
Das Zimmer muss bis 11 Uhr geräumt sein.	La habitación tiene que ser desalojada antes de las 11.
e ***Rẹchnung**, -en	factura, cuenta
Könnten Sie mir bitte die Rechnung (fertig) machen?	¿Me puede hacer la cuenta, por favor?
Ich muss noch den ***Schlụ̈ssel** ***ạbgeben**.	Todavía tengo que entregar la llave.
r Campingplatz, ¨-e	cámping
campen / Camping machen	acampar / hacer cámping
r Campingbus, -se / r Wohnwagen, -	caravana / ruló
s ***Zẹlt**, -e	tienda de campaña / LAm carpa
zelten gehen	ir de cámping / acampada
das Zelt aufstellen	montar la tienda (de campaña)

Hobbys
Aficiones

s ***Họbby**, -s ['hɔbi]	afición, hobby
Was für ein Hobby haben Sie?	¿Qué afición tiene usted?
Meine Hobbys sind Golf und Lesen.	Mis aficiones son el golf y leer / la lectura.
Weißt du schon, dass ich mir ein neues Hobby zugelegt habe?	¿Sabes ya que ahora tengo una nueva afición?

Aficiones

Los alemanes tienn un gran número de aficiones. Si quiere hacerse una idea de ellas, sólo tiene que mirar el catálogo de cursos y actividades de la ***Volkshochschulen*** (Centros educativos para adultos: www.volkshochschule.de) o la lista de asociaciones deportivas publicada por las ***Landessportverbänden*** (asociaciones deportivas de los estados federales).

r **Feierabend**, -e	final de la jornada laboral
nach Feierabend	después del trabajo
s **Wọchenende**, -n	fin de semana
am Wochenende ↔ unter der Woche	durante el fin de semana ↔ durante la semana
Nach ihrer Pensionierung hat sie begonnen, sich künstlerisch zu betätigen.	Después de su jublilación ha comenzado a dedicarse al arte.

Sie widmet sich jetzt allen möglichen ehrenamtlichen Aufgaben.	Ahora se dedica a todo tipo de actividades voluntarias.
Aus einer Laune heraus habe ich mit dem Bierdeckelsammeln angefangen.	Empecé a coleccionar posavasos de cerveza por puro capricho.

Todo lo que uno puede coleccionar

Briefmarken	sellos
Telefonkarten	tarjetas telefónicas
alte Geldscheine	billetes antiguos
Münzen	monedas
Autogramme	autógrafos
Antiquitäten	antigüedades
Streichholzschachteln	cajas de cerillas
Zündholzschachteln (österr.)	cajas de cerillas
Bierdeckel	posavasos de cerveza
Schallplatten / CDs	discos / (discos) compactos
alte Zeitungen etc.	periódicos viejos, etc

e **Freizeitaktivität**, -en / e (Freizeit-) **Beschäftigung**, -en / e Betätigung, -en	actividades en el tiempo libre
e ***Freizeit**	tiempo libre
Seine Freizeit verbringt er mit Nachforschungen zum Stammbaum seiner Familie.	Pasa su tiempo libre haciendo indagaciones sobre el árbol genealógico de su familia.
***gern** (lieber, liebst-)	[adverbio que no tiene un equivalente exacto en español y que es usado con verbos con el sentido de *gustar*]
Was machst du in deiner Freizeit gern?	¿Qué te gusta hacer en tu tiempo libre?
Die meiste Zeit **verbringe** ich beim Segeln. Und du?	Paso la mayor parte del tiempo navegando. ¿Y tú?
Ich bin sehr ***sportlich**. ↔ Ich **faulenze** gern.	Hago mucho deporte ↔ Me gusta no hacer nada.
rumhängen *ugs.*	hacer el vago
s ***Interesse**, -n	interés
Was für Interessen haben Sie? – Ich ***interessiere** mich für die moderne Kunst.	¿Qué intereses tiene usted? – Me intereso por el arte moderno.
Um mir im Zug die Zeit zu vertreiben, löse ich Kreuzworträtsel.	Para pasar el tiempo en el tren hago crucigramas.
Wir verbringen viel Zeit mit Kartenspielen.	Pasamos mucho tiempo jugando a las cartas.
e **Entspannung** / e **Erholung**	esparcimiento / descanso
Zur Entspannung geht sie ins Kino.	Para relajarse / Como esparcimiento va al cine.

Beim Malen **entspannt** er sich am besten.	Pintar es lo que más lo relaja.
Um sich vom Stress zu ***erholen**, bastelt er regelmäßig an seinem Motorrad herum.	Para relajarse del estrés, arregla continuamente su moto.
r (Wochenend-) ***Ausflug**, ⸚e	excursión / viaje (de fin de semana)
r Ausflügler, - // e Ausflüglerin, -nen	el // la excursionista
eine Spritztour / einen Ausflug machen	hacer una (pequeña) excursión
einen Abstecher machen	desviarse para ver algo
***wandern** / eine Wanderung machen	hacer senderismo / caminar / dar una caminata
r Wanderer, - // e Wanderin, -nen	el // la caminante / el // la excursionista
bergsteigen (ist berggestiegen, *nur Infinitiv + Partizip Perfekt*) / ***klettern**	subir una montaña / escalar
***spazieren gehen** (ging, ist gegangen)	pasear / pasear / ir de paseo
joggen	correr / hacer footing / futin
Ich gehe jeden Morgen joggen / zum Joggen.	Corro / hago footing todas las mañanas.
im *Garten *arbeiten	trabajar en el jardín
***fotografieren**	fotografiar / hacer fotografías
(am) ***Computer** [kɔm'pju:tɐ] ***spielen**	jugar al ordenador / LAm computador / LAm computadora
einen Tanzkurs machen	hacer un curso de baile

Sport
Deportes

r ***Sport**	deporte
r **Freizeitsport**	deporte de tiempo libre
r **Sportler**, - // e **Sportlerin**, -nen	el // la deportista
r Extremsportler	deportista de alto riesgo
***sportlich** ↔ **unsportlich**	deportista ↔ poco deportista
e Sportart, -en	disciplina deportiva / tipo de deporte
Fußball ist Deutschlands beliebtester Sport.	El fútbol es el deporte preferido en Alemania.
Sport treiben / machen	practicar / hacer deporte
Treibst du Sport? / In welchen Sportarten bist du aktiv?	¿Practicas algún deporte? / ¿Qué tipo de deporte haces / practicas?
Ich fahre gern Ski.	Me gusta esquiar.
Seit drei Monaten spiele ich Golf.	Juego al golf desde hace tres meses.

Deportes

Ballsportarten	**Juegos de pelota**
*r *Fußball*	fútbol
*s *Tennis*	tenis
r Basketball	baloncesto
r Handball	balonmano
r Volleyball	voleibol / balonvolea
s (Feld-) Hockey	hockey
s Golf	golf
s Federballspiel / s Badminton	bádminton
s Squash	squash
Wassersport	**Deportes náuticos**
s Segeln	navegar
s (Wind-) Surfen	windsurfing
s Surfen / s Wellenreiten	surfing
Wasserski fahren	esquí acuático
s Schwimmen	natación
s Turmspringen	saltos de trampolín
s Tauchen	buceo
s Angeln / s Fischen	pesca
Leichtathletik	**Atletismo**
s Laufen	carrera
r Marathon	maratón
s Gehen	marcha
r 100-Meter-Lauf	100 metros lisos
r Hürdenlauf	carrera de obstáculos / vallas
s Diskuswerfen	lanzamiento de disco
s Speerwerfen	lanzamiento de jabalina
s Kugelstoßen	lanzamiento de peso
*r *Sprung, ¨e*	salto
**springen*	saltar
r Weitsprung	salto de longitud
r Hochsprung	salto de altura
Wintersport	**Deportes de invierno**
s Skifahren / s Skilaufen	esquí
s Snowboardfahren	snowboarding
s Langlaufen	carrera de fondo
s Skispringen	salto con esquí
s Schlittschuhlaufen	patinaje sobre hielo
s Eishockey	hockey sobre hielo
s Eisstockschießen	tiro del palo sobre hielo / curling alemán
s Schlittenfahren / s Rodeln	montar en trineo
r Eiskunstlauf	patinaje artístico

Diverses	**Otros deportes**
s Rollerbladen	patinar (en línea)
s Skateboardfahren	ir en monopatín
s Reiten	montar a caballo
s Boxen	boxeo
e Gymnastik	gimnasia
s Radfahren	montar en bicicleta
s Mountain-biking	mountain biking
s Fallschirmspringen	saltar en paracaídas
s Gleitschirmfliegen / s Paragliding	vuelo en parapente
s Drachenfliegen	vuelo con ala delta

Para designar a la persona que practica un deporte se suele añadir normalmente el sufijo *-er* o *-erin:*

r Fußballer, - // e Fußballerin, -nen	el // la futbolista / jugador // jugadora de fútbol
r Skifahrer, - // e Skifahrerin, -nen	esquiador // esquiadora, etc
pero:	
r Tennisspieler, - // e Tennisspielerin, -nen	el // la tenista / jugador // jugadora de tenis
r Marathonläufer, - // e Marathonläuferin, -nen	corredor // corredora de maratón

r **Sportverband**, ⸚e / r Tennisverband	club deportivo / de tenis
r (Fußball-) ***Verein**, -e / r Club, -s [klʊb] / r Klub, -s	club (de fútbol) / asociación
s Vereinsleben	actividades del club
s Vereinsheim, -e / s Vereinslokal, -e	sede del club
r **Vorstand**, ⸚e	directiva
e Satzung, -en	estatuto
s ***Mitglied**, -er	socio // socia / el // la miembro
Wie kann man Mitglied werden?	¿Cómo se puede hacer uno socio (del club)?
e Mitgliedsgebühr, -en	cuota (de socio)
r ***Beitrag**, ⸚	cuota, suscripción
Als Mitglied zahlt man jedes Jahr einen Beitrag.	Los socios pagan una cuota anual.
e Aufnahmegebühr, -en	cuota de admisión / entrada
ein Mitglied *aufnehmen	admitir a un socio
e **Mitgliedschaft**, -en	calidad de socio / miembro
die Mitgliedschaft *kündigen	salirse de un club / asociación
e ***Mannschaft**, -en	equipo
r Mannschaftssport, Mannschaftssportarten	deporte de equipo
r Favorit, -en // e Favoritin, -nen ↔ r Außenseiter, - // e Außenseiterin, -nen	favorito // favorita – desconocido // desconocida

r **Gegner**, - // e **Gegnerin**, -nen / e gegenerische Mannschaft, -en	adversario // adversaria / el // la contrincante, equipo adversario / contrincante
herausfordern	desafiar
r Herausforderung, -en	desafío
r **Amateur**, -e // e **Amateurin**, -nen / r Freizeitsportler, - // e Freizeitsportlerin, -nen ↔ r ***Profi**, -s	(deportista) aficionado // aficionada ↔ el // la (deportista) profesional
e **Fairness** / s sportliche / faire Verhalten	deportividad / jugar limpio / comportarse deportivamente
r **Trainer**, - ['trɛ:nɐ] // e **Trainerin**, -nen	entrenador // entrenadora
s ***Training**, -s ['trɛ:nɪŋ *auch* 'tre:n...]	entrenamiento
Vor der Olympiade haben die Sportler ein hartes Training absolviert.	Antes de las olimpiadas los jugadores han tenido un duro entrenamiento.
s Trainingslager, -	campo de entrenamiento
gedopt sein	estar dopado
r Doping-Skandal, -e	escándalo por dopaje
r **Schiedsrichter**, - // e **Schiedsrichterin**, -nen	el // la árbitro
r Linienrichter, - // e Linienrichterin, -nen	el // la linier / juez // jueza de línea
pfeifen (pfiff, hat gepfiffen)	pitar
r **Wettkampf**, ⸚e / s ***Spiel**, -e / e **Partie**, -n	partido / juego, partida
Wann ist das Spiel angesetzt?	¿Cuándo han fijado el partido?

Instalaciones deportivas

*s *Stadion, Stadien*	estadio
s Olympiastadion	estadio olímpico
r Austragungsort der Olympiade	sede de los Juegos Olímpicos
s Fußballstadion	estadio de fútbol
r Sportplatz, ⸚e	campo de deporte
r Tennisplatz	campo / pista de tenis
r Golfclub	club de golf
r Fußballplatz	campo de fútbol
e Sporthalle, -n	sala de deportes
e Schwimmhalle	piscina cubierta
s Spielfeld, -er	campo de juego
s Fußballfeld	terreno de juego
e Rennbahn, -en	pista de carreras
e Rennstrecke, -n	circuito de carreras

e (Welt-) **Meisterschaft**, -en	campeonato (del mundo)
e (Sommer- / Winter-) **Olympiade**, -n	Olimpiadas / Juegos olímpicos (de verano / invierno)

r **Wettbewerb**, -e	competición
s (Leichtathletik-)Sportfest, -e	mitin (de atletismo)
s **Turnier**, -e	torneo
s Pokalturnier, -e	campeonato de copa
s **Heimspiel**, -e / s **Auswärtsspiel**, -e	partido en casa / en propio campo, partido fuera / en campo contrario
r Heimsieg, -e / Auswärtssieg, -e	victoria a domicilio / en campo contrario
e Auslosung	sorteo
In welcher Gruppe spielt Österreich?	¿En qué grupo juega Austria?
Gegen wen spielte Boris Becker in Wimbledon?	¿Contra / Con quién jugó Boris Becker en Wimbledon?
e **Bundesliga**	primera división (del campeonato de liga alemán) / bundesliga
s Freundschaftsspiel, -e (gegen)	partido amistoso (con / contra)
s **Rennen**, -	carrera
r (Wett-)Lauf, ¨-e	carrera
r ***Start** ↔ s ***Ziel**	salida ↔ meta
Ich bin mit ihr um die Wette gelaufen.	Le eché una carrera.
r ***Zuschauer**, -	espectador
***zuschauen**	ver
r **Fan**, -s [fɛn] / r Handballfan	aficionado / admirador / hincha, aficionado al balonmano
Ich bin ein Fan von Bayern München.	Soy hincha del Bayern de Múnich.
r Fanartikel, -	artículos para los admiradores / hinchas
r Hooligan, -s ['hu:ligən] / r Fußballrowdy ['fu:sbalraudi]	seguidores radicales

Fútbol

e Elf	once
e Mannschaftsaufstellung	composición del equipo
r (Mannschafts-) Kapitän	capitán (del equipo)
r Torwart	portero
r Libero	líbero
r Stürmer	delantero
r Verteidiger	defensa
r Mittelfeldspieler	mediocampista
r Vorstopper	defensa central
r Ersatz- / Auswechselspieler	suplente
r Anstoß	saque
eine Flanke von rechts	un centro desde la derecha
Sein Kopfball ging an die (Quer-)Latte.	Su cabezazo dio en el larguero.
e Ecke, -n	saque de esquina / córner
r Strafraum	área de penalti / de castigo
r Freistoß, ¨-e	lanzamiento directo
r Elfmeter, - / r Strafstoß	penalti

s Elfmeterschießen	lanzamientos de penaltis (para decidir un partido)
s Tor, -e	gol, meta / portería
*Der Ball *rollt ins Tor.*	El balón se deslizó en la meta.
ein (Eigen-) Tor schießen	marcar un gol (en propia portería / meta)
im Abseits stehen	estar fuera de juego
Das ist ein klares Foul.	Es una falta clara.
e gelbe / rote / gelbrote Karte, -n	tarjeta amarilla / roja / doble amonestación
Er hat die gelbe Karte bekommen.	Le han dado / enseñado / sacado tarjeta amarilla.
Er erhielt / bekam einen Platzverweis. / Er wurde des Feldes verwiesen.	Lo expulsaron del terreno de juego.

e (gesamte) **Spielzeit**	tiempo de juego
in der ersten / zweiten **Halbzeit**	en el primer / segundo tiempo
im letzten **Drittel**	en el último tercio (de un partido)
in die Verlängerung gehen	jugar la prórroga
s (End-) ***Ergebnis**, -se (final)	resultado
Wie steht es? – 3 zu 1 für Stuttgart.	¿Cómo va? – 3 a 1 para Stuttgart.
unentschieden	empate
***gewinnen** (gewann, hat gewonnen) ↔ ***verlieren** (verlor, hat verloren)	ganar ↔ perder
r ***Erfolg**, -e ↔ r ***Misserfolg**, -e	éxito ↔ fracaso
r **Sieg**, -e ↔ e **Niederlage**, -n	victoria ↔ derrota
r **Sieger**, - // e **Siegerin**, -nen / r **Gewinner**, - // e **Gewinnerin**, -nen ↔ r **Verlierer**, - // e **Verliererin**, -nen	ganador // ganadora / vencedor // vencedora ↔ perdedor // perdedora
eine **starke** ↔ **schwache** Leistung	un buen ↔ mal rendimiento
***gut** (besser, best-) ↔ ***schlecht** **gespielt**	bien ↔ mal jugado
r ***Meister**, - // e **Meisterin**, -nen	campeón // campeona
r Weltmeister, – // e Weltmeisterin, -nen	campeón // campeona del mundo
r Vizeweltmeister	subcampeón // subcampeona del mundo
r (Welt-)***Rekord**	récord (del mundo)
einen Rekord aufstellen ↔ ***brechen** / ***halten**	establecer ↔ batir un récord
r / e Zweite, -n / r / e Zweitplatzierte, -n	el segundo // la segunda
r / e Letzte, -n / r / e Letztplatzierte, -n	el último // la última

Tenis

r Tennisplatz, ¨-e	pista de tenis
s Tennisfeld, -er	campo de tenis
e Grund- / Seitenlinie	línea de fondo / de banda
s Netz, -e	red
r Tennisball, ¨-e	pelota de tenis
r Tennisschläger, -	raqueta de tenis
e Vor- / Rückhand	golpe directo / del revés
ein Ass schlagen	conseguir un punto de saque / un as
r Doppelfehler, -	falta doble
fünfzehn null (15:0)	quince cero
Einstand	deuce / iguales
Vorteil	ventaja
s Tiebreak	muerte súbita
r Satz- / Matchball, ¨-e	punto de set / de partido
Spiel, Satz und Sieg	juego, set y partido
Einzel / Doppel / Mixed	juego individual / doble / mixto

7 Gesundheit und Krankheit
Salud y enfermedad

Krankheit und gesundheitliche Probleme
Enfermedades y problemas de salud

e ***Krankheit**, -en	enfermedad
e **Infektionskrankheit**, -en	enfermedad infecciosa
e **Tropenkrankheit**, -en	enfermedad tropical
***krank werden** (wird, wurde, ist geworden)	ponerse enfermo / enfermar(se)
Ich fühle mich heute so unwohl. Ich glaube, ich werde krank.	Hoy me encuentro bastante mal. Creo que me voy a poner enfermo.
***krank sein** (ist, war, ist gewesen)	estar enfermo
Meine Kollegin ist seit zwei Wochen krank.	Mi compañera de trabajo está enferma desde hace dos semanas.
Gute Besserung!	¡Que se mejore! / ¡Que te mejores!
Sie befinden sich auf dem Weg der Besserung.	Se está recuperando.
jn **krank schreiben** (schrieb, hat geschrieben)	dar la baja a alg
Der Arzt hat mich eine Woche krank geschrieben.	El médico me ha dado la baja durante una semana.
e **Krankschreibung**, -en / s **Attest**, -e	certificado médico
s Arztzeugnis, -se *schweiz.*	certificado médico
r/e ***Kranke**, -n	enfermo // enferma

Expresiones coloquiales con *krank*

Er ärgert sich noch krank über seinen Chef.	Se va a enfadar muchísimo por culpa de su jefe.
Du machst mich ganz krank! (= Du gehst mir auf die Nerven!)	¡Me pones enfermo! (¡Me sacas de quicio!)
Ich werde krank vor Sehnsucht nach ihm.	Me voy a volver loca de lo que lo echo de menos.
Sie ist liebeskrank.	Está enferma de amor.
Bist du krank? (Jugendsprache)	¿Estás loco?

e ***Krankenkasse**, -n / e **Krankenversicherung**, -en	seguro de enfermedad
e Krankenkassa *österr.*	seguro de enfermedad
e gesetzliche / private Krankenversicherung	seguro de enfermedad público / privado
e Pflegeversicherung	seguro de aistencia (a domicilio / en una residencia) en caso de enfermedad
e Zusatzversicherung	seguro suplementario

e ***Versichertenkarte**, -n	tarjeta del seguro (de enfermedad)
r Krankenschein *österr.*	tarjeta del seguro (de enfermedad)
versichert sein (ist, war, ist gewesen)	estar asegurado
Wie sind Sie versichert? Privat oder Kasse?	¿Qué tipo de seguro tiene usted? ¿Privado o público?
s **Symptom**, -e / s **Anzeichen**, -	síntoma
die typischen Symptome einer Grippe	los síntomas típicos de una gripe
e **Erkältung**, -en	resfriado / constipado
***sich erkälten**	resfriarse / constiparse / enfriarse
sich verkühlen *österr.*	resfriarse / constiparse / enfriarse
Ich habe mich wohl erkältet.	Parece que me he resfriado.
eine leichte ↔ schwere Erkältung haben / erkältet sein	tener un pequeño resfriado ↔ un fuerte resfriado / estar resfriado
Sind Sie erkältet?	¿Está usted resfriado?
s ***Fieber** / e erhöhte Temperatur	fiebre / temperatura alta
Das Kind hat seit letzter Nacht Fieber.	El niño tiene fiebre desde anoche.
Haben Sie schon Fieber gemessen?	¿Ya se ha tomado la temperatura? / ¿Ya se ha puesto el termómetro?
Das Fieber ist leicht ↔ stark angestiegen.	La fiebre ha subido un poco ↔ mucho.
s **Fieberthermometer**, -	termómetro
r ***Husten** *Sg*	tos
Mein Kind hat einen schlimmen Husten.	Mi niño / niña tiene una tos horrible.
e **Bronchitis** [brɔn'çi:tɪs]	bronquitis
Ich bin ganz heiser.	Estoy totalmente afónico.
r ***Schnupfen** *Sg*	resfriado / constipado
Brauchst du ein Taschentuch / ein Tempo®?	¿Necesitas un pañuelo / un klinex?
niesen	estornudar
Ich muss ständig husten und niesen.	Estoy todo el tiempo tosiendo y estornudando.
Ich habe **Halsschmerzen**.	Tengo dolor de garganta.
e ***Grippe** *Sg*	gripe / LAm gripa
e Grippeepidemie, -n	epidemia de gripe
e Grippeimpfung	vacuna contra la gripe
sich gegen Grippe impfen lassen	vacunarse contra la gripe
e **Impfung**, -en (gegen)	vacuna
e **Infektion**, -en	infección
e **Infektionskrankheit**, -en	enfermedad infecciosa
(sich) **anstecken** (bei jm)	contagiar(se) (de alg)
Ich habe mich wohl bei dir angesteckt.	Parece ser que me has contagiado.
eine ansteckende Krankheit	una enfermedad contagiosa
Ist das **ansteckend**?	¿Es contagioso?
e **Übelkeit** *Sg*	náusea
Mir ist **übel** / **schlecht**.	Tengo náuseas.
Ihm wird beim Autofahren oft übel.	Se marea con frecuencia en el coche.

Ich fahre nicht so gern Schiff, denn ich werde leicht **seekrank**	No me gusta mucho viajar en barco porque me mareo con facilidad.
(sich) **erbrechen** (erbricht, erbrach, hat erbrochen) / **sich übergeben** (übergibt, übergab, hat übergeben)	vomitar / devolver
r ***Magen**	estómago
s **Magengeschwür**, -e	úlcera de estómago
Magenbeschwerden *Pl*	problemas de estómago
Er hat sich den Magen verdorben.	Se ha empachado.
Bauchweh haben	tener dolor de barriga
e **Verstopfung**	estreñimiento
Sie klagt ständig über Verstopfung.	Siempre se queja de que está estreñida.
r **Durchfall**	diarrea
Er leidet an Durchfall.	Tiene diarrea.
r **Schlaganfall**, ⸚e	derrame cerebral / apoplejía
Er erlitt einen leichten Schlaganfall.	Ha sufrido un pequeño derrame cerebral.
zusammenbrechen (bricht zusammen, brach zusammen, ist zusammengebrochen) / **kollabieren**	desmayarse
Er ist auf der Straße zusammengebrochen.	Se ha desmayado en la calle.
e **Bewusstlosigkeit**	inconsciencia
bewusstlos / **ohnmächtig werden** (wird, wurde, ist geworden)	quedarse inconsciente / perder el conocimiento
s ***Herz**	corazón
Sie ist **herzkrank**.	Está enferma del corazón.
Er erlitt einen **Herzanfall** / **Herzinfarkt**.	Sufrió un ataque al corazón / un infarto (de miocardio).
Er hat zwei Herzinfarkte überlebt.	Ha sobrevivido a dos infartos.
Wegen des Herzinfarktes schwebte er in ***Lebensgefahr**.	Su estado fue crítico / Estuvo en peligro de muerte debido al infarto.
Herzbeschwerden *Pl*	problemas de corazón
chronisch	crónico
eine chronische Krankheit	una enfermedad crónica
e **Kinderkrankheit**, -en	enfermedad infantil

Enfermedades típicas de niños:

Masern	sarampión
Röteln	rubeola
Windpocken	varicela
Keuchhusten	tos ferina
Scharlach	escarlatina

r **Blutdruck**	presión / tensión sanguínea
hohen ↔ niedrigen Blutdruck haben	tener la tensión alta ↔ baja
r ***Schmerz**, -en	dolor
leichte ↔ starke Schmerzen haben	tener un dolor ligero ↔ fuerte

Was fehlt Ihnen denn?	*Ich habe Kopfschmerzen / Bauchschmerzen / Ohrenschmerzen.*
¿Qué molestias tiene usted?	Tengo dolor de cabeza / de barriga / de oído
Oh Gott, wie schaust du denn aus?	*Ich bin total erkältet. / Bei Föhn habe ich oft Migräne.*
¡Dios mío¡ ¡Qué mala cara / mal aspecto tienes!	Es que estoy totalmente resfriado. / Tengo con frecuencia jaqueca cuando sopla el viento del sur.

r **Tumor**, -en	tumor
ein **gutartiger** ↔ **bösartiger** Tumor	un tumor benigno ↔ maligno
r **Krebs**	cáncer
Er hat Krebs.	Tiene cáncer.
***sterben** (an+*D*) (stirbt, starb, ist gestorben)	morir (de)
Er starb an Krebs.	Murió de cáncer.
e **Berufskrankheit**, -en	enfermedad laboral
e **Allergie**, -n	alergia
allergisch	alérgico
Sie ist gegen Katzen allergisch.	Es alérgica a los gatos.
r **Ausschlag**, ¨-e	erupción cutánea / sarpullido
einen Ausschlag bekommen	tener / salir una erupción cutánea / sarpullido
jucken	picar
Der Mückenstich juckt so.	Las picaduras de mosquito pican mucho.
e **Schwellung**, -en	hinchazón
r **Fußpilz**	hongo del pie

Verletzungen und Unfälle
Lesiones y accidentes

e **Verletzung**, -en	herida, lesión
r/e **Verletzte**, -n	herido // herida, lesionado // lesionada
verletzt ↔ **unverletzt**	herido ↔ ileso
Sie blieb zum Glück unverletzt.	Por fortuna resultó ilesa.
(sich) ***verletzen**	herir(se), lesionar(se)

(sich) **wehtun** (tat weh, hat wehgetan)	hacer(se) daño
Hast du dir wehgetan?	¿Te has hecho daño?
Soll ich ein Pflaster holen?	¿Voy a por una tirita?
***stürzen**	caerse
r ***Unfall**, ⸚e	accidente
r Autounfall / Fahrradunfall / Motorradunfall	accidente de coche / de bicicleta / de moto
ein Unfall mit Verletzten	un accidente con heridos
Sie wurde bei dem Unfall leicht ↔ schwer verletzt.	En el accidente resultó levemente ↔ gravemente herida.
r ***Alarm**	alarma
s ***Feuer**, -	fuego
***brennen** (brannte, hat gebrannt)	quemar
Es brennt!	¡Fuego!
ein Haus in Brand setzen	prender fuego a una casa
e ***Feuerwehr**	(el cuerpo de) bomberos

El cuerpo de bomberos / servicio de incendios

e (freiwillige) Feuerwehr	el cuerpo de bomberos (voluntarios)
r Feueralarm	alarma de incendio
e Feuerwache	cuartel de bomberos
r Feuerwehrmann, ⸚er // e Feuerwehrfrau, -en	bombero // bombera
s Feuerwehrauto, -s	coche de bomberos
e Feuerwehrleiter, -n	la escalera (extensible) de los bomberos
s Sprungtuch, ⸚er	lona de bomberos
r Feuermelder / r Brandschutzmelder	detector de incendios
die Scheibe einschlagen	romper los cristales
112 anrufen	llamar a los bomberos
den Brand löschen / ersticken	apagar / sofocar el fuego
r Feuerlöscher, -	extintor (de incendios)
r Hydrant, -en	boca de riego
s Löschwasser	agua para la extinción de incendios
r giftige Rauch / r Qualm / r Ruß	humo / humareda / hollín tóxicos
e Rauchvergiftung	intoxicación por el humo
s Atemschutzgerät	bomba de oxígeno
e Brandwunde, -n	quemadura
den Brandherd finden / lokalisieren	encontrar / localizar el foco del incendio
e Brandursache	causa del incendio
*Es wurden Schäden in Höhe von 100.000 Euro *verursacht.*	Los daños causados por el fuego ascendieron a 100.000 euros.

r **Schock**	shock / choque
Sie stand offensichtlich unter Schock.	Por lo visto había sufrido un shock.
jm **Erste Hilfe leisten**	prestar los primeros auxilios a alg
e **Mund-zu-Mund-Beatmung**	respiración boca a boca
die Unfallstelle absichern	acordonar / asegurar el lugar del accidente
die stabile Seitenlage	la posición lateral de seguridad
den Puls fühlen	tomar el pulso
die Atmung überprüfen	comprobar la respiración
das ***Leben *retten**	salvar la vida
ums Leben kommen (kam, ist gekommen)	morir
Bei dem Zusammenstoß kamen sechs Menschen ums Leben.	Seis personas murieron en la colisión
überleben	sobrevivir
Wie durch ein Wunder haben sie diesen Unfall überlebt.	Han sobrevivido a este accidente de milagro.
(ärztlich) ***behandeln** / **versorgen**	tratar / atender (médicamente)
wiederbeleben	reanimar
Die Opfer wurden an der Unfallstelle ärztlich versorgt.	Las víctimas fueron atendidas en el lugar del accidente.
r ***Krankenwagen**, - / ¨- / r **Rettungswagen**, - / ¨-	ambulancia
e Rettung *österr.*	ambulancia
e Ambulanz, -en *schweiz.*	ambulancia
einen Krankenwagen *rufen	llamar una ambulancia
r **Rettungshubschrauber**, - / r Helikopter, -	helicóptero de salvamento
Die Verletzten wurden ins Krankenhaus **eingeliefert**.	Los heridos fueron ingresados en el hospital.
r **Notfall**, ¨e	urgencia
r **Notarzt**, ¨e // e **Notärztin**, -nen	médico // médica de urgencias
e ***Notaufnahme** im Krankenhaus	servicio de urgencias en un hospital
Er wurde in die Notaufnahme gebracht.	Fue llevado a urgencias.
e Notfallstation, -en *schweiz.*	servicio de urgencias en un hospital
das Bein ***brechen** (bricht, brach, hat gebrochen)	romperse la pierna
Er hat sich das / ein Bein gebrochen.	Se ha roto la / una pierna.
r **Bruch**, ¨e / e **Fraktur**, -en	fractura
Sie hat sich bei dem Unfall einen komplizierten Beinbruch zugezogen.	En el accidente sufrió una complicada fractura en una pierna.

verrenken — dislocarse
Ich habe mir den Arm verrenkt. — Me he dislocado el brazo.
verstauchen — torcerse
Sie hat sich den Fuß verstaucht. — Se ha torcido el pie (el tobillo).
e **Muskelzerrung** / e **Zerrung** — tirón muscular
Er hat sich beim Squashspielen eine Muskelzerrung zugezogen. — Le dio un tirón muscular cuando jugaba al squash.
r ***blaue *Fleck**, -en / e **Prellung**, -en — cardenal / contusión
Sie hatte überall blaue Flecken. — Tenía cardenales por todos lados.
e **Gehirnerschütterung** — conmoción cerebral
Sie erlitt eine Gehirnerschütterung. — Sufrió una conmoción cerebral.
Verbrennungen *Pl* — quemaduras
Er erlitt Verbrennungen zweiten Grades. — Sufrió quemaduras de segundo grado.

ersticken — asfixiarse
e ***Wunde**, -n — herida
e Schürfwunde, -n — roce / rozadura
stark ↔ leicht ***bluten** — sangrar mucho ↔ poco
Der Mann blutete stark. — El hombre sangraba mucho.
eine Wunde **verbinden** (verband, hat verbunden) — vendar una herida
r **Verband**, ¨-e — venda
s ***Pflaster**, - — tirita
Gib mir bitte schnell ein Pflaster. — Dame una tirita, rápido.
e **Unterkühlung**, -en — congelación
Die beiden Überlebenden litten an starker Unterkühlung. — Los dos supervivientes tenían síntomas de congelación.
ertrinken (ertrank, ist ertrunken) — ahogarse
r ***Zustand** / e **Verfassung** — estado
Ihr Zustand ist immer noch kritisch. — Su estado todavía es crítico.
Sie befindet sich in schlechter körperlicher Verfassung. — Se encuentra en mal estado.

Behinderungen
Minusvalidez y deficiencia

e **Behinderung**, -en — minusvalidez, deficiencia
körperliche / geistige Behinderung — minusvalidez / deficiencia
Er leidet unter einer schweren körperlichen Behinderung. — Sufre de una grave minusvalidez.
behindert sein (ist, war, ist gewesen) — ser minusválido, disminuido, deficiente, discapacitado
Er ist mehrfach behindert. — Tiene varias discapacidades.
Mein Sohn ist **von Geburt an** geistig behindert. — Mi hijo es deficiente de nacimiento.

Sie ist in ihrer geistigen Entwicklung zurückgeblieben.	Es retrasada mental.
Immer mehr Gebäude werden behindertengerecht (um)gebaut.	Cada vez se constuyen (remodelan) más edificios para adecuarlos a las necesidades de los minusválidos.
r/e **Behinderte**, -n	minusválido // minusválida, disminuido // disminuida, el // la deficiente, discapacitado // discapacitada
eine Schule für Behinderte	escuela para discapacitados
e **Förderschule**, -n	escuela especial (para niños con necesidades especiales)
e Spezialschule, -en *schweiz.*	escuela especial

En Alemania hay colegios para …

Körperbehinderte	minusválidos
Sehbehinderte	personas con problemas de visión
Gehörlose	sordos
Lernbehinderte	personas con problemas de aprendizaje
Sprachbehinderte	personas con problemas a la hora de hablar
geistig Behinderte	disminuidos psíquicos / deficientes
verhaltensauffällige Kinder	niños con problemas de comportamiento

körperbehindert / **körperlich behindert**	minusválido
sehbehindert / ***blind**	con problemas de visión / ciego
Ihre Sehkraft ist eingeschränkt.	Tiene problemas de visión.
Er / Sie ist ***taub** /***stumm** / **taubstumm** / **schwerhörig**.	Es sordo // sorda / mudo // muda / sordomudo // sordomuda / duro // dura de oído
lernbehindert	con problemas de aprendizaje
sprachbehindert	con problemas al hablar
geistig behindert	disminuido psíquico / deficiente
verhaltensauffällig	con problemas de comportamiento
Er / Sie kann nicht sprechen.	No puede hablar.
e **Beeinträchtigung**, -en	impedimento
beeinträchtigt sein (ist, war, ist gewesen)	estar impedido
Er / Sie ist unfähig, allein zu essen.	Es incapaz de / No puede comer solo.
r/e **Invalide**, -n	inválido // inválida
Ein Reitunfall machte sie zur Invalidin.	Un accidente de caballo lo dejó inválido.

s **Koma** — coma
Sie liegt seit ihrem Reitunfall im Koma. — Está en coma desde (que sufrió) el accidente de caballo.

r ***Rollstuhl**, ¨-e — silla de ruedas
Seit ihrem Unfall ist sie an den Rollstuhl gefesselt. — Desde el accidente está confinada a una silla de ruedas.
Ihre Beine sind **gelähmt**. — Es paralítico.
Sie ist **querschnittsgelähmt**. — Es parapléjico.
e **Erwerbsunfähigkeit** aufgrund einer Behinderung — incapacidad laboral por discapacidad
Seit einem Jahr ist er erwerbsunfähig / arbeitsunfähig. — Desde hace un año está incapacitado laboralmente.

Beim Arzt
En el médico

Doktor (doctor) es la palabra coloquial para ***Arzt / Ärztin*** (médico / médica) *(Ich muss heute noch zum Doktor.* – Hoy tengo que ir al médico.) y también la forma usual para dirigirse a él *(Vielen Dank, Herr/Frau Doktor.* – Muchas gracias, doctor / doctora.).

r ***Arzt**, ¨-e // e **Ärztin**, -nen / r ***Doktor**, -en // e ***Doktorin**, -nen — médico // médica / doctor // doctora
Er ist ein sehr erfahrener / guter Arzt. — Es un médico con mucha experiencia / muy bueno.

r **Hausarzt** // e **Hausärztin** — médico // médica de familia / de cabecera

einen **Hausbesuch** machen — hacer una visita a domicilio / a casa

Mein Hausarzt ist leider gerade in Urlaub. Deshalb muss ich zu seinem ***Vertreter** gehen. — Por desgracia mi médico está de vacaciones. Por esó tengo que ir a su sustituto.
e ***Arztpraxis**, Arztpraxen — consulta
e Ordination, -en *österr.* — consulta / horas de consulta
e ***Sprechstunde**, -n — hora de consulta
Mittwochs ist keine Sprechstunde. — Los miércoles no hay consulta.
e **Sprechzeit**, -en — hora de consulta
Wann sind die Sprechzeiten? / Wann ist die Praxis geöffnet? — ¿Cuándo tiene consulta? / ¿Cuándo está la consulta abierta?

r **Empfang** — entrada
e **Arzthelferin**, -nen / e **Sprechstundenhilfe**, -n — enfermera / auxiliar

e medizinische Praxisassistentin, -nen *schweiz.*	enfermera / auxiliar
Nehmen Sie bitte kurz im **Wartezimmer** Platz.	Pase un momento a / Tome asiento un momento en la sala de espera.
s **Sprechzimmer**, -	consulta
r ***Termin**, -e	cita / hora / número
einen **Termin vereinbaren** / ***ausmachen**	pedir hora / concertar una cita
einen **Termin absagen** / **verschieben**	cancelar / posponer una cita
Wir müssen noch einen Termin beim Orthopäden vereinbaren.	Tenemos que pedir hora para / concertar una cita con el ortopeda.
Haben Sie schon einen Termin?	¿Tiene usted ya hora / número / una cita?
Ich muss leider meinen Termin absagen. Könnten wir ihn auf Freitag verschieben?	Lo siento, pero tengo que cancelar la cita. ¿La podríamos posponer / aplazar para el viernes?

Algunos especialistas

r Allgemeinarzt, ⸚e // e Allgemeinärztin, -nen	médico // médica de medicina general
r Internist, -en // e Internistin, -nen	el // la internista
r Chirurg, -en // e Chirurgin, -nen	cirujano // cirujana
r Orthopäde, -n // e Orthopädin, -nen	el // la ortopeda
r Gynäkologe, -n // e Gynäkologin, -nen / r Frauenarzt, ⸚e // e Frauenärztin, -nen	ginecólogo // ginecóloga
r Urologe, -n // e Urologin, -nen	urólogo // uróloga
r Hals-Nasen-Ohren-Arzt, ⸚e // e Hals-Nasen-Ohren-Ärztin, -nen / r HNO-Arzt [haːlɛnˈloː…]	otorrinonaringólogo // otorrinonaringóloga
r Dermatologe, -n // e Dermatologin, -nen / r Hautarzt, ⸚e // e Hautärztin, -nen	dermatólogo // dermatóloga
r Kardiologe, -n // e Kardiologin, -nen	cardiólogo // cardióloga
r Kinderarzt, ⸚e // e Kinderärztin, -nen	el // la pediatra
r Augenarzt, ⸚e // e Augenärztin, -nen	oftalmólogo // oftalmóloga / el // la oculista
r Psychiater, - // e Psychiaterin, -nen [psyˈçiaːtɐ]	el // la psiquiatra
r Psychotherapeut, -en // e Psychotherapeutin, -nen [psyçoteraˈpɔyt]	el // la psicoterapeuta
r Homöopath, -en // e Homöopathin, -nen [homøoˈpaːt]	el // la homeópata

r ***Patient**, -en // e **Patientin**, -nen [pa'tsi̯ɛnt]	el // la paciente
Was **fehlt** Ihnen?	¿Qué molestias tiene? / ¿Qué le pasa?
Beschwerden *Pl*	molestias
Ich habe öfters Magenbeschwerden.	Tengo muy a menudo molestias de estómago.
e **Blutuntersuchung**, -en / e **Urinuntersuchung**, -en / e **Stuhluntersuchung**, -en	análisis de sangre / de orina / de heces
s ***Ergebnis**, -se	resultado
Das Ergebnis der Blutuntersuchung kommt morgen.	El resultado del análisis de sangre llega mañana.
e **Diagnose**, -n	diagnóstico
r ***Schmerz**, -en	dolor
Wo haben Sie Schmerzen? – Ich habe starke Rückenschmerzen.	¿Dónde le duele / tiene dolor? – Me duele mucho la espalda. / Tengo un fuerte dolor de espalda.
Wie lange haben Sie diese Schmerzen schon?	¿Desde cuándo tiene usted ese dolor?
Mein Rücken **macht** mir **zu schaffen**.	La espalda me da muchos problemas / me trae por el camino de la amargura.
wehtun (tat weh, hat wehgetan)	doler
Mein Rücken tut mir weh.	Me duele la espalda.

Dolores más usuales

Ich habe …	Tengo …
Kopfschmerzen / Kopfweh.	dolor de cabeza.
Ohrenschmerzen.	dolor de oído.
Halsschmerzen.	dolor de garganta.
Bauchschmerzen. / Magenschmerzen.	dolor de barriga / de estómago.
Rückenschmerzen.	dolor de espalda.

En estas expresiones siempre se utiliza la palabra *dolor* en plural:
Ich habe Ohrenschmerzen. Die Ohrenschmerzen sind ganz schlimm.

***leiden** (an + *D*) (litt, hat gelitten)	padecer (de)
Leiden Sie häufig an Kopfschmerzen?	¿Padece con frecuencia dolores de cabeza?
Ich glaube, ich habe eine **Magenverstimmung**.	Creo que tengo una (ligera) indigestión. / Creo que estoy empachado / que tengo un empacho.
(sich) **erbrechen** / **sich übergeben**	vomitar / devolver
Ich habe mich letzte Nacht dreimal übergeben.	Anoche devolví tres veces.

Haben Sie regelmäßig **Stuhlgang**?	¿Obra usted con regularidad?
Wie steht es mit Ihrem ***Appetit**?	¿Tiene usted apetito?
Ich habe keinen Appetit.	No tengo ningún apetito.
***abnehmen** (nimmt ab, nahm ab, hat abgenommen) ↔ ***zunehmen**	adelgazar ↔ engordar
Sie haben ziemlich abgenommen ↔ zugenommen.	Ha engordado ↔ adelgazado bastante.
s ***Gewicht**	peso
r **Atem**	respiración
Ich gerate schnell außer Atem.	Me quedo con facilidad sin respiración.
Holen Sie bitte mal tief ***Luft**.	Por favor, respire profundamente.
einatmen ↔ **ausatmen**	tomar aire / aspirar ↔ expulsar el aire / expirar
s ***Fieber**	fiebre
Haben Sie Fieber?	¿Tiene fiebre?
Messen Sie bitte mal Fieber.	Por favor, tómese la temperatura / póngase el termómetro.
Wie hoch ist die ***Temperatur**?	¿Qué temperatura tiene?
Gestern hatte ich 38,5° Fieber.	Ayer tuve 38.5 de fiebre.
r **Blutdruck**	tensión / presión sanguínea
Darf ich mal bitte Ihren Blutdruck messen?	¿Le puedo, por favor, tomar la tensión?
hoher ↔ niedriger Blutdruck	tensión / presión alta ↔ baja
(sich) ***ausziehen** (zog aus, hat ausgezogen) ↔ (sich) ***anziehen**	desnudar(se) ↔ vestir(se)
sich abziehen *schweiz.*	desnudarse
Würden Sie bitte den Oberkörper frei machen.	Por favor, desnúdese de medio cuerpo para arriba.
Würden Sie sich bitte ganz ausziehen.	Por favor, desnúdese completamente.
Sie können sich jetzt wieder anziehen.	Se puede volver a vestir.
***untersuchen**	reconocer / examinar
(sich) **untersuchen lassen** (lässt, ließ, hat gelassen)	ser reconocido / examinado
Ich muss mal wieder meinen Blutzucker untersuchen lassen.	Tengo que controlarme otra vez el azúcar.
e ***Untersuchung**, -en	reconocimiento / chequeo
Würden Sie sich bitte hier hinlegen, damit ich Sie untersuchen kann.	Por favor, tiéndase aquí para que pueda reconocerlo.
Wir müssen Ihr Blut und Ihren Urin untersuchen.	Tenemos que analizar su sangre y su orina.
nüchtern	en ayunas
Kommen Sie bitte morgen früh nüchtern in die Praxis.	Por favor, venga a la consulta mañana temprano en ayunas.

eine **Röntgenaufnahme machen / röntgen** ['rœntgn]	hacer una radiografía
Wir werden den Fuß sicherheitshalber röntgen.	Haremos una radiografía del pie para estar seguros.
s **EKG**, -s [e:ka'ge:] (= Elektrokardiogramm)	electrocardiograma
e **Ultraschalluntersuchung**, -en	ecografía
Ich mache noch eine Ultraschalluntersuchung.	También le voy a hacer una ecografía.
Wir müssen bei Ihnen eine Magen- / Darmspiegelung durchführen.	Tenemos que hacerle una endoscopia del estómago (gastroscopia) / de los intestinos.
e ***Spritze**, -n / e **Injektion**, -en	inyección
Der Arzt gab ihr eine Spritze.	El doctor le puso una inyección.
s ***Medikament**, -e / s **Arzneimittel**, -	medicamento / medicina
ein Medikament ***verschreiben**	recetar una medicina
die Medikamente **einnehmen**	tomar las medicinas
Nehmen Sie irgendwelche Medikamente ein?	¿Está tomando usted alguna medicina?
s ***Rezept**, -e	receta
nur auf Rezept erhältlich	sólo con receta
e Rezeptgebühr, -en	cargo / precio por receta
e ***Apotheke**, -n	farmacia

Por regla general los medicamentos en Alemania, Austria y Suiza sólo se consiguen con una receta (*verschreibungspflichtig / nur auf Rezept erhältlich*). Cuando uno, por ejemplo, necesita un antibiótico, tiene que ir primero al médico a que le dé una receta (*Rezept*). Sólo entonces se puede conseguir este medicamento en una farmacia. En Alemania y en Austria se paga cierta cantidad por cada receta (*Rezeptgebühr*).

Ich brauche bitte wieder ein Rezept für meine Medikamente.	Por favor, necesito otra vez una receta para mis medicinas.
e ***Medizin** / e **Arznei**, -en	medicina
e ***Tablette**, -n	pastilla
e **Kapsel**, -n	cápsula
Nehmen Sie bitte zweimal täglich je eine halbe Tablette morgens und abends.	Tómese media pastilla dos veces al día, por la mañana y por la noche.
s ***Mittel**, -	remedio
zur Vorbeugung gegen	para prevenir (contra)
Ich kann Ihnen ein gutes Mittel zur Vorbeugung gegen Erkältungen empfehlen.	Le puedo recomendar un buen remedio para prevenir el resfriado.
s **Schmerzmittel**, -	calmante
Aspirin ist ein bekanntes Schmerzmittel / Mittel gegen Schmerzen.	La aspirina es un calmante / un remedio contra el dolor muy conocido.

***regelmäßig**	con regularidad
e ***Pille**, -en	píldora
Sie nimmt seit Jahren die Pille / Antibabypille.	Toma la píldora desde hace años.
e ***Salbe**, -n	pomada / crema
Sie müssen die Salbe zweimal täglich **auftragen** (trägt auf, trug auf, hat aufgetragen).	Se tiene que poner la pomada dos veces al día.
r ***Tropfen**, -	gotas
Augentropfen *Pl*	gotas de los ojos
s **Spray**, -s [ʃpre: *auch* spre:]	aerosol / vaporizador
e **Bescheinigung**, -en	certificado
eine Bescheinigung ausstellen	extender un certificado
s **Attest**, -e	certificado
s Arztzeugnis, -se *schweiz.*	certificado
ein ärztliches Attest	certificado médico
Wenn Ihr Kind beim Sportunterricht in der Schule nicht mitmachen kann, benötigt es ein ärztliches Attest.	Si su hijo / hija no puede participar en la clase de deporte, necesita un certificado médico.
e **Physiotherapie** [fyzi̯otera'pi:] / e **Krankengymnastik**	fisioterapia
r **Krankengymnast**, -en // e **Krankengymnastin**, -nen / r **Physiotherapeut**, -en // e **Physiotherapeutin**, -nen [fyzi̯otera'pɔyt]	el // la fisioterapeuta
e **Massage**, -n [ma'sa:ʒə]	masaje
Der Arzt hat mir Massagen verschrieben.	El médico me ha recetado masajes.
Die Massage hat mir gut getan.	El masaje me ha sentado muy bien.
massieren	dar un masaje

Beim Zahnarzt
En el dentista

r **Zahnarzt**, ¨-e // e **Zahnärztin**, -nen	el // la dentista / odontólogo // odontóloga
Ich muss mal wieder meine Zähne kontrollieren lassen.	Tengo que ir otra vez a controlarme la boca / a que me miren la boca.
r **Kieferchirurg**, -en	cirujano maxilar
e **Zahnklinik**, -en	clínica dental
e **Zahnbehandlung**, -en	tratamiento odontológico / dental
r ***Zahn**, ¨-e	diente
r Milchzahn	diente de leche
r Schneidezahn	incisivo

r Backenzahn — muela
r Weisheitszahn — muela del juicio
r **Oberkiefer** / r **Unterkiefer** — mandíbula superior / inferior
Zahnschmerzen *Pl* — dolor de muelas
Ich habe starke Zahnschmerzen. — Tengo un dolor de muelas muy fuerte.

empfindlich — sensible
Der Zahn ist kälteempfindlich. — El diente es sensible al frío.
wehtun (tat weh, hat wehgetan) — doler
Der letzte Zahn oben links tut mir weh. — Me duele el último diente de arriba a la izquierda.

Tut er ständig weh oder nur, wenn Sie draufbeißen? — ¿Siempre le duele o sólo cuando muerde?
e **Zunge** — lengua
Was spüren Sie, wenn Sie den Zahn mit der Zunge berühren? — ¿Qué siente cuando roza el diente con la lengua?
s **Zahnfleisch** — encía
Beim Zähneputzen bekomme ich Zahnfleischbluten. — Me sangran las encías cuando me lavo los dientes.
e Paradontose — paradontosis
Der Zahn **wackelt**. — Se me mueve un diente.
Lehnen Sie sich bitte zurück. — Échese para atrás, por favor.

En el dentista

Öffnen Sie bitte den Mund so weit wie möglich. / Machen Sie ganz weit auf, bitte.
Abra la boca el máximo posible / todo lo que usted pueda.

Wo tut es weh? – Da unten links. / Da hinten rechts.
¿Dónde le duele? – Aquí abajo a la izquierda. / Aquí atrás a la derecha.

Drehen Sie den Kopf bitte ein bisschen nach links / rechts. Tut's weh?
Gire un poco la cabeza hacia la izquierda / derecha. ¿Le duele?

Einmal fest zubeißen bitte. – Apriete / muerda fuerte.
Bitte gründlich ausspülen. – Enjuáguese bien la boca, por favor.

s ***Loch**, ¨-er — picadura [agujero]
Dieser Zahn hat ein Loch. — Este diente tiene una picadura.
Leider haben Sie mehrere Löcher. — Lo siento, pero tiene varias picaduras.

Diese Füllung muss erneuert werden. — Este empaste hay que cambiarlo.
e **Injektion**, -en / e ***Spritze**, -n — inyección
Können Sie mir bitte eine Spritze geben? — ¿Me puede poner una inyección?
e (örtliche) **Betäubung** — anestesia (local)
bohren — horadar / perforar
r **Bohrer**, - — fresa
e **Karies** — caries
Ich muss noch etwas bohren, um die Karies zu entfernen. — Tengo que perforar más para quitar lo picado.

e **Füllung**, -en / e **Plombe**, -n	empaste
eine **provisorische** Füllung	un empaste provisional
füllen / **plombieren**	empastar
Dieser Zahn muss plombiert werden.	Hay que empastar este diente.

Tipos de empastes

e Amalgamfüllung	empaste de amalgama
e Kunststofffüllung	empaste sintético
s Inlay / Goldinlay	empaste / empaste de oro

einen **Zahn ziehen** (zog, hat gezogen)	sacar / extraer un diente
Mir ist ein Weisheitszahn gezogen worden.	Me han sacado una muela del juicio.
r **Zahnersatz**	dentadura postiza
e **Krone**, -n	corona
einen Zahn überkronen	poner una corona a un diente
e ***Brücke**, -n	puente
eine Brücke anbringen	poner un puente
e **Zahnprothese**, -n / s **Gebiss**, -e	prótesis dental / dentadura
e Vollprothese / e Teilprothese	prótesis total / parcial
s **Implantat**, -e	implante
e **Wurzelbehandlung**	tratamiento de la raíz / de los raigones
r **Abdruck**, ¨-e	molde
einen Abdruck für ein Inlay machen	hacer un molde para un empaste
r **Zahnstein**	sarro
Sie haben viel Zahnstein.	Tiene mucho sarro.
Wir müssen den Zahnstein entfernen.	Tenemos que quitarle / limpiarle el sarro.
r **Zahnbelag**	sarro
e **Zahnseide**	hilo dental
Benutzen Sie regelmäßig Zahnseide?	¿Utiliza con regularidad el hilo dental?
e **Munddusche**, -n	enjuague bucal
e **Zahnbürste**, -n	cepillo de dientes
e elektrische Zahnbürste, -n	cepillo de dientes eléctrico
e Zahnpasta	pasta de dientes
Sie sollten Ihre Zähne besser pflegen.	Debería cuidarse mejor los dientes.

7

6

Im Krankenhaus
En el hospital

s ***Krankenhaus**, ¨-er / e **Klinik**, -en	hospital / clínica
s Spital, ¨-er *österr./schweiz.*	hospital
e Privatklinik, -en	clínica privada
e Universitätsklinik, -en	hospital universitario
s **Klinikum**	centro hospitalario
e ***Station**, -en	servicio clínico
die chirurgische Station / die Chirurgie	servicio de cirugía
die internistische Station / die Innere	servicio de medicina interna
Sie liegt auf der Inneren.	Está en la zona de medicina interna.
e **Ambulanz**	ambulatorio
die chirurgische Ambulanz	servicio de operaciones ambulatorias
die ambulante **Behandlung**	tratamiento ambulatorio
Er wurde ambulant behandelt.	Fue tratado ambulatoriamente / sin ser hospitalizado.
e ***Notaufnahme**	urgencias
Sie wurde in die Notaufnahme gebracht.	Lo llevaron a urgencias.
e Notfallstation *schweiz.*	urgencias
e **Einweisung**, -en	ingreso / hospitalización
jn ins Krankenhaus **einweisen** (wies ein, hat eingewiesen)	ingresar a alg en el hospital / hospitalizar a alg
jn ins Krankenhaus **einliefern**	ingresar a alg en el hospital / hospitalizar a alg
r ***Patient**, -en // e **Patientin**, -nen [pa'tsi̯ɛnt]	el // la paciente
r ***Arzt**, ¨-e // e **Ärztin**, -nen	médico // médica
r **diensthabende** Arzt	médico de guardia
r **behandelnde** Arzt	médico que te trata
r Chefarzt // e Chefärztin	médico // médica jefe de un hospital
r Assistenzarzt // e Assistenzärztin	médico // médica residente / MIR
r Oberarzt // e Oberärztin	médico // médica jefe de un servicio clínico
r Stationsarzt // e Stationsärztin	médico // médica de un servicio clínico
r ***Spezialist**, -en	especialista
Sie ist Spezialistin für Herzchirurgie.	Es especialista en cirugía coronaria.
sich spezialisieren (auf +*A*)	especializarse (en)
Sie hat sich auf Herzchirurgie spezialisiert.	Se ha especializado en cirugía coronaria.

Como paciente del hospital

Wie geht es Ihnen heute? – Danke gut / besser / nicht so gut.
¿Cómo se encuentra hoy? – Bien, gracias. / Mejor, gracias. / No tan bien, gracias.

Haben Sie gut geschlafen? –
Ja. / Nein, leider nicht. Ich musste eine Schlaftablette nehmen
¿Ha dormido bien? – Sí. / No, por desgracia no. Tuve que tomarme un somnífero / una pastilla para dormir.

Haben Sie noch Schmerzen? –
Ja. / Naja, es geht. / Heute geht es schon besser als gestern.
¿Tiene todavía dolores? – Sí. / Bueno, voy tirando. / Hoy es mejor que ayer.

Wo genau tut es Ihnen denn weh? – Hier auf der rechten Seite.
¿Dónde le duele exactamente? – Aquí en el lado derecho.

Drehen Sie sich bitte mal auf den Rücken / auf die Seite, damit ich Sie untersuchen kann.
Póngase bocarriba / de costado para que pueda reconocerlo / la.

Sind Sie schon einmal aufgestanden? – Nein, noch nicht. / Ja, gestern.
¿Se ha levantado usted ya alguna vez? – No, todavía no. / Sí, ayer.

Später bekommen Sie eine Spritze gegen die Schmerzen.
Más tarde le pondrán una inyección para calmar los dolores.

***pflegen**	cuidar
e **Krankenpflege**	asistencia a / cuidado de enfermos
e ***Krankenschwester**, -n // r ***Krankenpfleger**, -	ATS, enfermera // enfermero
e Stationsschwester	enfermera de un servicio clínico
e Oberschwester	enfermera jefe
e **Pflegedienstleitung**	dirección del personal de enfermería
e **Pflegedienstleiterin**, -nen // r **Pflegedienstleiter**, -	jefa // jefe del personal de enfermería
e Schwesternschülerin, -nen / e Lernschwester, -n	estudiante de enfermería
r ***Praktikant**, -en // e **Praktikantin**, -en	ATS en prácticas / enfermero // enfermera en prácticas
e **Visite**, -n	visita
Der Chefarzt macht gerade Visite.	El médico jefe está haciendo su visita médica.
e ***Untersuchung**, -en	reconocimiento
Ich muss zur Nachuntersuchung.	Tengo que ir a revisión.
***untersuchen**	reconocer / examinar
e **Diagnose**, -n	diagnóstico
Wie lautet die Diagnose?	¿Cuál es el diagnóstico?
Ihr Zustand hat sich **verbessert** ↔ **verschlechtert**.	Su estado ha mejorado ↔ empeorado.

Ihr Zustand ist **gleich geblieben.**	Su estado no ha cambiado.
***sich erholen**	recuperarse
Sie hat sich gut von der Operation erholt.	Se ha recuperado bien de la operación.
besser ↔ **schlechter *aussehen** (sieht aus, sah aus, hat ausgesehen) / ausschauen *österr.*	tener mejor ↔ peor aspecto
Heute sehen Sie wieder viel besser aus.	Hoy tiene usted mejor aspecto / cara.
röntgen ['rœntgn]	hacer una radiografía
Wir müssen ein Röntgenbild machen.	Tenemos que hacer una radiografía.
***operieren**	operar
sich operieren lassen	ser operado
Er muss sich am Knie operieren lassen.	Lo tienen que operar de la rodilla.
e ***Operation**, -en	operación
sich einer Operation unterziehen	someterse a una operación
Ich wurde am Blinddarm operiert.	Me operaron de apendicitis.
r **Operationssaal**, ⸚e / der OP	quirófano
e Operationsschwester, -n (OP-Schwester)	enfermera de quirófano
operabel ↔ **inoperabel**	operable ↔ inoperable
ein inoperabler Gehirntumor	un tumor cerebral inoperable
e **(Organ-) Transplantation**, -en	trasplante (de órganos)
r **Kaiserschnitt**, -e	cesárea
Das Baby wurde mit Kaiserschnitt entbunden.	El bebé nació por cesárea.
e **Narkose** / e **Betäubung** / e **Anästhesie**	anestesia
r **Anästhesist**, -en // e **Anästhesistin**, -nen	el // la anestesista
s Anästhetikum, -a / s Narkosemittel, -	anestésico
e Vollnarkose	anestesia general
die örtliche Betäubung	la anestesia local
r **Wachraum**, ⸚e / e **Wachstation**, -en	sala de restablecimiento
e **Intensivstation**, -en	unidad de cuidados intensivos (UCI) / de vigilancia intensiva (UVI)
Sie liegt auf der Intensivstation.	Está en cuidados intensivos / en la UCI.
e **Infusion**, -en / r **Tropf**	suero
Sie hängt immer noch am Tropf.	Todavía le están suministrando suero.
unheilbar krank sein	ser un enfermo terminal / padecer una enfermedad incurable
r/e unheilbar Kranke, -n	enfermo // enferma terminal
einen **Krankenbesuch machen**	visitar a un enfermo en el hospital
Wann sind die **Besuchszeiten**?	¿Cuándo son las horas de visita?

e **Kur**, -en	cura / tratamiento, estancia en un centro de rehabilitación / en un balneario
eine Kur machen	hacer una cura de salud / someterse a un tratamiento
auf Kur gehen	ir a un centro de rehabilitación / a un balneario
Nach der Operation gehe ich auf Kur / mache ich eine Kur.	Después de la operación voy a un centro de rehabilitación.
r Kurort, -e	centro de rehabilitación, balneario
e **Rehabilitation** / e **Reha**	rahabilitación
e Reha-Klinik	clínica de rehabilitación

Gesunde Lebensweise
Vida sana

e ***Gesundheit**	salud
Sie hat eine robuste Gesundheit.	Tiene muy buena salud.
***gesund** ↔ **ungesund**	sano / saludable ↔ insano / poco saludable
Meeresluft ist sehr gesund.	El aire del mar es muy sano.
Peter lebt sehr ungesund.	Peter tiene un estilo de vida muy insano.
Viel Alkohol trinken ist ungesund.	Beber mucho alcohol es insano.
Rauchen **gefährdet** die Gesundheit.	Fumar perjudica la salud.
Schwimmen ist gut für die Gelenke.	Nadar es bueno para las articulaciones.
schädlich sein / ***schaden** (*+D*)	ser perjudicial / perjudicar / dañar
Zucker ist schädlich für die Zähne. / Zucker schadet den Zähnen.	El azúcar es perjudicial para los dientes. / El azúcar daña los dientes.
Meine Schwester ist eine echte Gesundheitsfanatikerin.	Mi hermana es una auténtica fanática de la salud.
gesundheitsbewusst	consciente de su salud
Sie lebt sehr gesundheitsbewusst.	Es muy consciente de su salud. / Cuida mucho su salud.
gesunde **Ernährung** / **Lebensweise**	alimentación sana / estilo de vida sano
fettarm ↔ **fettreich**	bajo / pobre ↔ rico en grasas
s **Fastfood** ['fa:stfu:t]	comida rápida
e **Naturkost**	productos sanos / naturales
r Naturkostladen / Bioladen, ⸚ / s Reformhaus, ⸚er	tienda de productos naturales / macrobióticos

En Alemania se pueden comprar productos naturales como, por ejemplo, cosméticos en *Naturkostladen / Bioladen,* en *Reformhaus* (tienda de productos naturales / macrobióticos), o en *Bauernmärkten* (mercados de productos agrícolas). Debido a la creciente demanda, cada vez se encuentran con más frecuencia estos productos en los supermercados.

ökologisch	ecológico
die ökologische Landwirtschaft	la agricultura ecológica
aus ökologischem Anbau	cultivo ecológico
Eier von frei laufenden Hühnern	huevos de granja
frei von **chemischen Zusätzen**	sin aditivos ni conservantes
Ballaststoffe *Pl*	fibra
Ballaststoffreiche Kost ist gut für die Verdauung.	Los alimentos ricos en fibra son buenos para la digestión.
r **Vegetarier**, - [vege'ta:ri̯ɐ] // e **Vegetarierin**, -nen	vegetariano // vegetariana
***vegetarisch**	vegetariano
vegetarische Ernährung	alimentación vegetariana
Meine Schwester ernährt sich rein vegetarisch.	Mi hermana es totalmente vegetariana.
e **Biokost** / **Biolebensmittel** *Pl*	comida orgánica
e **Vollwertkost**	producto integral
e **Vollwerternährung**	alimentación con productos integrales
e ***Diät**, -en	dieta, régimen
eine Diät machen	hacer una dieta / un régimen
Meine Mutter muss eine Diät zur Senkung des Cholesterinspiegels machen.	Mi madre tiene que hacer una dieta para bajar el índice de colesterol.
r Diätplan, ⸚e	plan / régimen
abnehmen ↔ **zunehmen** (nimmt zu, nahm zu, hat zugenommen)	adelgazar ↔ engordar
Ich habe fünf Kilo zugenommen. Ab Montag mache ich Diät.	He engordado cinco kilos. A partir del lunes me pongo a régimen.
fasten	ayunar, estar a régimen
Es tut dem Körper gut, gelegentlich zu fasten.	Es bueno para el cuerpo ayunar / no comer nada de vez en cuando.
Sie fastet aus gesundheitlichen Gründen einmal pro Jahr.	Hace una cura de ayuno una vez al año por motivos de salud.
e **Fastenkur**, -en	cura drástica de adelgazamiento
r **Kräutertee**, -s	infusión
s **Vitamin**, -e	vitamina
Vitamin C	vitamina C
vitaminreich ↔ vitaminarm	rico ↔ pobre en vitaminas
e **Sauna**, -s	sauna
Wir gehen heute Abend in die Sauna.	Esta noche vamos a la sauna.

***schwitzen**	sudar
s **Dampfbad**, ¨-er	baño de vapor / baño turco
r Whirlpool, -s	piscina de hidromasaje / jacuzzi
s ***Schwimmbad**, ¨-er	piscina / LAm alberca / LAm pileta
s **Hallenbad**, ¨-er ↔ s **Freibad**, ¨-er	piscina cubierta ↔ descubierta
e ***Bewegung**	movimiento, ejercicio
Sie brauchen mehr Bewegung.	Necesita moverse más / hacer más ejercicio.
r **Bewegungsmangel** *Sg*	falta de ejercicio
Bewegungsmangel ist eine Ursache für viele Krankheiten.	La falta de ejercicio es causa de muchas enfermedades.
s ***Training** ['trɛ:nɪŋ *auch* 'tre:nɪŋ]	entrenamiento
***trainieren** [trɛ'ni:rən *auch* tre'n…]	entrenar
r ***Sport**	deporte
Sport treiben	hacer / practicar deporte
Wir treiben / machen einmal pro Woche Sport.	Hacemos deporte una vez a la semana.
s **Fitnessstudio**, -s	gimnasio
Mein Großvater ist körperlich sehr ***fit**.	Mi abuelo está muy en forma.
e ***Übung**, -en	ejercicio
Übungen zur Stärkung der Rückenmuskulatur	ejercicios para fortalecer los músculos de la espalda
(sich) ***ausruhen**	descansar
sich entspannen	relajarse
e **Entspannung**	relajación
e Entspannungstechnik, -en	técnica de relajación

Técnicas de relajación más conocidas

Yoga	yoga
Autogenes Training	entrenamiento autogénico
Atemtherapie	terapia respiratoria
Feldenkrais	terapia de Feldenkrais

spazieren gehen (ging, ist gegangen)	ir de paseo / pasear
***wandern**	caminar, hacer senderismo
e **Wanderung**, -en	caminata
eine Wanderung in die Berge machen	dar una caminata por las montañas / hacer senderismo
joggen ['dʒɔgn]	correr / hacer footing / futin
Wollen wir joggen gehen?	¿Vamos a a correr / hacer footing?

8 Staat und staatliche Institutionen
El Estado y las instituciones estatales

8

1

Staat
El Estado

r ***Staat**, -en	Estado
e Souveränität / e Unabhängigkeit eines Staates	la soberanía / independencia de un Estado
e ***Grenze**, -n	frontera
e Staatsgrenze / e Hoheitsgrenze	frontera nacional / frontera jurisdiccional
e **Nation**, -en	nación
s ***Volk**, ¨-er	pueblo
s ***Land**, ¨-er	país, tierra
***staatlich** / ***städtisch**	estatal / municipal
staatliche Gelder *Pl*	dinero público
e staatliche Behörde, -n	administración estatal / del Estado
e staatliche Institution, -en	instituciones estatales / del Estado
r Bundesstaat	estado federal
r Rechtsstaat	Estado de derecho
r Sozialstaat	Estado social / de bienestar
e ***Bundesrepublik Deutschland** / e BRD	República Federal Alemana / RFA
e ***Schweiz** / e **Schweizerische *Eidgenossenschaft**	Suiza / la Confederación Helvética
***Österreich** / e ***Republik Österreich**	Austria / República Austriaca
e ***Staatsangehörigkeit**, -en / e Nationalität, -en / e Staatsbürgerschaft, -en	nacionalidad / ciudadanía
r **Pass**, ¨-e / r Reisepass, ¨-e	pasaporte
r ***Ausweis**, -e / r Personalausweis, -e	carnet / carné de identidad
r Kinderausweis, -e	carnet / carné infantil
Können Sie sich ausweisen? / Ihren Pass bitte.	¿Se puede identificar usted? / Su pasaporte, por favor.
r / e ***Deutsche**, -n	alemán // alemana
r ***Österreicher**, - // e ***Österreicherin**, -nen	austriaco // austriaca
r ***Schweizer**, - // e ***Schweizerin**, -nen	suizo // suiza
ein deutscher / österreichischer / schweizer Staatsbürger	un ciudadano alemán / austriaco / suizo
Sie lebt in Deutschland / in Österreich / in der Schweiz.	Vive en Alemania / Austria / Suiza.
Er kommt aus Deutschland / aus Österreich / aus der Schweiz.	Es de Alemania / Austria / Suiza.
e ***Hauptstadt**, ¨-e	capital

e Bundeshauptstadt / e Landeshauptstadt	capital federal [de toda Alemania] / capital de un estado federal

Los estados federales de norte a sur

La **República Federal de Alemania** está compuesta por 16 estados federales o Länder (de norte a sur): *Schleswig-Holstein, Mecklenburg-Vorpommern* (Mecklemburgo-Pomerania), *Hamburg* (Hamburgo), *Bremen, Niedersachsen* (Baja Sajonia), *Sachsen-Anhalt* (Sajonia-Anhalt), *Brandenburg* (Brandemburgo), *Berlin* (Berlín), *Nordrhein-Westfalen* (Renania del Norte-Westfalia), *Rheinland-Pfalz* (Renania-Palatinado), *Hessen* (Hessen), *Thüringen* (Turingia), *Sachsen* (Sajonia), *Saarland, Baden-Württemberg* (Baden-Wurtemberg), *Bayern* (Baviera).
Hay tres estados uniprovinciales: *Berlin, Hamburg* y *Bremen.* Esto quiere decir que son al mismo tiempo ciudad y estado.

Suiza / la Confederación Helvética está compuesta por 26 cantones (20 completos y 6 mediocantones): *Basel / Basle (Basilea), Solothurn, Aargau (Argovia), Schaffhausen, Zürich (Zúrich), Thurgau (Turgovia), Sankt / St. Gallen, Appenzell, Jura, Neuenburg / Neuchâtel, Waadt / Vaud, Freiburg /Fribourg (Friburgo), Bern / Berne (Berna), Luzern / Lucerne (Lucerna), Unterwalden, Zug, Schwyz, Uri, Glarus (Glaris), Graubünden / Grisons (Grisones), Genf / Geneva (Ginebra), Wallis / Valais, Tessin / Ticino (Tesino).*

Austria está compuesta por 9 estados federales: *Oberösterreich* (Alta Austria), *Niederösterreich* (Baja Austria), *Wien* (Viena), *Burgenland, Vorarlberg, Tirol, Salzburg (Salzburgo), Kärnten* (Carintia), *Steiermark* (Estiria).

capitales

Berlín es la capital de Alemania. En Suiza es Berna la capital y en Austria, Viena.

Identificaciones para los coches

D para Alemania; A para Austria; CH para Suiza (**Confederación Helvética*).

Banderas

Bandera alemana: negra, roja, gualda; bandera austriaca: roja, blanca, roja; bandera suiza: cruz blanca sobre fondo rojo.

s ***Bụndesland**, ⸚er	estado federal, land
r Kanton, -e *schweiz.*	cantón
die alten / neuen Bundesländer	los antiguos estados federales / los estados federales del oeste, los nuevos estados federales / los estados federales del este
e ehemalige DDR	la antigua RDA
r **Föderalismus**	federalismo
e föderative Struktur	división / estructura federal

8
1

die Länder und Gemeinden	los estados federales / länder y municipios
e ***Gegend**, -en	zona
e ***Region**, -en / s ***Gebiet**, -e	región
regional / **überregional**	regional / no sólo regional
dicht ↔ dünn besiedelt	muy poblado ↔ poco poblado
e ***Gemeinschaft**, -en	comunidad
e ***Gesellschaft**, -en	sociedad
***öffentlich** ↔ ***privat**	público ↔ privado
s ***Volk**, ¨-er	pueblo
s Vaterland / s Heimatland	patria
e Heimat	tierra / país natal
in meiner Heimat / bei uns	en mi / nuestra tierra, en mi / nuestro país
e ***Bevölkerung**, -en	población
e Bevölkerungsdichte	densidad de población
bevölkerungsreich ↔ bevölkerungsarm	con mucha densidad de población ↔ poca densidad de población
e einheimische Bevölkerung	población indígena / vernácula / nativa
s Bevölkerungswachstum ↔ r Rückgang der Geburtenzahlen	aumento ↔ disminución de la población
e Alterspyramide	pirámide de la edad
e Volkszählung, -en	censo
r ***Einwohner**, - // e **Einwohnerin**, -nen	el // la habitante
e Einwohnerzahl, -en	número de habitantes
r ***Bürger**, - // e **Bürgerin**, -nen	ciudadano // ciudadana
r Staatsbürger // e Staatsbürgerin	ciudadano // ciudadana
e **Kommune**, -n / e **Gemeinde**, -n	comunidad municipal / municipio
e kommunale Selbstverwaltung	administración municipal autónoma

De acuerdo con la organización federal, la constitución garantiza a los municipios (hasta cierto grado) autonomía administrativa. Las instituciones municipales con poder de decisión son:
El jefe de distrito *(r Landrat / r Bezirkshauptmann, ¨-er (österr.))* en un distrito (*Landkreis*).
El concejo municipal *(r Gemeinderat)* en un municipio *(e Gemeinde, -n /s Magistrat, -e (österr.))*.
El ayuntamiento (*r Stadtrat*) en una ciudad.
El alcalde *(r *Bürgermeister / r *Stadtpräsident, -en / r *Amman, ¨-er (schweiz.))* como jefe de municipio.
La junta de distrito (*r Bezirksausschuss*) en cada uno de los barrios de una gran ciudad.

Demokratie
Democracia

e ***Politik**	política
e Parteipolitik / e Lokalpolitik	política de un partido / política local
r ***Politiker**, - // e **Politikerin**, -nen	político // política
***politisch**	político
aus politischen Gründen	por razones políticas
e **Regierungsform**, -en / s Regierungssystem, -e	forma / sistema de gobierno
e ***Demokratie**, -n	democracia
in einer Demokratie leben	vivir en una democracia
e parlamentarische Demokratie	democracia parlamentaria
***demokratisch**	democrático
e ***Partei**, -en	partido
e Parteienlandschaft	mapa político
e **Republik**, -en	república
e Bundesrepublik Deutschland	República Federal de Alemania
s **Grundgesetz**	leyes fundamentales, constitución
e Bundesverfassung *schweiz.*	leyes fundamentales, constitución
e (demokratische / freiheitliche) **Verfassung**	constitución (democrática / liberal)
e Pflicht, -en ↔ s Recht, -e	obligación ↔ derecho
s **Grundrecht**, -e	derechos fundamentales
e Glaubens- und Gewissensfreiheit	libertad de religión y pensamiento
r Gleichheitsgrundsatz	principio de igualdad
e **Pressefreiheit**	libertad de prensa
e **Meinungsfreiheit** / e Freiheit der Meinungsäußerung	libertad de expresión
s Verfassungsorgan, -e	organismo constitucional
e Gewaltenteilung	separación de poderes
s ***Parlament**, -e	parlamento
s Abgeordnetenhaus	cámara de los diputados
e Kammer, -n	cámara
s **Staatsoberhaupt**, ⸚er	jefe del Estado
r ***Präsident**, -en / r Staatspräsident	presidente / presidente del Estado
r ***Bundespräsident**, -en // e ***Bundespräsidentin**, -nen	presidente // presidenta de la república
Der Bundespräsident erfüllt überwiegend repräsentative Pflichten.	El presidente de la república lleva a cabo principalmente tareas representativas.
Die Amtszeit beträgt 5 Jahre.	El mandato dura 5 años.
e Exekutive / e vollziehende Gewalt	poder ejecutivo
r ***Bundestag**	cámara baja del parlamento / Bundestag
r Nationalrat *schweiz.*	cámara baja del parlamento suizo

e ***Bundesregierung** / s **Kabinett**	gobierno federal / de la nación, gabinete / consejo de ministros
r Regierungschef, -s	jefe de gobierno
e Legislative / e gesetzgebende Gewalt	poder legislativo
r Gesetzgeber, -	legislador
r **Bundesrat**	cámara alta del parlamento / Bundesrat
e Judikative / e richterliche Gewalt	poder judicial
s **Bundesverfassungsgericht**	Tribunal Federal de Garantías Constitucionales / Tribunal Constitucional
s Bundesgericht *schweiz.*	Tribunal Federal de Garantías Constitucionales / Tribunal Constitucional
s ***Volk**	pueblo
e **Volksbefragung**, -en / r **Volksentscheid**, -e	referéndum
e Volksabstimmung, -en / s Referendum *schweiz.*	referéndum
eine Volksbefragung durchführen	hacer un referéndum
e Bürgerinitiative, -n für ↔ gegen	iniciativa ciudadana a favor de ↔ contra
e Basisdemokratie	democracia popular
frei ↔ unfrei	libre ↔ falto de libertad
r Polizeistaat	Estado policial
autoritär	autoritario
r Monarch, -en // e Monarchin, -nen	el // la monarca
r **Kaiser**, - // e **Kaiserin**, -nen	emperador // emperatriz
r ***König**, -e // e **Königin**, -nen	rey // reina
e **Politikwissenschaft** / e Politologie	ciencias políticas / politología
e Staatsbürgerkunde	instrucción cívica
r Politologe, -n / e Politologin, -nen	politólogo // politóloga

e (konstitutionelle) Monarchie	monarquía constitucional / parlamentaria
e Diktatur	dictadura
s Regime	régimen
e Militärregierung	gobierno militar
r Totalitarismus	totalitarismo
r totalitäre Staat	estado totalitario

Regierung
Gobierno

e ***Regierung**, -en / s **Kabinett**	gobierno / gabinete / consejo de ministros
***regieren** / an der Macht sein	gobernar / estar en el poder
Die Legislaturperiode beträgt 4 Jahre.	El período legislativo dura cuatro años.
e ***Macht**, ⸗e	poder
an die Macht kommen	llegar al poder
e Machtübernahme	toma del poder
e Staatsmacht	poder del Estado
e ***Bundesregierung**	gobierno federal alemán
r Bundesrat *schweiz.*	gobierno federal suizo
e ***Landesregierung**, -en	gobierno de un estado federal / de un land
r ***Landtag**	parlamento de un estado federal / de un land
r ***Senat**	senado
r ***Senator**, -en // e ***Senatorin**, -nen	senador // senadora
eine Regierung bilden	formar gobierno
e Regierungspartei ↔ e Opposition	partido del gobierno ↔ oposición
r Oppositionsführer	líder de la oposición
e **Koalition**, -en	coalición
r ***Bundeskanzler**, - // e ***Bundeskanzlerin**, -nen	el // la canciller federal
Am 8. Mai trat sie ihr Amt an.	El 8 de mayo toma posesión de su cargo.
s **Ministerium**, Ministerien	ministerio
s Departement, -e *schweiz.*	ministerio
s Außenministerium	Ministerio de Asusntos Exteriores
r Staatssekretär, -e // e Staatssekretärin, -nen	subsecretario de Estado
r ***Minister**, - // e **Ministerin**, -nen	ministro // ministra
r ***Bundesminister**, – // e ***Bundesministerin**, -nen	ministro // ministra federal
r Bundesrat, ⸗e // e Bundesrätin, -nen *schweiz.*	ministro // ministra federal
r Außenminister / r Innenminister	ministro // ministra de Asuntos Exteriores
r Finanzminister	ministro de Economía
r Verteidigungsminister	ministro de Defensa
r designierte Minister	ministro designado [antes de tomar posesión]
r ehemalige Minister	antiguo ministro
r ***Ministerpräsident**, -en // e ***Ministerpräsidentin**, -nen	presidente // presidenta de un estado federal / land

r Bundespräsident, -en // e Bundespräsidentin, -nen *schweiz.*	presidente // presidenta de la Confederación
r Landeshauptmann, ⸚er // e Landeshauptfrau, -en *österr.*	presidente // presidenta de un estado
e **Ernẹnnung**, -en	nombramiento
ernẹnnen (ernannte, hat ernannt)	nombrar
Heute wurde die neue Außenministerin ernannt.	Hoy ha sido nombrado / el nombramiento del nuevo ministro de Asuntos Exteriores.
e **Vereidigung**, -en	jura del cargo
vereidigen	jurar el cargo
Die neue Außenministerin wird vom Bundespräsidenten vereidigt.	El nuevo ministro de Asuntos Exteriores jurará el cargo ante el presidente de la república.

El gobierno o consejo de ministros está formado por el presidente del gobierno y los ministros asistidos por sus subsecretarios. Algunos de los ministerios son, por ejemplo, el de Asuntos Exteriores (*s Auswärtige Amt*), el del Interior (*s Bundesministerium des Inneren*), el de Justicia (*s Bundesministerium der Justiz*), y el de Defensa (*s Bundesministerium der Verteidigung*).
Cuando el gobierno está formado por miembros de más de un partido, el término utilizado para describirlo es *Koalitionsregierung* (gobierno de coalición).
Cada estado federal tiene un presidente que representa los intereses de su estado a nivel nacional.
El parlamento federal discute cuestiones internas e internacionales, propone, debate y aprueba nuevas reglamentaciones o modificaciones en leyes ya existentes. En muchos casos necesita para ello la aprobación (por dos tercios) del Bundesrat (cámara alta), que está formado por representantes de los 16 estados federales.
El gobierno de Suiza está organizado de una manera semejante, sólo cambia el nombre de las distintas instituciones.

s ***Parlamẹnt**	parlamento
s Gremium, Gremien	comité
r/e **Ạbgeordnete**, -n / r/e Parlamentsabgeordnete / r Parlamentarier, - // e Parlamentarierin, -nen	diputado // diputada / parlamentario // parlamentaria
Die Abgeordneten des Bundestages werden für vier Jahre gewählt.	Los diputados del parlamento son elegidos por cuatro años.
r ***Sịtz**, -e / r Parlamentssitz, -e / s **Mandat**, -e	escaño / escaño parlamentario / acta de diputado
r Bundestagsprecher, - // e Bundestagsprecherin, -nen	portavoz parlamentario / portavoz parlamentaria
r parlamentarische Geschäftsführer	jefe (de un grupo) parlamentario
e Kabinettssitzung, -en	consejo de ministros
r (parlamentarische) **Ausschuss**, ⸚e	comité (parlamentario)

r Haushaltsausschuss	comisión de presupuestos
r / e **Vorsitzende** des Ausschusses	presidente // presidenta de una comisión
Sie sitzt in mehreren Ausschüssen. / Sie ist Mitglied mehrerer Ausschüsse.	Forma parte de varias comisiones. / Es miembro de varias comisiones.
Der Ausschuss tagt gerade.	La comisión está ahora reunida.
e ***Sitzung**, -en	sesión
e Bundestagssitzung	sesión parlamentaria
s **Protokoll**, -e	acta
(sich) ***beraten** (berät, beriet, hat beraten)	asesorar(se) / consultar, debatir
r ***Antrag**, ¨-e	moción
einen Antrag *stellen / einbringen	presentar una moción
e **Debatte**, -n (über +*A*)	debate
e ***Rede**, -n	discurso
eine Rede *halten (hält, hielt, hat gehalten)	prounciar un discurso
e ***Reform**, -en	reforma
e Rentenreform	reforma de las pensiones
Das Gesundheitswesen muss ***reformiert** werden.	Hay que reformar el sistema sanitario.
e **Abstimmung**, -en	votación
geheim ↔ offen	secreto ↔ público
über eine Vorlage ***abstimmen**	votar una propuesta
Sie ***stimmen *für** ↔ ***gegen** die neue Gesetzesvorlage.	Votan a favor ↔ en contra de la nueva propuesta de ley.
e ***Mehrheit** ↔ e ***Minderheit**	mayoría ↔ minoría
e Stimmenthaltung, -en	abstención
Vier Abgeordnete haben sich der Stimme enthalten.	Cuatro diputados se han abstenido.
s **Veto**, -s	veto
ein Veto einlegen	vetar
s ***Gesetz**, -e	ley
gesetzlich	legal
Die Gesetzesvorlage besagt, dass …	La propuesta de ley dice que …
r Gesetzestext, -e	texto de ley
ein Gesetz im Parlament einbringen	presentar una ley en el parlamento
r Änderungsantrag, ¨-e	enmienda
r Zusatzartikel, -	enmienda
Das Gesetz zum subventionierten Wohnungsbau ist in Vorbereitung.	Se está preparando la ley de subvención a la vivienda.
Sie haben in zweiter Lesung über ein Gesetz **beraten**. (berät, beriet, hat beraten)	Debaten una ley en la segunda lectura.
ein Gesetz ***beschließen** (beschloss, hat beschlossen) / ***verabschieden**	aprobar una ley

r **Lobbyist**, -en // e **Lobbyistin**, -nen	el // la miembro de un grupo de presión [= perteneciente a una camarilla que pretende influir en una dirección una decisión]
e Kabinettsumbildung, -en / e Regierungsumbildung, -en	remodelación del gabinete / del gobierno
r Misstrauensantrag, ¨-e	moción de censura
Das Parlament wird aufgelöst und Neuwahlen werden angesetzt.	El parlamento será disuelto y se convocarán nuevas elecciones.
r **Rücktritt**, -e	dimisión
zurücktreten (tritt zurück, trat zurück, ist zurückgetreten)	dimitir
Dem Minister wurde der Rücktritt nahegelegt.	Le aconsejaron al presidente que presentara la dimisión.
***zwingen** (zwang, hat gezwungen)	forzar / obligar
Der Minister wurde zum Rücktritt gezwungen.	El presidente se vio obligado a dimitir. / Forzaron al presidente para que presentara la dimisión.
r **Nachfolger**, - // e **Nachfolgerin**, -nen	sucesor / sucesora

Parteien und Wahlen
Partidos y elecciones

e (politische) ***Partei**, -en	partido (político)
in die Partei **eintreten** ↔ aus der Partei **austreten** (tritt aus, trat aus, ist ausgetreten)	entrar en / hacerse miembro de un partido ↔ salirse de un partido
aus der Partei ***ausschließen** (schloss aus, hat ausgeschlossen)	expulsar de un partido
r / e **Parteivorsitzende**, -n	presidente // presidenta / secretario // secretaria general de un partido
r Parteipräsident // e Parteipräsidentin *schweiz.*	presidente // presidenta / secretario // secretaria general de un partido
e Parteimitgliedschaft	pertenencia a un partido
s **Parteimitglied**, -er ↔ r / e Parteilose, -n	miembro de un partido ↔ independiente
s Parteibuch	carnet / carné de afiliado (a un partido)
e (politische) **Stiftung**, -en	fundación (de un partido político)
r ***Politiker**, - // e **Politikerin**, -nen	político // política
eine führende SPD-Politikerin	una dirigente del SPD

in die *Politik *gehen (ging, ist gegangen) / politisch aktiv sein	entrar en la política / ser políticamente activo
eine gemeinsame Politik verfolgen	perseguir una política común
e Parteilinie	línea del partido
r Parteitag, -e	congreso del partido
e Parteibasis	base del partido
die Partei an der Basis verstärken	reforzar el partido en la base

El mapa político

... en Alemaia

e CDU = e Christlich-Demokratische Union (Deutschlands)	Unión Democratacristiana (de Alemania)
e CSU = e Christlich-Soziale Union (Deutschlands)	Unión Socialcristiana (de Alemania) (sólo en Baviera)
e FDP = e Freie Demokratische Partei (Deutschlands)	Partido Liberal Demócrata (de Alemania)
Die Grünen = Bündnis 90 / Die Grünen	Los Verdes = Liga Verde 90 / Los Verdes / Partido Verde
e PDS = e Partei des Demokratischen Sozialismus	Partido Socialista Democrático
e SPD = e Sozialdemokratische Partei Deutschlands	Partido Socialdemócrata de Alemania

... en Austria

e SPÖ = e Sozialdemokratische Partei Österreichs	Partido Socialdemócrata de Austria
e ÖVP = e Österreichische Volkspartei	Partido Popular de Austria
e FPÖ = e Freiheitliche Partei Östereichs	Partido Liberal de Austria
Die Grünen	Los Verdes

... en Suiza

e SP = Sozialdemokratische Partei	Partido Socialdemócrata
e FDP = Freisinnig-Demokratische Partei	Partido Liberal Demócrata
e CVP = Christlich demokratische Volkspartei	Partido Popular Democratacristiano
e SVP = Schweizerische Volkspartei	Partido Popular Suizo
e Grüne = e Grüne Partei	Los Verdes

e *Mitte / s *Zentrum	centro
eine Mitte-Links-Koalition	una coalición de centroizquierda
r linke ↔ rechte Flügel	el ala izquierda de un partido ↔ el ala derecha de un partido
r / e Linke, -n ↔ r / e Rechte, -n	el // la izquierdista ↔ el // la derechista
r / e Rote, -n ↔ r / e Schwarze, -n	rojo // roja / el // la izquierdista ↔ conservador // conservadora / el // la derechista

sozial-demokratisch / liberal / christdemokratisch / konservativ	socialdemócrata / liberal / cristianodemócrata / conservador
kommunistisch / sozialistisch	comunista / socialista
nationalistisch / rechtsradikal	nacionalista / radical de derechas
e rechtsextreme ↔ linksextreme Partei	de extrema derecha ↔ de extrema izquierda
r **Sozialismus**	socialismo
r Sozialist, -en // e Sozialistin, -nen	el // la socialista
r Genosse, -n // e Genossin, -nen	el // la camarada
sozialistisch	socialista
r **Kommunismus**	comunismo
e kommunistische Partei	partido comunista
e ***Wahl**, -en / e **Abstimmung**, -en	elección / votación
r Wahlaufruf, -e	convocatoria de elecciones
e Wählerliste, -n	censo electotal
***wählen**	votar, elegir
In Bayern wählt die Mehrheit CSU.	En Baviera la mayoría vota al CSU.
Am nächsten Sonntag wird in Hessen gewählt.	El próximo domingo hay elecciones en Hessen.

Elecciones generales

...en Alemania:

El elector tiene dos votos. Con el primero *(die Erststimme)* elige a un diputado directo de su distrito electoral por el sistema de mayoría (= el candidato que consigue más votos va directamente al parlamento). Con el segundo voto (die Zweitstimme), que es el voto principal, elige para el parlamento a un partido por el sistema proporcional (= los 656 escaños se dividen porcentualmente entre los partidos). Sólo obtienen escaños en el parlamento aquellos partidos que hayan conseguido el 5 % de los sufragios emitidos con el segundo voto (*Fünf-Prozent-Hürde*) o tres mandatos directos con el primer voto.

... en Austria:

Cada elector puede emitir un voto para uno de los partidos. Además puede elegir de una lista de ese partido a su candidato preferido de su estado federal o región.

... en Suiza:

Cada elector vota a un candidato, recibiendo también un voto automáticamente el partido al que pertenece el candidato elegido.
El resultado final se obtiene con la suma de los votos obtenidos por los partidos y por los candidatos.

r **Wähler**, - // e **Wählerin**, -nen	el // la votante / elector // electora
r Jungwähler, - / r Erstwähler, -	votante joven / nuevo votante
Mit 18 Jahren hat man Wahlrecht. // Wenn man volljährig ist, darf man wählen.	Con 18 años se tiene el derecho al voto. / Cuando es es mayor de edad se puede votar.

r Wechselwähler, -	votante indeciso
e politische Einstellung, -en / e politische Überzeugung, -en	posición / convicción política
s Wählerverhalten	actitud del elector / votante
r **Stimmzettel**	papeleta electoral
e ***Stimme**, -n	voto
eine **gültige** ↔ **ungültige Stimme** ***abgeben** (gibt ab, gab ab, hat abgegeben)	emitir un voto válido ↔ nulo
ein Kreuz machen	marcar con una cruz
e Stichwahl, -en	segunda vuelta / votación de desempate
e Briefwahl, -en	voto por correo
e Stimmabgabe, -en per Post *schweiz.*	voto por correo
r **Wahlkampf**	campaña electoral
r **Kandidat**, -en // e **Kandidatin**, -nen	candidato // candidata
sich aufstellen lassen	aceptar una candidatura
kandidieren (für ein Amt)	presentarse / aspirar (a un cargo)
e Nominierung, -en	designación
nominieren	designar
r **Wahlkreis**	distrito electoral
Er vertritt den Wahlkreis Berlin Mitte.	Representa el distrito electoral de Berlín-Centro.
s **Wahlprogramm**, -e	programa electoral
Der Parteitag entscheidet über das Wahlprogramm der Partei.	La asamblea general del partido decide el programa electoral.
e **Meinungsumfrage**, -n	sondeo
In den Meinungsumfragen liegen die beiden Kandidaten Kopf an Kopf.	Los dos candidatos están igualados en los sondeos.
s **Wahlergebnis**, -se	resultado de las elecciones
e **Hochrechnung**, -en	primeros escrutinios
Nach den letzten Hochrechnungen haben wir die Wahl knapp gewonnen ↔ verloren.	Según los primeros escrutinios hemos ganado ↔ perdido por poco.
Wir haben bei der Wahl gut ↔ schlecht abgeschnitten.	Hemos quedado bien ↔ mal en la elecciones.
Die Grünen wurden in das Parlament gewählt.	Los Verdes han logrado entrar en el parlamento.
s **Mandat**, -e / r ***Sitz**, -e	acta de diputado / escaño
Die CDU errang 270 Sitze.	El CDU consiguió 270 escaños.
e Fraktion, -en	grupo parlamentario

Internationale Beziehungen
Relaciones internacionales

e ***Beziehung**, -en	relación
internationale / **diplomatische** Beziehungen (zu +*D*)	relaciones internacionales / diplomáticas (con)
abbrechen (bricht ab, brach ab, hat abgebrochen) ↔ **wiederherstellen** / **aufrechterhalten** (erhält aufrecht, erhielt aufrecht, hat aufrecht erhalten)	romper ↔ restablecer / mantener
s ***Ausland** *Sg*	extranjero
im Ausland – im Inland	en el extranjero – en el propio país
e **Außenpolitik**	política exterior
außenpolitisch	de política exterior
r Außenminister, - // e Außenminsterin, -nen	ministro // ministra de Asuntos Exteriores
s Auswärtige Amt	Ministerio de Asuntos Exteriores
s Departement für auswärtige Angelegenheiten *schweiz.*	Ministerio de Asuntos Exteriores
e **Diplomatie**	diplomacia
r **Diplomat**, -en // e **Diplomatin**, -nen	diplomático // diplomática
diplomatisch	diplomático
e diplomatische Anerkennung	reconocimiento diplomático
e diplomatische **Vertretung**, -en	representación diplomática
e **Botschaft**, -en	embajada
r **Botschafter**, - // e **Botschafterin**, -nen	ambajador // embajadora
s **Konsulat**, -e	consulado
r / e Gesandte, -n	enviado // enviada
r / e Delegierte, -n	delegado // delegada
Sie nahm als **Vertreterin** ihres Landes an der Konferenz teil.	(Ella) Participó en la conferencia como representante de su país.
r Staatsbesuch, -e	visita de Estado
r **offizielle** ↔ **inoffizielle** Staatsbesuch	visita oficial ↔ extraoficial, no oficial
r **Staatsmann**, ⸚er	estadista
s Gipfeltreffen, -	cumbre
e ***Konferenz**, -en	conferencia
e Abrüstungskonferenz	conferencia de desarme
r / e Sonderbeauftragte, -n	enviado // enviada especial
Er ist in geheimer Mission unterwegs.	Está en misión secreta.
s **Bündnis**, -se / e **Allianz**, -en	alianza
ein Bündnis schließen / eingehen	formar / entrar en una alianza
e Union, -en / e Vereinigung, -en	unión / fusión
e Staatengemeinschaft, -en / e Völkergemeinschaft	comunidad de estados / comunidad internacional

r Staatenbund	confederación de estados
r / e **Verbündete**, -n / r **Bündnispartner**, -	aliado // aliada
e ***Europäische Union** / e **EU**	Unión Europea / UE
die EU-Mitgliedschaft beantragen	solicitar la entrada en la UE
r EU-Anwärter, -	aspirante a pertenecer a la UE
in die EU aufnehmen	admitir en la UE
e Gemeinschaft Unabhängiger Staaten / e GUS	Federación Rusa
die mittel- und osteuropäischen Länder / e MOE-Länder	los países de Centroeuropa y del este de Europa
e Vereinten Nationen / e UNO	Naciones Unidas / ONU
r UN-Sicherheitsrat	Consejo de Seguridad de la ONU
e Vollversammlung	asamblea general
r UNO-Generalsekretär	secretario general de la ONU
e NATO	OTAN
r **souveräne** Staat	estado soberano
e Souveränität	soberanía
e ***Krise**, -n	crisis
e **Auseinandersetzung**, -en	disputa
einen ***Streit** / Streitigkeiten beilegen	resolver una disputa
e **angespannte** politische Lage	situación política tensa
Die Lage hat sich **entspannt**.	La situación se ha distendido.
e bewaffnete Intervention, -en	intervención armada
e Bedrohung, -en	amenaza
r Mediator, -en // e Mediatorin, -nen *schweiz.*	mediador / mediadora
r **Konflikt**, -e (zwischen +*D*)	conflicto (entre)
e Konfliktpartei, -en	un partido que tiene un conflicto con otro
in einem Konflikt **vermitteln**	mediar en un conflicto
einen Konflikt beilegen	poner fin a un conflicto
Spannungen abbauen	reducir tensiones
e Entspannungspolitik	política de distensión
e politische ***Lösung**, -en	solución política
e Normalisierung der Beziehungen	normalización de las relaciones
e Wirtschaftssanktion, -en	sanción económica
s **Embargo**, -s	embargo
s Handelsembargo	embargo comercial
ein Handelsembargo verhängen ↔ aufheben	imponer ↔ levantar un embargo
e **Verhandlung**, -en	negociación
verhandeln / Verhandlungen führen (mit)	negociar / dirigir negociaciones
r **Vermittler**, - // e **Vermittlerin**, -nen	mediador // mediadora
s Kommunikee / Kommuniqué [kɔmyni'ke:]	comunicado
ein Kommunikee veröffentlichen	hacer público un comunicado

r **Kompromiss**, -e	compromiso
einen Kompromiss eingehen	llegar a un compromiso
Sie haben nach zehn Verhandlungsstunden einen Durchbruch erzielt.	Después de diez horas de negociaciones han llegado a un acuerdo.
sich einig *werden (wird, wurde, ist geworden) / zu einer Einigung gelangen	ponerse de acuerdo / llegar a un acuerdo
r ***Vertrag**, ⸚e	tratado
r Freundschaftsvertrag	tratado de amistad
r Atomwaffensperrvertrag	Tratado de No Proliferación Nuclear
einen Vertrag aushandeln	negociar un tratado
e ***Bedingung**, -en	condición
unterzeichnen / ***abschließen** (schloss ab, hat abgeschlossen)	firmar / hacer
ratifizieren	ratificar
Staatsverträge werden durch den Bundestag ratifiziert.	Los tratados (internacionales) tienen que ser ratificados por el parlamento / Bundestag.
s **Abkommen**, -	acuerdo
s Waffenstillstandsabkommen / s Friedensabkommen	acuerdo de cese el fuego / de paz
r Friedensplan	plan de paz
e UN-Friedenstruppe, -n	Fuerzas de Pacificación de la ONU / Los Cascos Azules
s Völkerrecht	derecho internacional público
e Auslandshilfe, -n	ayuda al / del extranjero, ayuda externa
e **Entwicklungshilfe**	ayuda al desarrollo
Entwicklungsgelder *Pl*	fondos de ayuda al desarrollo
Hilfe zur Selbsthilfe	[=ayuda para ayudarse a sí mismo]

Según la UNESCO en algunos países en vías de desarrollo sigue existiendo un bajo nivel de esperanza de vida (*niedrige Lebenserwartung*) y un alto índice de mortandad infantil (*Kindersterblichkeit*). La UNESCO lucha para que desaparezca el trabajo infantil (*Kinderarbeit*), los niños callejeros (*Straßenkinder*), el analfabetismo (*Analphabetentum*), las enfermedades infecciosas (*Infektionskrankheiten*), las epidemias (*Seuchen*), el hambre (**Hunger*) y la alimentación deficitaria (*Mangelernährung*) o la malnutrición (*Unterernährung*).

Wirtschaft
Economía

e ***Wirtschaft** / e Ökonomie	economía
in der Wirtschaft tätig sein	trabajar en una empresa no estatal
r **Wirtschaftszweig**	ramo de la economía
r Wirtschaftsminister, - // e Wirtschaftsministerin, -nen	ministro // ministra de Economía
r Wirtschaftswissenschaftler, - // e Wirtschaftswissenschaftlerin, -nen / r Ökonom, -en // e Ökonomin, -nen	el // la economista
r Betriebswirt, -e // e Betriebswirtin, -nen	licenciado // licenciada en ciencias económicas y empresariales
r Wirtschaftsexperte, -n // e Wirtschaftsexpertin, -nen	experto // experta en economía
s Wirtschaftssystem, -e	sitema económico
e Soziale Marktwirtschaft	economía social de mercado
e Planwirtschaft	economía dirigida
r ***Markt**, ⸚e	mercado
e **freie Marktwirtschaft**	economía de libre mercado / de libre competencia
e **Globalisierung** der Märkte // r freie Welthandel	globalización del mercado / libre mercado internacional
im Zeitalter der Globalisierung	en la época de la globalización
r Globalisierungsgegner, -	partidario de la antiglobalización
neue Märkte erschließen	abrir nuevos mercados
sich auf dem Weltmarkt behaupten	mantenerse / reafirmarse en el mercado mundial
r **Wirtschaftsaustausch**	intercambio económico
Die ***Grundlage** unserer Zusammenarbeit ist Wirtschaftsaustausch.	La base de nuestra colaboración es el intercambio económico.
s **Industrieland**, ⸚er ↔ s **Entwicklungsland**, ⸚er	país desarrollado ↔ país en vías de desarrollo
s **Schwellenland**, ⸚er	país de reciente industrialización
s **Dritte-Welt-Land**	país del tercer mundo
Geberländer ↔ Nehmerländer (in der EU)	(país) contribuyente ↔ beneficiario (en la UE)
r **Wirtschaftsraum**	espacio económico
r **Wirtschaftsstandort**	localización de la industria y del comercio
s Wirtschaftsabkommen, -	acuerdo económico
r Europäische Binnenmarkt	Mercado Único Europeo
e **Währung**, -en	sistema monetario
Geld wechseln / umtauschen	cambiar dinero

r ***Euro**, -s [oyro] / r ***Cent**, -s [tsent *auch* sent]	euro / céntimo
r ***Schweizer Franken** / r ***Rappen**, -	franco suizo / céntimo
r US Dollar, -s	dólar estadounidense
e Europäische Zentralbank / e EZB	Banco Central Europeo
e Landeszentralbank	banco central de la región / de un estado federal
e Freihandelszone, -n	zona de libre comercio
Handelsschranken beseitigen ↔ errichten	eliminar ↔ crear barreras comerciales
s Handelsembargo, -s	embargo comercial
r Handelspartner, -	socio comercial
r ***Handel**	comercio
r Binnenhandel ↔ Außenhandel	comercio interior ↔ exterior
r ***Import** / e Einfuhr, -en ↔ r ***Export** / e Ausfuhr, -en	importación ↔ exportación
r **Zoll**	aduana
e Abfertigung beim Zoll	trámites aduaneros
wirtschaftlich / ökonomisch	económico
e **Wirtschaftspolitik**	política económica

Programa de reconstrucción de la antigua Alemania del Este

En octubre de 1990, el año de la reunificación de las dos Alemanias, Alemania del Este era incapaz de competir económicamente después de haber tenido durante décadas una economía dirigida por el Estado. Desde entonces se intenta sacar a flote la economía de la antigua Alemania del Este con la ayuda de todos y de múltiples formas como, por ejemplo, con el pacto de solidaridad (Solidaritäts-pakt).

e **Wirtschaftskrise**, -n	crisis económica
e Weltwirtschaftskrise	la gran depresión económica (1929)
Die Wirtschaftskrise hat das Kaufverhalten ***beeinflusst**	La crisis económica ha influido en la gente a la hora de comprar.
s **Wirtschaftswachstum** ↔ e Stagnation / e Wirtschaftsflaute *ugs.*	crecimiento económico ↔ recesión económica
Die Wirtschaft / Die Konjunktur **erholt sich** schnell ↔ nur langsam.	La economía se recupera rápidamente ↔ sólo lentamente.
die Wirtschaft ankurbeln / in Schwung bringen	impulsar la economía / dar impulso a la economía
r **Aufschwung** ↔ r **Abschwung**	alza / auge ↔ caída / bajada
Der Aufschwung bleibt vorerst aus ↔ setzt bald ein.	El período de prosperidad todavía no ha llegado ↔ comenzará pronto.
Es geht mit der Wirtschaft wieder **bergauf** ↔ **bergab**.	La economía va recuperándose [cuesta arriba] ↔ cuesta abajo.
Die Preise sind **stabil**.	Los precios son estables.

Die Produktivität ist hoch ↔ niedrig.	La productividad es alta ↔ baja.
Die Außenhandelsbilanz ist gut ↔ schlecht.	La balanza de comercio exterior es buena ↔ mala.
Die Arbeitslosenzahlen sind niedrig ↔ hoch.	El índice de desempleo es bajo ↔ alto.
r Arbeitsmarkt, ¨-e	mercado laboral
e Liberalisierung des Arbeitsmarktes	liberalización del mercado laboral
e **Konjunktur**	coyuntura económica
Die neuesten Konjunkturdaten besagen, dass …	Los últimos datos sobre la coyuntura económica dicen que …
e Rezession / r Konjunkturrückgang	recesión / caída de la economía
e ***Inflation** ↔ e Deflation	inflación ↔ deflación
e Inflationsrate, -n	tasa de inflación
e schleichende ↔ galoppierende Inflation	inflación latente ↔ galopante
e wirtschaftliche Stagnation	recesión económica con inflación
r ***Haushalt** / r Haushaltsplan	presupuesto
den Haushalt ausgleichen	equilibrar el presupuesto
den Haushaltsplan verabschieden ↔ ablehnen	aprobar ↔ rechazar el presupuesto
s Haushaltsjahr, -e	año presupuestario
r **Staatshaushalt**	presupuesto del Estado
Staatsgelder *Pl*	dinero público
e Bilanz, -en	balanza
e **Ausgaben** ↔ e **Einnahmen**	gastos ↔ ingresos
Soll ↔ **Haben**	deber / débito ↔ haber / crédito
s Haushaltsdefizit ↔ r Überschuss	déficit ↔ superávit / excedente presupuestario
r ausgeglichene Haushalt	presupuesto equilibrado
Schulden *Pl*	deudas
sich verschulden	endeudarse
in den roten ↔ schwarzen Zahlen sein / rote ↔ schwarze Zahlen schreiben	estar en números rojos ↔ tener un saldo positivo
bankrott / **pleite** sein	estar en bancarrota / arruinado
Wir sind pleite und müssen die Firma ***schließen** (schloss, hat geschlossen) / zusperren *österr.*	Estamos arruinados y tenemos que cerrar la empresa.
Konkurs anmelden / in Konkurs gehen	declararse en quiebra / quebrar
s Insolvenzverfahren, -	proceso de insolvencia
Staatsschulden *Pl* / e Staatsverschuldung	deudas / endeudamiento del Estado
Der Staat muss zuerst einen Teil des Schuldenbergs abtragen / seine Schulden abbezahlen.	El Estado tiene primero que pagar una parte de sus muchas deudas / sus deudas.
Die Zahlungsbilanz dieser Firma ist gut ↔ schlecht.	La balanza de pagos de esta empresa es buena ↔ mala.
gut ↔ schlecht wirtschaften	manejar bien ↔ mal el dinero
***finanziell** gut ↔ schlecht dastehen	estar en una buena ↔ mala situación financiera

verschwenderisch ↔ ***sparsam** sein	ser gastoso ↔ ahorrativo
***sparen**	ahorrar
s Sparprogramm, -e / e Sparmaßnahme, -n	plan de ahorro / medidas de ahorro
die Zinsen **senken** ↔ **anheben** (hob an, hat angehoben) / in die Höhe treiben	bajar ↔ subir los intereses / hacer subir los intereses
Subventionen abbauen / streichen	reducir / cortar las subvenciones
e **Volkswirtschaft**	economía nacional
r Volkswirtschaftler, - // e Volkswirtschaftlerin, -nen	el // la economista
Ist es volkswirtschaftlich sinnvoll, die Steuern zu erhöhen?	¿Tiene algún sentido para la economía nacional aumentar los impuestos?
e ***Steuer**, -n	impuesto
Steuergelder *Pl*	dinero recaudado con los impuestos
e ***Reform**, -en / e Steuerreform	reforma / reforma fiscal
Steuern ***erhöhen** ↔ **senken**	aumentar ↔ disminuir los impuestos
r niedrige ↔ hohe Steuersatz, ⸚e	tasa tributaria baja ↔ alta
e Steuereinnahme, -n	ingresos fiscales
e Steuerbefreiung, -en	exención de impuestos
s **Bruttosozialprodukt**	producto social bruto
s Bruttoinlandsprodukt / s BIP	producto interior bruto / PIB
e **Dienstleistung**	servicio
r Dienstleistungsbereich / r Dienstleistungssektor	sector servicio
e Landwirtschaft	agricultura
e ***Produktion**, -en	producción
die Produktion steigern ↔ senken / herunterschrauben	aumenta ↔ disminuir / bajar la producción
***herstellen** / ***produzieren**	producir
s ***Produkt**, -e / s Erzeugnis, -se	producto
neue Produkte auf den Markt bringen	lanzar al mercado productos nuevos
e Produktpalette, -n / s Sortiment	surtido de productos
r Marktanteil	participación en el mercado
e ***Industrie**, -n	industria
e Chipindustrie / e Halbleiterindustrie	industria de chips / de semiconductores
e chemische / pharmazeutische Industrie	industria química / farmacéutica
e Automobilindustrie	industria automovilística
e ***Fabrik**, -en / s ***Werk**, -e	fábrica / taller
s **Handwerk**	artesanía, artesanado
s **Unternehmen**, - / r Betrieb, -e	empresa / negocio
ein privates / staatliches Unternehmen	empresa privada / pública
s kleine Unternehmen / s Großunternehmen	pequeña / gran empresa

s Familienunternehmen	empresa familiar
s mittelständische Unternehmen	empresa de tipo medio
r / e **Selbstständige**, -n	autónomo // autónoma
e Privatwirtschaft	sector privado
r multinationale / internationale Konzern, -e	consorcio
e ***Firma**, Firmen	empresa
eine Firma ***gründen**	fundar una empresa
e Firmengründung, -en / e Existenzgründung, -en	creación de una empresa / de un pequeño negocio
s Start-up, -s / s Start-up-Unternehmen, -	emergente / empresa emergente
s Startkapital / s Eigenkapital / s Fremdkapital	capital inicial / propio / externo
s staatliche Fördergeld	fondos de ayuda estatal
Seine Firma ist finanziell gut ausgestattet.	Su empresa dispone de buenos recursos económicos.
e **Fusion**, -en / r Zusammenschluss, ¨-e (von Firmen)	fusión / unión (de empresas)
fusionieren	fusionar
e feindliche Übernahme, -n	adquisición hostil / OPA hostil

GmbH = Gesellschaft mit beschränkter Haftung	sociedad limitada / S.L.
AG = Aktiengesellschaft	sociedad anónima / S.A.
KG = Kommanditgesellschaft	sociedad en comandita / S. en C.
GbR = Gesellschaft bürgerlichen Rechts	sociedad no comercial

s ***Angebot**, -e	oferta
e ***Nachfrage**, -n / r ***Bedarf**	demanda
***steigen** (stieg, ist gestiegen) ↔ **zurückgehen** (ging zurück, ist zurückgegangen) / ***fallen** (fällt, fiel, ist gefallen)	subir ↔ bajar / caer
***zunehmen** ↔ ***abnehmen** (nimmt ab, nahm ab, hat abgenommen)	aumentar ↔ disminuir
Der Handel mit Bananen geht zurück / stagniert.	El comercio de plátanos está bajando ↔ subiendo.
r ***Preis**, -e	precio
Die Benzinpreise steigen ↔ fallen wieder.	Los precio de la gasolina suben ↔ bajan.
Die Benzinpreise sind gerade günstig ↔ sehr hoch.	Los precios de la gasolina son ahora económicos ↔ muy altos.
r **Umsatz**, ¨-e	venta
Die Umsätze sind dieses Jahr gering geblieben ↔ übersteigen die Erwartungen.	Este año las ventas han permanecido bajas / han aumentado más de lo esperado.

r ***Gewịnn**, -e / r **Profit**, -e [*auch* pro'fɪt] ↔ r ***Verlụst**, -e	ganancia / beneficio ↔ pérdida
Dieses Jahr ist der Gewinn um 10 % gestiegen.	Este año han aumentado las ganancias en un 10 %.
e Dividende, -n / e Dividendenzahlung	dividend o / pago de dividendos
Der Gewinn wurde ausgeschüttet ↔ einbehalten.	Los beneficios fueron repartidos ↔ retenidos.

e Vermögenslage	situación financiera
e Ertragslage	rentabilidad
e Finanzlage	situación financiera
e Innovation, -en	innovación
e Investition, -en	inversión
s Management	dirección
e Firmenorganisation / s Organigramm	organización de la empresa / organigrama
e Produktpalette	surtido de productos
e Wettbewerbsposition	posición competitiva
r verantwortliche Umgang mit Ressourcen	manejo responsable de los recursos

e **Ạktie**, -n	acción
Die Aktien sind zu 51 % in Familienbesitz.	El 51% de las acciones están en manos de la familia.
Die Mehrheit (der Aktien) hält der Firmengründer.	Los fundadores de la empresa poseen la mayoría de las acciones.
r ***Kụrs**, -e / r Aktienkurs	precio / precio de las acciones
Die Allianz-Aktien steigen ↔ fallen.	Las acciones de Allianz están subiendo ↔ bajando.
s ***Risiko**, Risiken	riesgo
e Spekulation, -en	especulación
e **Bọrse**, -n	bolsa
r Aktienhandel / s Aktiengeschäft	mercado / negocio de acciones
r DAX® / r Deutsche Aktienindex	[= índice de las acciones de las 30 compañías más grandes de Alemania]
r **Aktionär**, -e // e **Aktionärin**, -nen	el // la accionista
r Kleinaktionär / r Großaktionär	pequeño ↔ gran accionista
e Hauptversammlung, -en	reunión de accionistas
s Stimmrecht, -e	derecho a voto
r Anlageberater, - // e Anlageberaterin, -nen	asesor // asesora de inversiones
s **Vermögen**	capital
r Vermögensberater, - // e Vermögensberaterin, -nen	asesor financiero // asesora financiera

Er hat einen Großteil seines Vermögens mit Aktien gemacht. — Una gran parte de su capital lo ha conseguido con las acciones.
s Staatsvermögen / s Privatvermögen — capital público / privado
r **Reichtum** / r **Wohlstand** ↔ e **Armut** — riqueza / bienestar ↔ pobreza
***reich** / **wohlhabend** ↔ ***arm** (ärmer, ärmst-) / minderbemittelt — rico / acomodado ↔ pobre / necesitado
r hohe ↔ niedrige **Lebensstandard** — nivel de vida alto ↔ bajo
e **Korruption** — corrupción
s Schwarzgeld, -er — dinero ilegal
jn **bestechen** (besticht, bestach, hat bestochen) — sobornar

Steuern
Impuestos

e ***Steuer**, -n / e Abgabe, -n — impuesto
direkte ↔ indirekte Steuern — impuestos directos ↔ indirectos
e **Mehrwertsteuer** (= MWSt) — Impuesto sobre el Valor Añadido (= IVA)

Alle Preise verstehen sich **inklusive** / **einschließlich** ↔ ohne Mehrwertsteuer. — Todos los precios llevan ↔ no llevan el IVA incluido.
mehrwertsteuerfrei — exento / libre de IVA
s **Finanzamt** — (delegación de) Hacienda
s Steueramt *schweiz.* — (delegación de) Hacienda
r Fiskus / e Staatskasse — fisco / erario público
Steuergelder *Pl* — impuestos / dinero recaudado con los impuestos

Steuergelder verschwenden ↔ sinnvoll verteilen / verwenden — malgastar ↔ distribuir / utilizar bien el dinero recaudado por los impuestos

r Bundesrechnungshof — Tribunal federal de Cuentas
r Bund der Steuerzahler — asociación de contribuyentes
e Steuerreform — reforma fiscal
s Steueraufkommen — total de impuestos, cifras tributarias / fiscales

e Steuereinnahme, -n — ingresos tributarios / fiscales
Steuern ***erhöhen** ↔ **senken** — subir ↔ bajar los impuestos
e Steuererhöhung, -en ↔ e Steuersenkung, -en — subida ↔ bajada de los impuestos
hohe ↔ niedrige Steuern zahlen / abführen — pagar impuestos bajos ↔ altos
e Steuererleichterung, -en — desgravación fiscal
Steuern eintreiben — recaudar impuestos

Impuestos	
e Mehrwertsteuer	impuesto de valor añadido
e Umsatzsteuer	impuesto sobre el volumen de ventas
e Lohnsteuer	impuesto sobre sueldos y salarios
e Einkommensteuer	impuesto sobre la renta
e Ökosteuer	impuesto ecológico
e Körperschaftssteuer	impuesto de sociedades
e Erbschaftssteuer	impuesto sobre sucesiones y donaciones
e Vermögenssteuer	impuesto sobre el patrimonio
e Vergnügungssteuer	impuesto sobre espectáculos
e Gemeindesteuer	impuesto municipal
e Kirchensteuer	impuesto para la Iglesia
e Energiesteuer / Mineralölsteuer	impuesto sobre la energía / sobre los aceites minerales
e Grundsteuer	impuesto sobre la propiedad / la contribución
e Ausfuhrsteuer	impuesto sobre exportaciones
e Einfuhrsteuer	impuesto sobre importaciones

r Steuerzahler, -	contribuyente
e Steuerklasse, -n	categoría fiscal
brutto ↔ **netto**	bruto ↔ neto
Ich verdiene monatlich 3.000 Euro brutto, das sind ungefähr 1.800 Euro netto.	Gano al mes bruto 3000 euros, que vienen a ser unos 1800 euros neto.
s Nettoeinkommen / s Bruttoeinkommen	ingresos netos / brutos
e Steuerprogression	pago fiscal proporcional
r Steuersatz, ¨-e	tasa fiscal / tributación
r Grenzsteuersatz ↔ r Spitzensteuersatz	tasa fiscal mínima ↔ máxima
e **Steuererklärung**	declaración de la renta
die Steuererklärung abgeben	entregar la declaración de la renta
e Veranlagung (durch das Finanzamt)	tasación a efectos impositivos
Sie kann den Computer **von der Steuer absetzen**.	Puede deducir el ordenador de los impuestos.
Ist das steuerlich absetzbar?	¿Es desgravable de los impuestos?
r Steuerfreibetrag, ¨-e	cantidad libre de impuestos
e Abschreibung	amortización
e **Spende**, -n	donativo
e Steuervergünstigung, -en	ventajas fiscales
r **Steuerbescheid**, -e	liquidación de impuestos
e Steuerrechnung, -en *schweiz.*	liquidación de impuestos
e Steuerrückerstattung, -en	devolución de impuestos
Sie haben Anspruch auf eine Erstattung.	Usted tiene derecho a una devolución de impuestos.
e Steuervorauszahlung, -en	pago anticipado de los impuestos

steuerfrei ↔ **steuerpflichtig**	libre de impuestos ↔ sujeto a impuestos
e **Buchhaltung** / e Buchführung	contabilidad
s Rechnungswesen	finanzas
r Wirtschaftsprüfer, - // e Wirtschaftsprüferin, -nen	auditor // auditora
r **Steuerberater**, - // e **Steuerberaterin**, -nen	asesor // asesora fiscal
s Steuerrecht	derecho fiscal
Steuern hinterziehen	evadir impuestos
e Steueroase / s Steuerparadies	paraíso fiscal
s **Schwarzgeld**	dinero ilegal
e Steuerfahndung	pesquisa / investigación fiscal
r Steuerfahnder, - // e Steuerfahnderin, -nen	inspector // inspectora de Hacienda
e Selbstanzeige, -n	autodenuncia / reconocimiento de alguna falta
e Steuerprüfung	inspección fiscal
r Steuerprüfer, - // e Steuerprüferin, -nen	inspector // inspectora de Hacienda

Sozialstaat
Prestaciones sociales

r **Sozialstaat** / r Wohlfahrtsstaat	el Estado social / de bienestar
***sozial**	social
s soziale Netz	red de servicios sociales
sozial abgesichert sein	estar protegido por el sistema de prestaciones sociales
r Sozialabbau	recortes en prestaciones sociales
Sozialabgaben *Pl*	cargas / gravámenes sociales
r Arbeitgeberanteil / r Arbeitnehmeranteil	cuota del patrono / del empleado
e **Sozialleistung**, -en	prestación social
kürzen ↔ **anheben** (hob an, angehoben)	reducir ↔ aumentar
streichen (strich, hat gestrichen)	suprimir
s **Kindergeld**	subsidio por hijos
e Familienbeihilfe / e Kinderbeihilfe *österr.*	subsidio por hijos

En Alemania y Austria reciben todas las personas con hijos una ayuda mensual del Estado (*Kindergeld / Kinderbeihilfe (österr.)*), independientemente de lo que gane. La cantidad por el primer y segundo hijo es inferior a la que se recibe por el tercero y el cuarto. Además el Estado concede a los padres una cantidad libre de impuestos (*Steuerfreibetrag*).

s ***Ạmt**, ⸚er	departamento, oficina
s **Sozialamt**	departamento de asuntos sociales
s **Wohnungsamt**	oficina de la vivienda

Los **ciudadanos alemanes pueden solicitar las siguientes prestaciones estatales** (en el año 2003):

e Sozialhilfe	ayuda social
s Wohngeld	subsidio de vivienda
e Sozialwohnung, -en	piso de protección oficial
s Krankengeld	subsidio de enfermedad
s Pflegegeld	subsidio de asistencia a enfermos
s Arbeitslosengeld	subsidio de desempleo
e Arbeitslosenhilfe	ayuda a los desempleados
s Mutterschaftsgeld / r Mutterschaftsurlaub // s Wochengeld (österr.) / e Karenz (österr.)	subsidio por maternidad / baja maternal
s Erziehungsgeld / s Kinderbetreuungsgeld (österr.)	subsidio de educación [pagado a la madre / al padre que se queda en casa para criar a su hijo]

e **Ạrbeitslosenversicherung**	seguro de desempleo
e **Krạnkenversicherung** / e ***Krạnkenkasse**	seguro de enfermedad
e **Pflegeversicherung**	seguro de asistencia (a domicilio / en una residencia) en caso de enfermedad
r (1,5 fache) Pflegesatz	(1.5 veces los) costes diarios por el cuidado y tratamiento de una persona en un hospital o residencia
e **Rẹntenversicherung**	seguro de pensiones
e AHV / e Alters- und Hinterbliebenenversicherung *schweiz.*	seguro de pensiones
e Bundesversicherungsanstalt für Angestellte / e BfA	Oficina Federal de Seguros para los Empleados
e ***Rẹnte** / e ***Pension** *südd., österr.* / r Ruhestand	pensión / jubilación
Wann sind Sie in Rente gegangen? – Erst mit 65. / Schon mit 55.	¿Cuándo se ha jubilado usted? –No me he jubilado hasta los 65 años. / Con sólo 55 años.

Recht und Gesetz
Justicia y leyes

s ***Rẹcht**, -e	derecho, justicia
r **Gesẹtzgeber** / e Legislative	legislador / poder legislativo
e Rechtssprechung / e Judikative	administración de la justicia / poder judicial
s Recht auf freie Meinungsäußerung	derecho a la libertad de expresión
s **Strafrecht**	derecho penal
s Strafgesetzbuch / s StGB	código penal
s **Zivilrecht**	derecho civil
e Zivilprozessordnung / e ZPO	código procesal civil
s internationale Recht	derecho internacional
nach geltendem Recht	de acuerdo con la ley

s Arbeitsrecht	derecho laboral
s bürgerliche Recht	derecho civil
s Erbrecht	derecho de herencia / sucesión
s Familienrecht	derecho de familia
s Gesellschaftsrecht	derecho de las sociedades mercantiles
s Grundrecht	derecho fundamental
s Handelsrecht	derecho mercantil
s Menschenrecht	derecho humano
s Mietrecht	ley de arrendamiento
s Patentrecht	derecho de patentes / de propiedad industrial
s Privatrecht	derecho privado
s Sachenrecht	derecho real
s Schuldrecht	derecho de obligaciones
s Staatsrecht	derecho público
s Steuerrecht	derecho fiscal
s Strafrecht	derecho penal
s Urheberrecht	derecho de autor / propiedad literaria
s Verbraucherrecht	ley del consumidor
s Verfassungsrecht	derecho constitucional
s Verkehrsrecht	leyes de tráfico
s Verlagsrecht	derechos de impresión / de la propiedad literaria
s Verwaltungsrecht	derecho administrativo
s Zivilrecht	derecho civil

s ***Gesẹtz**, -e	ley
öffentlich-rechtliche Gesetze	leyes públicas
privat-rechtliche Gesetze	leyes privadas

s **Grundgesetz**	leyes fundamentales, constitución
e Bundesverfassung *schweiz.*	leyes fundamentales, constitución
s **Gesetzbuch**, ¨-er / s Bürgerliche Gesetzbuch / s BGB	código / código civil
s Zuwanderungsgesetz	ley de emigración
s Jugendschutzgesetz	ley de protección de menores
r Gesetzestext, -e	texto de ley
Gesetze einhalten (hält ein, hielt ein, hat eingehalten) / respektieren ↔ ***brechen** (bricht, brach, hat gebrochen) / übertreten	cumplir / respetar ↔ infringir / violar la ley
Immer wieder verstößt er gegen das Gesetz.	Infringe continuamente la ley.
gesetzlich / **legal** ↔ **ungesetzlich** / **illegal** [*auch* ɪle'ga:l]	legal ↔ ilegal
rechtlich zulässig ↔ unzulässig	lícito ↔ ilícito
r Gesetzesbrecher, - // e Gesetzesbrecherin, -nen ↔ r Gesetzeshüter, - // e Gesetzeshüterin, -nen	infringidor // infringidora de la ley ↔ defensor // defensora de la ley
Er handelte **gesetzwidrig** ↔ **gesetzmäßig**.	Actuó en contra de la ley ↔ conforme a la ley.
e **Justiz**	justicia
s Justizministerium	Ministerio de Justicia
e Justizbehörde	tribunal / autoridad judicial
e Anwaltskammer, -n	colegio de abogados
r **Jurist**, -en // e **Juristin**, -nen	el // la jurista
Er studiert **Jura** / Rechtswissenschaften.	Estudia derecho.
s ***Gericht**, -e	tribunal
s Gerichtsgebäude, -	tribunal / palacio de justicia
r Gerichtssaal, ¨-e	sala de audiencia
Sie gehen damit vor Gericht.	Va a llevar el caso a juicio.
s zuständige Gericht	tribunal competente
s Bundesverfassungsgericht	Tribunal Federal de Garantías Constitucionales
s **ordentliche Gericht**	tribunal ordinario
s **Verwaltungsgericht**	tribunal administrativo
e erste / zweite **Instanz**, -en	primera / segunda instancia
durch die Instanzen gehen	pasar por todas las instancias
r **Richter**, - // e **Richterin**, -nen	juez // jueza
Sie ist Richterin am Amtsgericht.	Es jueza en un juzgado de primera instancia.
r Verfassungsrichter, -	juez del tribunal constitucional
r Familienrichter / r Jugendrichter	juez de un juzgado de familia / de menores
r Beisitzer, - // e Beisitzerin, -nen	asesor // asesora
r Schöffe, -n // e Schöffin, -nen	asesor // asesora

r Laienrichter, - // e Laienrichterin, -nen *schweiz.*	asesor // asesora
r Schlichter, - // e Schlichterin, -nen	mediador // mediadora
r Mediator, -en // e Mediatorin, -nen	mediador // mediadora
e **Anklage** ↔ e **Verteidigung**	acusación ↔ defensa
e **Staatsanwaltschaft**, -en / e Anklagebehörde, -n	fiscalía
Die Staatsanwaltschaft ermittelt bereits in diesem Fall.	La fiscalía está investigando este caso.
r **Staatsanwalt**, ¨-e // e **Staatsanwältin**, -nen	el // la fiscal
r **Rechtsanwalt**, ¨-e // e **Rechtsanwältin**, -nen / r ***Anwalt**, ¨-e // e **Anwältin**, -nen	abogado // abogada
r **Verteidiger**, - // e **Verteidigerin**, -nen	abogado defensor // abogada defensora
r Pflichtverteidiger, - // e Pflichtverteidigerin, -nen	abogado // abogada de oficio
r Rechtsschutz	garantía legal
e Rechtsschutzversicherung	seguro de costes judiciales
e **Kanzlei**, -en / e Anwaltskanzlei	bufete / bufete de abogados
Die Firma hat die Angelegenheit ihrem Rechtsanwalt übergeben.	La empresa ha puesto el asunto en manos de su abogado.
Nehmen Sie sich am besten einen Rechtsanwalt.	Lo mejor es que se busque un abogado.
Ich bestehe auf einem Rechtsbeistand.	Exijo un abogado.
e Vernehmung, -en / s Verhör, -e	interrogatorio
jn **verhören**	interrogar a alg
Sie wurde **eingesperrt**, aber aus Mangel an Beweisen wieder **freigelassen**.	Fue encarcelada, pero puesta otra vez en libertad por falta de pruebas.
e Untersuchungshaft	detención / prisión preventiva
Er ist in Untersuchungshaft.	Está en prisión preventiva.
e **Kaution**, -en / e Sicherheitsleistung, -en	fianza
Der Firmenchef wurde gegen Kaution freigelassen.	El jefe de la empresa fue puesto en libertad bajo fianza.
e **Klage**, -n (gegen +*A*)	demanda judicial (contra)
e Klageschrift, -en	acta del proceso, lista de cargos
r Mahnbescheid, -e	orden judicial de pago
e Verfügung, -en	orden / mandato / decreto judicial
r Vollstreckungsbescheid, -e	ejecución de una orden de pago
r **Kläger**, - // e **Klägerin**, -nen ↔ r / e **Beklagte**, -n	el // la demandante / el // la querellante ↔ demandado // demandada
r / e Geschädigte, -n	la persona perjudicada
verklagen / eine Klage einreichen	demandar / presentar una demanda

Sie verklagte die Firma auf Schadenersatz.	Demandó a la empresa por daños y perjuicios.
Wir werden **gerichtlich** gegen ihn vorgehen.	Procederemos judicialmente contra él.
e **Anklage**, -n	acusación / cargo
e Anklageschrift, -en	auto de procesamiento
Die Anklage lautet auf Mord.	El cargo que le imputan es asesinato.
anklagen	acusar
Er wurde des Totschlags angeklagt.	Fue acusado de homicidio.
r / e **Angeklagte**, -n	acusado // acusada
r Anklagesteller, - // e Anklagestellerin, -nen	el // la fiscal
r Klagegegner, - // e Klagegegnerin, -nen	defensor // defensora
r ***Prozess**, -e / s ***Verfahren**, - / s Gerichtsverfahren, - / e Gerichtsverhandlung, -en	poceso / procedimiento / procedimiento judicial / juicio / vista de una causa

Procedimientos judiciales

Die Verhandlung wird eröffnet / unterbrochen / vertagt / geschlossen.	Se comienza / interrumpe / aplaza / cierra el juicio.
*Ein neuer *Termin wird anberaumt auf den 12. April 2003, 15 Uhr.*	La nueva fecha del juicio ha sido fijada para el 12 de abril de 2003, a las 3 de la tarde.
*Der Kläger stellt *Antrag aus dem Schriftsatz V 654-04 vom 2. 8. 2003.*	La acusación presenta una petición del expediente V 654-04 del 2-8-2003.
Der Beklagte beantragt kostenpflichtige Klageabweisung.	El acusado solicita que se retiren los cargos y que el demandante asuma los gastos.
Wir verhandeln in Sachen Müller gegen Meier.	Estamos viendo ante los tribunales el caso Müller contra Meier.
Einspruch stattgegeben ↔ abgelehnt!	Se acepta ↔ rechaza la protesta.
Sie stehen unter Eid.	Está bajo juramento.
Ihr Plädoyer, Herr Staatsanwalt.	Su recapitulación / resumen (oral), señor fiscal.

r ***Zeuge**, -n // e **Zeugin**, -nen	el // la testigo
r Belastungszeuge ↔ r Entlastungszeuge	testigo de cargo ↔ de la defensa
aussagen / eine Aussage machen	declarar / hacer una declaración
Sie muss vor Gericht erscheinen.	Tiene que presentarse ante el tribunal.
einen Zeugen ins Kreuzverhör nehmen	someter a un testigo a un intenso interrogatorio
schwören / einen Eid ablegen	jurar / hacer un juramento
e ***Wahrheit** ↔ e ***Lüge**, -n	verdad ↔ mentira

Er hat ***offenbar** doch die Wahrheit gesagt.	Por lo visto ha dicho la verdad.
r **Meineid**, -e	perjurio / juramento en falso
Sie steht wegen Meineids vor Gericht.	Está ante los tribunales por perjurio.
r Offenbarungseid	juramento de insolvencia / de falta de recursos económicos
Sie musste einen Offenbarungseid ablegen.	Tuvo que hacer un juramento de insolvencia.
r ***Beweis**, -e	prueba
ein stichhaltiger ↔ widerlegbarer Beweis	una prueba irrefutable ↔ refutable
e Beweisführung	presentación de las pruebas
s **Indiz**, -ien	indicio
Die Indizien sprechen eindeutig dafür ↔ dagegen.	Los indicios hablan a favor ↔ en contra.
e **DNA-Analyse**, -n	análisis del DNA
unschuldig ↔ ***schuldig**	inocente ↔ culpable
Bis die Schuld erwiesen ist, gilt man als unschuldig.	Uno es inocente hasta que se desmuestre su culpabilidad.
s ***Urteil**, -e	sentencia / veredicto
***verurteilen**	sentenciar
schuldig *sprechen (spricht, sprach, hat gesprochen)	declarar culpable
Sie wurde wegen Betruges zu drei Monaten Gefängnis verurteilt.	Fue sentenciada a tres meses de cárcel por fraude.
verknacken *ugs.* / verdonnern *ugs.*	condenar / sentenciar

Sentencias

Im Namen des Volkes ergeht folgendes Urteil:	En nombre del pueblo se ha dictado la siguiente sentencia:
Der Angeklagte ist schuldig eines Verbrechens / eines vorsätzlichen Vergehens gemäß Paragraph 88 Strafgesetzbuch / StGB.	El acusado es culpable de un delito / de una infracción premeditada según el párrafo 88 del código penal.
**wegen mildernder Umstände*	debido a circunstancias atenuantes
wegen verminderter Zurechnungsfähigkeit	debido a una enajenación mental transitoria
eine Geldstrafe über 3.000 Euro	una multa de 3.000 euros
eine Verwarnung	amonestación / advertencia
drei Jahre Freiheitsstrafe mit / ohne Bewährung	tres años de cárcel con / sin libertad condicional
acht Jahre Gefängnisstrafe	8 años de cárcel
lebenslänglich	cadena perperua
e Todesstrafe (nicht in der EU)	pena de muerte (no existe en la UE)
*Im *Zweifel für den Angeklagten. / In dubio pro reo.*	En caso de duda, a favor del acusado. / In dubio pro reo.
Der Angeklagte wird mangels Beweisen freigesprochen.	El acusado será puesto en libertad por falta de pruebas.

*Die *Kosten trägt der Angeklagte / die Staatskasse.*	Los costes son por cuenta del acusado / del Estado.
Die Klage wird abgewiesen.	No se admite / Se recusa el caso.
Die Parteien einigen sich außergerichtlich.	Las dos partes se ponen de acuerdo fuera de las cortes.
Das Urteil ist rechtskräftig.	La sentencia es firme.
Wir gehen in die Berufung.	Vamos a apelar.

den Prozess ***verlieren** (verlor, hat verloren) ↔ ***gewinnen** (gewann, hat gewonnen)	ganar ↔ perder el juicio
e ***Strafe**, -n	pena
e Jugendstrafe, -n	pena para menores
***bestrafen**	sentenciar, castigar
gerecht ↔ **ungerecht**	justo ↔ injusto
***leicht** / **mild** ↔ ***hart** (härter) / ***hoch** (höher, höchst-)/	suave / ligero ↔ duro / alto
ein hohes ↔ niedriges Strafmaß	una pena alta ↔ baja
gegen das Urteil **Berufung einlegen** / in Revision gehen	apelar la sentencia / apelar
r **Justizirrtum**, ¨-er	error judicial
Das Urteil wird aufgehoben.	La sentencia es revocada.
s **Gefängnis**, -se / e Justizvollzugsanstalt, -en	cárcel / prisión
r offene ↔ geschlossene Strafvollzug	sistema penitenciario abierto ↔ cerrado
e Resozialisierung / e Wiedereingliederung	reintegración en la sociedad
e Jugendhaftanstalt, -en	reformatorio
hinter Gittern sein / sitzen	estar entre rejas / en la cárcel
eine Strafe absitzen / verbüßen	cumplir una sentencia
r / e (entkommene) Strafgefangene, -n	preso (huido) // presa (huida) / prisionero (huido) // prisionera (huida)
r Sträfling, -e	recluso
e **Zelle**, -n	celda
e Einzelhaft	reclusión en celda incomunicada
r / e Entlassene, -n	excarcelado // excarcelada

Das Recht des Stärkeren.	la ley del más fuerte
Alles was recht ist! / Aber …	Diga usted lo que quiera, pero … / Por mucho que usted diga …
Das geschieht dir recht!	¡Te lo tienes merecido!
Die Kinder sind so still, sieh doch mal nach dem Rechten.	Los niños están demasiado callados, mira a ver si todo está bien.
Man kann es nicht allen recht machen.	No se puede agradar a todo el mundo.

Polizei
La policía

e ***Polizei**	policía [institución]
Er ist bei der Polizei.	Está / Trabaja en la policía.
r ***Notruf** / 110 anrufen	llamada de emergencia / marcar el 110
die Polizei ***rufen** (rief, hat gerufen) / ***holen** / verständigen	llamar / traer / informar a la policía
Hilfe! / Polizei!	¡Socorro! / ¡Policía!
r Polizeieinsatz, ⸚e	operación policial
e **Polizeikontrolle**, -n	control policial
Ein Polizist hat mich angehalten. Ich musste rechts ranfahren.	Un policía me paró. Tuve que echarme a la derecha.
s Verkehrsdelikt, -e	infracción de tráfico
Tut mir Leid, das Schild habe ich nicht gesehen.	Lo siento, no he visto la señal.
r Falschparker, -	aparcar indebidamente
r **Strafzettel**, - / e Busse, -n *schweiz.*	multa (de tráfico)
Strafzettel verteilen	poner multas
einen Strafzettel bekommen	ponerle a uno una multa

Funciones de la policía

**Verbrechen bekämpfen*	combatir la delincuencia / criminalidad
Verbrechen vorbeugen und verhindern	prevenir y evitar la delincuencia / criminalidad
*Verbrechen *aufklären*	resolver delitos / casos
Nachforschungen anstellen	hacer investigaciones
*Verbrecher verfolgen und *fassen*	perseguir y detener a los delincuentes / criminales
**Eigentum und die *Bevölkerung *schützen*	proteger la propiedad y a la población
Verkehrsdelikte ahnden	castigar las infracciones de tráfico
die Bevölkerung aufklären	informar a la población
*die Bevölkerung *warnen*	avisar a la población de los peligros

s **Polizeipräsidium**	cuartel general de la policía
e Hauptwache *schweiz.*	cuartel general de la policía
e Dienststelle, -n	comisaría
s **Polizeirevier**, -e / e Polizeistation, -en / e Wache, -n	comisaría
r Polizeiposten, - *schweiz.*	comisaría
Kommen Sie mal bitte mit auf die Wache!	¡Venga por favor con nosotros a la comisaría!

r ***Polizist**, -en // e **Polizistin**, -nen / r **Polizeibeamte**, -n // e **Polizeibeamtin**, -nen	el // la policía / el // la oficial de policía
e Gendarmerie, -n [ʒandarmə'ri: *auch* ʒãd...]	gendarmería
r Gendarm, -en [ʒan'darm *auch* ʒã'd...] *österr.*	gendarme [en localidades pequeñas]
r Streifenpolizist / r Verkehrspolizist	policía de tráfico
(auf) Streife fahren	patrullar
r Kontaktbeamte	oficial de contacto
e Bahnpolizei	policía del ferrocarril
e Grenzpolizei	policía de la frontera
e ***Kriminalpolizei** / e Kripo	brigada de investigación criminal
e Mordkommission, -en	sección de homicidios
r ***Kriminalbeamte**, -n // e ***Kriminalbeamtin**, -nen	el // la agente (de la brigada de investigación criminal)
r **Kommissar**, -e // e **Kommissarin**, -nen	comisario // comisaria
einen Mordfall aufklären	resolver un asesinato
r Bundesnachrichtendienst / r BND	Servicio de Inteligencia federal
r Polizeistaat / r Überwachungsstaat	Estado policial
e Rasterfahndung, -en	pesquisas por medio del ordenador / diligencias informáticas
e Polizeisperre, -n	barrera policial
s Polizeiauto, -s	coche / LAm auto / LAm carro de policía
e Kelle, -n	señal circular
mit Blaulicht fahren	conducir con la luz azul intermitente puesta
s Martinshorn	sirena
e **Uniform**, -en	uniforme
r **Dienstausweis**, -e	carnet de identificación policial / placa de policía
Weisen Sie sich bitte aus! / Zeigen Sie mir bitte Ihren Dienstausweis.	¡Identifíquese usted! / ¡Muéstreme su identificación!
r Schlagstock, ¨-e	porra
s Tränengas / r Wasserwerfer	gas lacrimógeno / mangeras de agua
Ihm wurden **Handschellen** angelegt.	Le pusieron las esposas.
e Schusswaffe, -n / e Pistole, -n	pistola
Hände hoch!	¡Manos arriba!
schießen (schoss, hat geschossen)	disparar
Ein Schuss hat sich gelöst.	Se ha disparado una pistola.
***treffen** (trifft, traf, hat getroffen)	alcanzar / dar
die Pistole entsichern ↔ sichern	poner ↔ quitar el seguro a la pistola
e Munition, -en / e Kugel, -n	munición / bala

Militär
El ejército

s **Militär** *nur Sg*	(los) militares (nombre colectivo)
r **Militär**, -s	militar (la persona)
militärisch	militar
Streitkräfte *Pl*	fuerzas armadas
e NATO	OTAN
r Verteidigungsminister, - / e Verteidigungsministerin, -nen	ministro // ministra de Defensa
e ***Bundeswehr** / r Bund *ugs.*	Fuerzas Armadas Alemanas / ejército de la República Federal de Alemania
s Bundesheer *österr.* / e Armee *schweiz.*	fuerzas armadas / ejército
Er ist beim Militär / Bund *ugs.*	Está en el ejército.
zum Militär gehen / ins Militär eintreten	enrolarse en el ejército / hacerse militar
r ***Soldat**, -en // e **Soldatin**, -nen	el // la soldado
r Berufssoldat // e Berufsoldatin	el // la soldado profesional
r Zeitsoldat // e Zeitsoldatin	el // la soldado por un tiempo determinado
r Wehrpflichtige, -n	sujeto al servicio militar obligatorio
e Wehrpflicht / r Wehrdienst	servicio militar obligatorio
Ab 18 Jahren können deutsche Männer zum Wehrdienst eingezogen werden.	Los (hombres) alemanes pueden ser llamados a filas a partir de los 18 años.
Er leistet gerade seinen Wehrdienst.	Está haciendo el servicio militar.
r Fahnenflüchtige, -n / r Deserteur, -e [dezɛr'tøːɐ̯]	desertor
r Wehrdienstverweigerer, -	objetor de conciencia
r Zivildienst	prestación social sustitutoria [como alternativa al servicio militar]
r Zivildienstleistende, -n / r Zivi, -s *ugs.*	persona que realiza la prestación social sustitutoria
e **Armee**, -n / e Berufsarmee	ejército
e **Truppe**, -n	tropa

r Sanitätsdienst	servicio en el cuerpo sanitario
s Heer	ejército
e Infanterie	infantería
r Fallschirmjäger, -	paracaidista
r Panzer, -	tanque
e Marine	marina
s Kriegsschiff, -e	barco de guerra
r Flugzeugträger, -	portaaviones

s U-Boot, -e / s Atom-U-Boot, -e	submarino / submarino nuclear
e Luftwaffe	fuerzas aéreas
r Düsenjäger, -	cazarreactor
s Aufklärungsflugzeug, -e	avión de reconocimiento
e Rakete, -n	misil

e ***Bọmbe**, -n	bomba
eine Bombe abwerfen / bombardieren	tirar una bomba / bombardear
e Wasserstoffbombe, -n / e Atombombe	bomba de hidrógeno / bomba atómica
e Explosion, -en	explosión
e Bewaffnung	armamento
e ***Wạffe**, -n	arma
Kernwaffen *Pl*	armas nucleares
konventionelle Waffen	armas convencionales
Massenvernichtungswaffen *Pl*	armas de destrucción masiva
biologische / chemische Waffen *Pl*	armas biológicas / químicas
e Rüstungskontrolle, -n	control de armamento
r Militarismus	militarismo
s Maschinengewehr, -e / s MG	ametralladora
e **Pistole**, -n	pistola
e **Munition**, -en	munición
schießen (schoss, hat geschossen)	disparar
scharf schießen	disparar con balas
ein Flugzeug abschießen	derribar un avión
***trẹffen** (trifft, traf, hat getroffen)	alcanzar / dar
r **Dienstgrad**, -e / r militärische Rang, ⸚e	rango / rango militar
r / e Oberkommandierende, -n	mando supremo
r **Kommandạnt**, -en / r **Befehlshaber**, - ↔ r einfache **Soldat**, -en	comandante ↔ soldado raso

r General, ⸚e	general
r Oberst, -en	coronel
r Offizier, -e	oficial
r Major, -e	comandante
r Oberstleutnant, -s	teniente coronel
r Leutnant, -s	teniente
r Hauptmann, Hauptleute	capitán
r Unteroffizier, -e	suboficial
r Feldwebel, -	sargento primero / mayor
r Gefreite, -n	cabo
r Rekrut, -en	recluta
e Kaserne, -n	cuartel
r Stützpunkt, -e	base
e Kompanie, -n	compañía

s Regiment, -e	regimiento
e Einheit, -en	unidad
e Brigade, -n	brigada

r **Befehl**, -e	orden
befehlen ↔ einen Befehl ausführen	ordenar ↔ cumplir una orden
befördern zu ↔ degradieren zu	ascender a ↔ degradar a
Er wurde zum Hauptmann befördert.	Lo ascendieron a capitán.
Er wurde aus der Armee entlassen.	Fue expulsado del ejército.
e **Uniform**, -en	uniforme
r **Helm**, -e	casco
s Abzeichen, -	distintivo / insignia
r **Orden**, - / e **Auszeichnung**, -en	medalla / condecoración
e **Disziplin**	disciplina
e ***Ordnung**	orden
Er macht Dienst nach Vorschrift.	Hace el servicio mínimo.
s **Kommando**, -s	orden, mando, comando
einem Kommando folgen	ejecutar una orden
verteidigen	defender
r Friedenseinsatz	misión de paz
e Abschreckung	intimidación
r ***Krieg**, -e ↔ r ***Frieden**	guerra ↔ paz
r Bürgerkrieg, -e	guerra civil
r Erste / Zweite Weltkrieg	Primera / Segunda Guerra Mundial
r „Kalte Krieg“	Guerra Fría
einem Land den Krieg erklären	declarar la guerra a un país
r ***Feind**, -e / r **Gegner**, - ↔ r Bündnispartner, -	enemigo ↔ aliado
feindlich	hostil
feindliche Truppen *Pl*	tropas / fuerzas hostiles
r Überfall, ¨-e / e Invasion, -en	asalto / invasión
r **Angriff**, -e	ataque
r Nichtangriffspakt, -e	pacto de no agresión
angreifen (griff an, hat angegriffen)	atacar
r Vormarsch ↔ r Rückzug	avance ↔ retirada
e Offensive, -n / e Gegenoffensive	ofensiva / contraofensiva
r **Kampf**, ¨-e / s Gefecht, -e	combate, escaramuza
Sie kämpfen seit Jahren gegen die Rebellen.	Luchan desde hace años contra los rebeldes.
e **Zerstörung**, -en	destrucción
Das Gebäude war vollkommen ↔ nur teilweise **zerstört**.	El edificio fue totalmente ↔ parcialmente destruido.
einnehmen / erobern	ocupar / tomar / capturar / conquistar
Die Stadt wurde nach schweren Kämpfen eingenommen.	La ciudad fue ocupada después de duros combates.
ein *Land besetzen	ocupar un país

sich zurückziehen / abziehen (zog ab, ist abgezogen)	retirarse
r **Sieg**, -e ↔ e **Niederlage**, -n	victoria ↔ derrota
den Sieg erringen ↔ eine (schwere) Niederlage erleiden	conseguir la victoria ↔ sufrir una (fuerte) derrota
e Kapitulation	capitulación
(hohe) **Verluste** *Pl*	(fuertes) pérdidas
r / e **Verwundete**, -n	el herido // la herida
r / e **Tote**, -n	el muerto // la muerta
r / e Gefallene, -n	caído
r / e Kriegsgefangene, -n	prisionero // prisionera de guerra
gefangen *nehmen (nimmt, nahm, hat genommen)	tomar prisionero
r Internationale / Europäische Gerichtshof	Tribunal Internacional / Europeo de Justicia
s Kriegsgericht, -e / s Militärgericht, -e	tribunal de guerra / militar
Er wurde vor ein Kriegsgericht gestellt.	Fue llevado ante un tribunal de guerra.
s Kriegsverbrechen, - (gegen die Menschheit)	criminal de guerra (contra la humanidad)
r Kriegsverbrecher, - // e Kriegsverbrecherin, -nen	el // la criminal de guerra
r **Verräter**, - // e **Verräterin**, -nen	traidor // traidora
***verraten** (verrät, verriet, hat verraten)	traicionar
r **Spion**, -e // e **Spionin**, -nen	el // la espía
spionieren	espiar
e **Spionage** ↔ e Gegenspionage	espionaje ↔ contraespionaje
r Geheimdienst, -e	servicio secreto
r Militärische Abschirmdienst / r MAD	Servicio de Contraespionaje Militar
r **Widerstand**	resistencia
auf starken ↔ schwachen Widerstand stoßen	encontrar una fuerte ↔ débil resistencia
r Widerstandkämpfer, - // e Widerstandskämpferin, -nen / r Partisan, -en // e Partisanin, -nen	luchador // luchadora de la resistencia / partisano // partisana
r Luftschutzbunker, - / r Luftschutzkeller, - / r Luftschutzraum, ¨-e	refugio antiaéreo
r **Flüchtling**, -e	refugiado
Deutschland nimmt ein bestimmtes Kontingent von Flüchtlingen auf.	Alemania acoge un determinado número de refugiados.
e ***Flucht**	huida
flüchten (vor den Unruhen) / **fliehen** (floh, ist geflohen)	escapar / huir (de los disturbios)
s Flüchtlingslager, -	campo de refugiados

9 Politische und soziale Fragen
Cuestiones políticas y sociales

9

1

Politische Probleme
Problemas políticos

e ***Krise**, -n	crisis
e politische / wirtschaftliche Krise	crisis política / económica
eine krisensichere ↔ krisenanfällige Branche	una rama a prueba de crisis / segura ↔ sensible a las crisis / inestable
e Regierungskrise	crisis de gobierno
in einer Krise sein (ist, war, ist gewesen) / ***stecken**	estar (metido) en una crisis
eine Krise überwinden	superar una crisis
r (schnell einberufene) Krisenstab, ¨-e	comité de crisis (rápidamente establecido)
s ***Problem**, -e	problema
aktuelle politische Probleme	problemas políticos actuales
Welches Thema wird gerade in Deutschland diskutiert? / Welches Thema steht gerade im Brennpunkt des Interesses?	¿Qué tema se discute actualmente en Alemania? / ¿Qué tema está actualmente en primer plano?
problemlos / **unproblematisch** ↔ **problematisch**	no problemático ↔ problemático
e Problematik, -en	problemática
vor einem Problem stehen	encontrarse ante un problema
das Problem *lösen	solucionar el problema
das Problem **ansprechen** (spricht an, sprach an, hat angesprochen) ↔ **verschweigen** (verschwieg, hat verschwiegen)	hablar de ↔ ocultar un problema
***schweigen** (schwieg, hat geschwiegen)	callar, guardar silencio
Zu diesem Problem darf man nicht schweigen.	No se puede guardar silencio sobre este problema.
r ***Protest**, -e	protesta
e Protestaktion, -en	(acción de) protesta
***protestieren** (gegen) ↔ sich einsetzen für	protestar (contra) ↔ intervenir a favor de / apoyar
sich auflehnen / revoltieren (gegen)	rebelarse / sublevarse
r ***Streik**, -s	huelga
r Arbeitskampf, ¨-e	conflicto laboral
zum Generalstreik **aufrufen** (rief auf, hat aufgerufen)	llamar a la huelga general
***streiken** (für ↔ gegen)	ponerse en huelga (a favor de ↔ en contra de)
e ***Demonstration**, -en / e Protestkundgebung, -en (für ↔ gegen)	manifestación / manifestación de protesta (a favor de ↔ en contra de)

Am 1. Mai finden in vielen deutschen Städten regelmäßig Kundgebungen statt.	El uno de mayo hay siempre manifestaciones en muchas ciudades alemanas.
s Demonstrationsrecht	derecho a manifestarse
mit *Gewạlt ↔ **gewạltlos** / **gewạltfrei**	con ↔ sin violencia
gewaltfreie Aktionen	acciones no violentas
r passive Widerstand	resistencia pasiva
r zivile Ungehorsam	desobediencia civil / ciudadana
e NGO, -s (non-governmental organization = nicht staatliche Organisation)	ONG (Organización No Gubernamental)
s **Mẹnschenrecht**, -e	derecho humano
e Menschenrechtsverletzung, -en	violación de los derechos humanos
e Bürgerrechtsbewegung	movimiento de los derechos ciudadanos
r Bürgerrechtler, - // e Bürgerrechtlerin, -nen	el // la activista de los derechos ciudadanos
r **Terrorịsmus**	terrorismo
r Terrorist, -en // e Terroristin, -nen	el // la terrorista
e terroristische Vereinigung, -en	organización terrorista
s **Ạttentat**, -e / e Ermordung, -en	atentado / asesinato
Der Richter fiel einem Attentat zum Opfer.	El juez fue víctima de un atentado.
r **Ạnschlag**, ¨-e (gegen) // r Terroranschlag	atentado (contra) / atentado terrorista
in den Untergrund gehen / sich einer Untergrundbewegung anschließen	pasarse a la clandestinidad / unirse a un movimiento clandestino
e **Revolutio̱n**, -en	revolución
r gelungene ↔ gescheiterte Putsch	golpe de Estado con éxito ↔ fallido
r Staatsstreich, -e	golpe de Estado
r / e anders Denkende, -n / r Dissident, -en // e Dissidentin, -nen	el // la disidente
r Regimekritiker, - // e Regimekritikerin, -nen	crítico // crítica

Arbeitsmarkt / Beschäftigung
Mercado laboral / Empleo

r **Ạrbeitsmarkt**	mercado laboral
Die Beschäftigungssituation hat sich gebessert ↔ verschlechtert	La situación laboral ha mejorado ↔ ha empeorado.
Die Situation auf dem Arbeitsmarkt ist angespannt ↔ hat sich beruhigt.	La situación en el mercado laboral es crítica ↔ se ha tranquilizado.
s ***Ạngebot**, -e / s **Stẹllenangebot**	oferta / oferta de trabajo

e **steigende** ↔ **fallende** *__Nachfrage__ nach Arbeitskräften	creciente ↔ decreciente demanda de trabajadores
r / e **Arbeitslose**, -n	desempleado // desempleada / parado // parada
r / e Langzeitarbeitslose, -n	desempleado // desempleada / parado // parada de larga duración
Jugendliche ohne Lehrstelle	jóvenes sin un puesto de aprendizaje
arbeitslos / **erwerbslos** / ohne Arbeit	desempleado / parado / sin trabajo
Plötzlich stand er ohne Arbeit da.	Y de pronto se había quedado sin trabajo.
den Arbeitsplatz ***verlieren** (verlor, hat verloren)	perder el puesto de trabajo
Sie hat Angst, ihren Arbeitsplatz zu verlieren.	Tiene miedo de perder su puesto de trabajo.
Sein Arbeitsplatz wurde wegrationalisiert.	Su puesto de trabajo desapareció como parte de un programa de racionalización.
e **Arbeitslosigkeit** / e Erwerbslosigkeit	desempleo / paro
e konjunkturelle / saisonbedingte / strukturelle Arbeitslosigkeit	desempleo coyuntural / estacional / estructural
Wir müssen die Arbeitslosenzahlen senken.	tenemos que reducir el índice de paro
***zunehmen** (nimmt zu, nahm zu, hat zugenommen) ↔ **zurückgehen** (ging zurück, ist zurückgegangen)	aumentar ↔ disminuir
e Arbeitslosenversicherung	seguro de desempleo
s **Arbeitslosengeld**	subsidio de desempleo
e **Arbeitslosenhilfe**	ayuda por desempleo [cuando se ha agotado el derecho al subsidio de desempleo]
e Arbeits- und Berufsunfähigkeitsversicherung	seguro de incapacidad laboral
e **Entlassung**, -en	despido
***entlassen** (entlässt, entließ, hat entlassen)	despedir / echar del trabajo
Massenentlassungen	despidos en masa
e **Kündigung**, -en (in beiderseitigem Einvernehmen)	despido / rescinsión del contrato (de mutuo acuerdo)
e fristlose Kündigung	despido fulminante
s Verschlanken / r Stellenabbau / r Personalabbau	reducción / reducción de puestos de trabajo / de personal

Ser despedido

Man hat mich entlassen.	Me han despedido.
Ihm wurde gekündigt.	Lo han despedido.
Er wurde gefeuert / rausgeschmissen. (ugs.)	Lo han echado del trabajo. / Lo han puesto de patitas en la calle.
Herr Müller verlässt die Firma auf eigenen Wunsch.	Herr Müller abandona la empresa por propio deseo.

e **Firmenpleite**, -n / r **Konkurs**, -e	quiebra
r **Sozialplan**, ⸚e	plan de ayuda [cuando una empresa se encuentra en dificultades económicas]
e Abfindung, -en	indemnización
in den vorzeitigen Ruhestand gehen / geschickt werden	acogerse a la jubilación anticipada / ser obligado a jubilarse anticipadamente
s **Arbeitsamt**, ⸚er	oficina de empleo
e (staatliche / private) **Arbeitsvermittlung**	agencia de empleo (estatal / privada)
auf Arbeitssuche sein	estar buscando empleo
r / e Arbeitssuchende, -n	el // la que busca trabajo
sich beim Arbeitsamt ***melden**	registrarse / apuntarse en la oficina de empleo
Arbeitskräfte (wieder) ***einstellen**	(re)admitir a trabajadores
jn ***beschäftigen** / **anstellen** / jm Arbeit geben	emplear / contratar / dar trabajo a alg
e **Umschulung**	reciclaje profesional / cambio de profesión
Sie nimmt an einer dreimonatigen Umschulung teil.	Participa en un curso de reciclaje que dura tres meses.
Sie lässt sich umschulen.	Va a cambiar de profesión.
e berufliche **Fortbildung**	curso de perfeccionamiento profesional
e ***Arbeit**	trabajo
e Ganztagsarbeit / e Halbtagsarbeit	trabajo de jornada completa / de media jornada
e flexible Arbeitszeit	horario de trabajo flexible
e **Teilzeitarbeit**	trabajo por horas / a tiempo parcial
e Zeitarbeit	trabajo temporal
e Kurzarbeit	jornada reducida
Das Unternehmen stellt wegen der schlechten Konjunktur auf Kurzarbeit um.	La empresa tiene a su personal a jornada reducida debido a la mala situación económica.
e Schichtarbeit	trabajo por turnos
r **Arbeitskampf**, ⸚e	conflicto laboral

r ***Arbeitnehmer**, - // e **Arbeitnehmerin**, -nen	empleado // empleada
r ***Arbeitgeber**, - // e **Arbeitgeberin**, -nen	el // la que emplea / patrono // patrona
e ***Gewerkschaft**, -en	sindicato
r Gewerkschafter, - // e Gewerkschafterin, -nen	el // la sindicalista
s Gewerkschaftsmitglied, -er	sindicado / miembro de un sindicato
gewerkschaftlich organisiert sein	estar sindicado
e ***Mitbestimmung**	participación (de los trabajadores)
r ***Betriebsrat**, ¨-e	comité de empresa

Algunos sindicatos

r Deutsche Gewerkschaftsbund / DGB	Federación Sindicalista Alemana
e Gewerkschaft öffentlicher Tarif und Verkehr / e ÖTV	Sindicato de los Servicios Públicos
e Dienstleistungsgewerkschaft Verdi	Sindicato del Sector servicios Verdi
e Industriegewerkschaft Metall / e IG Metall	Sindicato del Metal
e Gewerkschaft Erziehung und Wissenschaft / e GEW	Sindicato de Educación y Ciencias

e **Tarifverhandlung**, -en	negociación de un convenio colectivo
Die Verhandlungen sind gescheitert / verliefen ergebnislos ↔ wurden erfolgreich abgeschlossen.	Las negociaciones han fracasado / han terminado sin un acuerdo ↔ han terminado con un acuerdo.
e **Forderung**, -en (der Gewerkschaften)	demanda / exigencia
Forderungen nach mehr Lohn	demandas de un aumento de sueldo
s ***Angebot**, -e (der Arbeitgeber)	oferta (por parte del patrono)
zurückweisen ↔ ***annehmen**	rechazar ↔ aceptar
Gewerkschafter und Arbeitgeber wurden sich nach mehreren Verhandlungssitzungen ***einig**. ↔ Es wurde keine Einigung erzielt.	Los sindicalistas y los patronos [los sindicatos y la patronal] llegaron ↔ no llegaron a un acuerdo después de varias sesiones negociadoras.
eine Einigung am Verhandlungstisch **erreichen**	llegar a un acuerdo en la mesa negociadora

Exigencias de los sindicatos

*Lohnerhöhungen // mehr *Lohn und *Gehalt*	incrementos salariales / más salario y sueldo
Mindestlohn	salario mínimo
s Weihnachtsgeld / e Weihnachtsgratifikation / e Weihnachtsremuneration (österr.)	paga de Navidad
Verkürzung der Arbeitszeit	reducción de la jornada laboral
verbesserte Arbeitsbedingungen	mejores condiciones de trabajo
Sicherung des Arbeitsplatzes	seguridad del puesto de trabajo
Chancengleichheit am Arbeitsplatz	igualdad de oportunidades en el trabajo
verbesserte Aufstiegsmöglichkeiten	mejores posibilidades de ascenso

r ***Streik**, -s	huelga
e Arbeitsniederlegung, -en	huelga
unbefristet ↔ **befristet**	indefinido ↔ temporal
***streiken**	ponerse en huelga
Die gesamte Belegschaft hat die Arbeit niedergelegt / streikt.	Todo el personal se ha puesto en huelga.
r / e **Streikende**, -n	el // la huelguista
e Urabstimmung, -en	votación (para ir a la huelga)
für ↔ gegen einen Streik stimmen	votar a favor de ↔ en contra de una huelga
Das Ergebnis der Urabstimmung liegt mittlerweile vor.	Ya se saben los resultados de la votación.
r **Streikaufruf**, -e	llamamiento a la huelga
r Warnstreik, -s	huelga de advertencia
Warnstreiks organisieren / durchführen	organizar / llevar a cabo una huelga de advertencia
r **Generalstreik**, -s	huelga general
einen (General-)Streik ausrufen	llamar a la huelga (general)
Der Streik der ÖTV hat den öffentlichen Nahverkehr lahm gelegt.	La huelga de la ÖTV ha paralizado los transportes públicos.
Dieser Betrieb wird bestreikt.	Hay una huelga en esa empresa.
e **Aussperrung**, -en	cierre patronal
von der Aussperrung betroffene Arbeitnehmer	trabajadores afectados por el cierre patronal
Dienst nach Vorschrift machen	trabajo mínimo
r Streikposten, -	piquete
r Streikbrecher, -	esquirol
s Schlichtungsverfahren, -	procedimiento de arbitraje
e **Schlichtung**, -en	arbitraje
r **Vermittler**, - // e **Vermittlerin**, -nen	mediador // mediadora
r Schlichter, - // e Schlichterin, -nen	mediador // mediadora
r Mediator, -en // e Mediatorin, -nen *schweiz.*	mediador // mediadora

einen Streik beenden / abblasen *ugs.*	terminar una huelga
einen Tarifvertrag aushandeln	negociar un convenio colectivo
r Tarifabschluss, ¨-e	ajuste del convenio colectivo
die Arbeit **wieder *aufnehmen**	reanudar el trabajo
den Streik **beenden**	terminar la huelga

Multikulturelles Zusammenleben
Convivenca multicultural

multikulturell / multikulti *ugs.*	multicultural
s multikulturelle Zusammenleben	convivencia multicultural
r / e **Fremde**, -n / r ***Ausländer**, - // e **Ausländerin**, -nen	extranjero // extranjera
r **ausländische Mitbürger**, - // e **Mitbürgerin**, -nen	ciudadano extranjero // ciudadana extranjera
r **Asylant**, -en // e **Asylantin**, -nen	asilado / asilada
r **Flüchtling**, -e	refugiado
r Wirtschaftsflüchtling, -e	refugiado por motivos económicos
r / e politisch **Verfolgte**, -n	perseguido político // persegida política
r / e Deutschstämmige, -n	persona de origen alemán
r **Zuwanderer**, - // e **Zuwanderin**, -nen / r **Einwanderer**, - // e **Einwanderin**, -nen	el // la immigrante
r Spätaussiedler, - // e Spätaussiedlerin, -nen	[persona de origen alemán que llega a Alemania después de la caída del comunismo]
r / e **Staatenlose**, -n	el // la sin patria
r **Ausländeranteil**	contingente / proporción / número de extranjeros
Wie hoch ist der Ausländeranteil in Deutschland? – Er liegt bei etwa 9%.	¿Cuál es el contigente de extranjeros en Alemania? – Es alrededor del 9%.
Der Anteil ist **gestiegen** ↔ **gefallen**.	El contingente ha aumentado ↔ descendido.
e **Ausländerpolitik**	política de extranjería
r / e Ausländerbeauftragte, -n	[encargado de la integración de los extranjeros]
s Einwanderungsland	tierra de inmigrantes
e illegale Einwanderung	inmigración ilegal
s Staatsangehörigkeitsrecht	derecho de nacionalidad

e deutsche **Staatsbürgerschaft** // ***Staatsangehörigkeit**	nacionalidad alemana
e doppelte Staatsangehörigkeit	doble nacionalidad

Doble nacionalidad

Desde el año 2000 se les garantiza a todos los niños nacidos en Alemania de padres extranjeros la ciudadanía alemana (*Staatbürgerschaft*), pero sólo si sus progenitores han residido en Alemania un determinado espacio de tiempo. Estos niños tiene la doble nacionalidad (*doppelte Staatsangehörigkeit*) hasta que llegan a la mayoría de edad, momento en el que tienen que decidirse por una de ellas.

s **Ausländeramt**	oficina de extranjeros
e Aufenthaltserlaubnis / e Aufenthaltsbewilligung, -en	permiso de residencia
e Aufenthaltsberechtigung, -en	permiso de residencia ilimitado
e **Greencard**, -s ['gri:nkɑ:d]	tarjeta verde
ablaufen (läuft ab, lief ab, ist abgelaufen)	expirar / caducar
Ihre Aufenthaltserlaubnis läuft Ende des Jahres ab.	Su permiso de residencia expira a finales de año.
***verlängern** / verlängern lassen	prolongar
s Bleiberecht	derecho de estancia
s Zuwanderungsgesetz	ley de inmigración
e Flüchtlingsfrage	cuestión / problemática de los refugiados
s **Asylrecht** / s ***Recht auf *Asyl**	derecho a asilo
das Asylrecht einschränken	limitar / restringir el derecho de asilo
e Menschenrechtsverletzung, -en	violación de los derechos humanos
e Verfolgung, -en	persecución
r / e politisch Verfolgte, -n	perseguido político // perseguida política
In ihrem Land werden sie verfolgt.	Son perseguidos en su país.
r **Asylbewerber**, - // e **Asylbewerberin**, -nen	el // la solicitante de asilo
s Asylantenheim, -e / s Asylbewerberheim	residencia / albergue para asilados / para solicitantes de asilo
r ***Antrag**, ⸚e / r Asylantrag	solicitud / solicitud de asilo
einen **Antrag *stellen / *beantragen**	solicitar / presentar una solicitud
bewilligen ↔ ***ablehnen**	aceptar ↔ rechazar
(politisches) Asyl bekommen / jm Asyl gewähren	conseguir asilo (político) / conceder a alg asilo (político)
s **Ausländerproblem**	cuestión / problemática de los extranjeros
e Überfremdung	extranjerización
r Fremdenhass	xenofobia

e **Ausländerfeindlichkeit**	hostilidad frente a los extranjeros
ausländerfeindlich / **fremdenfeindlich**	xenófobo
r **Rechtsextremismus**	extremismo de derechas
s ***Vorurteil**, -e	prejuicio
Er hat Vorurteile gegen Ausländer.	Tiene prejuicio contra los extranjeros.
e rassistische Äußerung, -en	comentario racista
r Übergriff, -e (auf Ausländer)	ataque / abuso contra los extranjeros
rechte Gruppierungen	grupos neonazis / (derechistas) ultras
r / e **Rechtsradikale**, -n / r **Rechtsextremist**, -en // e **Rechtsextremistin**, -nen	el // la extremista / radical de derechas
r Skinhead, -s ['skɪnhɛt]	cabeza rapada
r Rassist, -en // e Rassistin, -nen	el // la racista
rechtsextrem / rechtsradikal / militant	extremista de derechas / radical de derechas / militante
r Antisemitismus / e Judenfeindlichkeit	antisemitismo
e **Integration** / e **Eingliederung**	integración
e integrative Maßnahme, -n	medidas de integración
e **Volksgruppe**, -n / e ethnische Gruppe, -n	grupo étnico
e ethnische Minderheit	minoría étnica

Mann und Frau
El hombre y la mujer

s **Geschlecht**, -er	sexo
***männlich** / **maskulin** ↔ ***weiblich** / **feminin**	masculino ↔ femenino
Er wirkt sehr männlich.	Es muy masculino.
der ***Unterschied** zwischen den Geschlechtern	la diferencia entre los sexos
s „starke" ↔ „schwache" Geschlecht	sexo "fuerte" ↔ "débil"
s **Stereotyp**, -e / s ***Vorurteil**, -e	estereotipo / prejuicio
e Benachteiligung, -en / e Diskriminierung, -en	discriminación
Das ist **diskriminierend**.	Eso es discriminatorio.
frauenfeindliche ↔ männerfeindliche Sprüche	dichos contra las mujeres / misóginos ↔ contra los hombres
Typisch *Mann / ***Frau**!	¡Típico de un hombre / de una mujer!
r **Chauvinist**, -en / r Chauvi *ugs.*	chovinista

e **Emanze**, -n *ugs.*	emancipada
r **Feminismus**	feminismo
sich emanzipieren	emanciparse
e **Chancengleichheit** ['ʃã:sn'glaiçhait *auch* 'ʃaŋsn̩…]	igualdad de oportunidades
e / r **Gleichstellungsbeauftragte**, -n	igualdad de representantes
e **Frauenquote**, -n / r **Frauenanteil**	proporción de mujeres
Der Frauenanteil im oberen Management ist immer noch niedrig.	La proporción de mujeres en los puestos directivos es todavía baja.
s ***Paar**, -e	pareja
s gleichgeschlechtliche Paar	pareja del mismo sexo / homosexual
homosexuell / **heterosexuell**	homosexual / heterosexual
r **Schwule**, -n / r Homosexuelle, -n ↔ e **Lesbe**, -n	gay / homosexual ↔ lesbiana
e Rosa Liste	representación municipal de gays y lesbianas

Desde el año 2001 se pueden casar en Alemania las parejas homosexuales, teniendo así los mismos derechos y obligaciones que cualquier otro matrimonio.

Soziale Sicherheit
La Seguridad Social

r **Sozialstaat** / r Wohlfahrtsstaat	Estado social
***sozial**	social
sozial abgesichert sein	estar protegido por el sistema de la Seguridad Social
r Sozialabbau	recortes en servicios sociales
s soziale Netz	la red de servicios sociales
e (staatliche) **Sozialleistung**, -en	prestación social (del Estado)
kürzen ↔ **anheben** (hob an, hat angehoben)	cortar / reducir ↔ aumentar
streichen (strich, hat gestrichen)	suprimir
Anspruch auf Sozialleistungen haben	tener derecho a las prestaciones sociales

Prestaciones sociales

*Im **Wohnungsamt** beantragt man **Wohngeld**.*	En el departamento de la vivienda se solicita un subsidio para la vivienda.
*Vom **Sozialamt** bekommt man **Sozialhilfe, Sozialhilfezuschüsse** und von Fall zu Fall eine **Sozialwohnung** zugewiesen.*	En la oficina de asuntos sociales recibe uno subsidio social, ayuda social y, dependiendo de los casos, un piso de proteción oficial.
*Vom **Arbeitsamt** bekommt man **Arbeitslosengeld** und **Arbeitslosenhilfe**.*	De la oficina de empleo consigue uno el subsidio de desempleo y la ayuda por desempleo [cuando se ha agotado el derecho al subsidio de desempleo].
*Von der **Krankenkasse** bekommt man **Krankengeld, Pflegegeld** und alle / einen Teil der **Arzt- und Krankenhauskosten*** ersetzt.	Del seguro de enfermedad se consigue el subsidio por enfermedad, el de asistencia y todos / una parte de los costes del médico y del hospital.
*Von der **Rentenversicherung**, von einem **Rentenfond**, etc. Bekommt man *Gẹld im *Ạlter.*	Del seguro de pensiones, los fondos de pensiones, etc uno recibe dinero en la vejez.
*Vom **Staat** bekommt man **Mutterschaftsgeld** / **Erziehungsgeld** / **Kindergeld**.*	Del Estado se recibe la prestación social por baja maternal / el dinero para la educación [cuando el padre o la madre decide quedarse en casa para cuidar a su hijo] / subsidio por hijo.

Sozialabgaben *Pl*	cargas / gravámenes sociales
e **Ạrbeitslosenversicherung**	seguro de desempleo
e **Rẹntenversicherung**	seguro de pensiones / de jubilación
e Pensionsversicherung *österr.*	seguro de pensiones / de jubilación
e Pensionskasse *schweiz.*	seguro de pensiones / de jubilación
e Bundesversicherungsanstalt für Angestellte / e BfA	Oficina Federal de Seguros para Empleados
e ***Rẹnte** / e ***Pension** (vom Staat)	pensión (del Estado)
e Pension *österr./schweiz.*	pensión [no necesariamente del Estado]
Die Deutschen gehen normalerweise zwischen 60 und 65 in Rente.	Los alemanes se jubilan normalmente entre los 60 y 65 años.
s **Sozialamt**, ¨-er	oficina de asuntos sociales
e **Sozialhilfe**	ayuda social

Sozialhilfe ***beạntragen** / **einen** * ***Ạntrag** auf Sozialhilfe ***stẹllen***	solicitar ayuda social / presentar una solicitud para conseguir ayuda social
r Sozialfall, ¨-e	caso de ayuda social
Er bezieht Sozialhilfe.	Él recibe dinero como ayuda social.
r Sozialhilfeempfänger, - // e Sozialhilfeempfängerin, -nen	persona que recibe dinero como ayuda social
e **Krạnkenversicherung** / e ***Krạnkenkasse**	seguro de enfermedad
e Beihilfe	ayuda / prestación (para los gastos del médico)
Sie haben Anspruch auf Beihilfe.	Usted tiene derecho a una ayuda para gastos médicos.
e **Pflegeversicherung**	seguro de asistencia (a domicilio / en una residencia) en caso de enfermedad
r Pflegesatz	tarifa diaria de asistencia
(die) Versicherungstarife	tarifa del seguro
e ***Versịcherung**, -en	seguro
eine Versicherung **ạbschließen** (schloss ab, hat abgeschlossen) ↔ **kụ̈ndigen**	firmar un seguro ↔ salirse de un seguro
Ich bin privat krankenversichert.	Estoy en un seguro privado.
e Versicherungspflicht	seguro obligatorio

Private Versicherungen

Krankenversicherung	seguro de enfermedad
Lebensversicherung	seguro de vida
private Rentenversicherung	seguro privado de pensiones
Unfallversicherung	seguro de accidentes
Invaliditätsversicherung	seguro de invalidez
Feuerversicherung	seguro de incendios
Hausratversicherung	seguro del hogar
Autohaftpflichtversicherung mit Vollkasko / Teilkasko	seguro obligatorio del coche a todo riesgo con franquicia / sin franquicia
Haftpflichtversicherung	seguro a terceros
Insassenversicherung	seguro de ocupantes / pasajeros
Rechtsschutzversicherung	seguro de costes judiciales

r **Versịcherungsvertreter**, - // e **Versịcherungsvertreterin**, -nen	el // la agente de seguros
r Versicherungsnehmer, - // e Versicherungsnehmerin, -nen	asegurado // asegurada
e **Versịcherungssumme**	suma asegurada
r **monatliche** / **jährliche Versịcherungsbeitrag**, ¨-e	cuota mensual / anual

e Versicherungspolice, -n / r Versicherungsschein, -e	póliza de seguros
e Versicherungspolizze, -n *österr.*	póliza de seguros
(sich) ***versichern** (gegen)	asegurar(se) (contra)
Das Haus ist gegen Sturmschäden versichert.	La casa está asegurada contra daños por vendaval.
Sind wir gegen Einbruch versichert?	¿Estamoa asegurados contra robo?
Sind wir ausreichend versichert?	¿Estamos asegurados adecuadamente?
r Versicherungsschutz	cobertura del seguro
r **Versicherungsfall**, ¨-e	caso reclamado al seguro
r ***Schaden**, ¨-	daños
Wir müssen den Schaden der Versicherung melden.	Tenemos que comunicar los daños al seguro.
r / e **Sachverständige**, -n	experto // experta / el // la perito
durch höhere Gewalt ***verursachte** Schäden	daños producidos por un acto de violencia
Schadenersatz leisten	indemnizar / pagar daños y perjuicios

Armut
Pobreza

e **Armut** / e **Mittellosigkeit** ↔ r **Reichtum** / r **Wohlstand**	pobreza / falta de recursos ↔ riqueza / prosperidad
s **Elend** / e ***Not**	indigencia / miseria / necesidad
***arm** / **mittellos** ↔ ***reich** / **wohlhabend**	pobre / sin recursos ↔ rico / próspero
in Armut *leben / **geraten** (gerät, geriet, ist geraten)	vivir pobremente / empobrecerse
Im Alter ist er langsam verarmt.	En la vejez se fue empobreciendo.
Er ist **ärmlich** gekleidet.	Está vestido pobremente.
die **sozial Schwachen** / Benachteiligten *Pl*	los económicamente débiles
r / e **Arme**, -n / r / e Bedürftige, -n	el // la pobre / necesitado // necesitada
r / e **Obdachlose**, -n / r / e Nichtsesshafte, -n	el // la sin techo / sin domicilio fijo
e Suppenküche, -n	cocina de caridad / comedor de beneficiencia
s Obdachlosenheim, -e	hogar / albergue para los sin techo
r **Bettler**, - // e **Bettlerin**, -nen	mendigo // mendiga
betteln (gehen)	(ir a) mendigar

En algunas ciudades alemanas publican los sin techo su propia revista, por ejemplo, *"BISS"* en Múnich (*Bürger in sozialer Not* = Ciudadanos necesitados). La recaudación por la venta es para ellos. La idea que se esconde detrás de esta acción es, por un lado, ofrecer a los sin techo una posibilidad de reinserción social y , por otro, mostrar a la sociedad la situación de los sin techo.

s **Existẹnzminimum**	mínimo de subsistencia
am Rand des Existenzminimums leben	vivir al borde del mínimo de subsistencia
Sie leben unterhalb der **Ạrmutsgrenze**.	Viven por debajo del nivel mínimo de subsistencia.
e versteckte Armut	pobreza oculta
e Armutsfalle	[= circunstancias que te llevan a la pobreza, p.e., las drogas]
Sie haben einen extrem niedrigen **Le̱bensstandard**.	Tienen un nivel de vida extremadamente bajo.
e **Sozia̱lhilfe**	ayuda social [cuando no se tienen recursos]
Sie sind auf Sozialhilfe angewiesen.	Dependen de la ayuda social.
Er ist ein Fall für die Sozialhilfe.	Es una persona necesitada de la ayuda social.
r ***Sozia̱larbeiter**, - // e ***Sozia̱larbeiterin**, -nen	el // la asistente social

Algunas de las causas de la pobreza pueden ser: deudas (*Schulden*), insuficiente prevención para la vejez (*ungenügende Altersvorsorge*), alcoholismo (*Alkoholismus*), problemas psíquicos (*psychische Probleme*), desempleo (*Arbeitslosigkeit*), incapacidad laboral (*Berufsunfähigkeit*), enfermedad de larga duración (*langwierige Krankheiten*).

***hẹlfen** (hilft, half, hat geholfen) / ein Almosen geben	ayudar / dar una limosna
e **Spẹnde**, -n	donativo
für einen karitativen Zweck **spẹnden**	donar para una causa caritativa

Alkohol und Drogen
Alcohol y drogas

e **Sucht** / e Alkoholsucht / e Nikotinsucht	adicción / adicción al alcohol / adicción a la nicotina
süchtig sein nach (Alkohol)	ser adicto (al alcohol)

también se puede ser adicto al chocolate (*schokoladensüchtig*) / adicto a los dulces o goloso (*naschsüchtig*) / un comedor compulsivo (*fresssüchtig*) /*adicto a la aventura o aventurero (abenteuersüchtig*) / un obseso de la limpieza (*putzsüchtig*) / vengativo (*rachsüchtig*) / dominante (*herrschsüchtig*) / pendenciero (*streitsüchtig*).

r ***Raucher**, - // e **Raucherin**, -nen	fumador // fumadora
r starke Raucher ↔ r Gelegenheitsraucher	fumador empedernido / ocasional
Er ist **nikotinsüchtig** / nikotinabhängig.	Es un adicto a la nicotina.
e **Abhängigkeit**	adicción
r **Alkoholismus**	alcoholismo
r **Alkoholiker**, - // e **Alkoholikerin**, -nen / r / e Alkoholkranke, -n	alcohólico // alcohólica
r **Trinker**, - // e **Trinkerin**, -nen / r Säufer, - // e Säuferin, -nen *ugs.*	bebedor // bebedora / borracho // borracha
Er ist alkoholabhängig. / Er ist Alkoholiker.	Es adicto al alcohol / alcohólico.
alkoholische ↔ **antialkoholische** / **alkoholfreie** Getränke *Pl*	bebidas alcohólicas ↔ sin alcohol
***trinken** (trank, hat getrunken)	beber
sich betrinken (betrank, hat betrunken)	emborracharse
Er hat sich sinnlos betrunken.	Se ha emborrachado. / Se ha puesto ciego de alcohol.
saufen *ugs.*	beber [alcohol]
betrunken besoffen *ugs.* ↔ **nüchtern**	borracho / ebrio ↔ sobrio
beschwipst ↔ stark **alkoholisiert**	(un poco) achispado / alegre ↔ totalmente alcoholizado
Schon mittags riecht er nach Alkohol.	Ya huele a alcohol al mediodia.
r Alkoholmissbrauch	abuso del alcohol
e Alkoholvergiftung	envenenamiento etílico
seinen Rausch ausschlafen *ugs.*	dormir la mona
einen Kater haben *ugs.*	tener resaca
r **Alkoholtest**, -s	test de alcoholemia
r hohe ↔ niedrige Alkoholgehalt / r Alkoholspiegel (im Blut)	nivel alto ↔ bajo de alcohol (en la sangre)
Er hatte 1,2 **Promille** im Blut. / Der Alkoholspiegel betrug 1,2 Promille.	tenía 0,12 por ciento de alcohol en la sangre. / Su nivel de alcohol en la sangre era de 0,12 por ciento.

mit dem Trinken *aufhören / das Trinken ***aufgeben** (gibt auf, gab auf, hat aufgegeben)	dejar de beber / dejar la bebida
e Selbsthilfegruppe, -n	grupo de autoayuda
Anonyme Alkoholiker / AA	Alcohólicos Anónimos
e ***Droge**, -n / s Suchtmittel, -	droga
harte ↔ weiche Drogen	drogas duras ↔ blandas
e Designerdroge, -n	drogas de diseño
bewusstseinsverändernde Drogen	drogas alucinógenas
e Einstiegsdroge	droga blanda [con la que se comienza la adicción]
s **Rauschmittel**, - / s **Rauschgift**, -e	droga
r Stoff *ugs.*	costo

Además de la nicotina (*Nikotin*) y del alcohol (**Alkohol*) hay que mencionar otras drogas como las drogas de diseño (*Designer Drogen*), por ejemplo, el éxtasis (*Ecstasy*) y otras anfetaminas (*Amphetamine*), sin olvidar el hachís (*Haschisch*), la marihuana (*Marihuana*), la heroína (*Heroin*), el LSD (*LSD*), la cocaína (*Kokain*), el crack (*Crack*). El consumo habitual de pastillas también puede llevar a la drogodependencia (*Abhängigkeit*).

e **Drogenabhängigkeit** / e Drogensucht	drogadicción / drogodependencia / adicción a las drogas / toxicomanía
r **Drogenmissbrauch**	abuso de las drogas
r / e **Drogensüchtige**, -n / r / e Rauschgiftsüchtige, -n	drogadicto // drogadicta / toxicómano // toxicómana

Drogas

Er ist high / im Drogenrausch.	Está colocado / puesto.
*Er steht unter dem *Einfluss von Drogen.*	Está bajo la influencia de drogas.
auf einem Trip sein	estar colocado / puesto / volado / flipado
*Haschisch / Crack / Heroin *rauchen*	fumar hachís / crack / heroína
Heroin spritzen / injizieren	inyectarse heroína
Kokain schnupfen oder rauchen	fumar o esnifar cocaína
fixen / drücken / spritzen / sich einen Schuss setzen	pincharse / chutarse / meterse un chute / meterse un pico
e Dosis / e Überdosis	dosis / sobredosis
Der goldene Schuss: Er starb an einer Überdosis.	Murió de una sobredosis.

e **Drogenszene**	mundo de la droga
r **Rauschgifthandel**	tráfico de drogas
r Drogendealer, - // e Drogendealerin, -nen / r Rauschgifthändler, - // e Rauschgifthändlerin, -nen	el // la traficante de drogas

r Drogenkurier, -e // e Drogenkurierin, -nen	el // la que transporta las drogas
e Beschaffungskriminalität	criminalidad relacionada con el consumo de la droga [robos, asaltos, ...]
Die Zahl der Drogentoten steigt ↔ fällt.	El número de los muertos por la droga aumenta ↔ disminuye.
r Drogenfahnder, - // e Drogenfahnderin, -nen	el // la agente de estupefacientes
e **Legalisierung** / e **Freigabe** von weichen Drogen	legalización de las drogas blandas
e Drogenberatungsstelle, -n	centro de información sobre la droga
r **Streetworker**, - ['stri:tvø:ɐ̯kɐ *auch* ...vœrkɐ] // e **Streetworkerin**, -nen	trabajador / trabajadora social
r Suchtberater, - // e Suchtberaterin, -nen	consejero // consejera para la drogadicción
s Suchttelefon	teléfono de ayuda para los drogadictos
r Spritzenautomat, -en (in Großstädten)	máquina de jeringuillas (en las grandes ciudades)
s **Methadon**	metadona
s Methadonprogramm, -e / s Methadonsubstitutionsprogramm, -e	tratamiento con metadona / tratamiento sustitutorio con metadona
Sie will von der Sucht loskommen.	Quiere desintoxicarse / desengancharse.
in ein Programm aufgenommen werden	ser aceptado en un programa
Sie sind beide auf Entziehungskur. / auf Entzug. *ugs.*	Los dos están haciendo una cura de desintoxicación.
e (körperliche / psychische) Entzugserscheinung, -en	síndrome de abstinencia (físico / psíquico)
Er ist clean / nicht mehr drogenabhängig.	Está limpio. / Ya no depende de las drogas.

Kriminalität
Criminalidad

e **Kriminalität**	criminalidad, crimen
e Wirtschaftskriminalität / e Gewaltkriminalität	criminalidad de guante blanco / crimen violento
e Kriminalitätsrate, -n	índice / tasa de criminalidad
Die Gewaltkriminalität hat um zwei Prozent zugenommen ↔ abgenommen.	El crimen violento ha aumentado ↔ ha disminuido en un dos por ciento.
Er hat sich **strafbar** gemacht.	Ha incurrido en una sanción.

In diesem Milieu wurde er langsam **kriminell**.	En ese ambiente se fue convirtiendo en un criminal.
e Gesetzesübertretung, -en	transgresión / violación de la ley
s ***Verbrechen**, - / e **Straftat**, -en / s Delikt, -e	crimen / delito
ein Verbrechen begehen	cometer un delito
***hindern** (an + *D*)	evitar
Niemand konnte ihn daran hindern, das Verbrechen zu begehen.	Nadie pudo evitar que él cometiera el crimen.
s Vergehen, -	falta
e Ordnungswidrigkeit, -en	irregularidad / infringimiento de una ley
verbrecherisch / kriminell	criminal
r ***Verbrecher**, - // e **Verbrecherin**, -nen	el // la criminal / delincuente
polizeilich gesucht	buscado por la policía
jn bei der Polizei **anzeigen**	denunciar a alg a la policía
sich der Polizei stellen	presentarse a la policía
e Verbrecherkartei, -en	fichero de la policía
r Schwerverbrecher / r Gewaltverbrecher	delincuente peligroso / delincuente violento
r **Mörder**, - // e **Mörderin**, -nen	asesino // asesina
r ***Mord**, -e	asesinato
r Totschlag	homicidio
jn **ermorden** / ***töten** / umbringen	asesinar / matar
Gewalt in der Familie	violencia en el hogar
s Sexualverbrechen / r sexuelle Missbrauch	crimen sexual / abuso sexual
e misshandelte Ehefrau	esposa maltratada
r Vergewaltiger, -	violador
r **Bankräuber**, - // e **Bankräuberin**, -nen	atracador // atracadora de banco
r Banküberfall, ⸚e	atraco a un banco
eine Bank **ausrauben** / **überfallen** (überfällt, überfiel, hat überfallen)	robar / atracar un banco
e Beute	botín
Sie erbeuteten nur 5.000 Euro.	Sólo se llevaron 5.000 euros.
r schwere Raub	robo con agravantes
jn **erpressen**	chantajear a alg
r Erpresser, - // e Erpresserin, -nen	el // la chantajista
e Erpressung, -en	chantaje
jn **entführen**	secuestrar a alg
r Entführer, - // e Entführerin, -nen	secuestrador // secuestradora
e Entführung, -en	secuestro
e Geisel, -n	rehén
r / e **Vermisste**, -n	desaparecido // desaparecida
r **Einbrecher**, - // e **Einbrecherin**, -nen	desvalijador // desvalijadora de casas

r **Einbruch**, ¨-e	robo (en una casa / local / oficina …)
einbrechen (bricht ein, brach ein, ist/hat eingebrochen)	desvalijar (una casa / local / oficina …)
Schon mehrmals wurde in das Haus eingebrochen.	Ya han desvalijado varias veces la casa.
r ***Dieb**, -e // e **Diebin**, -nen	ladrón // ladrona
r Taschendieb / r Autodieb	carterista / ladrón de coches
r Gelegenheitsdieb	ladrón ocasional
r **Diebstahl**, ¨-e	hurto / latrocinio
r Ladendiebstahl	hurto (de tienda)
***stehlen** (stiehlt, stahl, hat gestohlen) / klauen *ugs.*	robar
r **Betrüger**, - // e **Betrügerin**, -nen	estafador // estafadora
e **Bande**, -n	banda
r Fußballrowdy, -s / r Hooligan, -s	(hincha) ultra / gamberro
Er wurde von Rowdys zusammengeschlagen.	Fue golpeado por gamberros.
e Prügelei, -en / e Schlägerei, -en	pelea
r Ganove	malhechor
r Schurke	canalla / rufián
r Gauner	maleante
r Schwindler	tramposo / farsante
r ***Fall**, ¨-e	caso
r Kriminalfall / r Mordfall	caso criminal / caso de asesinato
einen Fall ***aufklären**	resolver un caso
r ***Hinweis**, -e	pista / indicio
Die Polizei bekam zahlreiche Hinweise aus der Bevölkerung.	La policía consiguió muchas pistas de la población.
r **Detektiv**, -e // e **Detektivin**, -nen	el // la detective
e **Fahndung**	búsqueda / pesquisa
s Fahndungsfoto, -s	foto de una persona buscada
Seit drei Monaten fahnden sie nach dem Bankräuber.	Desde hace tres meses buscan al atracador de banco.
strafrechtlich verfolgen	perseguir por la justicia
jn auf frischer Tat ertappen	atrapar a alg infraganti / con las manos en la masa
fangen (fängt, fing, hat gefangen) / ***fassen**	apresar / Esp coger / agarrar
r ***Täter**, - // e **Täterin**, -nen	autor // autora del crimen
r mutmaßliche Täter	presunto autor del crimen
r Ersttäter / r Rückfalltäter	delincuente sin antecedentes penales / con antecedentes penales
r jugendliche Straftäter	delincuente juvenil

Er ist schon in jungen Jahren **straffällig** geworden.	Ya tuvo problemas con la ley desde muy joven.
r ***Verdacht**, -e	sospecha
jn ***verdächtigen** / einen Verdacht haben	sospechar de alg / tener una sospecha
in Verdacht geraten (gerät, geriet, ist geraten)	ser sospechoso
r / e **Verdächtige**, -n / r Tatverdächtige	sospechoso // sospechosa
e ***Anzeige**, -n	denuncia
r Durchsuchungsbefehl	orden de registro
Er wurde eines Verbrechens beschuldigt.	Fue acusado de un delito.
e ***vorläufige** Festnahme	detención preventiva
s **Alibi**, -s	coartada
r Augenzeuge, -n	testigo presencial
aussagen / eine Aussage machen (vor *+D)*	declarar / hacer una declaración
***sich weigern**	negarse
e Aussage verweigern	negarse a hacer una declaración
leugnen ↔ **gestehen** (gestand, hat gestanden)	desmentir / negar / rechazar ↔ confesar / admitir
s **Geständnis**, -se	confesión
e **Haft**	arresto / detención
in Haft / Polizeigewahrsam nehmen	detener / arrestar
r (richterliche) Haftbefehl	orden de detención (del juez)
Wir haben einen Haftbefehl gegen ihn.	Tenemos orden de detención contra él.
festnehmen (nimmt fest, nahm fest, hat festgenommen)	detener / arrestar
***verhaften** / in Haft nehmen (nahm, hat genommen) / einsperren	detener / arrestar / meter entre rejas
auf Bewährung freikommen	poner en libertad condicional
r Bewährungshelfer, - // e Bewährungshelferin, -nen	el // la asistente durante el plazo de libertad condicional

10 Bildung
Educación

10
1

Bildungseinrichtungen
Instituciones educativas

En Alemania cada uno de los estados federales es responsable tanto de la educación escolar como de las guardería y por eso existen algunas diferencias entre ellos. De todas formas la Conferencia Permanente del Ministerio de Educación y Ciencia de los Estados Federales (*KMK* – Ständige Konferenz der Kultusminister der Bundesländer) asegura el grado necesario de uniformidad y equivalencias.
La asistencia a un colegio público es gratis. También los libros que los alumnos reciben de la escuela.
Desde los 6 a los 16 años la escolarización es obligatoria. Este mínimo obligatorio cubre la asistencia a la ***Grundschule*** (escuela primaria = 1°– 4° curso) y a continuación tanto a la ***Hauptschule*** (escuela primaria superior = 5°– 9° curso) como a la escuela de formación profesional (***Berufsschule***). Para conseguir una titulación escolar superior, el ***Mittlere Reife***, hay que cambiar después del 4° o del 6° curso de la *Hauptschule* a la ***Realschule*** (7°–10° curso) o al ***Gymnasium*** (instituto de enseñanza secundaria = 5°–12° curso). En cada uno de estos colegios se obtiene al final una titulación diferente:

Hauptschule (5°– 9° curso)	– *Qualifizierter Hauptschulabschluss / „Quali“*
Realschule (5°/ 7°– 10° curso)	– *Mittlere Reife*
Gymnasium (5° – 12° curso)	– *Abitur* (= bachiller + selectividad)

Los alumnos de la *Hauptschule* o de la *Realschule* con buenas calificaciones pueden pasar, después de un año puente, a la siguiente escuela con un nivel superior. Con el *Mittleren Reife* se tiene la posibilidad de ir dos años a la ***Fachoberschule*** (escuela técnica de grado medio = 11°–12° curso) y hacer allí la *Fachabitur.* Con esta selectividad se puede estudiar en una ***Fachhochschule*** (escuela técnica superior).
La ***Gesamtschule*** (escuela global / integrada = 5°–12° curso) es una combinación de la *Hauptschule*, la *Realschule* y el *Gymnasium.*

Como el sistema escolar alemán se diferencia del existente en los países de habla hispana, sólo se puede dar una traducción aproximada de los distintos tipos de escuelas y de titulaciones.

r ***Kindergarten**, ¨	guardería / jardín de infancia
e **Vorschule**, -n	preescolar
e ***Schule**, -n	colegio / escuela
e **öffentliche / staatliche Schule**	colegio público / escuela pública
e **Privatschule**, -n	colegio privado / escuela privada
e **Schulpflicht**	enseñanza obligatoria / asistencia escolar obligatoria
Mit sechs Jahren werden Kinder in Deutschland schulpflichtig.	En Alemania los niños son escolarizados con seis años.

zur Schule gehen	ir al colegio / a la escuela
eine **Schule besuchen**	asistir a un colegio / a una escuela
Welche Schule haben Sie besucht? Ich war neun Jahre am Albert-Einstein-Gymnasium in Frankfurt.	¿A qué colegio ha asistido / ha ido usted? – Estuve en el instituto Albert Einstein de Francfort durante nueve años.
e **Grundschule**, -n	escuela primaria
e Volksschule, -n *österr.*	escuela primaria
e Primarschule, -n *schweiz.*	escuela primaria
e **Förderschule**, -n	escuela de educación especial
e Sonderschule, -n *österr.*	escuela de educación especial
e Spezialschule, -n *schweiz.*	escuela de educación especial
e **Hauptschule**, -n	escuela primaria superior [del 5°al 9° curso]
e **Realschule**, -n	[escuela secundaria para niños entre 10 y 16 años en la que se consigue el „Mittlere Reife"]
s **Gymnasium**, Gymnasien	instituto de enseñanza media / LAm liceo
s ***Abitur** *Sg* / e ***Matura** *Sg österr./schweiz.* (Verb: maturieren)	selectividad [requisito necesario para poder entrar en la universidad]
e **Gesamtschule**, -n	escuela global / integrada
s **Internat**, -e	internado
e **Abendschule**, -n	escuela nocturna / instituto nocturno
Auch bereits Berufstätige können das Abitur an einer Abendschule nachholen.	También las personas que ya están trabajando pueden prepararse para la selectividad en un instituto nocturno.
die höhere / weiterführende Schule	escuela secundaria [Realschule o Gymnasium]
e **Fachoberschule**, -n	escuela técnica de grado medio [para alumnos de aproximadamente 16 a 18 años con Mittlere Reife; al terminar obtienen la „Fachabitur"]
e **Berufsschule**, -n	escuela de formación profesional
e **Berufsfachschule**, -n	escuela de formación profesional de segundo grado
e **Handelsschule**, -n	escuela de comercio
r **zweite Bildungsweg**	[segunda posibilidad de conseguir un certificado de la escuela secundaria para alumnos adultos]

Después de terminar la *Hauptschule* o la *Realschule* se puede aprender un oficio haciendo un aprendizaje (***Lehre***). Esta formación dura normalmente tres años y es una combinación de una parte práctica en un puesto de trabajo (cuatro días a la semana) y una teórica (un día a la semana) en una ***Berufsschule*** (escuela de formación profesional). En estas escuelas de formación profesional se les enseña a los *Lehrlingen* (aprendices) los conocimientos teóricos de su profesión además de matemáticas, lengua, inglés y ciencias sociales.
Después de haber terminado con éxito el aprendizaje y haber trabajado varios años en este oficio, los ***Geselle*** (trabajadores cualificados / oficiales) pueden ir a una ***Meisterschule*** (escuela de maestría) y conseguir el título de maestro (***Meister***) en su especialidad.

e ***Lehre**, -n	aprendizaje
r ***Lehrling**, -e	el // la aprendiz
r **Geselle**, -n	trabajador cualificado / oficial
r ***Meister**, -	maestro

En Alemania la mayoría de las ***Universitäten*** y ***Hochschulen*** (universidades y escuelas universitarias) son públicas y no hay que pagar ninguna matrícula (en el año 2003). No obstante, existen también algunas ***private Universitäten y / Hochschulen*** (universidades y escuelas universitarias privadas) en las cuales sí hay que pagar por la instrucción.
Los estudios en una universidad o escuela universitaria duran normalmente entre 4 y 5 años y finalizan con el examen de diplomatura superior, de licenciatura o de estado (***Diplom-***, ***Magister-*** o ***Staatsprüfung***). A continuación se puede conseguir un grado académico superior con el ***Doktorprüfung / Promotion*** (examen de doctorado). En algunas universidades se ofrecen también estudios más cortos donde se consigue la titulación final de *MBA* (diplomatura).
En las ***Fachhochschulen*** (escuelas técnicas superiores) se imparte una formación mucho más práctica, sobre todo en ingeniería, economía, sociología, diseño y economía rural. Estos estudios se finalizan con el ***Diplomprüfung*** (examen de diplomatura). Por lo general los estudios son más cortos que en las universidades y escuelas universitarias.
En Austria rige casi el mismo sistema universitario. Las dos únicas diferencias son que hay que pagar matrícula tanto en las universidades públicas como en las privadas, y que en general los estudios se terminan siempre con un examen de licenciatura.

e ***Universität**, -en / e ***Hochschule**, -n	universidad / escuela universitaria
e Technische Universität, -en / TU	universidad técnica
e Fachhochschule, -n / FH	escuela técnica superior
e **Fernuniversität**,- en	universidad a distancia
die private / staatliche Universität	universidad privada / estatal
r **Studienplatz**, ⸚e	plaza universitaria
sich an der Universität Heidelberg um einen Studienplatz in Jura ***bewerben** (bewirbt, bewarb, hat beworben)	solicitar una plaza en la Universidad de Heidelberg

sich an der Universität **einschreiben** (schrieb ein, hat eingeschrieben) / **immatrikulieren**	inscribirse / matricularse en la universidad
einen Studienplatz an der Universität bekommen	conseguir una plaza en la universidad
inskribieren *österr.*	inscribirse
an der Universität / Fachhochschule ***studieren**	estudiar en la universidad / en una escuela técnica superior
Sie ist Professorin an der Universität Jena.	Es catedrática en la Universidad de Jena.
e **Fakultät**, -en / s Department, -s	facultad / departamento
Sie studiert an der medizinischen Fakultät der Universität Köln.	Estudia en la facultad de medicina de la Universidad de Colonia.
r **Lehrstuhl**, ⸚e für (Germanistik)	cátedra de (filología alemana)
r **Fachbereich**, -e	departamento
r Fachbereich (für) Philosophie	departamento de filosofía
e **Kunstakademie**, -n / e **Hochschule der Künste**	academia de bellas artes / escuela superior de bellas artes
s **Forschungsinstitut**, -e	instituto de investigación
e ***Erwachsenenbildung**	educación para adultos
e **Volkshochschule**, -n	centro educativo para adultos
r Vormittagskurs, -e / Nachmittagskurs / Abendkurs	cursos por la mañana / por la tarde / nocturnos
sich einschreiben / an einem Kurs ***teilnehmen** (nimmt teil, nahm teil, hat teilgenommen)	inscribirse / participar en un curso

Las centros educativos para adultos (***Volkshochschulen***) ofrecen tanto cursos prácticos como teóricos. La oferta es muy amplia y cubre desde la astronomía hasta la meditación Zen pasando por cursos de lenguas extranjeras, de arte o de deporte. En Alemania existen aproximadamente unos 1.500 centros educativos para adultos, que son financiados por los ayuntamientos con ayudas estatales. Muchos ciudadanos aprovechan esta posibilidad para aprender por poco dinero nuevas disciplinas o profundizar en las que ya saben.

Fächer und Fertigkeiten
Asignaturas y destrezas

s (Unterrichts-) ***Fach**, ⸚er	asignatura / materia
r (Unterrichts-) Gegenstand, ⸚e *österr.*	asignatura / materia
s **Hauptfach**	asignatura principal
s **Nebenfach**	asignatura secundaria
s Wahlfach	asignatura optativa / facultativa
r Freigegenstand, ⸚e *österr.*	asignatura optativa / facultativa

s Pflichtfach	asignatura obligatoria
Mein **Lieblingsfach** ist Physik.	Mi asignatura preferida / favorita es la física.

En los colegios alemanes (a partir del 5° curso) las matemáticas, el alemán y las lenguas extranjeras son las asignaturas principales (***Hauptfächern***). Las asignaturas secundarias (***Nebenfächern***) son: la biología, física, química, geografía, historia, ciencias sociales, economía y derecho, religión, educación plástica, música y deporte. Para cada asignatura existe un programa / currículo, con frecuencia muy detallado y estricto, que puede variar considerablemente de estado federal a estado federal. Los libros de texto sólo pueden ser introducidos en los colegios si antes han sido aprobados por el Ministerio de Educación.

r **Lehrplan**, ¨-e / s **Curriculum**, Curricula	programa de estudios / currículo
s **Hörverstehen** / Hörverständnis	comprensión auditiva
s **Leseverstehen** / Leseverständnis	comprensión lectora
s ***Schreiben**	expresión escrita
s **Sprechen**	expresión oral
s **Diktat**, -e	dictado
Heute schreiben wir ein Diktat.	Hoy hacemos un dictado.
r **Aufsatz**, ¨-e	redacción / composición
einen Aufsatz schreiben (über +*A*)	escribir una redacción (sobre)
e ***Übung**, -en	ejercicio
üben	practicar

Abschlüsse und Qualifikationen
Exámenes y títulos

***prüfen**	examinar
e ***Prüfung**, -en	examen
e **Abschluss-** / **Diplom-** / **Führerscheinprüfung**	examen final / de diplomatura / de conducir
s **Examen**, Examina	examen
r **Test**, -s	test / prueba
s ***Abitur** *Sg*	selectividad
***entschlossen sein** (ist, war, ist gewesen)	estar decidido
Er ist fest entschlossen, nach dem Abitur zur Uni zu gehen.	Está decidido a ir a la universidad después de hacer la selectividad.

Un test puede ser un ***Eignungstest*** (test / prueba de aptitud), un ***Einstufungstest*** (test / prueba de nivelación / clasificación), un ***Multiple Choice test (test / prueba de elección / respuesta múltiple)***, o un ***Lückentest*** (test / prueba para rellenar huecos). Se llama ***Examen*** a la prueba final en una universidad o en una escuela técnica superior. ***Prüfungen*** (exámenes) son ***Eignungsprüfungen*** (exámenes de aptitud) para comenzar una formación (p.e. para ser piloto), o los exámenes intermedios y finales al terminar un período de formación o un curso.

e **schriftliche** // **mündliche Prüfung**	examen escrito / oral
sich auf eine Prüfung / ein Examen / einen Test ***vorbereiten**	prepararse para un examen / test
für/auf eine Prüfung / ein Examen ***lernen**	estudiar / aprender para un examen
eine Prüfung / ein Examen **ablegen** / machen	hacer / LAm tomar un examen
e **Aufnahmeprüfung**, -en	examen de admisión / ingreso
Im Juni mache ich die Abschlussprüfung.	En junio hago mi examen final.
eine Prüfung / ein Examen ***bestehen** (bestand, hat bestanden)	aprobar / pasar un examen
Beim zweiten Versuch hat er das Staatsexamen **geschafft**.	Aprobó el examen de estado en el segundo intento.
durch die Prüfung fallen / **durchfallen** (fällt durch, fiel durch, ist durchgefallen)	suspender / LAm aplazar / LAm reprobar un examen
Sie ist in der Matheprüfung durchgefallen.	Ha suspendido el examen de matemáticas.
Der Doktor der Medizin ist in den Ländern der EU **anerkannt**.	El título de doctor en medicina es reconocido en los países de la UE.
s ***Zertifikat**, -e	certificado
r ***Schein**, -e	certificado [de haber aprobado una asignatura en la universidad]
e Prüfung, -en *österr.*	certificado [de haber aprobado una asignatura en la universidad]
s Testatblatt, ¨er *schweiz.*	certificado [de haber aprobado una asignatura en la universidad]
Ich habe zwei Scheine in englischer Literatur gemacht.	He hecho dos cursos de literatura inglesa [y he conseguido los certificados acreditativos.]
s ***Resultat**, -e	resultado
e ***Note**, -n / e **Zensur**, -en	nota / calificación
Ich habe eine Eins in Englisch bekommen.	He conseguido un 1 [sobresaliente] en inglés.
r **Hochschulabsolvent**, -en // e **Hochschulabsolventin**, -nen	licenciado // licenciada / LAm egresado // egresada

r **Akademiker**, - // e **Akademikerin**, -nen	licenciado // licenciada / LAm egresado // egresada
r **Abiturient**, -en // e **Abiturientin**, -nen	persona que está haciendo / ha hecho la selectividad
r Maturant, -en // e Maturantin, -nen *österr.*	persona que está haciendo / ha hecho la selectividad
r Maturand, -en // e Maturandin, -nen *schweiz.*	persona que está haciendo / ha hecho la selectividad
s ***Studium *abschließen** (schloss ab, hat abgeschlossen)	terminar los estudios / licenciarse / graduarse / LAm recibirse
e Sponsion, -en *österr.*	ceremonia de graduación en la universidad
Sie hat letztes Jahr ihren Universitätsabschluss gemacht.	El año pasado terminó la carrera / se licenció.
Sie hatte letztes Jahr Sponsion. *österr.*	El año pasado terminó la carrera / se licenció.
e **Abschlussfeier**, -n (mit Überreichung der Zeugnisse)	ceremonia de entrega de títulos

Notas	**en el colegio**	**Para un doctorado en la universidad**
eins	= **sehr gut* (sobresaliente)	*summa cum laude*
zwei	= **gut* (notable)	*magna cum laude*
drei	= **befriedigend* (bien)	*cum laude*
vier	= *ausreichend* (suficiente)	*rite*
fünf	= *mangelhaft* (insuficiente)	
sechs	= *ungenügend* (deficiente)	

s ***Zeugnis**, -se	boletín escolar / de notas
s Zwischenzeugnis / s Jahreszeugnis	notas a mitad de curso / a final de curso
s Abschlusszeugnis	notas al final del período escolar
s **Diplom**, -e	diploma / título
e Diplomprüfung, -en	examen de diplomatura
Er ist Diplompsychologe.	Es diplomado en psicología.
r **Magisterabschluss** // r Magister	licenciatura
s Lizentiat *schweiz.*	licenciatura
e **Magisterprüfung**, -en	examen final de carrera / examen de licenciatura
e Diplomprüfung, -en *österr. / schweiz.*	examen final de carrera / examen de licenciatura
e Lizentiatsprüfung, -en *schweiz.*	examen final de carrera / examen de licenciatura
sich zur Prüfung ***anmelden**	inscribirse para un examen
Im Juni habe ich meine Magisterprüfungen **abgelegt**.	En junio he hecho mi examen de licenciatura.

s **Aufbaustudium** / s **Zweitstudium**	máster / segunda carrera
die **Doktorarbeit** / **Dissertation** ***schreiben** (schrieb, hat geschrieben)	escribir la tesis doctoral
e **Promotion**	doctorado
s Doktorat *schweiz.*	doctorado
Sie hat letztes Jahr in Medizin **promoviert**.	El año pasado hizo el doctorado en medicina.
e **Habilitation**	tesis postdoctoral para acceder al cuerpo de catedráticos
sich **habilitieren**	conseguir la categoría de catedrático

***Ausbildung**
Sie macht eine Ausbildung zur Industriekauffrau. – Está haciendo un curso de formación como comerciante industrial.

***Weiterbildung**
Ich bin von Beruf Lehrer und möchte mich zum Programmierer weiterbilden lassen. – Soy profesor de profesión y me gustaría formarme ahora como programador.

Fortbildung
Man sollte mindestens einmal pro Jahr eine Fortbildung machen, damit man in seinem Beruf immer auf dem neuesten Stand ist. – Se debería hacer por lo menos una vez al año un curso de reciclaje para estar enterado de todas las novedades con respecto a su profesión.

Lehren und Lernen
Enseñanza y aprendizaje

***unterrichten**	enseñar
r ***Unterricht** *Sg*	clase
r Fremdsprachenunterricht	clase de lengua extranjera
Unterricht **geben** (gibt, gab, hat gegeben) / **erteilen**	dar / impartir clases
r Privatunterricht	clase particular
Sie gibt ↔ nimmt Privatunterricht in Englisch.	Da ↔ Recibe clases particulares de inglés.
e ***Sprache**, -n / e ***Fremdsprache**, -n	lengua / lengua extranjera
***sprechen** (spricht, sprach, hat gesprochen)	hablar
r ***Kurs**, -e / r Sprachkurs, -e	curso / curso de lengua
e ***Stufe**, -n / s Niveau, -s	nivel
e ***Anmeldung**, -en	inscripción

(sich) ***anmelden** ↔ (sich) ***abmelden**	matricularse – cancelar la matrícula
einen Kurs ***besuchen** / an einem Kurs ***teilnehmen** (nimmt teil, nahm teil, hat teilgenommen)	asistir a un curso / participar en un curso
einen Kurs / ein Seminar **halten** (hält, hielt, hat gehalten) / geben	dar un curso / un seminario
s ***Semester**, -n	semestre
r **Lehrgang**, ⸚e	cursillo, curso
Er hat an einem Lehrgang für Erste Hilfe teilgenommen.	Ha participado en un cursillo de primeros auxilios.
lehren (nur an Universität gebräuchlich)	enseñar [referido normalmente sólo a la universidad]
Er lehrt Philosophie an der Universität.	Enseña filosofía en la universidad.
r **Dozent**, -en // e **Dozentin**, -nen	el // la docente / el profesor // la profesora
Sie ist Dozentin für Deutsche Geschichte an der Humboldt-Universität.	Es profesora de historia alemana en la Universidad de Humboldt.
e studentische Hilfskraft, ⸚e	alumno que ayuda en el departamento
r **Assistent**, -en // e **Assistentin**, -nen	profesor asistente // profesora asistente [por un tiempo limitado para realizar su tesis doctoral o postdoctoral]
r **Juniorprofessor**, -en	catedrático joven
r ***Professor**, -en // e **Professorin**, -nen	catedrático // catedrática
sich auf einen **Lehrstuhl** bewerben	presentarse a una cátedra
r **Dekan**, -e // e **Dekanin**, -nen	decano // decana
***studieren** (nur an Universität / Hochschule)	estudiar [sólo en la universidad o escuelas superiores]
Er studiert Physik an der Fachhochschule.	Estudia física en la escuela técnica superior.
r ***Student**, -en // e **Studentin**, -nen	el // la estudiante [sólo en la universidad o escuelas superiores]
r ***Schüler**, - // e **Schülerin**, -nen	alumno // alumna / el // la estudiante [en los colegios]
r ***Lehrer**, - // e **Lehrerin**, -nen	profesor // profesora, maestro // maestra
Sie ist Lehrerin für Französisch und Deutsch.	Es profesora de francés y alemán.
Ich möchte Lehrer werden.	Quiero ser profesor.
s **Lehrerkollegium**	cuerpo docente, Esp claustro de un instituto
s **Lehrmaterial**, -ien	material escolar / didáctico
s **Lehrbuch**, ⸚er	libro de texto
In diesem Kurs haben wir sehr gute Lehrbücher.	En este curso tenemos muy buenos libros de texto.

jm etwas **beibringen** (brachte bei, hat beigebracht)	enseñar algo a alg
Mein Papa hat mir das Fahrradfahren beigebracht.	Mi padre me ha enseñado a montar en bicicleta.
ausbilden	formar
Sie bildet Lehrer an öffentlichen Schulen im Fach Schulpsychologie aus.	Forma a profesores en psicología escolar en las escuelas públicas.
motivieren	motivar
die Schüler zum Lernen motivieren	motivar a los alumnos para que aprendan
Die Studenten in meinem Seminar sind sehr motiviert.	Los estudiantes / alumnos de mi seminario están muy motivados.
e **Motivation** // r **Anreiz**	motivación / incentivo
***lernen**	aprender / estudiar
ein Gedicht auswendig lernen	aprender un poema de memoria
Gestern habe ich noch bis Mitternacht Physik gelernt.	Ayer me quedé estudiando física hasta las doce de la noche.
Sie lernt schnell ↔ langsam.	Aprende rápido ↔ despacio.
Für unser Examen müssen wir noch viel lernen.	Tenemos todavía que aprender / estudiar mucho para nuestro examen.
e **Lernstrategie**, -n	estrategia de aprendizaje
e Lerntechnik, -en	técnica de aprendizaje
r Lernprozess, -e	proceso de aprendizaje
s **Lernziel**, -e	objetivo didáctico
Wir haben unser Lernziel erreicht.	Hemos conseguido nuestro objetivo didáctico.
lernfähig sein (ist, war, ist gewesen)	ser capaz de aprender
etw **anwenden**	aplicar algo
e ***Regel**, -n ↔ e ***Ausnahme**, -n	regla ↔ excepción
Ich habe die Regeln zwar gelernt, aber ich kann sie noch nicht immer anwenden.	Ya he aprendido las reglas, pero todavía no las sé aplicar.
(sich) ***merken**	retener en la memoria / acordarse de

Fácil de confundir

sich etw merken	acordarse de algo [para el futuro]
**sich erinnern*	acordarse de algo [del pasado]
**überlegen*	pensar (sobre), considerar [dar vueltas en la cabeza]
**denken*	pensar [tener una opinión]
**nachdenken*	pensar [meditar]
**bemerken*	darse cuenta de, mencionar
merken	darse cuenta de

***sich konzentrieren**	concentrarse
***lesen** (liest, las, hat gelesen)	leer
den Text still ↔ laut lesen	leer el texto en voz baja ↔ alta

Ich werde euch den Text **vorlesen**. (liest vor, las vor, hat vorgelesen) — Hoy os leeré el texto.
r multimediale Unterricht — clase con apoyo multimediático
e **Hausaufgabe**, -n — deberes / tareas
e Hausübung, -en *österr.* — deberes / tareas
Hausaufgaben ***aufgeben** (gibt auf, gab auf, hat aufgegeben) — poner deberes / tareas
Hausaufgaben ***machen** — hacer los deberes / las tareas
Heute hat uns unsere Lehrerin aber viel aufgegeben. — Hoy nos ha puesto nuestra profesora muchísimos deberes.
Was hast du auf? — ¿Qué deberes tienes?
e ***Mühe**, -n — esfuerzo
Du solltest dir mehr Mühe bei der Hausaufgabe geben. — Deberías esforzarte más al hacer los deberes.
Die Mühe hat sich gelohnt. — El esfuerzo ha valido la pena.

Im Unterricht
En clase

e **Unterrichtsstunde**, -n — clase
Heute haben wir zwei Stunden Deutsch. — Hoy hemos tenido dos horas de alemán.
r ***Schüler**, - // e **Schülerin**, -nen — alumno // alumna
r ***Lehrer**, - // e **Lehrerin**, -nen — profesor // profesora / maestro // maestra
r **Kursteilnehmer**, - // e **Kursteilnehmerin**, -nen — el // la miembro de un curso
r ***Kursleiter**, - // e ***Kursleiterin**, -nen — tutor // tutora
***anwesend** ↔ ***abwesend** — presente ↔ ausente
e Anwesenheit ↔ e Abwesenheit kontrollieren — controlar la asistencia ↔ la falta de asistencia
s **Klassenzimmer**, - / r **Kursraum**, ⸚e / r **Unterrichtsraum**, ⸚e — clase
e ***Tafel**, -n — pizarra / encerado
etwas an die Tafel schreiben — escribir algo en la pizarra
e Tafel putzen — limpiar la pizarra
r Tageslichtprojektor, -en / r Overheadprojektor, -en ['oʊvəhɛdprojɛkto:ɐ̯] — retroproyector
die Texte / Hefte / Bücher **austeilen** ↔ **einsammeln** — repartir ↔ recoger los textos / cuadernos / libros

e Bücher **aufschlagen** (schlägt auf, schlug auf, hat aufgeschlagen)	abrir los libros
Schlagen Sie bitte die Bücher auf Seite 45 auf!	¡Abran, por favor, los libros por la página 45!
Lesen Sie bitte …	Por favor, lea …
Wörter im Text ***markieren**	marcar palabras en el texto
Haben Sie das verstanden?	¿Lo han comprendido?
Schließen Sie bitte die Bücher.	Por favor, cierren los libros.
e **Partnerarbeit** / e **Gruppenarbeit**	trabajo en parejas / en grupos
Die nächste Übung machen wir in Partnerarbeit.	El próximo trabajo lo hacemos en parejas.
einen **Dialog spielen**	representar un diálogo
die Handlung ***zusammenfassen**	resumir el argumento
eine kurze Zusammenfassung des Textes geben	hacer un pequeño resumen del texto
die Hand ***heben** (hob, hat gehoben)	levantar la mano
Bitte heben Sie die Hand, wenn Sie etwas sagen wollen.	Por favor, levanten la mano cuando quieran decir algo.
Wer **ist** als Nächster **dran**? – Ich bin dran.	¿A quién le toca? – A mí me toca.
Würden Sie bitte etwas lauter sprechen?	¿Podría hablar un poco más alto, por favor?
Würden Sie das bitte noch einmal wiederholen?	¿Lo podría repetir otra ver, por favor?
***aufmerksam**	atento
Die Kinder hören der Lehrerin aufmerksam zu.	Los niños escuchan atentamente a la profesora.
e **Hausaufgabe**, -n	deberes / tareas
e Hausübung, -en *österr.*	deberes / tareas
Als Hausaufgabe machen Sie bitte …	De deberes hacen ustedes por favor …
die Hausaufgabe ***abgeben** (gibt ab, gab ab, hat abgegeben) / **kontrollieren** / **besprechen** (bespricht, besprach, hat besprochen)	entregar / controlar / discutir en clase los deberes

11 Kulturelles Leben
La vida cultural

11 1 Bildende Kunst
Artes plásticas

e ***Kụnst**, ¨-e / e **bịldende Kụnst**	arte / artes plásticas
Kụnst und *Kultur	arte y cultura
die schönen Künste *Pl*	bellas artes
kụ̈nstlerisch	artístico
künstlerisch wertvoll ↔ kitschig	con valor artístico ↔ de mal gusto, cursi
r ***Kụ̈nstler**, - // e **Kụ̈nstlerin**, -nen	el // la artista
r frei schaffende Künstler	artista independiente
ein **berühmter** / **bekạnnter** / **namhafter** ↔ (eher) **ụnbekannter** Künstler	un artista famoso / conocido / prestigioso ↔ (más bien) desconocido
ein **erfọlgreicher** ↔ **erfọlgloser** Künstler	un artista de éxito ↔ sin éxito
s **Kụnstwerk**, -e	obra de arte
ein Kunstwerk ***schạffen** (schuf, hat geschaffen) / anfertigen	crear / hacer una obra de arte
e **Malerei**	pintura
e moderne Malerei	pintura moderna
e **zeitgenössische** ↔ **ạlte Kụnst**	arte contemporáneo ↔ antiguo
figurativ / gegenständlich ↔ abstrakt	figurativo ↔ abstracto
realistisch ↔ surreal	realista ↔ surrealista
r **Stil**, Stilarten / Stilrichtungen	estilo, estilos artísticos / tendencias artísticas
e **Epọche**, -n / e Kunstepoche	período / período artístico

Períodos artísticos en la pintura

e romanische Kunst	arte románico
e Gotik	Gótico
e Renaissance	Renacimiento
r Barock	Barroco
r Realismus	Realismo
r Impressionismus	Impresionismo
r Jugendstil	Modernismo
e neue Sachlichkeit	Neorrealismo
r Expressonismus	Expresionismo
r Futurismus	Futurismo
r Kubismus	Cubismo
r Dadaismus	Dadaísmo
r Surrealismus	Surrealismo
e Moderne	modernidad
e Postmoderne	postmodernidad

Cuando se habla de los pintores de estos períodos la terminación *-ismus* o *-e* se sustituye por *-ist*, p.e. *der Impressionismus / die Impressionisten* (los impresionistas). Pero también se puede decir simplemente *die Maler des Impressionismus* (los pintores del Impresionismo).

r **Maler**, - // e **Malerin**, -nen	pintor // pintora
r **Zeichner**, - // e **Zeichnerin**, -nen	el // la dibujante
r **Graphiker**, - // e **Graphikerin**, -nen	el artista gráfico // la artista gráfica / el // la grafista
***malen** / ***zeichnen**	pintar / dibujar
s ***Bild**, -er / s **Gemälde**, -	cuadro / pintura
ein kostbares / wertvolles ↔ wertloses Gemälde	una pintura valiosa ↔ sin valor
e ***Zeichnung**, -en	dibujo
r ***Druck**, -e	impresión
Wie hoch war die Auflage?	¿Cuántas impresiones se hicieron?
***hängen** (hing, hat / ist gehangen)	colgar / estar colgado
Das Bild hängt im ersten Ausstellungsraum links.	El cuadro está colgado en la primera sala de exposiciones a la izquierda.
Auf dem Bild sind drei Frauen zu ***sehen** (sieht, sah, hat gesehen) / ***erkennen** (erkannte, hat erkannt).	En el cuadro se ve a tres mujeres.
e **Skizze**, -n	boceto, croquis
r Skizzenblock / s Skizzenheft	block / cuaderno para hacer bocetos
skizzieren	bosquejar, diseñar, hacer un croquis

s Ölbild, -er	pintura al óleo
s Aquarell, -e	acuarela
s Temperabild, -er	pintura al temple
s Gouache, -n [gu̯a(:)ʃ]	pintura a la aguada
s Fresko, -s	fresco
e Tuschezeichnung, -en	dibujo de tinta china
s Faksimile, -s [fak'zi:mile]	facsímil(e)
e Collage, -n [kɔ'la:ʒə]	collage
e Illustration, -en	ilustración
e Karikatur, -en / r / s Cartoon, -s [kar'tu:n]	caricatura / viñeta, historieta
r Kunstdruck, -e	impresión artística
e Drucktechnik, -en	técnica de impresión
e Radierung, -en	aguafuerte
e Lithographie, -n	litografía
r Holzschnitt, -e	grabado en madera / xilografía
r Linolschnitt, -e	grabado en linóleo
s Graffiti, -s [gra'fi:ti]	pintada

s ***Original**, -e ↔ e **Fälschung**, -en	original ↔ falsificación
Ist das ein Original?	¿Es un original?
echt ↔ **unecht**	auténtico ↔ falso
s Echtheitszertifikat, -e	certificado de autenticidad
e Reproduktion, -en	reproducción

ein echter Hieronymus Bosch	un Bosco auténtico
r (alte) Schinken *ugs.*	cuadro de poco valor
restaurieren (lassen)	(mandar a) restaurar
s **Motiv**, -e	motivo
e Landschaftsmalerei, -en	pintura paisajística
s Stilleben, -	bodegón / naturaleza muerta
s **Porträt** / **Portrait**, -s / s **Bildnis**, -se	retrato
s Selbstporträt / s Selbstbildnis	autorretrato
sich porträtieren lassen	hacerse un retrato
ein sitzender / stehender / liegender **Akt**	un desnudo sentado / de pie / tumbado
Akt zeichnen / malen	dibujar / pintar un desnudo
e **Perspektive**, -n	perspectiva
e Zentralperspektive	perspectiva central
perspektivisch ***richtig** ↔ ***falsch**	con la perspectiva correcta ↔ incorrecta
r ***Gegenstand** eines Bildes	tema de una pintura
e Anordnung, -en	disposición
e **Komposition**, -en	composición
eine spannende Komposition	una composición excitante
e **Kontur**, -en	contorno
klare ↔ verwischte Konturen	contornos nítidos ↔ difuminados
r Lichteinfall	incidencia de la luz
s Licht- und Schattenspiel	juego de luz y sombra
***hell** ↔ ***dunkel**	claro ↔ oscuro
im Hintergrund ↔ **im Vordergrund**	al fondo ↔ en primer plano
in der Bildmitte / im Zentrum ↔ am Bildrand	en el centro del cuadro / en el centro ↔ en el margen del cuadro
e **Maltechnik**, -en	técnica pictórica
r **Pinsel**, -	pincel
r Pinselstrich, -e	pincelada
e ***Farbe**, -n	color

Colores

schwarz	negro	*rosa*	rosa
weiß	blanco	*lila*	lila
**rot*	rojo	*violett* [vi̯o'lɛt]	morado
**gelb*	amarillo	*pink*	fusia
**blau*	azul	*orange*	naranja
**grün*	verde	[o'rã:ʒə *auch* o'rã:ʃ]	
**grau*	gris	**braun*	marrón
beige [be:ʃ *auch* bɛ:ʃ]	beis		

Mein Hemd ist weiß. – Mi camisa es blanca.
die Farbe Weiß – el color blanco

Komplementärfarben *Pl*	colores complementarios
r **Farbkontrast**, -e	contraste de colores
warme ↔ kalte Farben	colores cálidos ↔ fríos
e Farbgebung	colorido, coloración
einfarbig / **monochrom** ↔ **zweifarbig** / **mehrfarbig**	de un color / monocromo / monocromático ↔ de dos colores / de varios colores
Farbe dick ↔ dünn auftragen	aplicar mucha ↔ poca pintura
e **Tinte** / e **Tusche**	tinta
e Tube, -n	tubo
e Palette, -n	paleta
e Staffelei, -en	caballete
s **Atelier**, -s / s ***Studio**, -s	estudio
Sie arbeitet **im Freien**, nicht im Atelier.	Trabaja al aire libre, no en el estudio.
e **Leinwand**, ¨-e / s ***Papier** *Sg*	lienzo / papel
r **Rahmen**, - / r **Bilderrahmen**	marco
ein Bild rahmen (lassen)	(mandar a) enmarcar un cuadro
e **Installation**, -en /	instalación
e **Videoinstallation**	vídeo-arte
e Aktionskunst	arte de acción / action art
s **Kunsthandwerk** *Sg*	artesanía
e **Bildhauerei** *Sg*	escultura
r **Bildhauer**, - // e **Bildhauerin**, -nen	escultor // escultora
plastisch	escultórico
e **Skulptur**, -en / e ***Plastik**, -en	escultura
e **Statue**, -n / e ***Figur**, -en	estatua / figura
e Marmorstatue, -n	estatua de mármol
e Gipsfigur	figura de escayola
in ***Stein** meißeln / den Stein bearbeiten	esculpir / cincelar la piedra, trabajar la piedra
e Büste, -n / e Bronzebüste	busto / busto de bronce
in Bronze ['brõ:sə *auch* 'brɔŋsə] **gießen** (goss, hat gegossen)	vaciar en bronce
e Holzschnitzerei	talla / xilografía
(Holz) **schnitzen**	tallar
in Ton modellieren	modelar en arcilla
s Relief, -s	relieve
s Hochrelief ↔ s Flachrelief	autorrelieve ↔ bajorrelieve
s **Mosaik**, -en	mosaico
mit Marmorintarsien verziert	con incustraciones de mármol
s **Kunstgewerbe**	producción artística / industria del arte
e **Keramik**, -en	cerámica
e Glasbläserei	soplado / fabricación de vídrio
e Goldschmiedekunst	orfebrería
r Schmuckdesigner, - // e Schmuckdesignerin, -nen	diseñador // diseñadora de joyas

e ***Ausstellung**, -en	exposición
In der Ausstellung werden Bilder von Kandinsky gezeigt.	En la exposición se muestran cuadros de Kandinsky.
eine Ausstellung zeitgenössischer österreichischer Künstler	una exposición de artistas austriacos contemporáneos
s **Ausstellungsstück**, -e	pieza de exposición
ausgefallene Ausstellungsstücke	pieza de exposición llamativa
r **Ausstellungskatalog**, -e	catálogo de exposición
Kann ich den Katalog mal durchblättern / ansehen?	¿Puedo hojear el catálogo?
s **Plakat**, -e // s **Poster**, - ['po:stɐ]	cartel / póster
e Kunstpostkarte, -n	tarjetas postales artísticas
e Ausstellungseröffnung, -en	inaguración de una exposición
Die Vernissage [vɛrnɪ'sa:ʒə]findet heute ɐbend statt.	La inaguración es esta tarde / noche.
***ausstellen**	exponer
s ***Museum**, Museen	museo
s Museum für moderne Kunst	museo de arte moderno
Bitte die Bilder nicht berühren. / Bitte nicht zu nahe kommen.	Por favor, no tocar los cuadros. / Por favor, no acercarse demasiado.

„Lange Nacht der Museen" / „Die Museumsnacht"

En muchas ciudades todos los museos permanecen una o dos veces al año abiertos hasta muy tarde. Hay precios especiales y con frecuencia un servicio gratuito de autobuses entre los museos.

e **Pinakothek**, -en	pinacoteca
e private **Sammlung**, -en / e Kunstsammlung	colección privada / colección de arte
e **Galerie**, -n / e **Kunstgalerie**	galería / galería de arte
e Gemäldegalerie, -n	galería de pinturas
r **Kunsthändler**, - // e **Kunsthändlerin**, -nen	el // la marchante de arte
r Kunstsammler, - // e Kunstsammlerin, -nen	el // la coleccionista de arte
Kunst fördern	promover el arte
r Sponsor, -en / r Mäzen, -e	patrocinador / mecenas
e **Stiftung**, -en	fundación
e Kunstakademie / e Universität der Künste / e Hochschule für Bildende Kunst	academia de arte / universidad de arte / escuela de Bellas Artes
Kunst / Kunstgeschichte studieren	estudiar arte / historia del arte
r **Kunsthistoriker**, - // e **Kunsthistorikerin**, -nen	historiador // historiadora del arte

Arte

En la época Nazi (*Nationalsozialismus*), se catalogaba el arte como genuino (*die wahre Kunst*) o como falso o degenerado (*die entartete Kunst*). Por ejemplo, los nazis consideraban el Expresionismo y el Surrealismo como formas degeneradas del arte (*entartet*). Por esta razón los pintores expresionistas y surrealistas fueron perseguidos y tuvieron que emigrar (*emigrieren*) o esconderse. Sus obras desaparecieron de los museos, algunas fueron destruidas, otras fueron confiscadas y vendidas en el extranjero por un buen dinero. Algunos artistas sobrevivieron al tercer Reich (*das Dritte Reich*) porque se pudieron poner a salvo a tiempo.

Architektur
Arquitectura

e **Architektur**	arquitectura
architektonisch	arquitectónico
r **Baustil**, -e	estilo arquitectónico
r **Architekt**, -en // e **Architektin**, -nen	el arquitecto // la arquitecta
***planen** / **entwerfen** (entwirft, entwarf, hat entworfen) / **gestalten**	planear / diseñar / trazar
***bauen**	construir
s ***Gebäude**, - / s ***Haus**, ¨-er	edificio / casa
s Hochhaus / s Einfamilienhaus / s Reihenhaus	bloque alto, edificio alto / casa unifamiliar / casa adosada
r Keller / s Erdgeschoss / s Obergeschoss / s Dachgeschoss	sótano / planta baja / planta alta / ático
r Flachbau, -ten	edificio bajo / de una planta
s Fertighaus	casa prefabricada
schlüsselfertig bauen	llave en mano
r **Grundriss**, -e	planta
e Skizze, -n / e Zeichnung, -en	boceto / dibujo
r **Entwurf**, ¨-e	diseño
r ***Plan**, ¨-e	plano
Der Plan ist im Verhältnis 1:100 (1 zu 100) zu verstehen.	El plano tiene una escala 1:100 (de 1 a 100).
den Plan einreichen	presentar el plano
e ***Genehmigung**, -en	permiso
s Genehmigungsverfahren, -	proceso de autorización
Der Plan wurde genehmigt.	El plano fue aprobado.
Die Baugenehmigung wurde erteilt.	Han concedico el permiso de obra(s) / construcción.
s **Modell**, -e	modelo
Das neue Haus ist / befindet sich noch in Planung.	La nueva casa está todavía en proyecto.
im Planungsstadium sein	estar en proyecto

e **Statik**	estática
statisch	estático
Ein Haus mit CAD (computerunterstütztem Design) am Computer entwerfen.	diseñar una casa con el ordenador utilizando un programa CAD
an einer **Ausschreibung** teilnehmen	participar en un concurso de presentación de ofertas
r **Wettbewerb**, -e	concurso
einen Wettbewerb gewinnen	ganar un concurso
e **Bauindustrie**	industria de la construcción
r **Bauherr**, -en // e **Bauherrin**, -nen	propietario // propietaria / cliente // clienta [que ha contratado al arquitecto]
r **Bauunternehmer**, - // e **Bauunternehmerin**, -nen	constructor // constructora
r Bauleiter, - // e Bauleiterin, -nen	director // directora de las obras / supervisor // supervisora de las obras
e **Bauleitung**, -en	dirección / supervisión de las obras, oficina
r **Bauplan**, ⸚e	plano de construcción
e Baumaßnahme, -n	medidas necesarias para la construcción
Vermessungsarbeiten *Pl*	(trabajos de) medición
Der Bau wurde abgenommen.	La construcción fue inspeccionada y aprobada.
e **Bauzeit**	plazo de ejecución de una obra
Das Gebäude ist noch **in *Bau**.	El edificio está todavía en construcción.
Der Rohbau steht jetzt.	El esqueleto ya está construido.
Der Bau geht nur langsam voran.	La obra va muy lenta.
e **Baustelle**, -n	obras
r ***Handwerker**, - // e **Handwerkerin**, -nen	trabajador // trabajadora
r **Bauarbeiter**, - // e **Bauarbeiterin**, -nen	trabajador // trabajadora de la construcción
e **Schwarzarbeit**	trabajo ilegal
Bauarbeiten *Pl*	trabajos de construcción
s Baumaterial, -ien / r Baustoff, -e	material de construcción
Die Bausubstanz ist in Ordnung.	El edificio es arquitectónicamente estable.
Es wurden bauliche Mängel festgestellt.	Se encontraron defectos en la construcción.
e Grundsteinlegung	la colocación de la primera piedra
s **Richtfest**, -e	fiesta de cubrir aguas [cuando se coloca el techo]
e (feierliche) Übergabe	entrega de llaves

En una obra

die Grube ausheben	excavar el terreno (para empezar a construir)
das Fundament legen	poner los cimientos
das Gerüst aufbauen	montar el andamiaje
r Kran, ⸚e	grúa
e Fassade, -n	fachada
*den Beton / den Stahlbeton *mịschen / gießen*	mezclar el cemento / el hormigón (armado) / LAm concreto
r Stahl	acero
r Stahlträger, -	viga de acero / metálica
r Bogen, -	arco
e Säule, -n	columna
r Pfeiler, - / e Stütze, -n	pilar
*e *Mauer, -n*	muro
s Mauerwerk	obra de albañilería / mampostería
r Ziegelstein / r Backstein	ladrillo
r Mörtel	argamasa / mortero
r Putz	enlucido / revoque
unter Verputz	enfoscado
*e *Wạnd, ⸚e*	pared
e Innenwand ↔ e Außenwand	pared interior ↔ exterior
e Abdichtung	impermeabilización
e Dämmung / e Wärmedämmung / e Schalldämmung	aislamiento / aislamiento del frío / insonorización
*r *Boden*	suelo / LAm piso
*e *Dẹcke, -n / e Zwischendecke*	techo / techo intermedio, falso techo
das **Dạch decken*	cubrir el tejado con tejas
r Dachstuhl	techumbre / entramado del tejado
r Dachziegel	teja
*e *Tür*	puerta
**Fẹnster einbauen*	poner las ventanas
r Fensterstock / r Fensterrahmen	marco de ventana
*s *Glas*	cristal
r Innenausbau	arquitectura interior

Fotografie
Fotografía

e **Fotografie**, -n	fotografía
r **Fotograf**, -en // e **Fotografin**, -nen	el fotógrafo // la fotógrafa
r Modefotograf / r Industriefotograf	fotógrafo de modas / fotógrafo industrial
e Fotoausstellung, -en	exposición de fotos
s ***Foto**, -s / e Fotografie / e Aufnahme, -n	foto(grafía)
***fotografieren** / **Fotos machen**	fotografiar / hacer fotos
r ***Blitz** / s Blitzlicht	flash / flas
e Blitzlichtaufnahme / e Aufnahme mit Blitzlicht	foto con flash / flas
Schalte bitte den Blitz ein ↔ aus.	Por favor, enciende ↔ apaga el flash
r **Schnappschuss**, ⸚e	instantánea
Bitte ***lächeln**!	¡Sonrían, por favor!
Würden Sie bitte ein Foto von uns machen?	¿Nos puede hacer una foto?
s Fotogeschäft, -e	casa de fotos
e **Fotoausrüstung**, -en	equipo fotográfico
e ***Kamera**, -s / r **Fotoapparat**, -e	cámara (fotográfica / de fotos) / máquina (fotográfica / de fotos)
e Digitalkamera	cámara digital
e Spiegelreflexkamera	cámara réflex / de espejo
e vollautomatische Kamera	cámara completamente automática
e Sofortbildkamera / e Polaroidkamera®	cámara instantánea / polaroid®
e Lomographie	lomografía
s **Gehäuse**, -	cuerpo de la cámara
r **Auslöser**, -	disparador
r Selbstauslöser / r Drahtauslöser	disparador automático / cable disparador
r Sucher, -	visor
e Nahaufnahme, -n ↔ e Weitwinkelaufnahme, -n	toma de cerca ↔ toma gran angular
r Zoom [zu:m]	zoom
r **Vordergrund** ↔ r **Hintergrund**	primer plano ↔ fondo / segundo plano
e ***Entfernung**, -en	distancia / longitud focal
r Entfernungsmesser, -	telémetro
die Entfernung einstellen	graduar / ajustar la distancia
r Autofokus	enfoque automático / autofoco
scharf stellen	enfocar
Die Scharfeinstellung funktioniert bei dieser Kamera automatisch.	Esta cámara tiene enfoque automático.
e Tiefenschärfe	profundidad de campo

e **Blende**, -n	diafragma
die Blende einstellen	graduar / ajustar el diafragma
die Blende auf 8 stellen	poner el diafragma en 8
überbelichtet ↔ **unterbelichtet**	sobreexpuesta ↔ subexpuesta
die **Belichtung** einstellen	graduar el tiempo de exposición
e Belichtungszeit	tiempo de exposición
r Belichtungsmesser	fotómetro / exposímetro
r **Kontrast**, -e	contraste
s **Motiv**, -e	motivo
gelungen ↔ **misslungen**	(salir) bien ↔ mal
Das Bild ist ***scharf** (schärfer, schärfst-) ↔ **unscharf**.	La foto está enfocada / nítida ↔ desenfocada.
ungünstige Lichtverhältnisse *Pl*	problemas de luz
gut getroffen	(una) buena foto (de alg)
Er ist nicht sehr fotogen.	No es muy fotogénico.
r ***Film**, -e	carrete
r **Farbfilm** ↔ r **Schwarz-Weiß-Film**	un carrete en color ↔ blanco y negro
r hochempfindliche Film	película con alta sensibilidad / altamente sensible
e Lichtstärke / e Lichtempfindlichkeit	luminosidad / sensibilidad
den Film (in die Kamera) **einlegen** ↔ **herausnehmen** (nimmt heraus, nahm heraus, hat herausgenommen)	poner ↔ quitar el carrete
den Film zurückspulen	rebobinar el carrete
s Fotolabor, -s	laboratorio fotográfico
e Dunkelkammer, -n	habitación oscura
r Entwickler / r Fixierer	revelador / fijador
s Fotopapier	papel fotográfico
den Film ***entwickeln** (lassen)	(mandar a) revelar un carrete
den Film abgeben ↔ abholen	entregar el carrete ↔ recoger las fotos
s **Dia**, -s / s Diapositiv, -e	diapositiva
r Diaprojektor, -en	proyector de diapositivas
r Diavortrag, ⸚e	conferencia con diapositivas
s **Negativ**, -e	negativo
r Abzug, ⸚e / r Kontaktabzug	copia / copia por contacto
matt ↔ glänzend	mate / brillante
e **Vergrößerung**, -en ↔ e **Verkleinerung**, -en	ampliación ↔ reducción
Könnten Sie das Foto bitte auf 13 × 18 cm vergrößern?	¿Podría, por favor, ampliar la foto a 13 × 18?
r **Ausschnitt**, -e	detalle
e Fotomontage, -n [fotomɔn'ta:ʒə *auch* …mõ't…]	fotomontaje
e Fotomanipulation	manipulación de una foto
retuschieren	retocar
s **Zubehör** *Sg*	accesorios

s **Objektiv**, -e	objetivo
s Normalobjektiv	objetivo normal
s Teleobjektiv	teleobjetivo
s Weitwinkelobjektiv	objetivo gran angular
s Zoomobjektiv ['zu:mɔpjɛkti:f]	zoom
das Objektiv **auswechseln**	cambiar el objetivo
das Objektiv einsetzen ↔ abnehmen	poner ↔ quitar el objetivo
r **Filter**, - / r Farbfilter / r Skylightfilter ['skailaitfɪltɐ]	filtro / analizador de color / filtro ultravioleta
e Lichtstärke des Objektivs	la abertura del objetivo
eine neue Batterie einsetzen	poner una pila nueva
s **Stativ**, -e	trípode
s **Fotoalbum**, Fotoalben	álbum de fotos
Fotos in ein Album kleben	pegar las fotos en un álbum
Digitalfotos auf den Computer übertragen / scannen ['skɛnən]	transferir / escanear las fotos del ordenador

Musik und Tanz
Música y danza

e ***Musik**	música
e **ernste** ↔ **leichte Musik**	música seria / ligera
r zeitgenössische Musikgeschmack	gusto musical contemporáneo
Musik *machen / **musizieren**	tocar música
Musik *hören	escuchar / oír música
Soll ich ein bisschen **Musik auflegen**?	¿Pongo un poco de música?
e ***Kassette**, -n / e ***CD**, -s / e MD, -s	cinta, casete / CD / minidisc (MD)
eine Kassette abspielen / überspielen	poner, escuchar / grabar una cinta / casete
r ***Kassettenrecorder**, - / r **CD-Player**, - / r MD-Player	caset(e) / aparato de CD / aparato de MD
Die Musik ist zu ***laut** ↔ ***leise**.	La música está demasiado alta / baja.
Mach das Radio / die Musik leiser.	Pon la radio / la música más baja.
ein gutes Gehör haben	tener buen oído

Escuchar

*hören / anhören / *zuhören*

*Während der Arbeit **hört** sie gern Musik.*	Cuando trabaja le gusta escuchar / oír música.
*Das Konzert von Britney Spears kommt heute im *Radio. Das muss ich mir **anhören**.*	El concierto de Britney Spears lo ponen hoy en la radio. No puedo dejar de oírlo.
***Hör** mal kurz **zu**. Kennst du das Lied?*	Escucha un momento. ¿Conoces esta canción?

musikalisch	musical
Sie ist (nicht sehr) musikalisch.	(No) Tiene (mucho) talento musical.
r **Musiker**, - // e **Musikerin**, -nen	músico // música
s ***Lied**, -er / r **Song**, -s [zɔŋ]	canción
s Volkslied / s Weihnachtslied	canción popular / villancico
e **Melodie**, -n	melodía
***singen** (sang, hat gesungen)	cantar
Leider kann ich nicht gut singen.	Por desgracia no sé cantar bien.
***richtig** ↔ ***falsch** singen	cantar bien ↔ desentonar / cantar mal
***hoch** (höher, höchst-) ↔ ***tief** singen	cantar alto ↔ bajo
jm **vorsingen**	cantar en público / ante alguien
Sing doch einfach **mit**!	¡Canta con nosotros!
summen	tararear
e **Strophe**, -n	estrofa
r Refrain, -s	estribillo
s **Singen** / r **Gesang**, ⸚e	canto
Er nimmt Gesangsunterricht.	Toma clases de canto.
r Liederabend, -e	recital (de canciones)
r ***Sänger**, - // e **Sängerin**, -nen	el // la cantante
e ***Stimme**, -n	voz
e Stimmlage, -n	tono
Sopran / Mezzosopran / Tenor / Bariton / Bass	soprano / contralto / tenor / barítono / bajo
e Arie / s Duett / s Terzett ↔ s Rezitativ	área / dúo / terceto , trío ↔ recitativo
e **Oper**, -n / e **Operette**, -n	ópera / opereta
In der Oper wird heute „Die Zauberflöte" gegeben.	En el teatro de la ópera ponen hoy "La flauta mágica".
In der Oper spielen sie heute „Die Zauberflöte"	En el teatro de la ópera interpretan hoy "La flauta mágica".
Die Vorstellung war großartig.	La función fue maravillosa.
s Bühnenbild, -er	decorado
r **Chor**, ⸚e [koːɐ̯]	coro
Sie singt im Kirchenchor (mit).	Canta en el coro de la iglesia.
s ***Instrument**, -e	instrumento
ein Instrument (virtuos) beherrschen	dominar un instrumento (ser un virtuoso tocando un instrumento)
Spielst du ein Instrument?	¿Tocas algún instrumento?
r **Interpret**, -en // e **Interpretin**, -nen	el // la intérprete
r **Violinist**, -en // e **Violinistin**, -nen / Geigenspieler, - // e Geigenspielerin, -nen	el // la violinista
r **Pianist**, -en // e **Pianistin**, -nen	el // la pianista
s ***Klavier**, -e	piano

11
4

Klavierspielen lernen	aprender a tocar el piano
Klavier bei Professor Bach studieren	estudiar piano con el profesor Bach
vorspielen	tocar en público / ante alguien
Spiel doch mal das Stück auf dem Klavier vor.	Anda, tócanos esa pieza al piano.
Er **begleitet** sie auf dem Klavier.	La acompaña al piano.
Das Klavier ist verstimmt ↔ gestimmt.	El piano está afinado ↔ desafinado.
r reine Klang, -̈e	sonido claro / sin ruidos

Instrumentos musicales

Tasteninstrumente	**Instrumentos de teclado**
s Klavier, -e / s Piano, -s	piano
r Flügel, -	piano de cola
Streichinstrumente	**Instrumentos de arco**
e Geige, -n / e Violine, -n	violín
e Viola, -s	viola
s Violoncello, -s	violonchelo
r Bass, -̈e	bajo
s Cello	chelo
r Kontrabass, -̈e	contrabajo
Saiteninstrumente	**Instrumentos de cuerda**
e Harfe, -n	arpa
*e *Gitạrre, -n*	guitarra
e Laute, -n	laúd
Holzblasinstrumente	**Instrumentos de viento de madera**
e Flöte, -n	flauta
e Klarinette, -n	clarinete
s Fagott, -s	fagot
e Oboe, -n	oboe
Blechblasinstrumente	**Instrumentos de viento de metal**
e Trompete, -n	trompeta
s Saxophon, -e	saxofón
e Posaune, -n	trombón
s Horn, -̈er	cuerno
Windinstrumente	**Instrumento de viento**
e Orgel, -n	órgano
e Mundharmonika, -s	armónica
e Ziehhạrmonika, -s	acordeón
Schlaginstrumente	**Instrumentos de percusión**
e Trommel, -n	tambor
s Schlagzeug	batería

s **Orchester**, -	orquesta
s Symphonieorchester / Philharmoniker *Pl*	orquesta sinfónica / filarmónica
s Kammerorchester / e Kammermusik	orquesta / música de cámara
s Streichquartett, -e	cuarteto de cuerda
s Trio, -s	trío
e **Kapelle**, -n	orquesta / banda
e Blaskapelle, -n	orqueta de instrumentos de viento
r **Dirigent**, -en // e **Dirigentin**, -nen / r Kapellmeister, - // e Kapellmeisterin, -nen	director // directora de orquesta
s ***Konzert**, -e	concierto
Gehen wir nächste Woche ins Konzert / in Beethovens Violinkonzert?	¿Vamos la semana que viene al concierto / al concierto para violín de Beethoven?
e **Philharmonie**	auditorio
r **Konzertsaal**, -säle	sala de conciertos
Die **Akustik** im Saal ist gut ↔ schlecht.	La acústica de la sala es buena ↔ mala.
s **Mikrofon**, -e	micrófono
r ***Lautsprecher**, -	amplificador
r **Komponist**, -en // e **Komponistin**, -nen	compositor // compositora
e Komposition, -en	composición
komponieren	componer
e Partitur, -en / s Notenheft, -e	partitura / cuaderno pautado
e **Symphonie**, -n	sinfonía
e Sonate, -n (mit vier Sätzen)	sonata (en cuatro movimientos)
e **Ouvertüre**, -n	obertura
Es gab zwei Zugaben.	Tocó dos piezas más a petición del público.
e ***Note**, -n ['no:tə]	nota
r Notenwert	valor de las notas
e ganze / halbe Note / e Viertelnote / e Achtelnote	semibreve / redonda, mínima / blanca, negra, corchea
Kannst du Noten lesen?	¿Sabes leer música / las notas?
r Notenschlüssel	clave
r **Takt**, -e / r Dreivierteltakt	compás / compás ternario / de tres por cuatro
im Takt bleiben ↔ aus dem Takt kommen	mantener ↔ perder el compás
r **Akkord**, -e	acorde
r **Ton**, ¨-e / r Halbton	tono / semitono
den Ton angeben	entonar / dar el tono
zu **hoch** (höher, höchst-) ↔ **tief**	demasiado alto – bajo
e **Tonleiter**, -n (= c-d-e-f-g-a-h-c)	escala musical (= do-re-mi-fa-sol-la-si-do)
e **Tonart**, -en	tonalidad / tono
eine Tonart vorgeben	fijar / determinar la tonalidad / el tono

in **Dur** ↔ in **Moll**	en (tono) mayor ↔ en modo menor
fis-cis-gis-ais-eis-dis ↔ be-es-as-des-ges-ces-fes	fa sostenido-do sostenido-sol sostenido-la sostenida-mi sostenido ↔ si bemol-mi bemol-la bemol-re bemol-sol bemol-do bemol-fa bemol
harmonisch ↔ **disharmonisch**	armónico / armonioso ↔ disonante
e **Musikakademie**, -n / s Konservatorium, Konservatorien	academia de música / conservatorio
e **Musikschule**, -n	escuela de música
e **Popmusik** ['pɔpmu zi:k] / e **Rockmusik** / r **Rap**, -s [rɛp] / r ***Jazz** [dʒɛs *auch* jats]	música pop / rock / rap / de jazz
e **Band**, -s [bɛnt]	banda
r **Popstar**, -s ['pɔpʃta:ɐ̯ *auch*…st…]	estrella del pop
r DJ, -s ['di:dʒe:]	pinchadiscos / disk-jockey
r Videoclip, -s	videoclip
s **Rockkonzert**, -e / s **Popkonzert**, -e	concierto de rock / de pop
Zugabe, Zugabe …	Otra, otra …
r **Schlagersänger**, - // e **Schlagersängerin**, -nen	el // la intérprete de canciones de moda
r Interpret, -en // e Interpretin, -nen	el // la intérprete
r Liedermacher, -	cantautor
Das ist nur sein **Künstlername**.	Ése es solo su nombre artístico.
r **Schlager**, - / r ***Hit**, -s	canción de moda / éxito de ventas
s **Chanson**, -s [ʃã'sõ:]	copla / cuplé
r Ohrwurm, ⸚er	melodía pegadiza
r **Rhythmus**, Rhythmen ['rytmʊs]	ritmo
aus dem Rhythmus kommen	perder el ritmo

Das war taktlos!	Fue una falta de tacto.
Es ist immer dasselbe Lied, ich muss alles allein machen.	Siempre es la misma canción: yo tengo que hacerlo todo solo.
Er tanzt nach ihrer Pfeife.	Él siempre baila al son que ella le marca.

r ***Tanz**, ⸚e	baile, danza
s Tanztheater / s klassische Ballett	teatro de la danza / ballet clásico
r Spitzentanz	baile de puntillas
r **Tänzer**, - // e **Tänzerin**, -nen	bailarín // bailarina
r Balletttänzer, - // e Balletttänzerin, -nen	bailarín // bailarina (de ballet)
r Tanzpartner, - // e Tanzpartnerin, -nen	pareja (= compañero // compañera) de baile
s **Tanzpaar**, -e	pareja de baile
***tanzen**	bailar

Sie geht gern tanzen.	Le gusta ir a bailar.
Darf ich bitten? (*formell*) / Tanzen Sie mit mir? / Wollen wir tanzen?	¿Me concede este baile? / ¿Baila usted conmigo? / ¿Bailamos?
e Tanzfläche, -n	pista de baile
s **Tạnzstudio**, -s / e **Tạnzschule**, -n	academia de baile / escuela de baile
sich zum Tanzkurs anmelden	apuntarse a clases de baile
an einem **Tạnzkurs** teilnehmen	participar en clases de baile
r ***Schrịtt**, -e / r **Tạnzschritt**, -e	paso / paso de baile
e Schrittkombination, -en	combinación de pasos
e **Choreografie**, -n [koreogra'fi:]	coreografía
r **Choreograf**, -en // e **Choreografin**, -nen	coreógrafo // coreógrafa
einen Tanz einstudieren	ensayar un baile

r Walzer	vals
Langsamer Walzer	vals lento
r Tango	tango
r Salsa	salsa
r Samba	samba
e / r Rumba	rumba
r Foxtrott	fox(trot)
r Volkstanz	baile folclórico / popular
s Steppen / r Stepptanz	claqué
s Ballett	ballet
r klassische Tanz	danza clásica
Modern Dance	danza moderna
r Jazztanz	baile de jazz
r Ausdruckstanz	danza expresiva
s Tanztheater	teatro de la danza

Theater und Film
Teatro y cine

s ***Theater**, - [te'a:tɐ] / s Schauspielhaus, ¨-er	teatro
s staatliche / städtische Theater	teatro nacional / municipal
e **Oper** / s Opernhaus, ¨-er	ópera / ópera [edificio] / palacio de la ópera
ins Theater / **in die Oper *gehen** (ging, ist gegangen)	ir al teatro / a la ópera
e große Bühne, -n ↔ e Kleinkunstbühne, -n	teatro principal ↔ teatro experimental
s Off-Theater	teatro alternativo

e **Komödie**, -n / s Lustspiel, -e	comedia
e **Tragödie**, -n / s Drama, Dramen	tragedia / drama
e **Oper**, -n	ópera
e **Operette**, -n	opereta
s **Musical**, -s [ˈmju:zikl] / e **Show**, -s [ʃo:]	musical / espectáculo, show
s **Kabarett**, -s [kabaˈrɛt, …re: *auch* ˈkabarɛt, …re]	teatro satírico-cómico

Otros tipos de teatro

s Volkstheater	teatro popular
s Mundarttheater	teatro en dialecto
s Kinder- und Jugendtheater	teatro infantil / juvenil
s Marionettentheater	teatro de marionetas

s ***Theaterstück**, -e	obra / pieza de teatro
ein Theaterstück **aufführen** / **vorführen**	representar una obra de teatro
s Einpersonenstück	obra con un solo actor
e **Aufführung**, -en / e ***Vorstellung**, -en	representación
Die Vorstellung beginnt um 7 und endet gegen 10 Uhr.	La representación comienza a las 7 y termina alrededor de las 10.
e Uraufführung / e Erstaufführung	estreno
e **Premiere**, -n [prəˈmi̯e:rə, pre…; *österr.* …ˈmi̯ɛ:r]	estreno
e Matinee, -n [matiˈne:] / e Nachmittagsvorstellung, -en	matiné / LAm vermú, vermut
r Theaterbesuch, -e	visita / asistencia al teatro
e ***Kasse**, -n / e Theaterkasse	taquilla / LAm boletería
Restkarten gibt es nur noch an der Abendkasse.	Las entradas que sobran sólo se pueden conseguir en la taquilla poco antes de comenzar la representación.
Für die Opernkarten musste ich zwei Stunden Schlange stehen.	Para conseguir las entradas de la ópera tuve que guardar cola dos horas.
r ***Eintritt** / r Eintrittspreis, -e	entrada / precio de la entrada, precio de la localidad
Was kostet der Eintritt?	¿Cuánto cuesta la entrada?
e ***Karte**, -n / e ***Eintrittskarte**, -n / e Theaterkarte / s Billett, -n *schweiz.*	entrada / entrada de teatro
Karten (telefonisch / per Internet) ***reservieren** / ***bestellen**	reservar / encargar entradas (por teléfono / por internet)
Wo kann ich die Karten ***abholen**?	¿Dónde puedo recoger las entradas?
***berücksichtigen**	considerar / tener en cuenta

Leider können wir Ihre Bestellung nicht mehr berücksichtigen.	Lo siento, pero ya no podemos aceptar su encargo.
s Theaterabo(nnement), -s / s Abo, -s	abono de teatro
e **Ermäßigung**, -en	descuento / reducción del precio
Gibt's für heute Abend noch **ermäßigte** Karten?	¿Quedan todavía entradas de precio reducido para esta noche?
***gratis** / ***umsonst** / **kostenlos**	gratis
r **Vorverkauf**	venta anticipada
Der Vorverkauf hat bereits begonnen.	Ya ha empezado la venta anticipada de entradas.
e Vorverkaufsgebühr, -en	tarifa de la venta anticipada
im Parkett / im ersten Rang / in der Loge	en butaca de patio / platea, anfiteatro / palco
e ***Reihe**, -n	fila
In welcher Reihe sitzen wir? – In der ersten Reihe.	¿En qué fila estamos? – En la primera fila.
r ***Platz**, ¨-e / r **Sitzplatz** / r **Stehplatz**	localidad / asiento / localidad de pie
ein Platz mit sehr guter ↔ eingeschränkter Sicht	una localidad desde la cual se ve muy bien ↔ desde la cual sólo se ve parte del escenario
Entschuldigung, könnte ich bitte vorbei? – Gerne.	Perdone, ¿me permite pasar? – Claro.
Entschuldigung, ich glaube, Sie sitzen auf meinem Platz.	Perdone, creo que usted está en mi asiento.
s ***Programm**, -e	programa
r Zuschauerraum	sala / auditorio
e **Bühne**, -n	escenario
r ***Vorhang**, ¨-e	telón
den Vorhang aufziehen ↔ schließen	abrir ↔ cerrar el telón
r **Spielplan**, ¨-e / s Repertoire, -s	programa de representaciones / cartelera / repertorio
r **Intendant**, -en // e **Intendantin**, -nen	director artístico // directora artística
e **Inszenierung**, -en	escenificación / puesta en escena
ein Theaterstück inszenieren	escenificar / poner en escena una obra de teatro
gut ↔ schlecht / nicht überzeugend inszeniert	bien ↔ mal escenificada / una puesta en escena no muy convincente
r **Regisseur**, -e [reʒɪ'søːɐ̯] // e **Regisseurin**, -nen	director // directora
r Filmregisseur / r Theaterregisseur / r Opernregisseur	director de cine / teatro / ópera
e **Dramaturgie**	dramaturgia
r Dramaturg, -en // e Dramaturgin, -nen	asesor artístico // asesora artística de un teatro

r Souffleur, -e [zuf'lø:ɐ̯] // e souffleuse, -n [zuf'lø:zə]	apuntador // apuntadora
e Schauspielerei	oficio de actor
e **Besetzung**, -en	reparto
e Besetzungsliste, -n	lista del reparto
Wer spielt mit?	¿Quién actúa / participa en la obra?
r ***Schauspieler**, - // e **Schauspielerin**, -nen	actor // actriz
r Theaterschauspieler / r Filmschauspieler	actor de teatro / de cine
r Darsteller, - // e Darstellerin, -nen	el // la intérprete / actor // actriz
e ***Darstellung**, -en	interpretación
darstellen	actuar / interpretar
Theater *spielen	actuar
Sie geht zum Theater.	Va a trabajar en el teatro. / Se va a hacer actriz.
s **Talent**, -e	talento
s Nachwuchstalent	actor // actriz joven que empieza a destacar
s **Bühnenbild**, -er	decorado
r Bühnenbildner, - // e Bühnenbildnerin, -nen	decorador // decoradora
e Bühnendekoration, -nen / e Kulisse, -n	decorado / bastidores
e Requisite, -n	atrezo [en conjunto] / accesorio [cada elemento]
s ***Kostüm**, -e	traje / vestuario
r Kostümbildner, - // e Kostümbildnerin, -nen	encargado // encargada del vestuario
r ***Autor**, -en // e **Autorin**, -nen	autor // autora
r **Verfasser**, - // e **Verfasserin**, -nen	autor // autora
r Stückeschreiber, - // e Stückeschreiberin, -nen	autor // autora de teatro / dramaturgo // dramaturga
r Dramatiker, - // e Dramatikerin, -nen	dramaturgo // dramaturga
Sie spielen ein Stück von Goethe.	Están representando una obra de Goethe.
ein Theaterstück ***schreiben** (schrieb, hat geschrieben) / **verfassen**	escribir una obra de teatro
r **Akt**, -e	acto
r Einakter, -	una obra de un acto
e **Szene**, -n ['stse:nə]	escena
r Auftritt, -e	entrada (en escena)
erster Akt dritte Szene	Acto 1, escena 3
r **Monolog**, -e ↔ r **Dialog**, -e	monólogo ↔ diálogo
e Bühnenanweisung, -en	acotación
e **Handlung**, -en	argumento / trama, acción
e Haupthandlung / e Nebenhandlung	trama principal / secundaria

***handeln von**	tratar de
Wovon handelt das Stück? – Es spielt im 19. Jahrhundert und handelt von …	¿De qué trata la obra? – Está situada en el siglo XIX y trata de …
s ***Thema**, Themen	tema
Liebe und Eifersucht	amor y celos
Hass und Neid	odio y envidia
r **Höhepunkt**, -e	punto álgido / clímax
e handelnde Person, -en	personaje
e Hauptfigur, -en / e Nebenfigur	personaje principal / secundario
r **Held**, -en ↔ r **Schurke**, -n	(el) héroe ↔ (el) malo
e **Probe**, -n	ensayo
e Generalprobe / e Hauptprobe	ensayo general
e ***Rolle**, -n	papel
e **Hauptrolle**, -n / e **Nebenrolle**, -n	papel principal / secundario
e Doppelrolle, -n	doblete / papel doble
(eine Rolle) ***spielen**	interpretar (un papel)
Er spielt die Rolle des Faust sehr überzeugend.	Interpreta el papel de Fausto de una forma muy convincente.
eine hervorragende schauspielerische Leistung	una interpretación de una alta calidad artística
s ***Publikum**	público
r **Zuschauer**, - // e **Zuschauerin**, -nen	espectador // espectadora
***anschauen** / ***ansehen** (sieht an, sah an, hat angesehen)	ver
Die Vorstellung musst du dir ***unbedingt** ansehen.	No puedes dejar de ver esa función. / Tienes que ver esa función sin falta
Das Publikum war **begeistert**.	El público estaba encantado.
r **Applaus** [a'plaus] / r **Beifall**	aplauso
applaudieren / Beifall klatschen	aplaudir
Die Vorstellung war gut ↔ schlecht besucht.	Hubo mucho ↔ poco público en la función.
r ***Erfolg**, -e ↔ r ***Misserfolg**, -e / r Reinfall, ⸚e	éxito ↔ fracaso
ein Riesenerfolg ↔ ein totaler Reinfall	un exitazo ↔ un fracaso total
r **Kritiker**, - // e **Kritikerin**, -nen	crítico // crítica
e ***Kritik** / e **Besprechung**	crítica / reseña
s ***Kino**, -s / s Filmtheater, -	cine
s Programmkino, -s	cine de arte y ensayo
r Kinobesucher, - // e Kinobesucherin, -nen / r Kinogänger, - // e Kinogängerin, -nen	aficionado / aficionada al cine
r Cineast, -en // e Cineastin, -nen	el // la cineasta
ins Kino gehen (ging, ist gegangen)	ir al cine
Gehen wir doch heute Abend ins Kino.	Anda, vamos al cine esta noche.
Welche Filme ***laufen** denn gerade? (läuft, lief, ist gelaufen)	¿Qué películas están poniendo / echando ahora?

In welchem Kino läuft der Film mit Franka Potente?	¿En qué cine ponen / echan la película con Franka Potente?
r ***Film**, -e	película
r Experimentalfilm / r Dokumentarfilm	película experimental / documental
r Kurzfilm / r Trickfilm / r Werbefilm	corto / (película de) dibujos animados / película publicitaria
r Autorenfilm	película de autor
r **Kinofilm**	película / filme
r Hauptfilm / r Vorfilm	película principal / película de relleno, secundaria [proyectada antes de la principal]
einen Film *zeigen / vorführen	mostrar / exhibir una película
r Vorspann ↔ r Abspann	títulos de crédito / introducción ↔ títulos finales
s Happyend ['hɛpi'lɛnt] / s offene Ende	final feliz / final abierto
r **Untertitel**, -	subtítulo
Original mit Untertiteln (OmU) ↔ Original ohne Untertitel (OoU)	original con subtítulos ↔ original sin subtítulos
synchronisieren	doblar
e Synchronfassung, -en	versión doblada
in gekürzter ↔ ungekürzter Fassung / in voller Länge	versión acortada ↔ versión íntegra
e **Filmindustrie**	industria del cine / cinematográfica
e Produktionsfirma, -firmen	productora
r **Produzent**, -en // e **Produzentin**, -nen	productor // productora
***produzieren**	producir
e Filmförderung, -en	promoción del cine
bezuschussen / unterstützen	subvencionar / apoyar
s **Drehbuch**, ¨-er	guión
r Plot, -s	argumento
e Adaption, -en	adaptación
r Drehbuchschreiber, - // e Drehbuchschreiberin, -nen / r Drehbuchautor, -en // e Drehbuchautorin, -nen	el // la guionista
einen Film drehen	rodar una película
r **Kameramann**, ¨-er // e **Kamerafrau**, -en	el // la cámara
e **Regie**	dirección
Regie führt Doris Dörrie.	dirigida por Doris Dörrie / dirección a cargo de Doris Dörrie
r **Filmschauspieler**, - // e **Filmschauspielerin**, -nen	actor // actriz de cine
r ***Star**, -s [ʃtaːɐ̯ *auch* st…] /	estrella
r Filmstar	estrella de cine

r **Filmpreis**, -e	premio cinematográfico
e Filmpreisverleihung	entrega de premios cinematográficos
Er erhielt für seine Rolle als Bismarck einen Bambi.	Obtuvo un Bambi por su papel de Bismarck.
e **Filmhochschule**, -n	academia de cine
e **Schauspielschule**, -n	escuela de cine

Literatur
Literatura

e **Literatur**, -en [lɪtəra'tu:ɐ̯]	literatura
e **deutschsprachige** ↔ **fremdsprachige** Literatur	literatura en lengua alemana ↔ en lengua extranjera
e **triviale** ↔ **anspruchsvolle** Literatur	literatura trivial ↔ seria
s ***Buch**, ⸚er	libro
s **literarische *Werk**	obra literaria
***lesen** (liest, las, hat gelesen)	leer
r **Leser**, - // e **Leserin**, -en	lector // lectora
e **Literaturkritik**	crítica literaria
r Literaturkritiker, - // e Literaturkritikerin, -nen	crítico literario // crítica literaria
e **Literaturwissenschaft**	estudios literarios / literatura
r Literaturwissenschaftler, - // e Literaturwissenschaftlerin, -nen	el // la especialista en literatura
e **Literaturgeschichte**	historia de la literatura
e **Literaturepoche**, -n	época literaria

Épocas literarias

e mittelalterliche Literatur	literatura medieval
s Barock	Barroco
e Aufklärung	Ilustración
r Sturm und Drang	movimiento en contra de la Ilustración (1767–1785)
e Klassik	Clasicismo alemán (aprox. 1786–1805)
e Romantik	Romanticismo
r Realismus	Realismo
r Naturalismus	Naturalismo
r Dadaismus	Dadaísmo
r Surrealismus	Surrealismo
r Expressionismus	Expresionismo

r ***Autor**, -en // e **Autorin**, -nen / r **Verfasser**, - // e **Verfasserin**, -nen / r **Schriftsteller**, - // e **Schriftstellerin**, -nen	autor // autora / escritor // escritora
***schreiben** (schrieb, hat geschrieben) / **verfassen**	escribir
r **Preisträger**, - // e **Preisträgerin**, -nen	premiado // premiada / galardonado // galardonada
r Nobelpreisträger	ganador del premio Nobel
einen Preis verleihen ↔ bekommen	conceder ↔ recibir un premio
Der Nobelpreis für Literatur geht 1999 an Günther Grass.	El premio Nobel de literatura de 1999 es para Günther Grass.
r **Erzähler**, - // e **Erzählerin**, -nen	narrador // narradora
e **Literaturgattung**, -en	género literario
s **Drama**, Dramen	drama
s **Theaterstück**, -e	obra / pieza de teatro
e **Komödie**, -n / e **Tragödie**, -n	comedia / tragedia
***komisch** ↔ **tragisch**	cómico ↔ trágico
e Satire	sátira
e Parodie	parodia
e **Epik**	épica
e **Prosa**	prosa
e **Erzählliteratur** / e **Belletristik**	(literatura) narrativa / bellas letras
r **Roman**, -e	novela
e ***Erzählung**, -en	narración
eine *Geschichte *erzählen	contar una historia
s ***Märchen**, -	cuento
Grimms Märchen	cuentos de los hermanos Grimm
e **Biografie**, -n (über +*A*)	biografía (de)
Sein Roman hat stark **autobiografische** Züge.	Su novela tiene muchos rasgos autobiográficos.

r Roman, -e	novela
r historische Roman, -e	novela histórica
r Liebesroman, -e	novela rosa
r Frauenroman, -e	novela para mujeres
e Erzählung, -en	narración
e Novelle, -n	novela corta / cuento
e Kurzgeschichte, -n	cuento / relato breve
*r *Krimi, -s / r Kriminalroman, -e*	novela policiaca
r Thriller, - ['θrɪlə]	novela de suspense
r Gedichtband, ¨-e / e Anthologie	colección de poesías / antología
e Anekdote, -n	anécdota
e Biografie, -n	biografía
e Autobiografie	autobiografía
r Essay, -s ['ɛse *auch* ɛ'se:]	ensayo
s Tagebuch	diario
s Märchen	cuento

e Legende / e Sage	leyenda / saga
e Trivialliteratur	literatura trivial
e Sciencefiction ['saiəns'fɪkʃn]	ciencia ficción
r Schundroman, -e	novela de pacotilla
s Groschenheft, -e / r Groschenroman, -e	novela folletinesca

e **Lyrik** / e **Dichtung**	lírica / poesía
lyrisch	lírico
r **Lyriker**, - // e **Lyrikerin**, -nen	poeta lírico / poeta lírica
r ***Dichter**, -en // **Dichterin**, -nen r **Poet**, -en // e **Poetin**, -nen	el // la poeta / poetisa
s **Gedicht**, -e	poema
ein Gedicht **auswendig** lernen / aufsagen	aprender / recitar una poesía de memoria
s fünfzeilige Gedicht / r Fünfzeiler	quinteto, quintilla
s Sonett, -e	soneto
s **Reimschema**, -schemata	estructura rítmica / de la rima
s Reimschema beachten	tener en cuenta la estructura rítmica
r **Reim**, -e	rima
Haus reimt sich auf Maus.	Haus rima con Maus.
s Metrum / s Versmaß	metro
r **Vers**, -e / e **Strophe**, -n	verso / estrofa
in Versform	en verso
e **Poesie**	poesía
poetisch	poético
e **Textanalyse**, -n	análisis de texto
e **Interpretation**, -en / e Auslegung, -en	interpretación
einen Text interpretieren	interpretar un texto
e Primärliteratur / e Sekundärliteratur	obra literaria / bibliografía sobre una obra literaria
(aus der Literatur) **zitieren**	citar (de una obra literaria)
s **Zitat**, -e	cita
s ***Sprichwort**, ⸚er	refrán / proverbio
s Plagiat, -e	plagio
Man beschuldigt ihn des Plagiats.	Lo acusan de plagio. / Se le acusa de plagio.
r ***Text**, -e	texto
s **Kapitel**, -	capítulo
r ***Abschnitt**, -e / e **Passage**, -n [pa'sa:ʒə]	fragmento / pasaje
r **Absatz**, ⸚e	párrafo
r ***Inhalt**	contenido
e **spannende** ↔ **langweilige** Geschichte, -n	historia interesante ↔ aburrida
die Geschichte **handelt von** *(+D)*	la historia trata de

e **Handlung** / e Nebenhandlung, -en	argumento, trama, acción / acción secundaria
r **Schauplatz** / Zeit und Ort der Handlung	escenario / tiempo y lugar de la acción
e **Einleitung** ↔ r ***Schluss**	introducción ↔ final
Der Roman hat einen überraschenden Schluss.	La novela tiene un final sorprendente.
e ***Form**, -en / e **Struktur**, -en	forma / estructura
e **Erzählperspektive**, -n	punto de vista
r Ich-Erzähler	narrador en primera persona
r auktoriale / allwissende Erzähler	narrador omnisciente
r personale Erzähler	narrador personal no omnisciente
e **Funktion**, -en / e **Bedeutung**, -en	función / significado
r **Erzählstil**, -e	estilo narrativo
e **Beschreibung**, -en / e Personenbeschreibung	descripción / descripción de personas
e **Zusammenfassung**, -en	resumen
e **Rückblende**, -n	retrospectiva
s spannungssteigernde Element, -e	elemento que aumenta el suspense
r **Höhepunkt**, -e	punto álgido / clímax
s **rhetorische *Mittel**, -	recurso retórico
e **Bildersprache** / e **Metaphorik**	lenguaje figurado / metafórico
e **Metapher**, -n	metáfora
ein Wort **metaphorisch** gebrauchen	utilizar una palabra metafóricamente
e **Ironie**	ironía
s Wortspiel, -e	juego de palabras
e **Übersetzung**, -en	traducción
Sein Roman liegt nun auch in deutscher Übersetzung vor.	La novela también está traducida ahora al alemán.
r **Übersetzer**, - // e **Übersetzerin**, -nen	traductor // traductora
vom Deutschen ins Portugiesische ***übersetzen**	traducir del alemán al portugués
e **Zensur**	censura
zensieren	censurar
konfiszieren / beschlagnahmen	confiscar

Philosophie
Filosofía

e **Philosophie**	filosofía
e antike Philosophie	filosofía clásica
e Sprachphilosophie	filosofía del lenguaje
philosophisch	filosófico

r **Philosoph**, -en // e **Philosophin**, -nen	filósofo // filósofa
philosophieren (über +*A*)	filosofar
r **Denker**, - // e **Denkerin**, -nen	pensador // pensadora
s (natur)wissenschaftliche / abendländische Denken	pensamiento científico // occidental
***nachdenken** (dachte nach, hat nachgedacht) (über +*A*)	reflexionar / pensar
***verstehen** (verstand, hat verstanden)	entender / comprender
s ***Verständnis**	comprensión
e **Analyse**, -n	análisis
***analysieren**	analizar
e **Definition**, -en	definición
definieren	definir
e ***Idee**, -n	idea
Die ***Erfahrung** lehrt (uns), dass …	La experiencia nos enseña que …
empirisch / erfahrungsmäßig	empírico
s **Argument**, -e (für ↔ gegen)	argumento
argumentieren	argumentar
e **Vernunft** / e Ratio	razón
rational / vernunftmäßig	racional
etw auf rationale Weise ***erklären**	explicar algo racionalmente / de forma racional
e **Aufklärung**	aclaración
zweifeln (an +*D*)	dudar
r ***Zweifel**, -	duda
Er bezweifelt die Existenz Gottes.	Duda de la existencia de Dios.
an die Existenz eines transzendenten Wesens glauben	creer en la existencia de un ser trascendental
e **Theorie**, -n	teoría
eine in sich stimmige Theorie	una teoría consistente / bien fundada
konsistent / widerspruchsfrei	consistente / sin contradicciones
eine Theorie *entwickeln	desarrollar una teoría
verifizieren ↔ falsifizieren	verificar ↔ falsificar
e Verifikation ↔ e Falsifikation	verificación ↔ falsificación
e Kausalität	causalidad
s Kausalgesetz	ley de la causalidad
e **Logik**	lógica
s Gesetz der Logik	ley de la lógica
logisch	lógico
logisches Denken	pensamiento lógico
e **Ethik**	ética
Das ist eine Frage der Ethik.	Es una cuestión de ética.
r dialektische Materialismus	materialismo dialéctico

Áreas de la filosofía

e Ästhetik / ästhetisch / r Ästhet, -en // e Ästhetin, -nen	estética / estético / el // la esteta
r Agnostizismus / r Agnostiker, - // e Agnostikerin, -nen	agnosticismo / agnóstico / agnóstico // agnóstica
r Existenzialismus / existenzialistisch / r Existenzialist, -en // e Existenzialistin, -nen	existencialismo / existencialista / el // la existencialista
r Eklektizismus / eklektisch / r Eklektiker, - // e Eklektikerin, -nen	eclecticismo / ecléctico / ecléctico // ecléctica
e Epistemologie / e Erkenntnislehre	epistemología
e Hermeneutik	hermenéutica
r Idealismus / idealistisch / r Idealist, -en // e Idealistin, -nen	idealismo / idealista / el // la idealista
r Materialismus / materialistisch / r Materialist, -en // e Materialistin, -nen	materialismo / materialista / el // la materialista
e Metaphysik / metaphysisch / r Metaphysiker, - // e Metaphysikerin, -nen	metafísica / metafísico / metafísico // metafísica
r Moralismus / moralisch / r Moralist, -en // e Moralistin, -nen	moralismo / moralista / el // la moralista
r Nihilismus / nihilistisch / r Nihilist, -en // e Nihilistin, -nen	nihilismo / nihilista / el // la nihilista
e Ontologie / ontologisch	ontología / ontológico
r Positivismus / positivistisch / r Positivist, -en // e Positivistin, -nen	positivismo / positivista / el // la positivista
r Pragmatismus / pragmatisch / r Pragmatiker, - // e Pragmatikerin, -nen	pragmatismo / pragmático / pragmático // pragmática
r Rationalismus / rationalistisch / r Rationalist, -en // e Rationalistin, -nen	racionalismo / racionalista / el // la racionalista
*r Realismus / *realistisch / r Realist, -en // e Realistin, -nen*	realismo / realista / el // la realista
e Scholastik / scholastisch / r Scholastiker, - // e Scholastikerin, -nen	escolástica / escolástico / escolástico // escolástica
r Skeptizismus / skeptisch / r Skeptiker, - // e Skeptikerin, -nen	escepticismo / escéptico / escéptico // escéptica

e **Moral**	moral
r **moralische** ***Wert**, -e / r **Grundsatz**, ¨-e	valor / principio moral
s **Ich**	(el) yo
Sokrates Suche nach dem Ich	la búsqueda del yo por parte de Sócrates
das ***Ding** an sich	la cosa en sí misma
Erscheinung und ***Wirklichkeit**	apariencia y realidad
***Ursache** und ***Wirkung**	causa y efecto
Geist und **Materie**	espíritu y materia
***Körper** und **Geist**	cuerpo y espíritu
***Zeit** und ***Raum**	tiempo y espacio

das **Schöne** und das **Hässliche**	lo bello y lo feo
***gut** und ***böse**	bien y mal

*Frage: Gibt es *Gott? – Der Gläubige sagt: Ja. – Der Atheist sagt: Nein. – Der Agnostiker sagt: Ich weiß es nicht.*
Pregunta: ¿Existe Dios? – El creyente dice: Sí. – El ateo dice: No. – El agnóstico dice: No lo sé.

Religion
Religión

r **Glaube**	fe
***glauben** an (+*A*)	creer en
gläubig / fromm ↔ ungläubig sein	ser creyente / piadoso / devoto ↔ no ser creyente
r / e **Gläubige**, -n ↔ r / e **Ungläubige**, -n	el // la creyente ↔ el // la no creyente
r **Atheist**, -en [ate'ɪst] // e **Atheistin**, -nen	ateo // atea
***beten**	rezar / orar
Lasst uns beten!	¡Oremos!
s **Gebet**, -e	oración
***heilig**	santo
s Heiligtum, ¨-er	santuario / lugar sagrado
Gott verehren	adorar a Dios
e Gottheit, -en	deidad
r ***Gott**, ¨-er // e **Göttin**, -nen	dios // diosa
göttlich	divino
e göttliche Offenbarung	revelación divina
allmächtig	todopoderoso
allgegenwärtig	omnipresente
allwissend	omnisciente
e **Theologie**	teología
s **Dogma**	dogma
e ***Religion**, -en [reli'gi̯o:n]	religión
e Religionsfreiheit	libertad religiosa
religiös	religioso
e religiöse Überzeugung	convicción religiosa
e Religionsgemeinschaft, -en	comunidad religiosa
s **Oberhaupt**, ¨-er (der katholischen Kirche)	jefe / cabeza (de la iglesia católica)
r **Anhänger**, - // e **Anhängerin**, -nen	seguidor // seguidora
e **Konfession** / e Glaubensgemeinschaft	confesión / comunidad de creyentes

Welche Konfession haben Sie?	¿Qué confesión religiosa tiene usted?
konfessionslos	aconfesional
Was ist die vorherrschende Religion in Ihrem Land?	¿Qué religión predomina en su país?
s ***Christentum**	cristiandad
christlich	cristiano
r Christ, -en // e Christin, -nen ↔ r Heide, -n / e Heidin, -nen	cristiano // cristiana ↔ pagano // pagana
r Ketzer, -	el // la hereje
r Gottesstaat ↔ e Säkularisation	teocracia ↔ secularización
r **Katholizismus**	catolicismo
(römisch-)***katholisch**	católico (romano)
r Katholik, -en // e Katholikin, -nen	católico // católica
r Baptist, -en // e Baptistin, -nen	el // la baptista
r Methodist, -en // e Methodistin, -nen	el // la metodista
r **Protestantismus**	protestantismo
***protestantisch** / ***evangelisch**	protestante
r Evangele, -n // e Evangelin, -nen	el // la protestante
Er / Sie ist Protestant(in) / evangelisch.	Él // Ella es protestante.
e reformierte Kirche	Iglesia reformada
e lutherische Kirche	Iglesia luterana
(r liebe) **Gott**	(buen) Dios / Nuestro Señor
r **Schöpfer** des Weltalls	creador del universo
s Jesuskind / s Christuskind	Niño Jesús
r Messias	Mesías
e Heilige Dreifaltigkeit / Dreieinigkeit (Vater, Sohn und Heiliger Geist)	Santísima Trinidad (Padre, Hijo y Espíritu Santo)
e ***Bibel** ['bi:bl̩]	Biblia
s Alte / Neue Testament	Viejo / Nuevo Testamento
s Evangelium	evangelio
r Katechismus	catecismo
r Psalm	salmo
s Vaterunser	Padrenuestro
s Glaubensbekenntnis	Credo
Amen	amén
e ***Kirche**, -n	iglesia
in die Kirche gehen	ir a la iglesia
e **Messe**, -n	misa
zur Messe gehen	ir a misa
zum **Gottesdienst** gehen / den Gottesdienst besuchen	ir a misa
an einem ökumenischen Gottestdienst teilnehmen	participar en una celebración / misa ecuménica
r **Dom**, -e / e **Kathedrale**, -n	catedral
e Wallfahrtskirche	iglesia de peregrinación
e **Kapelle**, -n	capilla
s ***Symbol**, -e	símbolo
s **Kreuz**, -e	cruz

r **Altar**, ⸚e	altar
s Sakrament, -e	sacramento
predigen	predicar
r Prediger, - // e Predigerin, -nen	predicador // predicadora
e **Predigt**, -en	homilía / sermón
e Bergpredigt	Sermón de la Montaña
e Prozession, -en	procesión
s (heilige) Abendmahl	la Última / Sagrada Cena
e Auferstehung (Christi)	resurrección
e Wiedergeburt	reencarnación
s ewige Leben	vida eterna
e **Taufe**	bautismo, bautizo
taufen	bautizar
Patrick ist getauft.	Patrick está bautizado.
e **Konfirmation**	confirmación [protestante]
e (heilige) **Kommunion**	(sagrada) comunión
e Firmung	confirmación [católica]
e Zehn Gebote	(los) Diez Mandamientos
e **Sünde**, -n	pecado
e Erbsünde	pecado original
e Todsünde	pecado mortal
r ***Himmel** ↔ e **Hölle**	cielo ↔ infierno
in den Himmel kommen	ir al cielo
r **Engel**, -	ángel
r / e Heilige, -n	santo // santa
r Teufel	demonio / diablo
e Beichte	confesión
beichten gehen	ir a confesar
e Absolution / e Lossprechung (von den Sünden)	absolución / perdón (de los pecados)
e Heilsarmee	Ejército de salvación
e **Gemeinde**	parroquia, comunidad de feligreses
r Gemeinderat	cabildo
r Kirchenvorstand	presbiterio
r / e **Geistliche**, -n	clérigo / sacerdote

Personas de la Iglesia

r Papst	Papa
r Kardinal	cardenal
r (Erz-)Bischof	obispo
r Diakon, -e // e Diakonin, -nen	diácono // diaconisa
r Priester, - // e Priesterin, -nen	sacerdote // sacerdotisa
r Pfarrer, - // e Pfarrerin, -nen	párroco, pastor // pastora
r Pater, Patres	padre
r Mönch, -e	monje
e Nonne, -n	monja
*mein *Bruder, ⸚*	(mi) hermano
*meine *Schwester, -n*	(mi) hermana

s **Kloster**, ⸚	convento
konvertieren	convertirse [a una religión]
Er konvertierte zum Judentum. / Er trat zum jüdischen Glauben über.	Se convirtió al judaísmo.
jn **bekehren**	convertir [a alg]
Er wurde in die katholische Kirche aufgenommen.	Fue acogido en la Iglesia católica
aus der Kirche **austreten** (tritt aus, trat aus, ist ausgetreten)	salirse de la Iglesia
e **russisch-orthodoxe** Kirche	Iglesia ortodoxa rusa
e **griechisch-orthodoxe** Kirche	Iglesia ortodoxa griega
r Patriarch	patriarca
r ***Islam**	islam
islamisch	islámico
r Prophet Mohammed	el profeta Mahoma
r **Muslim**, -e // e **Muslimin**, -nen / r Moslem, -s // e Moslemin, -nen	musulmán // musulmana
r Koran	Corán
muslimisch / moslemisch	musulmán
e **Moschee**, -n	mezquita
r Fundamentalismus	fundamentalismo
r Fundamentalist, -en	fundamentalista
r ***Hinduismus**	hinduismo
hinduistisch	hindú
Im Hinduismus wird die Kuh verehrt.	En el hinduismo se adora a la vaca.
r Hindu	hindú
r ***Buddhismus**	budismo
buddhistisch	budista
r **Tempel**	templo
e Buddha-Figur	figura de Buda
Buddha heißt „der Erleuchtete".	Buda significa "el alumbrado" / "el iluminado"
s ***Judentum** / r Judaismus	judaísmo
r **Jude**, -n // e **Jüdin**, -nen	judío // judía
r orthodoxe Jude	judío ortodoxo
jüdisch	judío
r Gott Israels	Dios de Israel
e Thora	Torá
r Talmud	Talmud
e **Synagoge**, -n	sinagoga
r Rabbi, -s / r Rabbiner, -	rabino
koscher	kasher
Sabbat	sábado judío
e Naturreligion, -en	religión natural

12 Wissen und Wissenschaft
Conocimientos y ciencia

Wissen
conocimientos

s **Wịssen**	conocimiento(s)
großes ↔ **gerịnges** Wissen haben	tener muchos ↔ escasos conocimientos
ụnbegrenztes ↔ **begrẹnztes** Wissen	conocimientos ilimitados ↔ limitados
umfạssendes ↔ **eingeschränktes** Wissen	conocimientos amplios / extensos ↔ limitados
s Wissensgebiet, -e	área de conocimiento
***wịssen** (weiß, wusste, hat gewusst)	saber
etw (nicht so) ***genau** wissen	(no) saber algo exactamente
Das ist **wịssenswert**.	Esto es digno de saberse.
sein Wissen **erweitern** / ***vergrößern**	ampliar / aumentar sus conocimientos
seine Kenntnisse **ausbauen**	ampliar sus conocimientos
Kenntnisse / Wissen **erwerben** (erwirbt, erwarb, hat erworben)	adquirir conocimientos
wissensdurstig / wissbegierig	con afán de saber / deseoso de aprender
Interesse ↔ Desinteresse zeigen	mostrar interés ↔ desinterés
sich Wissen aneignen	adquirir conocimientos
Durch umfangreiche Studien hat sie sich ein enormes Wissen angeeignet.	A través de amplios estudios ha adquirido / acumulado grandes conocimientos.
(über alles) ***Bescheid wịssen**	saber (de todo)
Darüber weiß ich zu wenig, da kann ich nicht mitreden.	De eso sé muy poco, no puedo opinar.
e **Intelligẹnz** [ɪntɛli'gɛnts]	inteligencia
r Intelligenztest, -s	test de inteligencia
***intelligẹnt**	inteligente
***klug** (klüger, klügst-) ↔ ***dụmm** (dümmer, dümmst-)	listo ↔ tonto, ignorante
wissend ↔ unwissend / ignorant sein	ser un erudito / entendido ↔ un ignorante

Ich weiß, dass ich nichts weiß.	Sé que no sé nada.
Was ich nicht weiß, macht mich nicht heiß.	Ojos que no ven, corazón que no siente.
*Wissen ist *Mạcht, nichts wissen macht nichts.*	Saber es poder, no sabiendo nada no se alcanza nada / no saber nada no importa nada. [juego de palabras]
Nicht für die Schule, sondern für das Leben lernen wir.	No aprendemos para el colegio, sino para la vida.

sich für etw *interessieren	interesarse por algo
Er interessiert sich für die neuesten Entwicklungen auf dem Sektor der Gentherapie.	Se interesa por los últimos adelantos en el campo de la terapia genética.
***Interesse *haben** an (+*D*)	tener interés en
Sie hat großes Interesse an diesem Projekt.	Tiene mucho interés en este proyecto.
interessiert sein an (+*D*)	estar interesado en
An Politik ist sie nicht interessiert. / Politik interessiert sie nicht.	No está interesada en la política. / La política no le interesa.
***kennen** (kannte, hat gekannt)	conocer
jn (erst) ***seit kurzem** ↔ (schon) ***lange** / **seit langem** kennen	conocer a alguien desde hace poco tiempo ↔ desde hace mucho tiempo
jn (nur) **flüchtig** / ***kaum** ↔ (sehr) ***gut** kennen	conocer a alguien (sólo) superficialmente ↔ (muy) bien
Helfen Sie mir bitte. Woher kennen wir uns? – Von früher. / Aus der Schule.	[Ayúdeme, por favor.] ¿Sabe usted de qué nos conocemos? – De hace tiempo. / Del colegio.
***können** (kann, konnte, hat gekonnt)	poder

saber / conocer – *kennen / können / wissen*

kennen: conocimientos experimentados personalmente

Ich kenne den Autor dieses Buches,	*… weil ich ihn schon einmal kennengelernt / getroffen / (auf einem Foto)gesehen / von ihm gehört habe.*
Conozco al autor de este libro	… porque ya me lo he encontrado una vez / lo he visto (en una foto) / he oído hablar de él.

können: competencia / habilidad

Das kann sie noch nicht.	*… weil sie noch zu jung ist und es noch nicht gelernt hat.*
No puede / sabe hacerlo todavía	… porque todavía es demasiado joven y no lo ha aprendido.

wissen: conocimientos adquiridos

Ich weiß, wann J.W. von Goethe geboren ist,	*… weil ich es einmal gelernt und es mir gemerkt habe.*
Sé cuándo nació J.W. von Goethe	… porque lo aprendí en alguna ocasión y aún me acuerdo.

e **Kenntnis**, -se (in)	conocimiento (de)
Seine Kenntnisse in Biologie / Biologiekenntnisse sind erstaunlich.	Sus concimientos de biología son sorprendentes.

Meines Wissens (nach) / So viel ich weiß, arbeitet er jetzt in New York.	Que yo sepa / Según tengo entendido trabaja ahora en Nueva York.

Expresiones con – *kennen / können / wissen*

En estas oraciones es importante utilizar la acentuación correcta:

***Das** kenne ich schon!*	¡Eso ya lo sé!
***Da** kenne ich mich aus.*	Eso es algo de lo que yo sé.
*Da kenne ich **nichts**. (= Davon lasse ich mich nicht abhalten.)*	¡Ahí no hay quien me pare!
***Ich** kann nichts dafür.*	No puedo hacer nada.
*Wie **konntest** du nur?*	¿Cómo has podido (hacerlo)?
*Was weiß **ich**?*	¡Y yo qué sé!
*Ja, ja, ich **weiß**. / Ich **weiß** schon …*	Sí, sí, ya sé. / Ya sé …
*Ich will **nichts** mehr von ihm wissen!*	¡No quiero saber nada más de él!

s **Gedächtnis**	memoria
ein **gutes** (besser, best-) ↔ **schlechtes** Gedächtnis haben	tener buena ↔ mala memoria
s Namensgedächtnis ↔ s Personengedächtnis / s Zahlengedächtnis	memoria para los nombres / para las personas (las caras) / para los números
s Kurzzeitgedächtnis / s Langzeitgedächtnis	memoria a corto ↔ largo plazo
e **Eselsbrücke**, -n / e Gedächtnisstütze, -n	ayuda mnemotécnica / mecanismo para recordar algo
e Lerntechnik, -en / e Lernhilfe, -n	técnica de aprendizaje / ayuda para el aprendizaje
e Mind-Map, -s ['maɪndmæp]	asociación de ideas
e Merkhilfe, -n / e Mnemotechnik, -en	ayuda para aprender algo / ayuda mnemotécnica
s Assoziogramm, -e [asotsio'gram]	asociograma
e Gedächtnislücke, -n / r / s Black-out, -s ['blɛklaut *auch* '-'-,-'-]	laguna mental / pérdida de la memoria / quedarse en blanco
s Gedächtnistraining	entrenamiento de la memoria
s **Gedächtnis *verlieren** (verlor, hat verloren)	perder la memoria
Bei einem Unfall hat er sein Gedächtnis verloren.	Ha perdido la memoria en un accidente.
sich ***erinnern** an (+*A*) ↔ ***vergessen** (vergisst, vergaß, hat vergessen)	acordarse / recordar ↔ olvidar(se)
e ***Erinnerung**, -en (an +*A*)	memoria, recuerdo
Diesen Tag behalte ich immer in guter Erinnerung.	Este día lo conservaré siempre en la memoria. / Siempre tendré un gran recuerdo de este día.
sich ***merken** / ***behalten** (behält, behielt, hat behalten)	recordar / tomar nota de / retener (en la memoria)

Zahlen kann ich mir nicht so merken.	No puedo acordarme de las cifras / los números. No tengo buena memoria para los números.
e Merkfähigkeit	habilidad / facilidad para recordar algo
***einfallen** (fällt ein, fiel ein, ist eingefallen)	ocurrirse / venir a la memoria / caer en
Kennst du ihn? – Ja, aber sein Name fällt mir nicht mehr ein.	¿Lo conoces? – Sí, pero no me acuerdo de su nombre / pero no caigo ahora en su nombre.
Dazu / Zu diesem Thema fällt mir einfach nichts ein.	No se me ocurre nada con respecto a ese tema.
r ***Gedanke**, -n	pensamiento
ein kluger / vernünftiger / guter ↔ dummer Gedanke	una idea inteligente / razonable / buena ↔ una idea tonta
sich Gedanken machen über (+*A*)	pensar sobre, preocuparse por
Das ist **logisch**. ↔ Das ist doch absurd. / So ein Quatsch!	Eso es lógico ↔ absurdo. / ¡Qué tontería!

¡No se olvide!

*Bitte *denken Sie daran, dass …*	Por favor, recuerde que …
Sie wissen doch, dass …	Usted sabe bien que …
Vergessen Sie bitte nicht, dass …	Por favor, no olvide que …
Wenn ich mich recht entsinne, hatten wir ausgemacht, dass …	Si no recuerdo mal, habíamos quedado en que …
Erinnern Sie mich bitte daran, dass …	Por favor, recuérdeme que …
Ach ja richtig!	¡Ah, sí! Es cierto.
Ja, jetzt erinnere ich mich wieder (daran).	Sí, ahora me acuerdo (de eso).
Na klar, jetzt wo Sie es sagen, fällt es mir wieder ein.	Sí, claro, ahora que lo dice usted, lo recuerdo.
Entschuldigung, das habe ich total vergessen.	Disculpe, lo había olvidado completamente.

Forschung
Investigación

e ***Wissenschaft**, -en	ciencia
e Naturwissenschaft / e Geisteswissenschaft / e Sozialwissenschaft	ciencias naturales / humanidades / ciencias sociales
Die Genetik zählt zu den relativ jungen Wissenschaften.	La genética es una ciencia relativamente joven.

r **Wissenschaftler**, - // e **Wissenschaftlerin**, -nen	científico // científica
r ***Forscher**, - // e **Forscherin**, -nen	investigador // investigadora
Sie ist eine weltweit anerkannte Wissenschaftlerin.	Es una científica reconocida mundialmente.
r Nachwuchswissenschaftler, - // e Nachwuchswissenschaftlerin, -nen	científico // científica joven
r Postdoc, -s ['pɔstdɔk]	investigación postdoctoral
r **Experte**, -n // e **Expertin**, -nen / r **Fachmann**, ¨-er // e **Fachfrau**, -en	experto // experta
Er ist ein Experte für Molekularbiologie.	Es un experto en biología molecular.
r **Laie**, -n ['laiə]	aficionado / profano
r Fachidiot, -en	científico de miras estrechas
wissenschaftlich arbeiten	trabajo científico
e **Studie**, -n	estudio
Klinische Studien haben gezeigt, dass …	Los estudios clínicos han demostrado que …
e **Theorie** ↔ e ***Praxis**	teoría ↔ práctica
r Theoretiker, - // e Theoretikerin, -nen ↔ r Praktiker, - // e Praktikerin, -nen	teórico // teórica ↔ práctico // práctica
Er arbeitet eher **theoretisch** ↔ **praxisorientiert**.	Su trabajo es principalmente teórico ↔ práctico.
Er verdeutlicht das anhand eines **praktischen** Beispiels.	Él explica esto con un ejemplo práctico.
abstrakt ↔ **konkret**	abstracto ↔ concreto
e ***Forschung**, -en	investigación
in der Forschung arbeiten	trabajar en la investigación
e Grundlagenforschung	investigación básica
r **Bereich** Forschung und Entwicklung	área de investigación y desarrollo
s **Fachgebiet**, -e	especialidad
forschen	investigar
Wir forschen auf dem Gebiet der Gentherapie.	Investigamos en el campo de la terapia genética.
sich spezialisieren auf (+*A*)	especializarse en
erforschen / ***untersuchen**	investigar / examinar
Das Institut erforscht die Ursachen der Umweltverschmutzung.	El instituto investiga las causas de la contaminación medioambiental.
s **Mikroskop**, -e	microscopio
Das Substrat wird auf Veränderungen hin untersucht.	El substrato está siendo examinado en busca de posibles cambios.
Am Computer werden die Prozesse nachgebildet / modelliert.	Los procesos son reproducidos en el ordenador.
sich auseinander setzen mit	enfretarse a

probar / prueba

***beweisen** / r ***Beweis**, -e*

Schauen Sie mal her. Das ist der Beweis, dass meine Theorie stimmt.	Mire usted aquí. Ésta es la prueba de que mi teoría es correcta.
***nachweisen** / r **Nachweis**, -e*	
Können Sie für die Ergebnisse irgendeinen Nachweis erbringen? Nur dann glaube ich Ihnen das Ganze.	¿Puede aducir alguna prueba que demuestre el resultado? Sólo así lo creería.

e **Hypothese**, -n [hypo'te:zə]	hipótesis
e **These**, -n ↔ e **Antithese**, -n	tesis ↔ antítesis
***diskutieren**	discutir
experimentieren	experimentar
s **Experiment**, -e / r ***Versuch**, -e	experimento
einen Versuch **durchführen** / ***machen**	realizar / hacer un experimento
***gelingen** (gelang, ist gelungen) ↔ **scheitern** / **misslingen** (misslang, ist misslungen)	salir bien / tener éxito ↔ fracasar
Dem Forscher ist das Experiment erst nach vielen Fehlversuchen gelungen.	Al investigador sólo le salió bien el experimento después de varios intentos fallidos.
s ***Projekt**, -e	proyecto
ein Projekt ***planen**	planear un proyecto
s (Forschungs-) **Vorhaben**, - / s Forschungsprojekt, -e	proyecto (de investigación)
r (Forschungs-) ***Antrag**, ¨-e	solicitud (para realizar una investigación)
Projektmittel *Pl* / **Forschungsgelder** *Pl* / **Drittmittel** *Pl*	fondos para un proyecto / dinero para la investigación / subvenciones
einen Antrag ***stellen** (auf +A) / etw ***beantragen**	presentar una solicitud / solicitar algo
***genehmigen** ↔ ***ablehnen**	aprobar ↔ rechazar
r Sonderforschungsbereich, -e / r SFB	área especial de investigación
s **Stipendium**, Stipendien / s Forschungsstipendium	beca / beca de investigación
ein Projekt durchführen / ***realisieren**	llevar a cabo / realizar un proyecto
s **Forschungsgebiet**, -e / r Forschungsbereich, -e	campo / área de investigación
Wer forscht noch auf diesem Gebiet?	¿Quién investiga todavía en este campo?
r Forschungsgegenstand, ¨-e	objeto / tema de investigación
r Forschungszweck, -e	objetivo / propósito de la investigación

e **Forschungsarbeit**, -en	trabajo de investigación
e Problemstellung, -en	enfoque del problema
e ***Recherche**, -n [re'ʃɛrʃə]	investigación
recherchieren [reʃɛr'ʃi:rən] / Recherchen anstellen	investigar / hacer investigaciones
e **Studie**, -n	estudio
e **Analyse**, -n [ana'ly:zə]	análisis
r (Forschungs-) ***Bericht**, -e	informe (de una investigación)
s (Forschungs-) ***Ergebnis**, -se	resultado (de una investigación)
Unter Fachleuten ist das Ergebnis dieser Forschungsarbeit strittig.	El resultado de este trabajo de investigación es cuestionado por los expertos.
r **Gedankengang**, ⸚e	razonamiento
Es fällt mir schwer, den Gedankengang nachzuvollziehen.	Me cuesta trabajo seguir ese razonamiento.
r Kerngedanke, -n	idea central
Vergleiche / **Parallelen** ***ziehen** (zog, hat gezogen)	establecer una comparación / un paralelismo
e **Schlussfolgerung**, -en	resultado / conclusión
Seine Schlussfolgerung ist nicht schlüssig.	Su resultado no es concluyente.
Ich folgere daraus, dass er nicht gründlich genug recherchiert hat.	De esto deduzco que él no ha investigado lo suficiente.
s ***Institut**, -e	instituto
r **Leiter**, - // e **Leiterin**, -nen	director // directora / jefe // jefa
s **Forschungsgebäude**, -	edificio para la investigación
s **Labor**, -e	laboratorio
r Laborleiter, - // e Laborleiterin, -nen	jefe // jefa de laboratorio
r Laborant, -en // e Laborantin, -nen	el // la ayudante de laboratorio
r **Techniker**, - // e **Technikerin**, -nen	técnico // técnica
r **Assistent**, -en // e **Assistentin**, -nen	el // la asistente
r / e **MTA**, -s / die medizinisch-technischen Assistenten	asistente técnico sanitario de un laboratorio
e **Forschungsgesellschaft**, -en	consejo / junta de investigación

Organizaciones que apoyan la investigación en Alemania, Austria y Suiza

s Max-Planck-Intistut / s MPI	Instituto Max Planck
e Deutsche Forschungsgemeinschaft / e DFG	Consejo de Investigación Alemán
e Gesellschaft für technische Zusammenarbeit / e GTZ	Sociedad de Cooperación Técnica
e Robert-Bosch-Stiftung	Fundación Robert Bosch
e Humboldt Stiftung	Fundación Humboldt
e Österreichische Akademie der Wissenschaften	Academia Austriaca de la Ciencia
e Österreichische Forschungsgemeinschaft	Consejo de Investigación Austriaco
e Eidgenössische Technische Hochschule / e ETH Zürich	Universidad Técnica Suiza

Mathematik
Matemáticas

e ***Mathematik** / Mathematik *österr.*	matemáticas
r Mathematiker, - // e Mathematikerin, -nen	metemático // matemática
mathematisch	matemático
s (mathematische) ***Zeichen**, -	símbolo (matemático)
e (mathematische) ***Größe**, -n	cantidad (matemática)
e **Arithmetik**	aritmética
s arithmetische Mittel	media aritmética
e ***Addition***	adición / suma
addieren / zusammenzählen	sumar
plus	más
e ***Subtraktion***	sustración / resta
subtrahieren / abziehen	sustraer / restar
minus	menos
e ***Multiplikation***	multiplicación
multiplizieren / malnehmen	multiplicar
mal	por
e ***Division***	división
*dividieren / *teilen*	dividir
geteilt	entre
die ***Wurzel*** *ziehen*	extraer la raíz cuadrada
e Wurzelgleichung	ecuación con raíces
e ***Summe****, -n*	suma
*(ist) *gleich*	(es) igual a
größer / kleiner gleich	mayor o igual / menor o igual
größer / kleiner als	mayor / menor que
zwei hoch drei	dos elevado al cubo
unendlich	infinito
s ***Prozent****, -e*	por ciento
s ***Promille****, -n*	por mil
e **Algebra**	álgebra
e **Gleichung**, -en	ecuación
eine Gleichung mit einer / zwei / mehreren Unbekannten	una ecuación con una / dos / varias incógnitas
e ***Rechnung**, -en / e Berechnung, -en	cuenta / cálculo
e Vektorrechnung / e Infinitesimalrechnung	análisis vectorial / cálculo infinitesimal
e Konstante, -n ↔ e Variable, -n	constante ↔ variable
eine **leichte** / **einfache** ↔ **schwierige** **komplizierte** Rechnung, -en	un cálculo fácil / sencillo ↔ difícil / complicado
Berechnungen durchführen	realizar cálculos
***rechnen**	contar / calcular

im Kopf / schriftlich rechnen	hacer cálculos de cabeza / por escrito
den ***Computer** [kɔm'pju:tɐ] rechnen lassen	calcular con el ordenador / LAm computador / LAm computadora
r **Taschenrechner**, -	calculadora
mit dem Taschenrechner rechnen	hacer cuentas con la calculadora
***richtig** ↔ ***falsch** gerechnet	calcular bien ↔ mal
Kannst du nicht rechnen?	¿No sabes calcular?
eine Fläche **berechnen** / **errechnen**	calcular una superficie
Können Sie bitte den Endpreis ***ausrechnen**?	¿Podría calcular el precio final?
s ***Ergebnis**, -se	resultado
Was haben Sie ausgerechnet? / Was kommt raus?	¿Cuánto ha calculado? / ¿Qué le ha salido?
Rechnen Sie doch mal nach, da stimmt was nicht.	Revise la cuenta, no está bien.
schätzen	calcular / estimar
aufrunden ↔ **abrunden**	redondear hacia arriba ↔ hacia abajo
e (ganze) ***Zahl**, -en	número (entero)
***endlich** ↔ **unendlich**	finito ↔ infinito
eine reelle ↔ imaginäre Zahl	un número real ↔ imaginario
e **Primzahl**, -en	número primo
e Bruchzahl, -en	fracción / número fraccionario / número quebrado
e Dezimalzahl, -en	(número) decimal
Rechnen Sie es bis auf fünf Stellen hinter dem Komma genau aus.	Calcule exactamente hasta la quinta cifra después de la coma.
e Zahlenfolge, -n	secuencia numérica
r Grenzwert, -e	valor límite
s **Quadrat**, -e	cuadrado
144 ist das Quadrat von 12	144 es el cuadrado de 12.
zwölf im Quadrat / 12 hoch 2 ist 144	12 al cuadrado es 144.
e Potenz, -en	potencia
e **Wurzel**, -n	raíz
e Quadratwurzel / e Kubikwurzel (von 164)	raíz cuadrada / raíz cúbica (de 164)
Das Problem ist rechnerisch nicht lösbar.	El problema no tiene ninguna solución matemática / no se puede resolver matemáticamente.
r **Bruch**, ¨-e	fracción / quebrado
r Dezimalbruch / r gemeine Bruch	fracción decimal / fracción común, fracción ordinaria
r Zähler ↔ r Nenner	numerador ↔ denominador
den gemeinsamen Nenner suchen	buscar el denominador común
e **Statistik**	estadística
r Statistiker, - // e Statistikerin, -nen	estadístico // estadística

Die Statistik besagt einwandfrei, dass …	La estadística prueba sin duda alguna que …
r Logarithmus	logaritmo
e Stochastik / e Wahrscheinlichkeitsrechnung, -en	estocástica / cálculo de probabilidad
e **Analysis**	análisis
e Differenzialrechnung / e Integralrechnung	cálculo diferencial / cálculo integral
e (mathematische) **Funktion**, -en	función (matemática)
e Ableitung, -en	derivada
e **Geometrie**	geometría
s Koordinatensystem, -e	sistema de coordinadas
e **Achse**, -n	eje
e Koordinate, -n	coordinada
e geometrische ***Figur**, -en	figura geométrica
e ***Linie**, -n	línea
mit dem Lineal eine (gerade) Linie ziehen	trazar una línea recta con la regla
zwei Punkte mit einer Linie ***verbinden** (verband, hat verbunden)	unir dos puntos con una línea
e ***Länge**, -n	longitud

Figuras geométricas

Linien	**Líneas**
*e *Kurve, -n*	curva
e Gerade, -n	recta
e Parallele, -n	paralela
e Tangente, -n	tangente
e Parabel, -n	parábola
Flächen	**Superficies**
r Kreis, -e	círculo
s Dreieck, -e	triángulo
s Viereck, -e	cuadrilátero
s Quadrat, -e	cuadrado
s Rechteck, -e	rectángulo
s Trapez, -e	trapecio
s Parallelogramm, -e	paralelogramo
Körper	**Sólidos**
r Quader, -	paralelepípedo
r Würfel, -	cubo
r Zylinder, -	cilindro
r Kegel, -	cono
e Pyramide, -n	pirámide
s Prisma, Prismen	prisma

e ***Fläche**, -n	superficie
die Grundfläche einer Pyramide	la base de una pirámide
r **Durchmesser**	diámetro
r (Kreis-) **Umfang**	circunferencia
Wie ist das Verhältnis des Umfangs zum Durchmesser?	¿Cuál es la relación de una circunferencia y el diámetro?
s **Volumen**, -	volumen
der Satz des Pythagoras	el teorema de Pitágoras
r ***Kreis**, -e	círculo
der ***Mittelpunkt** eines Kreises	el centro de un círculo
r Kreisausschnitt, -e	sector
kreisförmig	circular
dreieckig / viereckig	triangular / cuadrangular
rechteckig	rectangular
r **Winkel**, -	ángulo
ein Winkel von 90 Grad	un ángulo de 90 grados
rechtwinklig / spitzwinklig	ángulo recto / agudo
r ***Körper**, -	sólido
r **Zirkel**, -	compás
Ziehen Sie mit dem Zirkel einen Kreis von 8 cm Durchmesser.	Trace con el compás un círculo de 8 cm de diámetro.
s ***Maß**, -e	medida
***messen** (misst, maß, hat gemessen)	medir
Diese Fläche misst 10 Quadratzentimeter / cm^2.	Esa superficie mide 10 centímetros cuadrados / cm^2.
Das stimmt, glaube ich, nicht. Messen Sie mal bitte nach.	Creo que no está bien. Por favor, vuélvalo a medir.

Unidades

r Kilometer, - / km	kilómetro
e Meile, -n (= 1,61 km)	milla
r Meter, - / m	metro
r Zentimeter, - / cm	centímetro
r Millimeter, - / mm	milímetro
r Quadratmeter / m^2	metro cuadrado
r Kubikmeter / m^3	metro cúbico
r Grad, -e Celsius / °C	grado Celsius

Physik
Física

e theoretische / experimentelle ***Physik**	física teórica / experimental
r **Physiker**, - // e **Physikerin**, -nen	físico // física
physikalisch	físico
s physikalische Gesetz, -e	ley física
e physikalische Größe, -n	cantidad física
e **Materie**, -n	materia
e **Masse** eines Körpers	masa de un cuerpo
s Elementarteilchen, -	partícula elemental
s **Proton**, -en ↔ s **Neutron**, -en	protón ↔ neutrón
s **Elektron**, -en	electrón
***positiv** ↔ ***negativ**	positivo ↔ negativo
e Elektronenstruktur eines Atoms	estructura electrónica de un átomo
s **Molekül**, -e	molécula
r ***Zustand**, ⸚e / r Aggregatzustand	estado / estado de agregación
***fest** ↔ **flüssig** / **fließend**	sólido ↔ líquido / fluido
r Festkörper ↔ e Flüssigkeit, -en	sólido ↔ líquido
gasförmig	gaseoso
e gasförmige Substanz, -en	sustancia gaseosa
etw in Dampf umwandeln	evaporar
s **Plasma**, Plasmen	plasma
e **Mechanik**	mecánica
r ***Körper**, - / r Festkörper	sólido
r ***Stoff**, -e	materia / sustancia
s **Volumen** / r Rauminhalt, -e	volumen
e **Dichte**	densidad
e **Kinematik** / e Bewegungslehre	cinemática
geradlinig / kreisförmig	lineal / circular
gleichförmig / beschleunigt	uniforme / acelerado
r freie Fall	caída libre
e ***Geschwindigkeit**, -en	velocidad
10 Kilometer pro Stunde / 10 km / h	10 kilómetros por hora
e **Beschleunigung** ↔ e **Verlangsamung**	aceleración ↔ desaceleración
e Zentrifugalkraft / e Fliehkraft	fuerza centrífuga
e **Dynamik**	dinámica
s Wechselwirkungsgesetz (actio ↔ reactio)	ley de acción recíproca / de interacción (acción ↔ reacción)
e ***Kraft**, ⸚e	fuerza
e Gewichtskraft	fuerza por peso
r ***Druck**	presión
s Trägheitsgesetz	ley de la inercia
s Trägheitsmoment, -e	momento de inercia
e Reibung	rozamiento / fricción
e **Anziehungskraft** / e Gravitation	fuerza de atracción / gravitación

Newtonsche / Keplersche Gesetze	ley de Newton / de Kepler
e **Wärmelehre** / e Thermodynamik	termodinámica
e ***Wärme**	calor
r Wärmeaustausch	cambio de calor
Wärme entwickelt sich	se produce calor
e ***Temperatur**, -en	temperatura
***steigen** (stieg, ist gestiegen) ↔ ***fallen** (fällt, fiel, ist gefallen)	subir ↔ bajar
***gleich *bleiben** (blieb, ist geblieben)	permanecer constante
s **Grad** Celsius	grado Celsius
r **Dampf**, ⸚e	vapor
e ***Energie**, -n	energía
Energie wird freigesetzt.	Se libera energía.
e **Elektrizitätslehre**	electrología
e (elektrische) **Ladung**, -en / e Elementarladung	carga (eléctrica) / carga elemental, carga de un elemento
sich aufladen ↔ entladen	cargarse ↔ descargarse
***elektrisch** geladen	cargado eléctricamente
s elektrische Feld, -er	campo eléctrico
s **Magnetfeld**, -er	campo magnético
r **Magnet**, -en / r Elektromagnet	imán / electroimán
r **Leiter**, - ↔ r Isolator, -en	conductor ↔ aislante
r (elektrische) ***Strom**	corriente (eléctrica)
den Strom ***messen** (misst, maß, hat gemessen)	medir la corriente
r Wechselstrom / r Drehstrom / r Gleichstrom	corriente alterna / trifásica / continua
r Starkstrom	corriente de alto voltaje
r Generator, -en / r Transformator, -en	generador / transformador
e ***Wirkung**, -en	efecto
e **Stromstärke** / s Ampere, -	intensidad de corriente / amperio
e (elektrische) **Spannung**, -en / s Volt, -	tensión (eléctrica), voltaje / voltio
r (spezifische) **Widerstand**, ⸚e / s Ohm, -	resistencia (específica) / ohmio
s Ohmsche Gesetz	ley de Ohm
e elektrische ***Arbeit**	potencia de salida eléctrica
e ***Leistung** / s Kilowatt, -	potencia / kilovatio
r Kondensator, -en	condensador
e **Elektronik**	electrónica
r **Halbleiter** / r Supraleiter	semiconductor / superconductor
e **Schaltung**, -en	circuito, conexión
r **Chip**, -s [tʃɪp]	chip
r **Mikroprozessor**, -en	microprocesador
e **Optik**	óptica
e Lichtquelle, -n / r Lichtstrahl, -en	fuente luminosa, foco luminoso / rayo de luz
r **Laser**, - ['le:zɐ *auch* 'la:...]	láser
s Photon, -en	fotón

Optische Geräte	**Instrumentos ópticos**
e Lupe, -n	lupa
e Linse, -n	lente
*e *Kamera, -s*	cámara
s Fernrohr, -e / r Feldstecher, -	telescopio
s Mikroskop, -e	microscopio

e **Schwingungslehre**	teoría de la oscilación
e mechanische / elektromagnetische **Schwingung**, -en	oscilación mecánica / electromagnética
gedämpfte ↔ ungedämpfte Schwingungen	oscilación amortiguada ↔ no amortiguada
e Amplitude, -n [ampli'tu:də]	amplitud
e Periode, -n	período
e Frequenz, -en / s Hertz	frecuencia / hercio
e **Feder**, -n	muelle
s Pendel, -	péndulo
e **Wellenlehre**	teoría de ondas
e mechanische / elektromagnetische **Welle**, -n	onda mecánica / electromagnética
s ***Licht**, -er	luz
Das Licht wird gebündelt / gebeugt / gebrochen / reflektiert.	La luz es emitida / difragtada / cortada / reflejada.
e Lichtgeschwindigkeit	velocidad de la luz
s Lichtjahr, -e	año luz
e **Quantenphysik**	física cuántica
e Relativitätstheorie	teoría de la relatividad
e **Atomphysik**	física nuclear
s **Atom**, -e	átomo
s Atomgewicht, -e	peso atómico
s Periodensystem	sistema periódico
e Atomhülle / r Atomkern, -e	nube atómica / núcleo atómico
s Quark, -s	quark
e ***Kernphysik**	física nuclear
e Kernfusion ↔ e Kernspaltung	fusión nuclear ↔ fisión nuclear
e Kernenergie	energía nuclear
r Kernreaktor	reactor nuclear
e **Strahlung**, -en / e **Radioaktivität**	radiación / radioactividad
elektromagnetische Strahlungen	radiación electromagnética
Die Halbwertszeit von Strontium beträgt …	El período medio del estronio es …
r Super-GAU (größter anzunehmender Unfall)	máximo accidente previsible
Durch einen Störfall wurde eine Kettenreaktion ausgelöst.	Un accidente produjo una reacción en cadena.

Chemie und Biochemie
Química y bioquímica

e ***Chemie**	química
e analytische / physikalische Chemie	química analítica / fisioquímica
r **Chemiker**, - // e **Chemikerin**, -nen	químico // química
anorganisch ↔ **organisch**	inorgánico ↔ orgánico
chemisch / **biochemisch**	químico / bioquímico
e **Biochemie** [*auch* 'bioçemi:]	bioquímica
e **pharmazeutische** ***Industrie** / e **Pharmafirma**, -firmen	industria farmacéutica / compañía farmacéutica
r Pharmazeut, -en // e Pharmazeutin, -nen	farmacéutico // farmacéutica
e **Chemikalie**, -n	sustancia química
r Einsatz **giftiger** ↔ **ungiftiger** Chemikalien	empleo de sustancias químicas tóxicas ↔ no tóxicas
s **Element**, -e	elemento
s Metall, -e ↔ s Nichtmetall, -e	metal ↔ no metal
r (chemische) ***Prozess**, -e / r **Vorgang**, ⸚e	proceso (químico)
e (chemische) ***Reaktion**, -en	reacción (química)
e (chemische) **Eigenschaft**, -en (des Kohlenstoffs)	propiedad (química del carbón)
r (chemische) ***Stoff**, -e	sustancia (química)
e **Zusammensetzung**, -en (eines Stoffes)	composición (de una sustancia)
e (chemische) ***Verbindung**, -en	enlace (químico) / ligadura (química)
e Verbindung eingehen	formar un enlace / una ligadura
e ***Lösung**, -en	solución
e **verdünnte** ↔ **konzentrierte** / hochkonzentrierte Lösung	una solución diluida ↔ concentrada / altamente concentrada
(sich) **auflösen** / (sich) **zersetzen**	disolver(se)
löslich / wasserlöslich	soluble / soluble en agua, hidrosoluble
in Wasser aufgelöst	disuelto en agua
Aceton wird als Lösungsmittel verwendet.	La acetona se utiliza como disolvente.
e **Säure**, -n ↔ e **Base**, -n	ácido ↔ base
r **Bestandteil**, -e	componente
e **Formel**, -n	fórmula
s Periodensystem	sistema periódico
e **Anordnung** der Elemente	clasificación de los elementos
s **Atomgewicht** / e Massenzahl	peso atómico / número másico
s **Molekül**, -e	molécula
e Molekularstruktur, -en	estructura molecular
e Kernladungszahl / e Ordnungszahl	número atómico

***bestehen** aus (+*D*) (bestand, hat bestanden)	estar compuesto de
r **Wasserstoff**	hidrógeno
r **Sauerstoff**	oxígeno
„O“ ist das Symbol für Sauerstoff.	O es el símbolo del oxígeno.
r Kohlenwasserstoff, -e	hidrocarburo
s **Kohlehydrat**, -e	carbohidrato
s **Fett**, -e	grasa
r ***Zucker** *Sg*	azúcar
r ***Alkohol** [*auch* alko'ho:l]	alcohol
e **Verbrennung**	combustión
brennbar ↔ unbrennbar	combustible ↔ incombustible
e Oxidation, -en / e Reduktion, -en	oxidación / reducción
r **Siedepunkt** ↔ r **Schmelzpunkt**	punto de ebullición ↔ punto de fusión
r **Katalysator**, Katalysatoren [kataly'za:to:ɐ̯]	catalizador
Aktivkohle wirkt als Katalysator.	El carbón activo actúa como catalizador.
e **Synthese**, -n	síntesis
einen Stoff synthetisch herstellen	producir una sustancia sintéticamente
e Chemiefaser, -n	fibra sintética
e **Elektrolyse**, -n	electrolisis
s Elektrolyt, -e	electrólito / electrolito
e **Elektrode**, -n	electrodo
e Elektronenröhre, -n	tubo electrónico / lámpara electrónica
e **Anode**, -n ↔ e **Kathode**, -n	ánodo ↔ cátodo
s Anion ↔ s Kation	anión ↔ catión
s **Elektron**, -en [*auch* elɛk'tro:n]	electrón
s **Ion**, -en	ion
s **Protein**, -e / s **Eiweiß**, -e	proteína
e DNA-Struktur	estructura del DNA
e Aminosäure, -n	aminoácido
s Enzym, -e	encima
e Mikrobe, -n	microbio
r **Virus**, Viren	virus
s ***Instrument**, -e	instrumento

In the laboratory	**En el laboratorio**
s (Elektronen-) Mikroskop, -e	microscopio (de electrones)
e Zentrifuge, -n	centrifugadora
s Reagenzglas, ¨-er	tubo de ensayo / probeta
e Pipette, -n	pipeta
e Bürette, -n	bureta
r Bunsenbrenner, -	mechero Bunsen
e Petrischale, -n	cápsula de Petri

r Trichter, -	embudo
r Objektträger, -	platina / portaobjeto
s Deckglas, ¨-er	cubreobjeto
r Erlenmeyer- / Kolben, -	matraz cónico / el Erlenmeyer
s Becherglas, ¨-er	vaso de precipitados
r Dreifuß, ¨-e	trípode
s Drahtnetz, -e	tela metálica
r Indikator, -en	indicador

Biologie
Biología

e ***Biologie***	biología
e Humanbiologie	biología humana
e Genesis	génesis
r **Biologe**, -n // e **Biologin**, -nen	biólogo // bióloga
die Flora und Fauna	la flora y fauna
s **Biotop**, -e	biótopo
e **Zoologie** [tsoolo'gi:] / e **Tierkunde**	zoología
r **Zoologe**, -n // e **Zoologin**, -nen	zoólogo // zoóloga
r Ornithologe, -n // e Ornithologin, -nen	ornitólogo // ornitóloga
s **Lebewesen**, -	criatura
r ***Mensch**, -en	ser humano
s ***Tier**, -e	animal
r **Organismus**, Organismen	organismo
r lebende Organismus	organismo vivo
r Mikroorganismus / s Kleinstlebewesen, -	microorganismo
r Einzeller, - ↔ r Mehrzeller / Vielzeller	organismo unicelular ↔ pluricelular
Wirbeltiere ↔ wirbellose Tiere	vertebrado ↔ invertebrado
e **Tierart**, -en	especie

Especies

Säugetiere	mamífero
Vögel	aves
Krebse	crustáceos
Spinnen	arañas / arácnidos
Insekten	insectos
Schmetterlinge	mariposas
Fliegen	moscas
Käfer	escarabajos
Hautflügler	himenópteros
Weichtiere	moluscos
Fische	peces
Lurche / Amphibien	anfibios
Kriechtiere / Reptilien	reptiles

s Tierreich	reino animal
aussterben (stirbt aus, starb aus, ist ausgestorben) ↔ **überleben**	extinguirse ↔ sobrevivir
e Population, -en	población
e **Fortpflanzung** / e **Vermehrung**	reproducción
zeugen / **befruchten**	procrear – fertilizar
Eier legen / ausbrüten	poner huevos / empollar, incubar huevos
e **Vererbungslehre** / e **Genetik**	genética
e **Mikrobiologie**	microbiología
e **Genforschung**	investigación genética
s **Gen**, -e / r Erbfaktor, -en / e Erbanlage, -n	gen / factor hereditario
genetisch	genético
r genetische Code, -s	código genético
e **Zelle**, -n	célula
e Zellteilung, -en	división celular
einzellig ↔ mehrzellig	unicelular ↔ pluricelular
s Chromosom, -e	cromosoma
e (embrionale / adulte) **Stammzelle**, -n	célula madre (embrionaria / adulta)
s **Klonen** ['klo:nən]	clon
geklonte Tiere	animal clonado
Bakterien *Pl*	bacterias
e **Abstammung**	descendencia, origen
abstammen (von)	descender (de)
e **Evolution**	evolución
Darwins Evolutionstheorie	teoría de la evolución de Darwin
e **Anpassung** an (+*A*) / e Assimilation	adaptación / asimilación
Nur die Besten / Anpassungsfähigsten überleben.	Sólo los mejores / los que mejor se adaptan sobreviven.
e Mutation, -en	mutación
e natürliche Auslese / e Selektion	selección natural
fressen und gefressen werden	devorar y ser devorado
e **Botanik** / e **Pflanzenkunde**	botánica
r **Botaniker**, - // e **Botanikerin**, -nen	botánico // botánica
e Forstwissenschaft	silvicultura / ciencias forestales
e **Pflanzenwelt** / s **Pflanzenreich** / e **Vegetation**	reino vegetal / vegetación
e Photosynthese	fotosíntesis
e ***Pflanze**, -n	planta
e **Pflanzenart**, -en	especie de planta

Especies de plantas

Kulturpflanzen	plantas cultivadas
Nutzpflanzen	plantas útiles, plantas agrícolas
Unkraut	mala hierba
Feld- und Wiesenblumen	flores silvestres
Moos	musgo

Pilze	setas
Farne	helechos
Sträucher	arbustos / matorrales
Nadelhölzer	coníferas
Laubbäume	árboles de hoja caduca
Algen	algas
Kakteen	cactus
tropische Pflanzen	plantas tropicales
Palmen	palmeras

r ***Wald**, ⸚er	bosque
r Nadelwald / Laubwald	bosque de coníferas / de árboles de hoja caduca
e ***Wiese**, -n	prado / pradera
s ***Feld**, -er	campo
s **Gewächs**, -e	planta, vegetal
e ***Blume**, -n	flor
e Knospe, -n	brote
e **Blüte**, -n	capullo
r Blütenstaub / r Pollen, -	polen
befruchten / **bestäuben**	fertilizar / fecundar
r Blütennektar	néctar
s **Blatt**, ⸚er	hoja
s Blütenblatt / s Kelchblatt	pétalo / sépalo
r Stempel, -	pistilo
r **Stiel**, -e / r Stängel, -	tallo
e Blumenzwiebel, -n	bulbo
***wachsen** (wächst, wuchs, ist gewachsen)	crecer
r Wuchs	crecimiento [cantidad], vegetación
s **Wachstum**	crecimiento [proceso]
r ***Baum**, ⸚e	árbol
e **Frucht**, ⸚e	fruto
Früchte tragen	tener frutos
reifen	madurar

Laubbäume	Árboles de hoja caduca
e Eiche, -n	roble
e Linde, -n	tilo
e Birke, -n	abedul
e Weide, -n	sauce
e Buche, -n	haya
etc.	

Nadelbäume	*Coníferas*
e Tanne, -n	abeto
e Fichte, -n	picea [tipo de abeto]
e Kiefer, -n / e Föhre, -n	pino
etc.	
Obstbäume	*Árboles frutales*
e Kirsche / r Kirschbaum	cerezo
r Apfelbaum	manzano
r Pflaumenbaum	ciruelo
r Walnussbaum	nogal
etc.	
... und ihre Früchte	*... y sus frutas*
e Kirsche, -n	cereza
r Apfel, ¨-	manzana
e Nuss, ¨-e	nuez
e Eichel, -n	bellota
r (Tannen-)Zapfen, -	piña [de abeto]
e Kastanie, -n	castaña

r **Stamm**, ¨-e / r Baumstamm	tronco / tronco del árbol
e Borke, -n / e Rinde, -n	corteza
e **Wurzel**, -n	raíz
r **Ast**, ¨-e	rama
r dicke ↔ dünne **Zweig**, -e	rama gruesa ↔ delgada
s ***Blatt**, ¨-er	hoja
r **Same**, -n / s Samenkorn, ¨-er	semilla
r Sämling, -e	[= arbolito nacido de una semilla]
sprießen (spross, ist gesprossen)	brotar

Medizin
Medicina

e (innere) ***Medizin**	medicina (interna)
r **Mediziner**, - // e **Medizinerin**, -nen	médico // médica
r ***Professor**, -en // e ***Professorin**, -nen	catedrático // catedrática
r ***Arzt**, ¨-e // e **Ärztin**, -nen	médico // médica
r Spezialist, -en // e Spezialistin, -nen / r Facharzt	el // la especialista
r **Internist**, -en // e **Internistin**, -nen	el // la internista

e Allergologie	alergología
e Augenheilkunde	oftalmología
e (plastische) Chirurgie	cirugía (plástica)
e Dermatologie	dermatología
e Gynäkologie / e Frauenheilkunde	ginecología
e Homöopathie / e Naturheilkunde	homeopatía / medicina naturista
e Kardiologie	cardiología
e Kinderchirurgie	cirugía infantil
e Neurologie	neurología
e Orthopädie	ortopedia
e Pädiatrie / Kinderheilkunde	pediatría
e Pharmakologie	farmacología
e Radiologie	radiología
e Rheumatologie	reumatología
e Urologie	urología
e Zahnheilkunde	odontología

Nota: La fuerza tónica siempre va en las terminaciones *-logie* o *-loge* / *-login*: e.j. *Kardiologie* o *r Kardiologe, -n // e Kardiologin, -nen.*

e Alternativmedizin	medicina alternativa
r **Homöopath**, -en // e **Homöopathin**, -nen	el // la homeópata
r Heilpraktiker, - // e Heilpraktikerin, -nen	curandero // curandera
e **Pathologie**	patología
e **Anatomie** / r Körperbau	anatomía

Organe	*Órganos*
e *Haut	piel
*s *Herz, -en*	corazón
e Lunge, -n	pulmón
*r *Magen, ¨ / -*	estómago
r (Dick- / Dünn-) Darm	intestino (grueso / delgado)
e Niere	riñón
e Leber	hígado
e Galle	vesícula biliar
s Gehirn	cerebro
r Lymphknoten, -	ganglio linfático
e Schilddrüse	glándula tiroide
e Bauchspeicheldrüse	páncreas
e Milz	bazo
etc.	

Gefäße	*Vasos*
s Blutgefäß	vaso sanguíneo
e Aorta	aorta
e Vene, -n	vena

e Ader, -n / e Schlagader	vena, arteria
s Blut	sangre
etc.	
Knochenbau	*Estructura ósea*
s Skelett, -e	esqueleto
r Schädel, -	cráneo
r Halswirbel, -	vértebra cervical
e Wirbelsäule, -n	columna vertebral
s Gelenk, -e	articulación
r Knochen, -	hueso
s Schlüsselbein	clavícula
s Schulterblatt, ⸚er	omóplato / paletilla
e Rippe, -n	costilla
s Becken	pelvis
s Steißbein	coxis
e Hüfte	cadera
*s *Knie*	rodilla
s Schienbein	tibia, espinilla
r Ellbogen	codo
r Knorpel, -	cartílago
s Band, ⸚er	ligamento
e Sehne, -n	tendón
r Muskel, -	músculo
r Meniskus	menisco
etc.	
Zentralnervensystem	*Sistema nervioso central*
r Nerv, -en	nervio
s vegetative Nervensystem	sistema nervioso vegetativo
s Großhirn / Kleinhirn	cerebro / cerebelo

r Thorax / r Brustkorb	tórax / pecho
r **Blinddarm**	apéndice
s **Gewebe** / e Gewebeprobe, -n	tejido / muestra de tejido
s ***Blut**	sangre
s rote ↔ weiße Blutkörperchen, -	glóbulos rojos ↔ blancos
Blut **spenden** / **entnehmen**	donar / sacar sangre
e Blutgruppe, -n	grupo sanguíneo
e Blutprobe, -n / e Blutuntersuchung, -en	prueba / análisis de sangre
e Bluttransfusion, -en	transfusión de sangre
e Blutbank, -en	banco de sangre
e Blutgerinnung	coagulación de la sangre
s Blutgerinnsel, - / e Thrombose, -n	coágulo de sangre / trombosis
e ***Krankheit**, -en	enfermedad
eine **leichte** ↔ **schwere** Krankheit	una enfermedad leve ↔ grave

eine **akute** ↔ **chronische** Krankheit	una enfermedad aguda / grave ↔ crónica
r Krankheitsüberträger, -	portador de una enfermedad
r Krankheitserreger, -	agente patógeno / germen
r **Krankheitsverlauf**	curso de una enfermedad
s **Symptom**, -e / s Krankheitsbild, -er	síntoma / cuadro clínico
r **Befund**, -e	resultado (de un examen médico) / diagnóstico
e Ursache, -n	causa
e **Diagnose**, -n	diagnóstico
eine Krankheit **diagnostizieren**	diagnosticar una enfermedad
Bei ihr wurde Diabetes festgestellt.	Le diagnosticaron que tenía diabetes.
e **Therapie**, -n / e Therapieform, -en	terapia / tipo de terapia
e schnelle ↔ langsame **Heilung**	curación rápida ↔ lenta
s ***Medikament**, -e	medicamento / medicina
ein Medikament *verschreiben (verschrieb, hat verschrieben)	recetar una medicina / un medicamento
vorbeugend / prophylaktisch	preventivo / profiláctico
schmerzstillende Mittel **einnehmen** (nimmt ein, nahm ein, hat eingenommen)	tomar calmantes
eine neue Therapie / ein Medikament erproben	probar una nueva terapia / un medicamento
Das Medikament ist in der klinischen Erprobung / Prüfung.	Este medicamento está en período de experimentación clínica.
e ***Wunde**, -n	herida
e **Infektion**, -en	infección
steril	estéril
s Desinfektionsmittel, -	desinfectante
desinfizieren	desinfectar
Du blutest ja! Lass dich schnell verarzten.	¡Estás sangrando! Deja que te curen.
Die Wunde muss genäht / geklebt / geklammert werden.	Hay que coser / pegar / grapar la herida.
e **Narbe**, -n	cicatriz
Die Narbe verheilt gut ↔ schlecht.	La herida cicatriza bien ↔ mal.
r Faden, ¨-	punto, hilo
r **Verband**, ¨-e	vendaje / venda
r Verbandswechsel, -	cambiar el vendaje
e ***Operation**, -en / e OP, -s	operación
r operative Eingriff, -e	intervención quirúrgica
e **Narkose**	anestesia
e **Injektion**, -en / e **Infusion**, -en	inyección / suero
e Beatmung	respiración asistida
wiederbeleben	reanimar
e Dialyse, -n / e Blutwäsche, -n	diálisis

e **Transplantation**, -en / e Nierentransplantation	transplante / transplante de riñón
s **Knochenmark**	médula
r **Organspender**, - // e **Organspenderin**, -nen	el // la donante de un órgano
r **Organempfänger**, - // e **Organempfängerin**, -nen	receptor // receptora de un órgano
röntgen	hacer una radiografía
r **Ultraschall**	ecografía
e Strahlentherapie, -n	radioterapia
e Chemotherapie, -n	quimioterapia
e Computertomographie / s CT	tomografía computarizada
e Kernspintomographie	resonancia magnética
e Endoskopie	endoscopia
e **Gentherapie**	terapia genética
e **Immunschwäche**	inmunodeficiencia /deficiencia inmunitaria
AIDS [e:ts]	SIDA
e ansteckende Krankheit	enfermedad contagiosa
e Autoimmunkrankheit, -en	efermedad autoinmune
ein schwaches ↔ starkes **Immunsystem**	un sistema inmunológico / inmunitario débil ↔ fuerte
e **Hygiene**	higiene
Hygienevorschriften einhalten	respetar / cumplir las normas higiénicas
hygienisch	higiénico
e **Berufskrankheit**	enfermedad laboral
r Amtsarzt, ⸚e // e Amtsärztin, -nen	médico oficial / del Estado
s **Gesundheitsamt**	delegación de sanidad
e Tuberkulose (= Tb / Tbc)	tuberculosis
s Tropeninstitut, -e	instituto de enfermedades tropicales
e Seuche, -n / e Epidemie, -n	epidemia
e Arbeitsmedizin	medicina laboral
e Rechtsmedizin	medicina legal
e Obduktion	autopsia

Psychologie
Psicología

e ***Psychologie**	psicología
e angewandte Psychologie	psicología aplicada
e klinische / medizinische Psychologie	psicología clínica / médica
e vergleichende Psychologie	psicología comparada
e Entwicklungspsychologie	psicología del desarrollo
e pädagogische Psychologie	psicología educativa
e Lernpsychologie	psicología del aprendizaje
r **Psychologe**, -n // e **Psychologin**, -nen	psicólogo // psicóloga
psychologisch	psicológico
e **Psychiatrie**	psiquiatría
r Psychiater, - // e Psychiaterin, -nen	el // la psiquiatra
e **Therapie**, -n / e Psychotherapie	terapia / psicoterapia
e Beschäftigungstherapie / e Verhaltenstherapie	terapia ocupacional / terapia de la conducta, etología
e Gruppentherapie	terapia de grupo
r Psychotherapeut, -en // e Psychotherapeutin, -nen	el // la psicoterapeuta
Er macht seit einem Jahr eine Therapie. / Er geht zum Therapeuten.	Realiza una terapia desde hace un año. / Está yendo al terapeuta.
e **Psychoanalyse**	psicoanálisis
r Psychoanalytiker, - // e Psychoanalytikerin, -nen	el // la psicoanalista
e **Beratung**, -en	asesoramiento / orientación
e Partnerberatung / e Familienberatung / e Eheberatung	orientación de pareja / familiar / matrimonial
r psychologische Test, -s	test psicológico
e Fallstudie, -n	estudio del caso
s Ich / s Über-Ich	ego / superego
s **Bewusstsein** ↔ s **Unterbewusstsein**	conciencia ↔ subconsciencia / subconsciente
bewusst ↔ **unterbewusst**	consciente ↔ subconsciente
s Bewusste ↔ s Unbewusste	consciente ↔ inconsciente
s ***Gefühl**, -e	sentimiento
Gefühle unterdrücken ↔ ausleben	reprimir ↔ expresar los sentimientos
r ***Traum**, ⸚e	sueño
e Traumdeutung	interpretación de los sueños
r **Alptraum**, ⸚e	pesadilla
e **Persönlichkeit**	personalidad
r (menschliche) **Verstand** / r **Geist**	mente (humana) / espíritu
e Seele	alma

Er hat seelische **Probleme**. / Er ist in einer schlechten seelischen Verfassung.	Tiene problemas psíquicos. / Está en un mal estado psíquico.
e Gemütsverfassung	estado emocional
r Geisteszustand	estado mental
Er ist **psychisch** krank.	Es un enfermo mental.
gestört / geistesgestört / geisteskrank	trastornado / trastornado mental / enfermo mental
(geistig) zurückgeblieben	retrasado (mental)
e Lernbehinderung, -en	discapacidad en el aprendizaje
e **Psychose**	psicosis
e **Neurose**, -n	neurosis
neurotisches / krankhaftes Verhalten	neurótico /comportamiento patológico
Er ist ein Neurotiker.	Es un neurótico.
e Schizophrenie	esquizofrenia
schizophren	esquizofrénico
e ***Angst**	miedo, ansiedad
von Angstgefühlen geplagt sein / Angstgefühle haben	atormentado por sentimientos de ansiedad / tener ansiedad
e **Depression**	depresión
unter einer Depression leiden	sufrir una depresión
depressiv	depresivo
e Veranlagung	disposición, tendencia
abnormes / anormales Verhalten	comportamiento anormal
r Psychopath, -en // e Psychopathin, -nen	el // la psicópata
psychopathisch	psicopático
e **Verhaltensforschung**	investigación de la conducta / del comportamiento
r Behaviorismus / e Verhaltenspsychologie	behaviorismo, conductismo / psicología de la conducta, etología
s Reiz-Reaktion-Schema	esquema estímulo y respuesta
e positive ↔ negative Verstärkung, -en	refuerzo positivo ↔ negativo
e Konditionierung	condicionamiento
e **Wahrnehmung**	percepción
e **Intelligenz**	inteligencia
r Intelligenzquotient / r IQ	coeficiente de inteligencia
r Intelligenztest, -s	test de inteligencia
r Eignungstest / e Eignungsprüfung	test de aptitud
r Leistungstest	test de rendimiento
e Kreativität	creatividad
e **Motivation**	motivación
motivationsfördernde ↔ motivationshemmende Faktoren	factores que aumentan ↔ que reducen la motivación
e Selbstverwirklichung	realización personal

Soziologie
Sociología

e **Soziologie**	sociología
r **Soziologe**, -n // e **Soziologin**, -nen	sociólogo // socióloga
soziologisch	sociológico
***sozial** / **gesellschaftlich**	social
gesellschaftliche **Grundwerte**	valores sociales básicos
r ***Wert**, -e	valor
ethische / gesellschaftliche / moralische Werte	valores éticos / sociales / morales
e Wertvorstellung, -en	valores
r Wertewandel	cambio de valores
r soziale / gesellschaftliche **Wandel**	cambio social
r **Konflikt**, -e	conflicto
e **Ethik**	ética
ethisch	ético
r **Grundsatz**, ⸚e	principio
e ***Gemeinschaft**, -en	comunidad
e Sprachgemeinschaft	comunidad lingüística
e Dorfgemeinschaft	comunidad rural
e Interessengemeinschaft	comunidad de intereses
s ***Interesse**, -n (an + *D*)	interés
sich *interessieren für	interesarse por
wenig – großes Interesse zeigen	mostrar poco – mucho interés
r Interessengegensatz, ⸚e	divergencia / contraste de intereses
r Interessenkonflikt, -e	conflicto de intereses
r ***Mensch**, -en	ser humano
***menschlich**	humano
s **Individuum**, Indidviduen	individuo
individuell	individual

Leute *(Pl)* – un grupo de personas

Hunderte von Leuten gingen ins Konzert.	Cientos de personas fueron al concierto.
Für meine Firma arbeiten mehr als 100 Leute.	Más de cien personas trabajan en mi empresa.

Menschen – como opuesto a ser un animal o una cosa

In unserer Stadt leben ungefähr 1 Millionen Menschen.	En nuestra ciudad viven alrededor de un millón de personas.

Personen – término neutral para un número determinado de individuos

Bitte einen Tisch für 3 Personen.	Una mesa para tres personas, por favor.
Im Bus haben 50 Personen Platz.	El autobús tiene capacidad para 50 personas.

e ***Gesellschaft**, -en	sociedad
e **bürgerliche** Gesellschaft	sociedad burguesa
e feine / vornehme Gesellschaft	sociedad elegante / distinguida
e Gesellschaftsform, -en	sistema social
e Gesellschaftsordnung, -en	orden social
e ***Schicht**, - en	clase
e Oberschicht / e Mittelschicht / e Unterschicht	clase alta / media / baja
r Zivilisationsprozess	proceso de civilización
s Entwicklungsstadium, -stadien	fase / estadio de desarrollo
e Sozialisation / e Sozialisierung	socialización
e Sozialstruktur, -en	estructura social
e **Norm**, -en	norma
s ***Verhalten**	comportamiento
s Verhaltensmuster, -	pauta de comportamiento
e Verhaltensnorm, -en	código / norma de comportamiento
sich an Normen halten (hält, hielt, hat gehalten) ↔ **von der Norm abweichen** (wich ab, ist abgewichen)	atenerse a las normas ↔ apartarse / desviarse de las normas
nicht der Norm **entsprechen** (entspricht, entsprach, hat entsprochen)	no corresporder a la norma
s abweichende Verhalten	comportamiento desviado
e ***Beziehung**, -en	relación
Die Beziehungen zwischen den beiden Bevölkerungsgruppen ***verbessern** sich ↔ ***verschlechtern** sich.	La relación entre los dos grupos poblacionales / de población van mejorando ↔ están empeorando.
r Generationskonflikt, -e	conflicto generacional
e Gruppendynamik	dinámica de grupo
s soziale / politische **Umfeld**	entorno social / político
e empirische Forschung, -en / e Empirie	investigación empírica
nach den neuesten **Erkenntnissen**	según los últimos descubrimientos
e **Meinungsforschung**	sondeo de opinión / demoscopia
s Meinungsforschungsinstitut, -e	instituto de demoscopia
e (öffentliche) ***Meinung**, -en	opinión (pública)
r Entscheidungsprozess	proceso de decisión
e ***Untersuchung**, -en	examen, investigación, estudio
Wir wollen eine Untersuchung zum Thema „Wahlen" **durchführen**.	Queremos llevar a cabo un estudio sobre el tema "elecciones".
e **Umfrage**, -n	encuesta
Eine **repräsentative** Umfrage unter Jugendlichen hat gezeigt / ergeben, dass …	Una encuesta representativa entre jóvenes ha mostrado que …
***dafür** ↔ ***dagegen** sein	estar a favor ↔ en contra
45 Prozent der Befragten sind für ↔ gegen Steuererhöhungen.	El 45% de los encuestados están a favor ↔ en contra del aumento de los impuestos.
e Auswahl	muestreo

e **Volkszählung**	censo
e **Statistik**, -en	estadística
Diese Statistik zeigt, dass … / Laut Statistik …	Esta estadística muestra que … / Según la estadística …
s Bevölkerungswachstum	crecimiento demográfico
e Geburtenrate / e Sterberate	índice de natalidad / de mortandad
e Alterspyramide	pirámide de la edad

Geschichte
Historia

e ***Geschichte** / e Geschichtswissenschaft	historia
alte ↔ neuere Geschichte	historia antigua ↔ moderna
historisch gesehen / **geschichtlich** betrachtet	considerado desde un punto de vista histórico
e historische **Persönlichkeit**, -en	personaje histórico
eine Sache von historischem Interesse	un asunto de interés histórico
Historische Fakten belegen, dass …	Los datos históricos revelan que …
r **Historiker**, - // e **Historikerin**, -nen	historiador // historiadora
r **Geschichtsforscher**, - // e **Geschichtsforscherin**, -nen	historiador // historiadora / investigador histórico // investigadora histórica
r / e **Gelehrte**, -n	erudito // erudita
s **Zeitalter**, - / e **Epoche**, -n	período / época

s alte Rom / s Rom der Antike	la Roma antigua
e Antike	Antigüedad
die Kreuzzüge	las cruzadas
s Mittelalter	la Edad Media
e Reformation	la Reforma
s Zeitalter des Absolutismus	la época del Absolutismo
e Aufklärung	la Ilustración
e Französische Revolution	la Revolución Francesa
e industrielle Revolution	la revolución industrial
e Oktoberrevolution	la Revolución de Octubre / Bolchevique
e Weimarer Republik	la República de Weimar
r Nationalsozialismus	Nacionalsocialismo
e Nachkriegszeit	postguerra
s Computerzeitalter	época informática

e **Zeitgeschichte**	historia contemporánea
e Vorgeschichte	prehistoria

im Altertum / in der **Antike** ↔ in der **Neuzeit**	en la edad antigua / en la antigüedad ↔ en los tiempos modernos
während der Renaissance	durante el Renacimiento
s **Jahrtausend**, -e / s **Jahrhundert**, -e / s **Jahrzehnt**, -e	milenio / siglo / década

1801–1900 = im 19. Jahrhundert	en el siglo XIX
1901–2000 = im 20. Jahrhundert	en el siglo XX
1989 = neunzehnhundertneunundachtzig	mil novecientos ochenta y nueve
2003 = zweitausend(und)drei	dos mil tres

zeitgenössisch	contemporáneo
e Geschichtsforschung	investigación histórica
e Kulturgeschichte Indiens	historia cultural de la India
e Kirchengeschichte	historia eclesiástica
e Geistesgeschichte	historia de las ideas
s **Archiv**, -e	archivo
e **Chronik**, -en	crónica
r Chronist, -en // e Chronistin, -nen	el // la cronista

Geologie
Geología

e **Geologie** / e **Geowissenschaft**, -en	geología
r **Geologe**, -n / e **Geologin**, -nen	geólogo // geóloga
e **Geographie** / e geographische Beschaffenheit	geografía / estructura geográfica
geologisch	geológico
e geologische Karte	mapa geológico
r geologische Vorgang	proceso geológico
e (geologische) **Formation**	formación geológica

e historische Geologie	geología histórica
e Geotektonik	geotectónica
e Paläontologie	paleontología
e Polarforschung	exploración de las regiones polares
e Meeresgeologie	geología marina
e Vulkanologie	vulcanología
e Seismologie	sismología
e Ozeanologie	oceanografía
e Glaziologie	glaciología
e Klimatologie	climatología
e Mineralogie	mineralogía
e Rohstoff- und Umwelttechnik	tecnología de las materias primas y el medio ambiente

e Geophysik	geofísica
e Ingenieurgeologie	geología aplicada a la física
e Topografie	topografía

e ***Erde**	Tierra
e **Erdgeschichte**	historia de la Tierra
im Laufe von Jahrmillionen	a lo largo de millones de años
e **Ära** / s (Erd-) **Zeitalter**	era
e Periode, -n	período
e **Epoche**, -n	época
prähistorisch / vorgeschichtlich	prehistórico
e **Entwicklung**, -en	evolución
e Urzeit	tiempos primitivos
e Eiszeit / e Steinzeit	período glacial, de las glaciaciones / Edad de Piedra
e Bronzezeit / e Eisenzeit	Edad de Bronce / Edad de Hierro
r Jura	período jurásico
r **Erdkern**	núcleo de la Tierra / terrestre
s **Erdinnere**	el interior de la Tierra
e **Erdkruste** / e Erdrinde	la corteza terrestre / litosfera
r Festlandsockel	plataforma continental
r ***Kontinent**, -e [*auch* 'kɔntinɛnt]	continente
e Kontinentalverschiebung	deriva continental
auseinander driften	separarse
e Plattentektonik	tectónica de placas
e ***Schicht**, -en	capa / estrato
e Verwerfung, -en	falla
s Sediment, -e	sedimento
e **Ablagerung**, -en	depósito / yacimiento
e **Erosion**, -en / e Abtragung, -en	erosión
erodieren	erosionar
e Verwitterung, -en	descomposición / erosión
r **Gletscher**, -	glaciar
e Gletscherspalte, -n	grieta (de glaciar)
s Schmelzwasser	agua de deshielo
e **Moräne**, -n / e Endmoräne	morrena / canchal
s **Erdbeben**, -	terremoto
e Richter-Skala	escala Richter
r **Vulkan**, -e	volcán
r aktive ↔ erloschene Vulkan	volcán activo ↔ apagado
r **Vulkanausbruch**, ¨-e	erupción volcánica
r **Krater**, -	cráter
e **Lava** / r Lavastrom, ¨-e	lava / torrente de lava
Bodenschätze *Pl*	recursos minerales
Das Land ist reich an Bodenschätzen.	El país es rico en recursos minerales.
Bodenschätze abbauen	explotar los recursos minerales
s **Vorkommen**, -	yacimiento

fossile Brennstoffe	combustible fosilizado
s Öl- und Erdgasvorkommen	yacimientos de petróleo
s ***Öl** / s **Erdöl**	petróleo / crudo
e Suche nach neuen Erdölquellen	búsqueda de nuevos yacimientos petrolíferos
Erdöl **fördern**	extraer petróleo
s **Erdgas**	gas natural
s (vulkanische) **Gestein**	roca (volcánica)
r Gesteinsbrocken, -	fragmento de roca
e **Gesteinsprobe**, -n	muestra de roca
***bestimmen** / ***analysieren**	clasificar / analizar
e Altersbestimmung	datación
stammen aus	datar de
s **Fossil**, -ien	fósil
e **Versteinerung**, -en	restos fosilizados / petrificados
versteinern	fosilizarse / petrificarse
s ***Mineral**, -e / Mineralien	mineral
s Erz, -e	mineral / mena [tal como se extrae y antes de limpiarse]
r Quarz, -e	cuarzo
r **Kristall**, -e / r Bergkristall	cristal / cristal de roca
e Bildung von Kristallen	formación de cristales
kristallisieren	cristalizar
s ***Metall**, -e	metal
selten ↔ häufig vorkommendes Metall	metal escaso / raro ↔ común
s **Edelmetall**, -e	metal precioso
s **Schwermetall** ↔ s **Leichtmetall**	metal pesado ↔ ligero
r **Stahl**	acero
e **Legierung**, -en	aleación
s Messing	latón
e Bronze	bronce

Metales

s Gold	oro
s Silber	plata
s Platin	platino
s Quecksilber	mercurio
*s *Eisen*	hierro
s Kupfer	cobre
s Zink	zinc
s Blei	plomo
s Aluminium	aluminio

Adjetivos terminados en *-haltig*:

goldhaltig	aurífero / rico en oro
eisenhaltig	ferruginoso
etc.	
Pero también: *Die *Kette ist aus echtem Gold.*	La cadena es de oro puro.

r **Steinbruch**, ¨-e	cantera
s **Bergwerk**, -e / e **Mine**, -n	mina
abbauen / **abtragen**	explotar / extraer
r Goldklumpen	lingote de oro
r **Edelstein**, -e	piedra preciosa
r Halbedelstein	piedra semipreciosa
r synthetische Stein, -e	piedra sintética

Piedras preciosas

r Diamant	diamante
r Smaragd	esmeralda
r Aquamarin	aguamarina
r Rubin	rubí
r Saphir	zafiro
r Opal	ópalo

r **Diamant**, -en / Rohdiamant	diamante / diamante en bruto
r **Brillant**, -en	brillante
r / s Juwel, -en	joya
schleifen (schliff, hat geschliffen)	tallar
Je ausgefallener der Schliff, desto teurer der Edelstein.	Cuanto más especial es el tallado, más cara es la piedra preciosa.
e **Perle**, -n	perla
r Bernstein	ámbar

Sie ist Gold wert.	Vale su peso en oro.
Sie halten zusammen wie Pech und Schwefel.	Son como uña y carne.
Es ist nicht alles Gold, was glänzt.	No es oro todo lo que reluce.
Das ist nicht mit Gold zu bezahlen.	No tiene precio.

13

Welt der Technik
El mundo de la técnica

Technik
Tecnología

e ***Tẹchnik**	tecnología
r **Tẹchniker**, - // e **Tẹchnikerin**, -nen	técnico // técnica
***tẹchnisch**	técnico
r (technische) ***Fọrtschritt**, -e	adelanto (técnico)
e (technische) **Neuerung**, -en	innovación (técnica)
r **neueste Stạnd der Tẹchnik**	el estado más avanzado de la tecnología
s **Wụnder** der Technik	milagro de la técnica
Die Werkstatt ist mit modernster Technik ausgestattet.	El taller está equipado con los últimos adelantos de la técnica.
e **Entwịcklung**, -en / e ***Verbẹsserung**, -en	desarrollo, progreso / perfeccionamiento, mejora
Entwicklungskosten *Pl*	gastos de desarrollo
e **Ụmstellung** auf +*A*	conversión en
Die Produktion wurde auf Computer umgestellt.	Se ha automatizado la producción.
e **Technologie** [tɛçnolo'gi:]	tecnología
e **Spịtzentechnologie** / e **Hightechindustrie** ['hai̯'tɛk…]	tecnología punta / industria de alta tecnología
r **Technologe**, -n // e **Technologin**, -nen	tecnólogo // tecnóloga
technologisch	tecnológico
r ***Ingenieur**, -e [ɪnʒe'ni̯ø:ɐ̯] // e **Ingenieurin**, -nen	ingeniero // ingeniera
r Maschinenbauingenieur // e Maschinenbauingenieurin	ingeniero mecánico // ingeniera mecánica
e Werkstoffkunde	tecnología de los materiales
e **Elẹktrotechnik**	electrotécnica
e Elektronik	electrónica
r **Elẹktroingenieur**, -e // e **Elẹktroingenieurin**, -nen	ingeniero electrónico // ingeniera electrónica
elektronisch	electrónico
s Bauteil, -e	pieza
e **Erfịndung**, -en	invento
***erfịnden** (erfand, hat erfunden) / eine Erfindung machen	inventar
s **Patẹnt**, -e [pa'tɛnt]	patente
Die Firma hat das Patent für diese Maschine.	La empresa tiene la patente de esta máquina.
zum Patent anmelden	registrar una patente
s **Patẹntamt**	registro / oficina de patentes
r **Erfịnder**, - // e **Erfịnderin**, -nen	inventor // inventora
erfịnderisch sein	ser inventivo
r Tüftler, - // e Tüftlerin, -nen *ugs.*	minucioso / minuciosa

Produktion
Fabricación

e **Herstellung** / e ***Produktion**	fabricación / producción
Sie arbeitet in der Herstellung.	Trabaja en la producción.
r **Hersteller**, - // e **Herstellerin**, -nen	el // la fabricante
e **Herstellerfirma**, -firmen	(empresa) fabricante
r führende Automobilhersteller	fabricante de coches más importante
***herstellen** / **fertigen** / ***produzieren**	fabricar / manufacturar / producir
in Produktion sein	estar en producción / produciéndose
einzeln / von Hand ↔ am Fließband hergestellt	fabricado individualmente / a mano ↔ en serie
in Deutschland hergestellt	fabricado en Alemania
e **Fabrikation**	fabricación
***aufnehmen** (nimmt auf, nahm auf, hat aufgenommen) ↔ einstellen	comenzar ↔ cesar
Morgen wird die Fabrikation wieder aufgenommen.	Mañana se comenzará otra vez / se reanudará la producción.
e Fabrikationsmethode, -n	modo de fabricación
r **Herstellungsprozess**, -e	proceso de fabricación
r **Ablauf**, ⸚e	proceso
***planen**	planear
überwachen	supervisar
***automatisch**	automático
Der richtige Druck stellt sich automatisch / **von *selbst** ein ↔ muss von Hand eingestellt werden.	La presión adecuada se regula automáticamente ↔ hay que regularla a mano / manualmente.
r **automatisierte** Produktionsablauf, ⸚e	proceso de producción automatizado
s ***Produkt**, -e / s Erzeugnis, -se	producto
e Produktpalette, -n	surtido de productos
e Massenproduktion	producción en masa
r Massenartikel, -	artículo producido en masa
s Fertigerzeugnis, -se	producto acabado
gefertigt nach DIN-Norm / entsprechend der DIN-Norm	producido de acuerdo con las normas industriales alemanas
in der handelsüblichen Größe	en el tamaño estándar
Damit liegen wir über ↔ unter der Norm.	Así cumplimos más que suficientemente con la norma ↔ no llegamos a lo que exige la norma.
e **Verarbeitung**	transformación
r Papierverarbeitungsbetrieb	industria de transformación del papel

verarbeiten zu	transformar en
Holz wird zu Papier verarbeitet.	La madera se transforma en papel.
e ***Industrie**, -n [ɪndʊs'tri:]	industria
industriell	industrial
e Automobilindustrie	industria del automóvil
e Schwerindustrie	industria pesada
e verarbeitende / weiterverarbeitende Industrie	industria de transformación
s Industriegebiet, -e	zona industrializada
s ***Werk**, -e	factoría, planta
s Montagewerk, -e	planta de montaje
s Opel-Werk	factoría de Opel
r **Leiter**, - // e **Leiterin**, -nen	director // directora / jefe // jefa
r Betriebsleiter / r Werksleiter	jefe de la empresa / gerente
ein Werk leiten	dirigir una factoría
r **Arbeiter**, - // e **Arbeiterin**, -nen	trabajador // trabajadora
r Handwerker, - // e Handwerkerin, -nen	artesano // artesana
e ***Fabrik**, -en	fábrica
r ***Betrieb**, -e	empresa, fábrica, taller
r Maschinenbaubetrieb	empresa de construcción de máquinas
e ***Werkstatt**, ⸚en	taller
e Reparaturwerkstatt	taller de reparaciones
e ***Reparatur**, -en	arreglo / reparación
in Betrieb ↔ **außer Betrieb** sein	estar en funcionamiento / en explotación ↔ no funcionar / estar fuera de servicio
e **Anlage**, -n	planta
e **Produktionsanlage** / e Fertigungsanlage	planta de producción / de manufacturas
veraltet ↔ erneuert	anticuado ↔ modernizado
e **Investition**, -en	inversión
e ***Maschine**, -n / s ***Gerät**, -e	máquina / aparato
Es werden Millionen in neue Maschinen **investiert**.	Se están invirtiendo millones en nuevas máquinas.
s neueste Modell	último modelo
e computergesteuerte Montage	montaje automático regulado por ordenador
s **Fließband**, ⸚er	cadena de fabricación
s Montageband, ⸚er	cadena de montaje
s Förderband, ⸚er	cinta transportadora
r **Roboter**, - / r Industrieroboter	robot / robot industrial
e ***Leistung**	rendimiento
e Produktionsleistung	capacidad productora
Die Maschinen sind bis zu 90 Prozent ausgelastet.	Las máquinas están trabajando al 90 % de su capacidad.
Wir müssen die Produktionsleistung um 5 Prozent **steigern**.	Tenemos que aumentar un 5 % la capacidad productora.

Die Leistung **steigt** (stieg, ist gestiegen) ↔ **fällt** (fiel, ist gefallen) um 5 Prozent.	El rendimiento ha aumentado ↔ ha disminuido un 5 %.
e erhöhte **Produktivität**	productividad incrementada
e **Wartung** / e Instandhaltung	mantenimiento
s ***Ersatzteil**, -e	pieza de repuesto
auswechselbar	recambiable
ausfallen (fällt aus, fiel aus, ist ausgefallen)	averiarse / estropearse / fallar
Jeden zweiten Tag fällt die Maschine wegen technischer Probleme aus.	Cada dos días falla la máquina por problemas técnicos.
Kosten *Pl*	costes
die Stückkosten **senken** (sinkt, sank, ist gesunken) ↔ ***erhöhen**	bajar ↔ subir el precio de la pieza
r ***Mechaniker**, - [me'ça:nikɐ] // e **Mechanikerin**, -nen	mecánico // mecánica
r **Monteur**, -e [mɔn'tø:ɐ̯] // e **Monteurin**, -nen	montador // montadora
r **Maschinenschlosser**, - // e **Maschinenschlosserin**, -nen	montador mecánico // montadora mecánica / ajustador mecánico // ajustadora mecánica
s **Franchising** ['frɛntʃaizɪŋ]	franquicia
r **Zulieferer**, - /	proveedor
e Zuliefererfirma, -firmen	empresa proveedora
s **Outsourcing** ['autsɔ:sɪŋ]	outsourcing / externalización
outsourcen (wurde geoutsourct)	contratar servicios externos

El sistema de producción llamado *JIT (= just-in-time)* se está extendiendo cada vez más: por ejemplo, los proveedores *(Zulieferer)* de la industria del automóvil envían *(liefern)* las piezas *(Teile)* en el momento exacto en el que son necesitadas en el proceso de montaje *(Montage)*.

Elektrizität
Electricidad

e **Elektrizität**	electricidad
***elektrisch**	eléctrico
r Elektromotor, -en / s Elektrogerät, -e	motor / aparato eléctrico
r (elektrische) ***Strom** / e ***Energie**, -n	corriente / energía (eléctrica)
Der Strom ist weg / ausgefallen. – Warte, gleich ist er wieder da.	Se ha ido la luz [la electricidad]. – Espera, en seguida vuelve.
r **Elektriker**, - // e **Elektrikerin**, -nen	el // la electricista
r **Stromkreis**	circuito eléctrico
Der Stromkreis ist **geschlossen** ↔ **unterbrochen**.	El circuito está cerrado ↔ cortado.

e **Spannung** / s **Volt**	tensión / voltaje
e **Stromstärke** / s **Ampere**	intensidad de corriente, amperaje / amperio
e **Glühbirne**, -n	bombilla
e 100-Watt-Birne, -n	una bombilla de 100 vatios
e **Neonröhre**, -n / e Leuchtstofflampe, -n	tubo / lámpara fluorescente
e **Sparlampe**, -n	lámpara económica [que gasta menos electricidad]
r ***Schalter**, - / r **Lichtschalter**	interruptor / interruptor de la luz
***an** / ***ein** ↔ ***aus**	encendido ↔ apagado
***an sein** (ist, war, ist gewesen) ↔ ***aus sein**	estar encendido ↔ apagado
Ist der Computer noch an?	¿Está el ordenador todavía encendido?
anschalten / ***einschalten** / **anmachen** ↔ ***ausschalten** / ***ausmachen** / ***abdrehen** *österr.*	encender ↔ apagar
das Licht anknipsen ↔ ausknipsen	encender la luz / darle a la luz ↔ apagar la luz
***angehen** (ging an, ist angegangen) ↔ ***ausgehen**	encenderse ↔ apagarse
Wie geht das Licht an?	¿Cómo se enciende la luz?
s **Kabel**, - / e ***Leitung**, -en	cable
e Verlängerungsschnur, ¨-e	alargador / alargadera
e ***Steckdose**, -n	enchufe [hembra]
r ***Stecker**, -	enchufe [macho]
Stecken Sie bitte den Stecker **rein**. ↔ **Ziehen** Sie bitte den Stecker **raus**.	Por favor, ponga el enchufe / enchúfelo. ↔ Por favor, quite el enchufe / desenchúfelo.
Sie müssen zuerst das Gerät **anschließen**.	Primero tiene que conectar el aparato.
r **Adapter**, - / r Zwischenstecker, -	adaptador
e Erdung / e Masse	conexión de tierra
Das Gerät war nicht richtig geerdet.	La conexión de tierra del aparato no se había hecho bien.
e Phase, -n	fase
e **Sicherung**, -en	fusible
r Sicherungskasten, ¨	caja para cortacircuitos / de fusibles
r **Kurzschluss**	cortocircuito
Schon wieder ein Kurzer. / Schon wieder ist die Sicherung rausgeflogen.	Otra vez un cortocircuito. / Otra vez han saltado los fusibles.
Die Sicherung muss **ausgewechselt** werden.	Hay que cambiar los fusibles.
den Strom **abschalten** ↔ **einschalten**	cortar ↔ conectar la electricidad / luz
isolieren	aislar

s Isolierband	cinta aislante
r elektrische Schlag / r Stromschlag	descarga eléctrica / calambre
r **Stromzähler**, -	contador de la luz
e **Elektrizitätsgesellschaft**	compañía de la luz
s ***Kraftwerk**, -e	central eléctrica
s **Elektrizitätswerk** / s E-Werk	compañía (abastecedora) de electricidad
r **Atomreaktor** / s **Kernkraftwerk**	reactor nuclear / central nuclear
Elektrizität / **Strom erzeugen**	generar / producir electricidad
r Transformator	transformador
r Gleichstrom / r Wechselstrom	coriente continua / corriente alterna
r Drehstrom	corriente trifásica
e Spitzenbelastung	carga de punta
e Hochspannung	alto voltaje / alta tensión
e Hochspannungsleitung	cable de alta tensión
r Elektrosmog	contaminación electromagnética
s **Stromnetz**	red eléctrica
e **Stromquelle**, -n	fuente de energía
r Generator, -en	generador
r Wechselstromgenerator	alternador
r Dynamo	dinamo
e **Batterie**, -n	pila
r **Akku**, -s / r Akkumulator, -en	acumulador (eléctrico) / pila recargable
Der Akku ist ***leer** ↔ ***voll**.	La pila está descargada ↔ cargada.
(wieder) **aufladen** (lädt auf, lud auf, hat aufgeladen) ↔ **entladen**	(re)cargar ↔ descargar

In der Werkstatt
En el taller

e ***Werkstatt**, ¨-en	taller
e ***Reparatur**, -en	avería / reparación
reparieren / in Ordnung bringen	arreglar / reparar
funktionstüchtig ↔ funktionsuntüchtig	que funciona ↔ que no funciona
in *Ordnung ↔ ***kaputt** / **defekt**	funciona bien ↔ estropeado / defectuoso
s ***Material**, -ien / r Werkstoff, -e	material

Materialien	*materiales*
s Metall, -e	metal
e Legierung	aleación
r Stahl	acero
s Stahlblech	chapa de acero
s Holz	madera
s Bauholz	madera de construcción / de carpintería
s Hartholz / s Weichholz	madera dura / blanda
s Sperrholz	madera contrachapada / contrachapeada
e Spanplatte, -n	madera prensada
aus Spanplatten gefertigte Türen	puertas hechas de madera prensada
s Glas	cristal
e Keramik	cerámica
s Plastik / r Kunststoff, -e	plástico
r Gummi / r Kautschuk	goma / caucho

e **Materialeigenschaft**, -en	propiedad de un material
hochwertig ↔ **minderwertig**	alta ↔ baja calidad
Nur hochwertiges Material wurde verarbeitet.	Sólo se emplea material de alta calidad.
elastisch / **flexibel** / **dehnbar**	elástico / flexible/ dúctil
bruchfest	irrompible
belastbar ↔ nicht belastbar	resistente ↔ poco resistente
hitzebeständig / korrosionsbeständig	resistente al calor / a la corrosión
leitfähig	conductor
(äußerst) brüchig / spröde	(extremadamente) frágil
***bestehen** (bestand, hat bestanden) / ***sein** (ist, war, ist gewesen) (aus +*D*)	estar conpuesto (de) / estar hecho (de)
Ist das Eisen oder Plastik?	¿Es hierro o plástico?
Das Werkteil besteht / ist aus Kunststoff und Gummi.	La pieza está hecha de plástico y goma.
Das Werkteil wurde aus Kunststoff und Gummi hergestellt / gemacht.	La pieza fue fabricada / hecha con plástico y goma.
maschinell ↔ von Hand bearbeiten	hecho / elaborado a máquina ↔ a mano
r Materialfehler, - / e Materialermüdung	defecto / fatiga del material
Der Wasserschaden ist auf Materialermüdung zurückzuführen.	Los daños producidos por el agua hay que achacarlos a la fatiga del material.
r Materialbedarf / r Materialverbrauch	necesidad / consumo de material
s ***Werkzeug**, -e	herramienta
r **Werkzeugkasten**, ¨	caja de las herramientas
e Werkzeugbank, ¨e	obrador / banco de trabajo
e Drehbank	torno

r Schraubstock	torno de banco
***verwenden** / ***benutzen**	usar / utilizar
***gebrauchen**	usar / utilizar
Den Bohrer könnte ich gut gebrauchen.	La taladradora me sería muy útil.

herramientas

e Bohrmaschine, -n	taladradora (eléctrica) / taladro (eléctrico)
r Bohrer, -	taladradora / taladro
r Hammer	martillo
r Meißel	cincel
r Schraubenzieher, -	destornillador
r Schraubenschlüssel, -	llave inglesa
e Feile, -n	lima
e Schere	tijeras
e Zange	tenazas
e Beißzange, -n	tenazas
e Säge, -n	sierra
r Fuchsschwanz	serrucho
e Kreissäge, -n	sierra circular
r Hobel, -	cepillo de carpintero
r Nagel, ¨-	clavo
e Schraube, -n	tornillo
s Gewinde, -	rosca
r Bolzen, -	perno
e Schraubenmutter, -n	tuerca
r Dübel, -	taco
e Unterlegscheibe	arandela
e Dichtung	zapatilla

Acciones

hämmern	martillear
bohren	taladrar
schrauben	atornillar
schneiden	cortar
hobeln	cepillar
feilen	limar
schlagen	golpear

e **Ausrüstung** / s ***Gerät**, -e	equipamiento / aparato
r Bau von Maschinen und Anlagen	construcción de maquinaria y equipamiento
e ***Anlage**, -n / e **Produktionsanlage**	planta / planta de producción
e ***Maschine**, -n	máquina
e Metallbearbeitungsmaschine	máquina para trabajar los metales
s Maschinenteil, -e	pieza de maquinaria
r Mechanismus	mecanismo

Wie funktioniert das? Zeigen Sie es mir bitte.	¿Cómo funciona esto? Muéstremelo, por favor.
r ***Schalter**, -	interruptor
***einschalten** ↔ ***ausschalten**	encender ↔ apagar
r ***Knopf**, ⸚e	botón
***drücken**	apretar
das Gerät richtig ***einstellen**	ajustar / regular bien el aparato
richtig ↔ falsch ***bedienen**	manejar correctamente / bien ↔ incorrectamente / mal
e ***Gebrauchsanweisung**, -en (Gebrauchs-)Anleitung *schweiz.*	instrucciones (de funcionamiento)
Das ist zu ***beachten**.	Hay que prestar atención a / tener en cuenta esto.
r Hebel, -	palanca
e Kurbel, -n	manivela

Partes de un coche

r Motor, -en	motor
r Verbrennungsmotor	motor de explosión
r Elektromotor	motor eléctrico / electromotor
e Zündkerze	bujía
r Vergaser	carburador
r Zylinder	cilindro
r Kolben	pistón
s Zahnrad	rueda de engranaje
s Getriebe	engranaje
s Gehäuse	caja (de cambios)
e Antriebswelle	árbol motor
e Kurbelwelle	árbol de manivela
e Nockenwelle	árbol de levas
s Drehmoment	momento de rotación
s Kugellager	cojinete esférico
e Feder	ballesta
s Sicherheitsventil	válvula de seguridad
e Bremse	freno
e Kupplung	embrague
s Pedal	pedal

14

Verkehr
La circulación

14

1

Straßenverkehr und Kraftfahrzeuge
Tráfico y vehículos

***fahren** (fährt, fuhr, ist / hat gefahren)	conducir / LAm manejar
defensiv ↔ aggressiv fahren	conducir de una forma defensiva ↔ agresiva
Sie fährt sehr vorsichtig / gut ↔ schlecht Auto.	Conduce con mucho cuidado / bien ↔ mal.
r ***Fahrer**, - // e **Fahrerin**, -nen	conductor // conductora
r Chauffeur, -e // e Chauffeurin, -nen *schweiz.*	conductor // conductora / el // la chófer
Er ist ein rücksichtsvoller ↔ rücksichtsloser Fahrer.	Es un conductor considerado ↔ desconsiderado.
r ***Fußgänger**, -	peatón
r Fußgängerüberweg, -e / r Zebrastreifen, -	paso de peatones / de cebra
r ***Bürgersteig**, -e / s ***Trottoir**, -s [trɔ'to̯aːɐ̯] *schweiz.* / r ***Gehsteig**, -e	acera / LAm vereda
die Straße **überqueren** / über die Straße **gehen** (ging, ist gegangen)	cruzar la calle
r **Fahrradweg**, -e	carril de bicicletas
r Veloweg, -e *schweiz.*	carril de bicicletas

Usuarios de las carreteras

r Autofahrer, - // e Autofahrerin, -nen	conductor // conductora de coche / LAm de auto
r LKW-Fahrer	camionero
r Lieferwagenfahrer	conductor de furgoneta
r Busfahrer	conductor de autobús
r Taxifahrer	taxista
r Fahrradfahrer	ciclista
r Mofa- / Mopedfahrer	motorista
r Motorradfahrer	motociclista
r Kickbordfahrer	surfista
r Skateboardfahrer	monopatinista
r Rollerbladefahrer	patinador
r Fußgänger	peatón

e ***Ampel**, -n / e **Verkehrsampel**, -n	semáforo
s Lichtsignal, -e *schweiz.*	semáforo
e Fußgängerampel, -n	semáforo de peatones
Ampeln ***regeln** den Verkehr.	Los semáforos controlan el tráfico.
e ***Straße**, -n	calle
e Gasse, -n *österr.*	callejón / callejuela
eine einspurige / zweispurige Straße	una carretera de un carril / de dos carriles

e Hauptverkehrsstraße, -n	calle principal / muy transitada
e Nebenstraße	calle secundaria
e Durchgangsstraße	calle de tránsito
e Landstraße	carretera comarcal
e Bundesstraße	autopista federal / nacional
e Bergstraße / e Passstraße / e Serpentinenstraße	carretera de montaña / carretera de un puerto de montaña, desfiladero / carretera con muchas curvas
e Steigung ↔ s Gefälle	cuesta / pendiente [hacia arriba ↔ abajo]
e Umgehungsstraße	carretera de circunvalación
e Umfahrung, -en / e Umfahrungsstraße, -n *österr.*	carretera de circunvalación
e Einbahnstraße	calle de dirección única / de sentido único
e Sackgasse, -n	callejón sin salida
r ***Weg**, -e	camino
r Forstweg	camino forestal
r ***Platz**, ⸚e	plaza
e ***Autobahn**, -en	autopista
***überholen**	adelantar
Das war aber ein riskantes Überholmanöver!	¡Ha sido un adelantamiento muy arriesgado!
e Überholspur, -en	carril para adelantar
e Standspur	arcén
r Pannenstreifen, - *österr.*	arcén
e **Raststätte**, -n	área de servicio
e Autobahnraststätte, -n	área de servicio de una autopista
Rast machen / eine Pause machen	descansar / hacer un descanso
e ***Ausfahrt**, -en	salida
e ***Kurve**, -n	curva
(nach) ***links** ↔ ***rechts** (fahren)	(ir a la) izquierda ↔ derecha
***geradeaus** (fahren)	(ir) todo recto / todo seguido
e ***Kreuzung**, -en	cruce
Fahren Sie an der zweiten Kreuzung (nach) links und dann immer geradeaus bis zur Kirche.	Gire a la izquierda en el segundo cruce y después vaya todo recto hasta la iglesia.
r ***Verkehr** *Sg*	tráfico
Auf der A 9 kurz vor Nürnberg herrscht starker / zäh fließender / stockender Verkehr.	En la A 9 poco antes de Nuremberg el tráfico es muy denso / circula lentamente / está congestionado.
r Berufsverkehr	hora punta
r Kreisverkehr	rotonda
***behindern**	obstruir
Durch Ihre langsame Fahrweise behindern Sie den Verkehr.	Obstruye el tráfico por conducir tan despacio.

r ***Stau**, -s	atasco / embotellamiento
Auf dieser Straße kommt es jeden Morgen zu Staus.	En esta calle se forman atascos todas las mañanas.
Wir sind im Stau stecken geblieben, ***deswegen** / ***deshalb** / ***daher** konnten wir nicht pünktlich kommen.	Nos ha pillado un atasco y por eso no hemos podido llegar puntualmente.
Wir stehen im Stau.	Estamos en un atasco.
r ***Stadtplan**, ⸚e	plano de la ciudad
***beschreiben** (beschrieb, hat beschrieben)	describir
Beschreib mir bitte kurz den Weg zu euch.	Dime rápidamente cómo llegar a vuestra casa.
e **Wegbeschreibung**, -en	descripción del camino
Wie komme ich am schnellsten zum Bahnhof ?	¿Cuál es el camino más corto para la estación?
***abbiegen** (bog ab, ist abgebogen)	girar / torcer / doblar
An der nächsten Ampel müssen wir (nach) rechts abbiegen.	En el próximo semáforo tenemos que girar a la derecha.
wenden / ***umdrehen**	virar / dar la vuelta
Da vorn können wir wenden / umdrehen.	Allí enfrente podemos dar la vuelta.
***stoppen** / **anhalten** (hält an, hielt an, hat angehalten) / stehen bleiben	parar
Kannst du da vorn bitte mal anhalten?	¿Puedes parar, por favor, ahí delante?
e ***Vorfahrt**	preferencia
r Vorrang *österr.* / r Vortritt *schweiz.*	preferencia
Wer hat hier Vorfahrt?	¿Quién tiene aquí preferencia?
die Vorfahrt (be)achten ↔ nehmen	respetar ↔ quitar la preferencia
e Vorfahrtsstraße, -n	carretera principal / con preferencia
Hier gilt rechts vor links.	Tienen preferencia los que vienen por la derecha.
s ***Verkehrszeichen**, -	señal de tráfico
s Signal, -e *schweiz.*	señal de tráfico
e ***Geschwindigkeits-beschränkung**, -en / e Geschwindigkeitsbegrenzung, -en	límite de velocidad
s ***Schild**, -er	señal
s Stoppschild, -er	señal de stop
Er hat ein Stoppschild überfahren.	Se ha saltado un stop.
s Halteverbotsschild	señal de prohibido estacionar
das (absolute / eingeschränkte) Halteverbot	la prohibición (total / parcial) de estacionar
e ***Umleitung**, -en	desvío
Da vorn ist eine Umleitung.	Ahí delante hay un desvío / hay que desviarse.

r **Umweg**, -e	rodeo
Das ist doch ein Umweg!	¡Eso es (dar) un rodeo!
Wir haben einen Umweg gemacht.	Hemos dado un rodeo.
sich verfahren	perderse / equivocarse de camino
Wir haben uns total verfahren!	¡Nos hemos perdido totalmente!
e ***Garage**, -n [ga'ra:ʒə]	garaje
e **Tiefgarage**, -n	aparcamiento subterráneo
in die Garage fahren	entrar en el garaje
e ***Einfahrt**, -en ↔ e ***Ausfahrt**, -en	entrada ↔ salida
Einfahrt verboten!	¡Prohibida la entrada!
s ***Parkhaus**, ¨-er	garaje de aparcamientos / parking
ins Parkhaus fahren	entrar en el aparcamiento
Alle Parkhäuser in der Innenstadt sind besetzt.	Todos los garajes de aparcamientos / parkings de la ciudad están llenos.
r ***Parkplatz**, -e	aparcamiento / estacionamiento
ein bewachter ↔ unbewachter Parkplatz	un aparcamiento vigilado ↔ no vigilado
e Parkuhr, -en	parquímetro
e Parkscheibe, -n	disco de estacionamiento
***parken** / parkieren *schweiz.*	aparcar / estacionar / LAm parquear
Hier können Sie nicht parken.	Aquí no puede aparcar usted.
eine Parklücke finden	encontrar un hueco para aparcar
vorwärts ↔ rückwärts **einparken**	aparcar de frente ↔ hacia atrás
e ***Polizei** *Sg*	policía
r ***Polizist**, -en // e **Polizistin**, -nen	el // la policía
r Verkehrspolizist // e Verkehrspolizistin	el // la policía de tráfico
e Straßenverkehrsordnung	código de la circulación
r **Strafzettel**, -	multa
Wir haben schon wieder einen Strafzettel wegen Falschparken bekommen!	¡Otra vez nos han puesto una multa por aparcar mal!
s Verkehrsdelikt, -e	infracción de tráfico
r Bußgeldbescheid, -e	notificación de una multa
Wegen zu schnellem Fahren habe ich einen Bußgeldbescheid bekommen.	Me han puesto una multa por exceso de velocidad.
s **Radar(gerät)**, -e / e **Radarfalle**, -n	(el aparato de) radar / control radar
jn **blitzen**	fotografiar a alg
Ich bin heute auf der Autobahn geblitzt worden.	En la autopista me han hecho hoy una foto en un control radar.
Trunkenheit / Alkohol am Steuer	conducir borracho
r ***Führerschein**, -e / Führerausweis *schweiz.*	permiso de conducir / carné de conducir / LAm licencia de manejar
r **Führerscheinentzug**	retirada del carné de conducir
r Führerausweisentzug *schweiz.*	retirada del carné de conducir
Der Führerschein wurde ihm für drei Monate abgenommen / entzogen.	Le han retirado el carné de conducir durante tres meses.

Si se cometen infracciones de tráfico más graves, como exceso de velocidad o conducir borracho, los conductores reciben puntos de penalización que son anotados en el registro general de infractores situado en Flensburg. Si se excede un cierto número de puntos, se retira el carné.

r ***Unfall**, ⸚e / r Verkehrsunfall	accidente / accidente de carretera / tráfico / circulación
Die Zahl der Verkehrsunfälle hat im letzten Jahr zugenommen ↔ abgenommen.	Este último año han aumentado ↔ disminuido los accidentes de tráfico.
s Unfallprotokoll, -e	(un) parte de un accidente
***beschädigen**	dañar
Sein Auto wurde bei dem Unfall leicht ↔ stark beschädigt.	Su coche fue poco ↔ muy dañado en el accidente.
r **Zusammenstoß**, ⸚e	colisión / choque
frontal / seitlich **zusammen stoßen** (stößt, stieß, ist gestoßen)	chocar frontalmente / de lado
Sie sind frontal zusammen gestoßen.	Chocaron frontalmente.
r Auffahrunfall / r Frontalzusammenstoß	choque trasero, por detrás / choque frontal
gegen einen Baum / eine Mauer fahren	chocar contra un árbol / contra una pared
e ***Gefahr**, -en	peligro
***gefährlich**	peligroso
Das ist eine gefährliche Kreuzung.	Es un cruce peligroso.
jn ***überfahren**	atropellar a alg
Die Katze wurde von einem Auto überfahren.	El gato fue atropellado por un coche.
s ***Unglück**	desgracia, accidente
eine ***Anzeige** (wegen etw. + *Genitiv*) **bekommen** (bekam, hat bekommen)	recibir una denuncia por algo
leicht ↔ schwer **verletzt** sein	estar levemente ↔ gravemente herido
Sie wurde bei dem Unfall schwer verletzt.	Resultó gravemente herida en el accidente.
r / e **Verletzte**, -n	herido // herida
r / e Verkehrstote, -n	muerto // muerta en accidente de tráfico
e ***Panne**, -n	avería
Wir hatten leider eine Panne.	Tuvimos por desgracia una avería.
r ***Reifen**, - / r Pneu, -s *schweiz.*	rueda / neumático
e Reifenpanne	reventón
***schieben** (schob, hat geschoben)	empujar
Das Auto musste an den Straßenrand geschoben werden.	Tuvimos que empujar el coche hasta el arcén.
abschleppen	remolcar
Wir mussten abgeschleppt werden.	Nos tuvieron que remolcar.

r **Pannendienst**, -e	servicio de ayuda en carreteras
r **Abschleppdienst**, -e	servicio de remolque / de grúa
r ***Schaden**, ⸚	daño
s Schadengutachten, -	informe de los daños
r Blechschaden, ⸚	daños en la carrocería / chapa
e ***Versicherung**, -en	seguro
den Schaden bei der Versicherung melden	comunicar los daños al seguro
Wo sind Sie versichert?	¿Dónde está usted asegurado?
den Schaden erstattet bekommen	recibir el dinero de los daños
s (Kraft-)**Fahrzeug**, -e	vehículo (motorizado)
r ***LKW**, -s / ***Last(kraft)wagen** / r Camion *schweiz.*	camión
Waren mit dem LKW ***transportieren**	transportar mercancías en el camión
s ***Auto**, -s / r ***Wagen**, - / ⸚	coche / automóvil / LAm carro / LAm auto
Fahren wir mit dem Auto oder mit dem Bus?	¿Vamos en coche o en autobús?
Meistens fahre ich mit dem Wagen zur Arbeit.	Normalmente voy al trabajo en coche.
Ich kann Sie gerne in meinem Auto mitnehmen.	Lo puedo llevar con gusto en mi coche.
Steig ein, ich fahre dich nach Hause.	Móntate, te llevo a casa.
r **Neuwagen**, - / ⸚ ↔ r **Gebrauchtwagen**	coche nuevo ↔ de segunda mano / usado

Expresiones relacionadas con el coche

*den Zündschlüssel ins *Schloss stecken*	meter la llave de contacto (en la cerradura)
*den Sicherheitsgurt anlegen / sich *anschnallen*	ponerse el cinturón de seguridad
s Zündschloss	cerradura de contacto
*den Motor anlassen / *starten / zünden ↔ *ausmachen / abstellen*	poner en marcha / arrancar / encender ↔ apagar el motor
s Steuer / s Lenkrad / lenken	volante / conducir
r Blinker / blinken	intermitente / poner el intermitente
*e Hupe / *hupen*	bocina, claxon / tocar la bocina, tocar el claxon
s Gas- / Bremspedal drücken	pisar el acelerador / el freno
**Gas geben ↔ *bremsen*	acelerar ↔ frenar
e Handbremse	freno de mano
e Kupplung	embrague
*r *Gang / r Rückwärtsgang*	marcha / marcha (hacia) atrás
*in einen höheren Gang *schalten ↔ runterschalten*	meter una marcha superior ↔ pasar a una velocidad inferior
e Warnblinkanlage anschalten ↔ ausmachen / abstellen	encender ↔ apagar la luces intermitentes de aviso

r Rückspiegel / r Seitenspiegel, -	espejo retrovisor / espejo retrovisor exterior [del lado derecho / izquierdo]
den Scheibenwischer anmachen ↔ ausmachen / abstellen	encender ↔ apagar el limpiaparabrisas
s Warndreieck aufstellen	poner el triángulo de peligro / avería
s Pannendreieck aufstellen (österr.)	poner el triángulo de peligro / avería
r Vordersitz, -e / r Rücksitz, -e /	asiento delantero / trasero
r Kindersitz, -e	asiento de niño
e Kopfstütze, -n	reposacabezas
r Airbag, -s	airbag
*r *Kofferraum*	maletero / LAm baúl
*r *Motor, -en* [*auch* mo'to:ɐ̯]	motor
e Motorhaube, -n	tapa del motor / capó

e ***Tankstelle**, -n — gasolinera
***tanken** — echar gasolina
s ***Benzin** / s **Super-Benzin** / r **Diesel(kraftstoff)** — gasolina / gasolina super / gasoil
bleifrei ↔ bleihaltig — sin plomo ↔ con plomo
r Benzinpreis, -e — precio de la gasolina
Benzin ***verbrauchen** — consumir gasolina
Mein Auto verbraucht 6,5 Liter auf 100 km. — Mi coche consume / gasta 6,5 litros cada 100 km.
s ***Abgas**, -e — gases de escape
abgasreduziert — con menos gases de escape
r Katalysator, -en — catalizador
s Elektroauto, -s / Solarauto, -s — coche eléctrico / coche de energía solar

Mit der Bahn unterwegs
Viajar en tren

e ***Eisenbahn**, -en / e ***Bahn**, -en — ferrocarril
r ***Zug**, ¨-e — tren
mit dem Zug / mit der Bahn fahren — viajar en tren
den Zug **erreichen** / erwischen *ugs.* ↔ ***verpassen** / ***versäumen** — tomar / pillar / Esp coger el tren ↔ perder el tren
Wir haben unseren Zug verpasst! — ¡Hemos perdido el tren!
Wann geht der nächste Zug nach Zürich? — ¿Cuándo sale el próximo tren a Zúrich?

***sich beeilen** / pressieren *schweiz.* — darse prisa
Wir müssen uns beeilen, sonst erwischen wir den Zug nicht mehr. — Tenemos que darnos prisa; si no, ya no pillamos el tren.

Ich bin sehr in ***Eile**.	Tengo mucha prisa.
r / e **Reisende**, -n	viajero // viajera / pasajero // pasajera
r Pendler, -	[persona que viaja a diario entre su domicilio y su lugar de trabajo]
e **Zugverbindung**, -en	conexión (de trenes)
r Anschlusszug	tren de enlace
Wann habe ich in Zürich **Anschluss** nach Bern?	¿Cándo tengo en Zúrich enlace con un tren hacia Viena?
r Intercity-Express / r ICE	(tren) rápido / expreso interurbano
r Eurocity / r EC	(tren) rápido entre dos países
r Intercity / r IC	tren interurbano
r InterRegioExpress	(tren) expreso regional
r InterRegio	tren regional
r Schnellzug / r D-Zug	(tren) expreso / rápido
r Nahverkehrszug / e Regionalbahn	tren de cercanías
r Autozug	tren de transporte de coches
r Güterzug	tren de mercancías
r ***Waggon**, -s [va'gõ: *auch* va'go:n]	vagón
s Bordrestaurant, -s	coche-restaurante / LAm vagón-restaurante
r Speisewagen, - *österr.*	coche-restaurante / LAm vagón-restaurante
r Liegewagen, -	coche-litera
r Schlafwagen, -	coche-cama
r Gepäckwagen, -	vagón de equipajes
s **Abteil**, -e	compartimento /LAm compartimiento
s Großraumabteil / r Großraumwagen	compartimento de gran capacidad
s Raucherabteil ↔ s Nichtraucherabteil	compartimento para fumadores ↔ para no fumadores
s Eltern-und-Kind-Abteil	compartimento para padres e hijos
Entschuldigen Sie bitte, ist dieser Platz noch frei? ↔ Nein, der ist leider besetzt.	Disculpe, ¿está ese asiento todavía libre? ↔ No, lo siento, ya está ocupado.
r **Zugbegleiter**, - // e **Zugbegleiterin**, -nen / r Schaffner, - // e Schaffnerin, -nen	revisor // revisora
r Kondukteur, -e *schweiz.*	revisor // revisora
s Triebfahrzeug, -e / e Lokomotive, -n	locomotora, máquina
r Triebfahrzeugführer, - // e Triebfahrzeugführerin, -nen / r Lokomotivführer, - // e Lokomotivführerin, -nen	el // la maquinista
r ***Bahnhof, ⸚e**	estación
r Kopfbahnhof	terminal

Hält dieser Zug in Schondorf?	¿Para este tren en Schondorf?
e **Schiene**, -n	raíl
s ***Gleis**, -e	vía
Ihr Zug fährt auf Gleis 7.	El tren sale del / por el andén [por la vía] número 7.
Auf Gleis 7 fährt in Kürze ein der Intercity von Hamburg nach Basel zur Weiterfahrt nach Köln.	El tren interurbano de Hamburgo a Basilea, que pasa por Colonia, va a hacer su entrada por el andén [por la vía] número 7.
e ***Durchsage**, -n / e Ansage	anuncio
r ***Bahnsteig**, -e	andén
r / s Perron, -s *schweiz.*	andén
e ***Station**, -en	estación, parada
e Endstation, -en	terminal
r Halt	parada
Nächster Halt ist Weimar Hauptbahnhof.	La próxima parada es en la estación de Weimar.
r **Wartesaal**, ¨-e	sala de espera
e Bahnhofsmission	[= organización benéfica que ofrece ayuda y alojamiento]
s ***Fundbüro**, -s	oficina de objetos perdidos
r **Kofferkuli**, -s	carrito del equipaje
r Gepäckrolli, - *schweiz.*	carrito del equipaje
s ***Gepäck** *Sg*	equipaje
Wo kann ich mein Gepäck aufgeben?	¿Dónde puedo dejar mi equipaje?
e **Gepäckaufbewahrung**	consigna
s **Schließfach**, ¨-er	consigna [individual con llave]
r ***Schalter**, - / r Fahrkartenschalter, -	ventanilla / despacho de billetes / LAm boletería
r ***Tarif**, -e	tarifa
r **Fahrpreis**, -e	precio del viaje
e Bahncard	[= tarjeta del tren con la que te hacen descuentos]
e ***Fahrkarte**, -n / s Billett, -e *schweiz.*	billete / LAm boleto
r Fahrkartenautomat, -en	máquina de billetes
erste / zweite Klasse	primera / segunda clase
r **Zuschlag**, ¨-e	suplemento
e **Platzreservierung**	reserva de asiento
e Platzreservation *schweiz.*	reserva de asiento
Soll ich auch gleich den Schlafwagen reservieren?	¿Hago también ahora la reserva del coche-cama?

En la ventanilla

Wieviel kostet eine Fahrkarte von München nach Wien?	¿Cuánto cuesta un billete de Múnich a Viena?
Hin und zurück oder einfach?	¿De ida y vuelta o sólo de ida?
Einfach bitte.	Sólo de ida, por favor.
Haben Sie eine Bahncard?	¿Tiene usted una tarjeda del tren?
Nein.	No.
Erste oder zweite Klasse?	¿De primera o de segunda clase?
Zweite bitte.	De segunda, por favor.
Das macht 75,30 EURO bitte.	Por favor, son 75,30 euros.
Wann habe ich bitte in Wien Anschluss nach Eisenstadt?	¿Cuándo tengo en Viena conexión / enlace para Eisenstadt?
Um 17.23 Uhr vom Südbahnhof.	A las 17.23 desde el Südbahnhof.

r ***Fahrplan**, ¨-e	horario
e ***Ankunft** ↔ e ***Abfahrt**	llegadas ↔ salidas
ankommen (kam an, ist angekommen) ↔ **abfahren** (fährt ab, fuhr ab, ist abgefahren)	llegar ↔ salir
e ***Information**	información
r Service-Point	punto de información al viajero
e ***Verspätung**, -en	retraso
Der Zug war ***pünktlich** ↔ hatte Verspätung.	El tren llegó puntual ↔ tuvo retraso.
***einsteigen** ↔ ***aussteigen** (stieg aus, ist ausgestiegen)	subir ↔ bajar
Kommt, wir müssen einsteigen! Der Zug fährt gleich.	Venga, tenemos que subir. El tren está a punto de partir.
An der nächsten Station müssen wir aussteigen.	Nos tenemos que bajar en la próxima estación.
***umsteigen** (stieg um, ist umgestiegen)	cambiar de tren / hacer transbordo
Ist das eine direkte Verbindung oder muss ich umsteigen?	¿Es un tren directo o tengo que hacer transbordo?
r ***Aufenthalt**	parada
Wie lange habe ich in Dresden Aufenthalt?	¿Cuánto tiempo tengo que esperar en Dresden?
e **Hinreise** ↔ e **Rückreise**	viaje de ida ↔ de vuelta
auf der **Hinfahrt** ↔ auf der **Rückfahrt**	en el viaje de ida ↔ en el viaje de vuelta
Hatten Sie eine gute Reise?	¿Tuvo un buen viaje?
Gute Reise!	¡Buen viaje!

14

3

Öffentliche Verkehrsmittel
Transportes públicos

r **Nahverkehr** *Sg*	transporte público / urbano
r **Fahrgast**, ¨-e	pasajero
e ***Fahrt**, -en	viaje, trayecto
e **S-Bahn**, -en ['ɛsba:n]	tren suburbano
e **U-Bahn**, -en ['u:ba:n]	metro
mit der U-Bahn / S-Bahn fahren	ir en el metro / en el tren suburbano
Fahren wir eine Station mit der U-Bahn oder gehen wir zu Fuß?	¿Vamos una estación en metro o vamos andando?
e ***Straßenbahn**, -en / e Trambahn *südd.*	tranvía
s Tram, -s *schweiz.*	tranvía
r ***Bus**, -se	autobús
die Linie 42	la línea 42
Ich fahre immer mit dem 42er.	Siempre tomo el (número) 42.
r Doppeldeckerbus	autobús de dos pisos
Die Busse verkehren alle fünf Minuten.	Los autobuses pasan cada cinco minutos.
e ***Station**, -en	parada
e Endstation	última parada
Endstation! Bitte alle aussteigen!	¡Última parada! Por favor, bajen todos.
e ***Haltestelle**, -n / r Halt	parada
Nächster Halt: Hauptbahnhof.	Próxima parada: Estación principal.
e Endhaltestelle	última parada
Fahren Sie bis zur Endhaltestelle.	Vaya usted hasta la última parada.
Der Bus endet hier.	El autobús termina aquí.
e **U-Bahnstation**, -en	estación de metro
Wo ist der nächste U-Bahnhof?	¿Dónde está la próxima estación de metro?
e ***Linie**, -n	línea
Mit welcher Linie komme ich zum Hauptbahnhof? – Mit der Linie 5. / Da können Sie die Linie 5 nehmen.	¿Qué línea me lleva a la estación principal? – La línea 5. / Puede tomar la línea 5.
Ist das eine direkte Linie oder muss ich umsteigen?	¿Es una línea directa o tengo que hacer transbordo?
***umsteigen** (stieg um, ist umgestiegen)	cambiar / hacer transbordo
Wo muss ich umsteigen?	¿Dónde tengo que hacer transbordo?
e ***Richtung**, -en	dirección
Fährt dieser Bus Richtung Bahnhof?	¿Va este autobús en dirección (a la) estación?
s **Tarifsystem**, -e	sistema de tarifas [según el recorrido]
e ***Zone**, -n ['tso:nə]	zona
r **Fahrpreis**, -e	precio del viaje / trayecto
e Fahrpreiserhöhung, -en	subida del precio del viaje / trayecto

e ***Fahrkarte**, -n	billete / LAm boleto
s Billett, -e *schweiz.*	billete / LAm boleto
e Kurzstreckenkarte	billete para recorrido corto [una o dos paradas]
e Einzelfahrkarte	billete para un viaje
e Streifenkarte, -n	bonobús
e Tageskarte	billete para un día
e Familienkarte	billete familiar
e Wochenkarte	billete semanal
e Monatskarte / s Abonnement, -s *schweiz.*	billete mensual
r **Fahrkartenautomat**, -en	máquina de billetes
r Billettautomat, -en *schweiz.*	máquina de billetes
entwerten / **stempeln**	picar / sellar
Wo kann man die Fahrkarten entwerten?	¿Dónde se puede picar el billete?
s **Schwarzfahren**	viajar sin billete
r Schwarzfahrer, - // e Schwarzfahrerin, -nen	el // la que viaja sin billete
Sie wurde beim Schwarzfahren erwischt.	La pillaron viajando sin billete.
s ***Taxi**, -s ['taksi]	taxi
Nehmen wir doch ein Taxi!	¡Tomemos un taxi!
Eine Fahrt mit dem Taxi ist nicht billig in Deutschland.	Un trayecto en taxi no es barato en Alemania.
r **Taxistand**, ⸚e	parada de taxi
ein Taxi ***rufen** (rief, hat gerufen)	llamar un taxi
r / s **Taxameter** einschalten ↔ ausschalten	poner en marcha ↔ parar el taxímetro
r **Zuschlag**, ⸚e / r Aufpreis, -e	suplemento
r Nachtzuschlag / r Feiertagszuschlag / r Gepäckzuschlag	suplemento por viaje de noche / por día festivo / por equipaje
s ***Trinkgeld**, -er	propina
ein Trinkgeld geben	dar una propina

Frases útiles

Wie komme ich bitte zum Dom?	¿Cómo puedo llegar a la catedral?
Fahren Sie mit der Linie 8 / mit dem Bus 15 bis zum Bahnhofsplatz. Dort steigen Sie um in die Linie 12 Richtung Ostpark. Die vierte Haltestelle ist der Domplatz.	Vaya usted con la línea 8 / con el autobús número 15 hasta la Plaza de la estación. Allí cambie a la línea 12 dirección Ostpark. La cuarta parada es la catedral.
Fährt diese U-Bahn / dieser Bus / diese Straßenbahn nach … / zu …	¿Va este metro / este autobús / este tranvía a …?
Nein, aber da kommen Sie mit der Linie 12 hin.	No, pero puede ir con la línea 12.
Welcher Bus fährt zu … / nach …?	¿Qué autobús va a …?
Wieviel Stationen sind es bis …?	¿Cuántas estaciones hay hasta …?
Wann fährt am Abend der letzte Zug?	¿Cuándo pasa el último tren por la noche?

Mit dem Flugzeug unterwegs
Viajar en avión

***fliegen** (flog, ist / hat geflogen)	volar
Er hat Angst vor dem Fliegen.	Tiene miedo a volar.
r ***Flug**, ⸚e	vuelo
Alle Flüge nach London am Sonntagabend sind bereits ausgebucht.	Todos los vuelos a Londres el sábado por la tarde / noche están ya completos.
Hatten Sie einen guten Flug?	¿Tuvo un buen vuelo?
r Direktflug	vuelo directo
r Anschlussflug	(vuelo de) conexión / enlace
r Langstreckenflug	vuelo de larga duración
r Inlandflug	vuelo interior
r Linienflug	vuelo regular / de línea
r Charterflug	vuelo chárter
das Flugzeug **erreichen** ↔ ***verpassen**	tomar / pillar / Esp coger ↔ perder el avión
r **Fluggast**, ⸚e / r Passagier, -e	pasajero
r Vielflieger, - // e Vielfliegerin, -nen	[= persona que vuela con frecuencia]
r **Flugsteig**, -e / s Gate, -s	puerta
e **Flugzeit** / e **Flugdauer**	duración del vuelo
Die Flugzeit beträgt zwei Stunden.	El vuelo dura dos horas.
s ***Flugzeug**, -e	avión
e **erste Klasse**	primera clase
e **Businessclass** ['bɪsnɛs'kla:s *auch* 'bɪznɪs…]	primera clase
e **Economyclass** [i'kɔnəmikla:s]	clase turista
Auf Langstreckenflügen fliegt sie immer erster Klasse.	Siempre viaja en primera clase en vuelos largos.
r **Hubschrauber**, - / r Helikopter, -	helicóptero
r **Flugplan**, ⸚e	horario de vuelos
einchecken ['aintʃɛkn]	facturar
e Bordkarte, -n	tarjeta de embarque
e **Abfertigung**	facturación
r **Abfertigungsschalter**, -	mostrador de facturación
Um wieviel Uhr müssen wir am Abfertigungsschalter sein?	¿A qué hora debemos estar en el mostrador de facturación?
s ***Gepäck** *Sg*	equipaje
s **Handgepäck**	equipaje de mano
das Gepäck **aufgeben**	facturar el equipaje
***ankommen** (kam an, ist angekommen) ↔ ***abfliegen** (flog ab, ist abgeflogen)	llegar ↔ salir
Wann fliegst du (ab)? / Wann geht dein Flug?	¿A qué hora vuelas? / ¿Cuándo sale tu vuelo?
e ***Ankunft** ↔ r **Abflug**	llegadas ↔ salidas

e Ankunftshalle / Abflughalle	terminal de llegadas / de salidas
e ***Verspätung**	retraso
Wir sind mit Verspätung gestartet.	Hemos despegado con retraso.
Das Flugzeug hat Verspätung.	El avión tiene retraso.
einen Flug **streichen** (strich, hat gestrichen) / **stornieren**	cancelar un vuelo
Mein Flug wurde gestrichen / storniert.	Mi vuelo fue cancelado.
e Besatzung, -en	tripulación
r **Pilot**, -en [pi'lo:t] // e **Pilotin**, -nen	el // la piloto
Copilot, -en // e Copilotin, -nen	el // la copiloto
s Cockpit, -s ['kɔkpɪt]	cabina del piloto / carlinga
r **Flugbegleiter**, - // e **Flugbegleiterin**, -nen / r **Steward**, -s ['stju:ɐt] // e **Stewardess**, -en	azafata / el // la asistente de vuelo / LAm aeromozo // aeromoza
s **Bodenpersonal** *Sg*	personal de tierra
e **Fluggesellschaft**, -en	compañía aérea
r ***Flughafen**, ¨	aeropuerto
Ich hole Sie selbstverständlich am Flughafen ab.	Por supuesto que lo recojo en el aeropuerto.
Ich bringe / fahre Sie zum Flughafen.	Lo llevo al aeropuerto.
s Flughafenrestaurant, -s	restaurante del aeropuerto
s ***Ticket**, -s / r Flugschein, -e	billete / LAm boleto de avión
ein Ticket ***reservieren**	reservar un billete
e **Reservierung**, -en	reserva
e Reservation, -en *schweiz.*	reserva
die Reservierung ***bestätigen**	confirmar la reserva
einen Flug ***buchen**	reservar un vuelo
e **Buchung**, -en	reserva
überbuchen	exceder el número de reservas posibles
Meine Maschine war überbucht, deshalb musste ich später fliegen.	Habían hecho demasiadas reservas para mi vuelo y por eso tuve que viajar más tarde.
umbuchen	cambiar la reserva de un vuelo
Die Umbuchungsgebühr beträgt 150 Euro.	Hay que pagar 150 euros si se desea el cambio de un vuelo.
r **Zoll** *Sg*	aduana
e Zollkontrolle, -n	control de aduana
e Passkontrolle	control de pasaportes
e Sicherheitskontrolle	control de seguridad
e Gepäckkontrolle	control de equipaje
e Sauerstoffmaske, -n	máscar(ill)a de oxígeno
e Schwimmweste, -n	chaleco salvavidas
***starten** ↔ ***landen**	despegar ↔ aterrizar
r ***Start**, -s ↔ e **Landung**, -en	despegue ↔ aterrizaje
e Zwischenlandung	escala
e Notlandung	aterrizaje de emergencia

e **Startbahn**, -en ↔ e **Landebahn**, -en	pista de despegue ↔ pista de aterrizaje
e **Flughöhe**, -n	altitud de vuelo
e **Ansage** im Flugzeug	anuncio por el altavoz en el vuelo
r **Jetlag** ['dʒɛtlɛk]	[= consecuencias de la diferencia horaria cuando se vuela a un país lejano]
Der Jetlag macht mir zu schaffen!	Tengo grandes dificultades con la diferencia horaria.
r **Fluglotse**, -n // e **Fluglotsin**, -nen	controlador aéreo // controladora aérea
Die Fluglotsen ***streiken.**	Los controladores aéreos están de huelga.
e Luftfracht	mercancías por avión
e Flugzeugentführung, -en	secuestro
Ein Flugzeug wurde entführt.	Han secuestrado un avión.
r Entführer, -	secuestrador
r Flugzeugabsturz, ⸚e	accidente aéreo

Mit dem Schiff unterwegs
Viajar en barco

s ***Meer**, -e / e ***See** *Sg* / r **Ozean**, -e	mar / océano
zur See fahren	hacerse a la mar
auf hoher See	en alta mar
Das Meer ist ruhig ↔ aufgewühlt.	El mar está tranquilo ↔ revuelto.
r ***See**, -n	lago
r ***Fluss**, ⸚e	río
r ***Strom**, ⸚e	río, torrente, corriente
r **Kanal**, ⸚e	canal
r ***Hafen**, ⸚	puerto
anlegen ↔ **ablegen**	atracar ↔ zarpar
Wo legen wir als Nächstes an?	¿Dónde atracamos la próxima vez?
r **Anker**, -	ancla
ankern / vor Anker gehen	anclar / lev(ant)ar anclas
im Hafen vor Anker liegen	estar fondeado / anclado en el puerto
s ***Schiff**, -e	barco
an Bord des Schiffes	a bordo del barco
s ***Boot**, -e	bote

Tipos de embarcaciones

s Frachtschiff / r Frachter, -	buque de carga / carguero
s Passagierschiff	barco de pasajeros
r Dampfer, -	barco de vapor
s Kreuzschiff	crucero
r (Öl)Tanker, -	buque cisterna / petrolero
e Fähre, -n / e Autofähre, -n	transbordador / ferry
s Motorboot	(barco) fueraborda
s Rettungsboot	bote salvavidas
s Ruderboot / s Paddelboot	barco de remos / canoa
s Kanu, -s	canoa
s Kajak, -s	kayak
s Schlauchboot	bote neumático / lancha de goma
s Tretboot	pedaleta / barca de pedales
s Segelboot	barco de vela
r Katamaran, -e	catamarán
e Jacht, -en	yate
s Floß, ⸚e	balsa

rudern / **paddeln**	remar
s Ruder, - / s Paddel, -	remo / remo de piragua, canalete
segeln	navegar (a vela)
Gehen wir am Samstag segeln?	¿Vamos a navegar el sábado? [en un barco de vela]
e **Regatta**, Regatten	regata
e **Schifffahrt**	navegación
Der Rhein wurde wegen Hochwasser zwei Tage für die Schifffahrt gesperrt.	El Rin fue cerrado dos días a la navegación por la crecida de las aguas.
e Seefahrt	navegación marítima, travesía
e **Reederei**, -en	compañía naviera
r Reeder, -	armador / naviero
e Besatzung, -en / e Mannschaft, -en	tripulación
r **Kapitän**, -e [kapi'tɛ:n]	capitán
r **Matrose**, -n / r Seemann, ⸚er	marino, marinero
r ***Passagier**, -e [pasa'ʒi:ɐ̯]	pasajero
der blinde Passagier	polizón
e **Kajüte**, -n	camarote
e **Kreuzfahrt**, -en	crucero
eine Kreuzfahrt machen	hacer un crucero
e Jungfernfahrt	viaje inaugural / primer viaje
eine Schiffsreise buchen	reservar un viaje en barco
seekrank sein	marearse en un barco
e Seekrankheit	mareo en un barco
an Bord ↔ **von Bord** / **an Land gehen** (ging, ist gegangen)	embarcar ↔ desembarcar
s **Backbord** ↔ s **Steuerbord**	babor ↔ estribor

r **Bug**	proa
s **Heck**	popa
s **Deck** / s Vorderdeck / s Achterdeck / s Zwischendeck	cubierta / cubierta de proa / cubierta de popa / entrepuente
r ***Kurs**, -e	rumbo
den Kurs berechnen	calcular el rumbo
den Kurs ändern	cambiar de rumbo
vom Kurs abkommen	perder el rumbo
r **Leuchtturm**, ⸚e	faro
r Funker, -	(radio)telegrafista
r Lotse, -n	práctico
e **Schleuse**, -n	esclusa
r **Pirat**, -en [pi'ra:t]	pirata
***sinken** (sank, ist gesunken)	hundirse
Die Titanic ist innerhalb von drei Stunden gesunken.	El Titánic se hundió en tres horas.
untergehen (ging unter, ist untergegangen)	irse a pique
kentern	zozobrar

Expresiones idiomáticas

*Mit dieser *Methode habe ich Schiffbruch erlitten.*	Con ese método no se va a ninguna parte.
Wir sitzen doch alle im selben Boot.	Todos vamos / estamos en el mismo barco.

15

Zeit, Raum, Menge
Tiempo, espacio, cantidad

Zeit
Tiempo

e ***Zeit**, -en	tiempo
viel ↔ wenig Zeit haben (für)	tener mucho ↔ poco tiempo (para)
Wir hatten eine schöne Zeit zusammen.	Lo pasamos bien juntos.
zurzeit	en este momento
Es wird Zeit, dass wir uns mal wieder treffen!	¡Ya es hora de que volvamos a encontrarnos / vernos!
eine Zeit lang	un tiempo
***immer** / ***meistens** / ***manchmal** / ***selten** / ***nie**	siempre / la mayoría de las veces / a veces / rara vez / nunca
***ewig**	una eternidad / eternamente
***dauern**	durar, tardar
Das dauert mir zu lang! ↔ Das war viel zu kurz!	¡Esto dura demasiado para mí! ↔ ¡Fue demasiado corto!
Das dauert ***bloß** ein paar Minuten.	Sólo dura unos pocos minutos.
e **Dauer** *Sg*	duración
e ***Gegenwart** / e ***Vergangenheit** / e ***Zukunft**	presente / pasado / futuro
heute / ***damals** / in Zukunft	hoy / en aquella época, entonces / en el futuro
r ***Augenblick**, -e / r ***Moment**, -e	momento
Einen Augenblick bitte! / Einen Moment bitte!	¡Un momento, por favor!
augenblicklich / momentan	en este momento
e **Stunde**, -n	hora
Die Züge von Bern nach Zürich verkehren **stündlich**.	Cada hora sale un tren de Berna a Zúrich.
e halbe Stunde / e ***Viertelstunde** / e Dreiviertelstunde	media hora / un cuarto de hora / tres cuartos de hora
Treffen wir uns in einer halben Stunde bei mir?	¿Nos vemos dentro de media hora en mi casa?
e **Minute**, -n	minuto
Warte bitte hier, ich bin in ein paar Minuten zurück.	Por favor, espera aquí, vuelvo dentro de unos minutos.
e **Sekunde**, -n	segundo
Er gewann das Rennen mit drei **hundertstel** Sekunden Vorsprung.	Ganó la carrera con tres centésimas de segundo de diferencia.
Meine Uhr geht auf die Sekunde genau.	Mi reloj funciona a la perfección.
e ***Uhr**, -en	reloj / reló

Relojes

e Armbanduhr	reloj de pulsera
e Taschenuhr	reloj de bolsillo
e Bahnhofsuhr	reloj de la estación
e Digitaluhr	reloj digital
e Funkuhr	reloj de control remoto
e Eieruhr	reloj para la cocción de los huevos
e Sonnenuhr	reloj de sol
e Sanduhr	reloj de arena

***spät**	tarde
Es ist schon spät. Wir müssen gehen.	Ya es tarde. Tenemos que irnos.
zu spät ↔ ***pünktlich** sein	llegar (demasiado) tarde ↔ puntual
Immer kommt er zu spät! ↔ Heute ist er mal pünktlich.	¡Siempre llega (demasiado) tarde! ↔ ¡Hoy ha llegado puntual!
r ***Tag**, -e	día
Ich bin ***tagsüber** unter folgender Telefonnummer zu erreichen: …	Durante el día se me puede localizar en el siguiente número de teléfono: …
***täglich**	diariamente
e **Tageszeit**, -en	hora del día
r ***Morgen** / r ***Vormittag** / r ***Mittag** / r ***Nachmittag** / r ***Abend** / e ***Nacht**	mañana / mañana / mediodía / tarde / tarde, noche / noche
***am Morgen** / in der Früh *(österr.)*	por la mañana / LAm en la mañana
Am Dienstagmorgen haben wir eine Besprechung.	Tenemos una reunión el martes por la mañana.
***Morgens** trinke ich Kaffee und ***nachmittags** immer Tee.	Por la mañana bebo café y por la tarde siempre té.
Immer muss er seine Musik so laut stellen, sogar ***in der Nacht**!	¡Siempre tiene que poner la música altísima, incluso por la noche!
***um Mitternacht**	a medianoche
r ***Werktag**, -e	día laborable
***Werktags** ist das Parken hier verboten!	¡Aquí está prohibido aparcar los días laborables!
r ***Wochentag**, -e	día de la semana, día laborable
***wochentags**	los días laborables [adverbio]
r ***Montag** / ***Dienstag** / ***Mittwoch** / ***Donnerstag** / ***Freitag** / ***Samstag**, ***Sonnabend** / ***Sonntag**	lunes / martes / miércoles / jueves / viernes / sábado / domingo
Am Freitag ist bei uns schon um 13 Uhr Feierabend.	Los viernes ya salimos del trabajo a la una.
Freitags arbeite ich sowieso nie.	Los viernes de todos modos nunca trabajo.
e ***Woche**, -n	semana

Unser wöchentliches Meeting wurde auf Donnerstag verschoben.	Nuestra reunión semanal se aplazó hasta el jueves.
s ***Wochenende**, -n	fin de semana
r ***Monat**, -e	mes
monatlich	mensual

Los meses del año

*r *Januar*	enero
*r *Februar*	febrero
*r *März*	marzo
*r *April*	abril
*r *Mai*	mayo
*r *Juni*	junio
*r *Juli*	julio
*r *August*	agosto
*r *September*	septiembre
*r *Oktober*	octubre
*r *November*	noviembre
*r *Dezember*	diciembre

Im Januar waren wir eine Woche in den Alpen zum Schi fahren.	En enero estuvimos una semana en los Alpes esquiando.
s ***Jahr**, -e	año
jährlich	anual
e ***Jahreszeit**, -en	estación
r ***Frühling**, -e / r ***Sommer**, - / r ***Herbst**, -e / r ***Winter**, -	primavera / verano / otoño / invierno
Im Frühling fahren wir nach Italien.	En primavera vamos a Italia.
s ***Neujahr**	Año Nuevo
an ***Silvester** / am **31.12.**	en Nochevieja / el 31-12
s ***Datum**, (Daten)	fecha
Am 9.11.1989 ist die Mauer gefallen.	El muro (de Berlín) cayó el 9-11-1989.
s Geburtsdatum	fecha de nacimiento
r ***Kalender**, -	calendario / almanaque
Wann sind Sie geboren?	¿Cuándo nació usted?
Wie *lang(e) wartest du schon?	¿Cuánto tiempo llevas esperando?
***tagelang** / ***wochenlang** / ***stundenlang**	días / semanas / horas
Wie *oft treiben Sie Sport pro Woche?	¿Cuántas veces a la semana practica deporte?
***anfangen** (fängt an, fing an, hat angefangen) / ***beginnen** (begann, hat begonnen) ↔ ***aufhören** / **beenden**	comenzar / empezar ↔ terminar / finalizar
Die Sitzung ist damit beendet.	Con esto damos por terminada la sesión.

r ***Anfang**, ¨-e / r **Beginn** ↔ s ***Ende** / r ***Schluss**	principio / comienzo ↔ final
am Anfang / zu Beginn ↔ am Ende / zum Schluss	al principio ↔ al final

Temporales

Adverbios

**anfangs*	al principio
**zuerst*	primero
**bisher*	hasta ahora
**dann*	entonces
danach	después
daraufhin	a continuación
**sofort*	en seguida
später	más tarde
**schließlich*	al final / finalmente
**vorhin*	poco antes
**vorher*	antes
**nachhher*	después
**gleichzeitig*	al mismo tiempo
**inzwischen / unterdessen schweiz.*	mientras tanto
nacheinander	uno tras otro / consecutivamente
währenddessen	mientras tanto / durante ese tiempo
**allmählich*	poco a poco / gradualmente
**plötzlich*	de pronto
**zuletzt*	en último lugar / por último
**hinterher*	luego

Conjunciones

**während*	mientras
**bevor*	antes de
**nachdem*	después de
**sobald*	tan pronto como
**solange*	tanto tiempo como
**seit*	desde que
**seitdem*	desde que
**bis*	hasta

Preposiciones

während	durante
**vor*	delante de
**nach*	después de
seit	desde
bis	hasta

Ich habe das **anfangs** nicht verstanden, aber jetzt ist mir alles klar.	Al principio no lo había entendido, pero ahora ya está todo claro.
Zuerst muss ich einkaufen gehen, **dann**/**danach** können wir kochen.	Primero tengo que ir a la compra, después podemos cocinar.
Bevor wir kochen, muss ich noch einkaufen gehen.	Antes de cocinar tengo todavía que ir a la compra.
Wir essen gleich, aber **vorher** muss ich noch kurz telefonieren.	Vamos a comer en seguida, pero antes tengo que llamar un momento por teléfono.
Wasch dir bitte **vor** dem Essen die Hände.	Por favor, lávate las manos antes de comer.

Adverbios de frecuencia

**immer*	siempre
**jedes Mal*	cada vez
**gewöhnlich*	normalmente
**dauernd*	continuamente / todo el tiempo
**oft*	frecuentemente
**häufig*	con frecuencia / a menudo
**meistens*	la mayoría de las veces
**manchmal*	a veces
ab und zu	de vez en cuando
**selten*	rara vez
**nie(mals)*	nunca

Ich habe **dauernd** versucht, ihn zu erreichen, aber er ist **nie** zu Hause.	He intentado localizarlo todo el tiempo, pero él no está nunca en casa.
Gewöhnlich arbeitet er bis ca. 19 Uhr, aber **häufig** / **oft** auch länger.	Normalmente trabajo hasta las 7 de la tarde, pero con frecuencia también más tiempo.
Ich habe ihn erst ***kürzlich** getroffen.	No me lo he encontrado hasta hace poco.
Kommst du heute Abend mit? ↔ Nein, **dieses** ***Mal** hab ich leider keine Zeit.	¿Te vienes esta tarde / noche con nosotros? ↔ No, lo siento, esta vez no tengo tiempo.
Haben Sie Frau Schmid erreicht? ↔ Nein, **bisher** nicht, aber ich probiere es in einer Stunde ***wieder**.	¿Ha localizado a la señora Schmid? ↔ No, hasta ahora no, pero lo intentaré otra vez dentro de una hora.

**heute*	hoy
**gestern* ↔ **morgen*	ayer ↔ mañana
**vorgestern* ↔ **übermorgen*	anteayer ↔ pasado mañana
vor einer Woche ↔ in einer Woche	hace una semana ↔ dentro de una semana
vorige / letzte Woche ↔ nächste / kommende Woche	la semana pasada ↔ la próxima semana / la semana que viene
in zwei Wochen / in vierzehn Tagen	dentro de dos semanas / dentro de catorce días
heute in einer Woche	dentro de una semana [contando a partir de hoy]
in dieser Woche	esta semana
diesen Monat	este mes
dieses Jahr / heuer (österr.)	este año
im nächsten Quartal	en el próximo cuatrimestre
vierteljährlich / halbjährlich	cuatrimestral / semestral

Raum
Espacio

r ***Raum**, ⸚e	espacio
räumlich	espacial, tridimensional
e räumliche Vorstellung	percepción tridimensional
e **Dimension**, -en	dimensión
e **Länge** / e **Breite** / e **Höhe** / e **Tiefe**	longitud / anchura / altura / profundidad
horizontal ↔ **vertikal**	horizontal ↔ vertical
***senkrecht** ↔ ***waag(e)recht**	horizontal ↔ vertical
e ***Fläche**, -n	superficie, área
s **Dreieck**, -e	triángulo
s **Quadrat**, -e / s **Rechteck**, -e / s **Viereck**, -e	cuadrado / rectángulo / cuadrángulo
r **Winkel**, -	ángulo
ein spitzer / stumpfer Winkel	un ángulo agudo / obtuso
r ***Kreis**, -e	círculo
e ***Linie**, -n	línea
***gerade** ↔ **krumm** ↔ ***schief**	recto ↔ curvo ↔ torcido
eine gerade Linie ziehen	trazar una línea recta
Das Bild hängt schief. Häng es bitte gerade.	El cuadro está torcido. Por favor, ponlo derecho.
***groß** (größer, größt-) ↔ ***klein**	grande ↔ pequeño
***hoch** (höher, höchst-) ↔ ***niedrig**	alto ↔ bajo
ein hohes ↔ niedriges Zimmer	una habitación alta ↔ baja
***hoch** ↔ ***tief**	alto ↔ bajo, profundo

r höchste ↔ tiefste Punkt	punto más alto ↔ más bajo
***lang** (länger, längst-) ↔ ***kurz** (kürzer, kürzest-)	largo ↔ corto
eine lange ↔ kurze Strecke	un trayecto largo ↔ corto
***breit** ↔ ***eng** / ***schmal**	ancho ↔ estrecho
eine breite ↔ enge / schmale Straße	una calle ancha ↔ estrecha
***dünn** ↔ ***dick**	delgado / fino ↔ gordo
eine dünne ↔ dicke Wand	una pared delgada / fina ↔ gorda
sich befinden (befand, hat befunden)	estar (situado)
Wir befinden uns jetzt im 28. Stock.	Estamos ahora en la planta 28.
***gegenüber** / vis-à-vis *schweiz.*	enfrente
Die Post befindet sich gegenüber vom Bahnhof.	Correos está enfrente de la estación.
***liegen** (lag, ist / hat gelegen)	estar (situado)
Meine Wohnung liegt im 4. Stock.	Mi piso está en la cuarta planta.
e ***Lage**, -n	situación
ein Haus in guter Lage	una casa bien situada

stehen **– estar [en posición vertical]**	***stellen*** **– poner**
(stand, ist / hat gestanden)	
Die Vase steht dort auf dem Tisch.	*Hast du sie dorthin gestellt?*
El jarrón está allí encima de la mesa.	¿Lo has puesto tú allí?
liegen **– estar [en posición horizontal]**	***legen*** **– poner**
(lag, ist/hat gelegen)	
Als ich nach Hause kam, hat sie schon im Bett gelegen.	Er hat seine Brille auf den Nachttisch gelegt.
Cuando llegué a casa ya estaba en la cama.	Ha puesto las gafas en la mesilla de noche.
hängen **- estar colgado**	***hängen*** **– colgar**
(hing, ist / hat gehangen)	
Das Plakat hat doch gestern noch hier gehangen!	Wohin habt ihr es gehängt?
El cartel estaba colgado ayer todavía aquí.	¿Dónde lo habéis colgado?

***wo**? / ***wohin**? / ***woher**?	¿Dónde? / ¿Adónde? / ¿De dónde?
Peter ist ***hier** bei uns.	Peter está aquí con nosotros.
Deine Brille liegt ***da** / ***dort**.	Tus gafas están allí.
Stellen Sie die Flaschen bitte ***dorthin**.	Por favor, ponga las botellas allí.
Wo warst du? Ich habe dich ***überall** gesucht und ***nirgends** gesehen.	¿Dónde estabas? Te he buscado por todas partes y no te he encontrado en ningún lado.
***vorn** ↔ ***hinten**	delante ↔ detrás
Hast du meine Schlüssel gesehen? ↔ Ja, sie liegen da **vorn** auf der Kommode / dort **hinten** am Fensterbrett.	¿Has visto mis llaves? ↔ Sí, están ahí delante en la cómoda / allí detrás en el alféizar de la ventana.

Stell bitte die Vase **in die *Mitte** vom Tisch.	Por favor, pon el jarrón en medio de la mesa.
Wir wohnen ***mitten** in der Stadt.	Vivimos en el centro de la ciudad.
Daniel ist ***drüben** bei den Nachbarn.	Daniel está en casa de los vecinos.
Ich geh nur schnell in die Bäckerei ***nebenan**.	Sólo voy rápido a la panadería de al lado.
Diese Fahrkarte gilt nur ***innerhalb** der Stadt nicht ***außerhalb**.	Este billete sólo es válido dentro de la ciudad, no fuera de ella.
Ihr könnt heute nicht ***draußen** spielen, es regnet. Bleibt bitte ***drinnen**.	Hoy no podéis jugar fuera, está lloviendo. Por favor, quedaos dentro.
e ***Entfernung**, -en / e **Distanz**, -en	distancia
***von** Bern ***nach** Zürich	desde Berna a / hasta Zúrich
eine lange ↔ kurze Strecke	un trayecto largo ↔ corto / una distancia larga ↔ corta
Wie weit ist Linz von Salzburg ***entfernt**?	¿A cuánto está Linz de Salzburgo?
Das ist sehr ***weit**. ↔ Das ist ganz ***nah** (näher, nächst).	Está muy lejos ↔ está muy cerca.
in der ***Nähe** ↔ in der **Ferne**	cerca ↔ lejos / en la distancia
***sich nähern**	aproximarse / acercarse
Wann fahrt ihr ***weg** / ***fort**?	¿Cuándo os marcháis?
Darüber können wir ***unterwegs** noch sprechen.	De eso todavía podemos hablar por el camino.
e ***Richtung**, -en	dirección
***abbiegen** (bog ab, ist abgebogen)	girar / torcer
(nach) ***rechts** ↔ (nach) ***links** fahren	girar a la derecha ↔ a la izquierda
***geradeaus** fahren	ir todo recto
***vorwärts** ↔ ***rückwärts** fahren	ir hacia adelante ↔ hacia atrás
nach ***Norden** / ***Süden** / ***Osten** / ***Westen**	hacia el norte / el sur / el este / el oeste
***umdrehen**	virar / dar la vuelta
die Straße ***überqueren**	cruzar la calle
Wir sind lange **am** Fluss ***entlang** spazieren gegangen.	Hemos paseado un buen rato por la orilla [a lo largo] del río.
***direkt** / **auf direktem *Weg** nach Hause fahren	ir directamente a casa
aufsteigen ↔ **absteigen** (stieg ab, ist abgestiegen)	subir ↔ bajar
Wie lange dauert der **Aufstieg** ↔ **Abstieg**?	¿Cuánto dura la subida ↔ la bajada?
Fährt der Lift nach ***oben** / ***aufwärts** ↔ nach ***unten** / ***abwärts**?	¿Va el ascensor para arriba ↔ para abajo?
***steil** ↔ ***flach**	inclinado ↔ llano
eine steile Skiabfahrt	una bajada de esquí muy inclinada

Menge
Cantidad

e ***Menge**, -n	cantidad
r ***Teil**, -e ↔ s **Ganze**	parte ↔ todo
e Teilmenge	parte, subconjunto
***teilen**	dividir
Ich habe das ***ganz** ↔ nur ***teilweise** / ***überhaupt** ***nicht** verstanden.	Lo he comprendido todo. ↔ Sólo lo he comprendido en parte. / No lo he comprendido en absoluto.
s ***Stück**, -e	trozo
e ***Portion**, -en [pɔr'tsio:n]	porción, ración
portionieren	dividir en porciones
Wie viele Stück Kuchen hast du gegessen? ↔ Nicht **so viele** wie du denkst.	¿Cuántos trozos de pastel te has comido? ↔ No tantos como tú crees.
***wenig, wenige** ↔ ***viel, viele**	poco, pocos ↔ mucho, muchos
ein ***bisschen** / **ein wenig** ↔ **viel** (mehr, meist-)	un poco ↔ mucho
Viele ↔ Nur wenige Leute sind gekommen.	Han venido muchos ↔ sólo unos pocos.
***am meisten**	lo que más
Sie könnten ***wenigstens** ein bisschen mehr zahlen.	Podrían pagar al menos un poco más.
Ich habe ***mindestens** eine halbe Stunde auf dich gewartet. ↔ Nein, das waren ***höchstens** zwanzig Minuten.	Te he esperado por lo menos una hora. ↔ No, han sido como mucho veinte minutos.
***hoch** (höher, höchst-) ↔ ***niedrig** / ***gering**	alto ↔ bajo / reducido
eine hohe ↔ niedrige Miete	un alquiler alto ↔ bajo
Die Firma hatte dadurch hohe ↔ nur geringe Mehrkosten.	De ese modo la empresa tuvo altos ↔ reducidos gastos suplementarios.
***abnehmen** ↔ ***zunehmen** (nahm zu, hat zugenommen)	reducirse ↔ incrementarse
Die Zahl der Unfälle hat im letzten Jahr abgenommen ↔ zugenommen.	El número de accidentes se ha incrementado ↔ reducido en los últimos años.
eine Zunahme von ***durchschnittlich** fünf Prozent	un incremento de un cinco por ciento de media
die Steuern ***erhöhen** ↔ **senken**	subir ↔ bajar los impuestos
Das ist ***genug**.	Es bastante.
***Insgesamt** haben wir ein Plus von 12 % zu verzeichnen.	En conjunto hemos conseguido un 12 % de superávit.
Unsere Partei hat die absolute Mehrheit nur ***knapp** verfehlt.	Nuestro partido no ha conseguido la mayoría absoluta por poco.
r ***Rest**, -e	resto
e **restliche** / ***übrige** Zeit	tiempo restante

Das dauert ***einige** Zeit.	Dura algún tiempo.
Ich habe mir schon ***ein paar** Notizen gemacht.	Ya he tomado algunas notas.
***einzeln**	único, solo, individual
jeder ***Einzelne** von uns	cada uno de nosotros
Wir ***beide** schaffen das schon.	Los dos juntos lo conseguiremos.
e ***Zahl**, -en	número / cantidad
***zählen**	contar
Am Wochenende kam es zu **zahlreichen** Unfällen auf den Straßen.	Los fines de semana hay una gran cantidad de accidentes en las carreteras.
e ***Nummer**, -n	número
***halb** / ***doppelt** / ***dreifach** / ***vierfach** …	medio / doble / triple / cuádruple…
e ***Hälfte**, -n / ein Drittel, - / ein Viertel, -	mitad / tercio / cuarto
e ***Reihenfolge**, -n	orden
Das ***nächste** Mal mache ich das nicht mehr so.	La próxima vez no lo vuelvo a hacer así.
Letztes Mal konnte ich leider nicht kommen, aber diesmal klappt es bestimmt.	Siento que la última vez no pudiera venir, pero esta vez seguro que funciona.
Der **Letzte** soll bitte abschließen.	El último debe cerrar la puerta, por favor.

Números

Kardinalzahlen **– Números cardinales**

null – cero
eins – uno
zwei – dos
drei – tres
vier – cuatro
fünf – cinco
sechs – seis
sieben – siete
acht – ocho
neun – nueve
zehn – diez
elf – once
zwölf – doce
dreizehn – trece
vierzehn – catorce
fünfzehn – quince
sechzehn – dieciséis
siebzehn – diecisiete
achtzehn – dieciocho
neunzehn – diecinueve
zwanzig – veinte

einundzwanzig – veintiuno
zweiundzwanzig – veintidós
dreißig – veintitrés
vierzig – cuarenta
fünfzig – cincuenta
sechzig – sesenta
siebzig – setenta
achtzig – ochenta
neunzig – noventa
(ein)hundert – cien
(ein)hundert(und)eins – ciento uno
(ein)hundertzehn – ciento diez
zweihundert – doscientos
(ein)tausend – mil
zweitausend – dos mil
eine Million – un millón
zwei Millionen – dos millones
eine Milliarde – mil millones
Milliarden – miles de millones

Ordinalzahlen **– Números ordinales [terminación de los números ordinales]**

-te	*-ste*
der / die / das erste – el primero // la primera	*zwanzigste* – vigésimo
zweite – segundo	*einundzwanzigste* – vigésimo primero
dritte – tercero	*hundertste* – centésimo
vierte – cuarto	*hunderterste* – centésimo primero
fünfte – quinto	*tausendste* – milésimo
sechste – sexto	*tausenderste* – milésimo primero
siebte – séptimo	
achte – octavo	
neunte – noveno	
zehnte – décimo	
elfte – décimo primero	

***messen** (misst, maß, hat gemessen)	medir
***exakt** ↔ ***ungefähr**	exacto ↔ inexacto / aproximado
***genau** ↔ ***ungenau**	exacto ↔ inexacto / aproximado
s ***Maß**, -e	medida
r **Millimeter**, - (mm) / r ***Zentimeter** (cm) / r ***Meter** (m) / r ***Kilometer** (km)	milímetro / centímetro / metro / kilómetro
r ***Quadratmeter** (m^2)	metro cuadrado
s ***Gewicht**, -e	peso
s ***Gramm** / s **Pfund** / s ***Kilo** / s ***Kilogramm** (kg)	gramo / medio kilo / kilo / kilogramo
r Zentner / r Doppelzentner	medio quintal / quintal
s Dekagramm, -e / s Deka, - *österr.* (dag)	decagramo
r ***Liter** (l) / r ***Deziliter** (dl)	litro / decilitro

16 Stadt und Land
Ciudad y campo

In der Stadt
En la ciudad

e ***Stadt**, ¨-e	ciudad
München ist die **drittgrößte** Stadt Deutschlands.	Múnich es la tercera ciudad más grande de Alemania.
***dicht** ↔ ***dünn besiedelt**	densamente ↔ escasamente poblado
e ***Hauptstadt** / e **Landeshauptstadt**	capital / capital del país
e **Metropole**, -n	metrópolis
e ***Großstadt** ↔ e **Kleinstadt** / e Provinz *Sg*	ciudad grande ↔ pequeña / ciudad de provincia
s ***Dorf**, ¨-er	pueblo
e Industriestadt	ciudad industrial
e Trabantenstadt / e Vorstadt	ciudad satélite, ciudad dormitorio / afueras
***wohnen** / ***leben**	vivir
r ***Bewohner**, - // e **Bewohnerin**, -nen	vecino // vecina
r ***Einwohner**, - // e **Einwohnerin**, -nen	el // la habitante
Wie viele Einwohner hat Salzburg?	¿Cuántos habitantes tiene Salzburgo?
e **Stadtbevölkerung** ↔ e **Landbevölkerung**	población urbana ↔ rural
r / e Ortsansässige, -n ↔ r / e Zugereiste, -n / r / e Zugezogene, -n	nativo ↔ recién llegado
e ***Innenstadt**, ¨-e / s ***Zentrum**, Zentren / s Stadtzentrum	centro / centro de la ciudad
***zentral** gelegen	céntrico
s **Stadtviertel**, - / r **Stadtteil**, -e	barrio / distrito
s Bankenviertel	zona de los bancos
e Siedlung, -en	urbanización
e Arbeitersiedlung	barrio obrero
r Wohnblock, ¨-e	bloque de pisos
r **Stadtrand** / e Peripherie	afueras / periferia
Wir wohnen in der Innenstadt ↔ am Stadtrand.	Vivimos en el centro ↔ en las afueras.
e ***Umgebung**, -en	alrededores
im Großraum Frankfurt	en en el área metropolitana de Francfort
r **Landkreis**, -e	distrito rural
r Bezirk, -e *schweiz.*	distrito rural
r ***Vorort**, -e	afueras
e **Stadtgrenze**, -n	límites de la ciudad
Er wohnt ***innerhalb** ↔ ***außerhalb** / jenseits der Stadtgrenze.	Vive en el centro ↔ en las afueras / más allá de los límites de la ciudad.

e **Stadtverwaltung**, -en	ayuntamiento / LAm municipalidad
s ***Rathaus**, ⸚er	ayuntamiento / LAm municipalidad
r ***Bürgermeister**, - // e ***Bürgermeisterin**, -nen	alcalde // alcaldesa
r **Stadtrat**, ⸚e	ayuntamiento / LAm municipalidad
e Stadtplanung	ordenación urbana
e **Behörde**, -n / s ***Amt**, ⸚er	administración / oficina
s Kreisverwaltungsamt / -referat	oficina de administración del distrito
e Bezirkshauptmannschaft, -en *österr.*	oficina de administración del distrito
e **Gemeinde**, -n	municipio, comunidad
e ***Abteilung**, -en	departmento
r ***Antrag**, ⸚e / s ***Formular**, -e	solicitud / formulario
Bitte den Antrag ***ausfüllen**.	Por favor, rellene la solicitud.
e Bescheinigung, -en beilegen	adjuntar el certificado
e **Urkunde**, -n	documento, certificado
e Geburtsurkunde / e Heiratsurkunde	partida de nacimiento / certificado de matrimonio
einen Antrag *stellen	presentar una solicitud
einen Antrag *genehmigen ↔ ***ablehnen**	aprobar / aceptar ↔ rechazar una solicitud
eine Aufenthaltserlaubnis ***beantragen** / *verlängern	solicitar / prolongar un permiso de residencia
e ***Vorschrift**, -en	ordenanza / reglamento
sich nach den Vorschriften richten	ceñirse al reglamento
r (endgültige) ***Bescheid** / s amtliche Schreiben	decisión, respuesta (definitiva) / escrito oficial
r **Städteplaner**, - // e **Städteplanerin**, -nen	el // la urbanista
e Infrastruktur ['ɪnfraʃtrʊktu:ɐ]	infraestructura
***entstehen** (entstand, ist entstanden)	nacer, formarse
An der Stadtgrenze ist ein neuer Stadtteil entstanden.	En los límites de la ciudad ha nacido un nuevo barrio.
***städtisch**	urbano, municipal, ciudadano
örtlich / lokal	local
kulturelle / soziale Einrichtungen	instituciones culturales / sociales
e Sanierung der Altstadt	saneamiento del casco antiguo

Auf dem Land
En el campo

in der ***Stadt** ↔ auf dem ***Land**	en la ciudad ↔ en el campo
e ***Landschaft**, -en	paisaje
eine **landschaftlich** schöne Gegend	una zona con bellos paisajes
r **Hügel**, -	colina
r ***Berg**, -e	montaña
eine **hügelige** / **gebirgige** Gegend	una zona / región montañosa
s ***Gebirge**, -	montañas, sierra
Im Urlaub fahren wir wieder ins Gebirge / in die Berge.	En la vacaciones vamos otra vez a la montaña.
am **Gipfel** des Berges	en la cima de la montaña
Vom Gipfel aus hat man eine tolle ***Aussicht**.	Desde la cima hay una vista espléndida.
r **Felsen**, -	roca
Auf dieser Seite der Insel ist es sehr **felsig**.	Este lado de la isla es muy rocoso. / Hay muchas rocas en este lado de la isla.
e Schlucht, -en	barranco / LAm quebrada
e Höhle, -n	cueva
s ***Tal**, ¨er	valle
e **Ebene**, -n / s **Flachland**	llanura / llano
e Hochebene	meseta
s Moor, -e / r Sumpf, ¨e	pantano / ciénaga
s Hochmoor	páramo / brezal
e Heide	prado / páramo
r ***Wald**, ¨er	bosque
ein dichter Wald	un bosque frondoso / tupido
r Regenwald, ¨er	selva tropical
r Urwald, ¨er / r Dschungel	selva / jungla
im Wald ***spazieren gehen** (ging, ist gegangen)	pasear por el bosque
r ***Baum**, ¨e	árbol
r **Strauch**, ¨er	arbusto
s **Gebüsch** *Sg*	matorrales

Er sieht den Wald vor lauter Bäumen nicht.	Los árboles no le dejan ver el bosque.

e Lichtung	claro
e ***Wiese**, -n	prado
r ***Garten**, ¨	jardín
r Gemüsegarten / r Obstgarten	huerto de verduras / de frutas
der Garten vor ↔ hinter dem Haus	el jardín delante ↔ detrás de la casa
Sie arbeitet gern im Garten.	A ella le gusta trabajar en el jardín.

r **Weinberg**, -e	viñedo / viña
An der Mosel gibt es viele Weinberge.	Hay muchos viñedos en el Mosela.
r ***Park**, -s / e Grünanlage, -n	parque / zona verde
r Nationalpark	parque nacional
s **Naturschutzgebiet**, -e	reserva natural

Landwirtschaft
Agricultura

e ***Landwirtschaft**	agricultura
ein landwirtschaftlicher Betrieb	una granja / LAm hacienda / LAm rancho
landwirtschaftliche Erzeugnisse / Produkte	productos agrícolas
r ***Bauer**, -n // e **Bäuerin**, -nen / r **Landwirt**, -e // e **Landwirtin**, -nen	campesino // campesina / agricultor // agricultora
s **Bauernhaus**, ⸚er	granja
r **Stall**, ⸚e	establo / cuadra
r Landarbeiter, - // e Landarbeiterin, -nen	trabajador // trabajadora del campo / el // la peón agrícola
s ***Feld**, -er / r **Acker**, ⸚	campo
auf dem Feld arbeiten	trabajar en el campo
e **Weide**, -n	pasto / pastizal, prado
Im Sommer sind die Kühe den ganzen Tag auf der Weide.	En verano las vacas están todo el día en el prado.
e ***Erde** / r ***Boden**, ⸚ / s **Ackerland**	tierra / suelo / tierra de labor, tierra de cultivo
Der Boden ist zu trocken.	El suelo está demasiado seco.
fruchtbares Ackerland	tierra de cultivo fértil
e **Saat**	siembra
säen	sembrar
bewässern	regar
anbauen	cultivar
Weizen anbauen	cultivar trigo
In dieser Gegend wird viel Spargel angebaut.	En esta zona se cultivan muchos espárragos
s **Stroh**	paja
s ***Korn**, ⸚er	grano
s ***Getreide**	cereales

Variedad de granos

r Weizen	trigo
r Roggen	centeno
r Hafer	avena
e Gerste	cebada

e ***Ernte**, -n	cosecha
Dieses Jahr hatten wir eine gute Ernte.	Este año hemos tenido una buena cosecha.
r Erntehelfer, -	jornalero del campo
s Erntedankfest	fiesta de la cosecha
ernten	cosechar
das ***Gras mähen**	cortar el césped
das **Heu** wenden / einfahren	voltear / recoger el heno
r Heuschober, -	almiar / LAm parva
s Silo, -s	silo
e ***Pflanze**, -n	planta
anpflanzen	plantar
r **Dünger** / s Düngemittel, - / r Mist	abono / fertilizante / estiércol
r Kunstdünger	fertilizante químico / artificial
düngen	abonar / fertilizar
s Pestizid, -e [pɛstiˈtsiːt]	pesticida
s Insektizid, -e [ɪnzɛktiˈtsiːt]	insecticida
s Herbizid, -e [hɛrbiˈtsiːt] / s Unkrautvernichtungsmittel, -	herbicida / LAm matayuyos
s **Unkraut**	mala hierba / LAm yuyo
r **Traktor**, -en [ˈtraktoːɐ̯]	tractor
r **Mähdrescher**, -	cosechadora / segadora-trilladora
r **Pflug**, ⸚e	arado
pflügen	arar
r **Schuppen**, -	cobertizo / galpón
e **Tierzucht** / e **Viehzucht**	cría de animales / de ganado
Rinder / Schweine **züchten**	criar vacas / cerdos
e Geflügelzucht	cría de aves
e Massentierhaltung	cría industrial
e Freilandhaltung	cría al aire libre
e artgerechte Tierhaltung	mantener a los animales en contacto con la naturaleza
r Kuhstall / Schweinestall / Hühnerstall	establo, cuadra / pocilga / gallinero
eine Kuh **melken**	ordeñar una vaca

Animales de granja

e Kuh, ⸚e	vaca
s Rind, -er	vaca, novillo, becerro
r Ochse, -n	buey
s Schwein, -e	cerdo
s Kalb, ⸚er	ternero
*s *Huhn, ⸚er*	pollo
s Schaf, -e	oveja
s Pferd, -e	caballo

frei laufende Hühner	gallinas de corral
Eier von frei laufenden Hühnern	huevos de corral

s **Futter** / s Viehfutter	pienso / forraje
die Tiere **füttern**	dar de comer a los animales

Das ist wie eine Stecknadel im Heuhaufen suchen.	Esto es como buscar una aguja en un pajar.
Er isst wie ein Scheunendrescher.	Come como una fiera / como un buitre.
Zäum nicht immer das Pferd von hinten auf!	¡No empieces siempre la casa por el tejado!
Er ist das schwarze Schaf der Familie.	Es la oveja negra de la familia.

Tiere
Animales

s ***Tier**, -e	animal
s Tierheim, -e	casa para animales
e Tierhandlung, -en	tienda de animales
r **Tierhalter**, - // e **Tierhalterin**, -nen	dueño // dueña de un animal
zahm ↔ **wild** [vɪlt]	manso ↔ salvaje
e Bestie, -n	bestia
heimische Tiere	animales de la zona
s **Haustier**, -e	animal doméstico
sich ein Haustier anschaffen	comprar un animal doméstico
ein Haustier halten	tener un animal doméstico
Das Halten von Tieren ist in diesem Haus verboten.	La posesión de animales / Los animales están prohibidos en esta casa.

Animales domésticos

r Hund, -e (r Schäferhund, r Dackel, r Terrier, r Pudel, r Bernhadiner, r Boxer)	perro (pastor alemán, teckel (fox)terrier, caniche, sanbernardo, bóxer)
e Katze, -n (e Siamkatze)	gato (gato siamés)
*r *Vogel, ¨- (r Kanarienvogel, r Papagei, r Wellensittich)*	pájaro (canario, loro, periquito)
s Kaninchen, -	conejo
r Hase, -n	liebre
r Hamster, -	hámster
s Meerschweinchen, -	cobaya
*e *Maus, ¨-e*	ratón
*r *Fisch, -e*	pez

e ***Katze**, -n // r **Kater**, -	gato // gata
r ***Hund**, -e // e **Hündin**, -nen	perro // perra
r Rüde, -n // s Weibchen, -	perro // perra
r Welpe, -n	cachorro
kraulen / streicheln	arañar / acariciar
r **Hundebesitzer**, - // e **Hundebesitzerin**, -nen	dueño // dueña de un perro
Welche Rasse ist das denn?	¿Qué raza es ésta?
ein reinrassiger Hund ↔ r Mischling	un perro de pura raza ↔ cruzado
r Schoßhund, -e	perrillo faldero
r Blindenhund / r Wachhund	perro lazarillo / perro guardián
r Hundekorb, ¨-e / e Hundehütte, -n	canasto para el perro / casa para el perro
bellen	ladrar
beißen (biss, hat gebissen)	morder
mit dem Schwanz wedeln	mover el rabo

e Schnauze, -n	hocico
s Maul, ¨-er	hocico / boca
r Schnabel, ¨-	pico
s Fell	piel
e Feder, -n / s Federkleid	pluma / plumaje
s Hundehaar, -e	pelo de perro
r Schwanz	rabo
e Zitze, -n	mama
e Pfote, -n	pezuña
r Flügel, -	ala
e Kralle, -n	garra
r Huf, -e	casco
s Geweih, -e	cornamenta

r **Geruch** / r **Gestank**	olor / hedor
***riechen** (roch, hat gerochen)	oler
***stinken** (stank, hat gestunken)	oler mal / heder
Hunde müssen leider draußen bleiben.	Los perros tienen que quedarse fuera.
e **Leine** / e Hundeleine	correa, cuerda / correa del perro
Hunde bitte an die Leine! / Nehmen Sie bitte Ihren Hund an die Leine.	Por favor, amarre a su perro / lleve a su perro amarrado.
Legen Sie Ihren Hund bitte an die Kette.	Por favor, póngale la cadena a su perro.
***Achtung bissiger Hund!**	¡Cuidado con el perro!
r bissige / scharfe Hund	perro mordedor / agresivo
r **Kampfhund**, -e	perro de pelea
Für Kampfhunde herrscht Maulkorbpflicht und Leinenzwang.	Los perros de pelea tienen que llevar bozal e ir amarrados.
s **Halsband**, ¨-er	collar
e Hundemarke, -n	placa

e Hundesteuer	impuesto por perros
Gassi gehen / den Hund ausführen	sacar al perro
s Herrchen, - // s Frauchen, -	dueño // dueña de un perro
s Herrl // s Frauerl *österr.*	dueño // dueña de un perro
r Hundesalon	salón de perros

Er ist ein armer Hund!	¡Es un pobre diablo!
Das ist aber ein dicker Hund!	¡Ha sido demasiado! / ¡Te has pasado!
Sie sind wie Hund und Katz'.	Se llevan como el perro y el gato.
Er ist bekannt wie ein bunter Hund.	Lo conoce todo el mundo.
Da liegt der Hund begraben.	Ahí está la dificultad. / Ahí está la madre del cordero.
Ich bin hundemüde!	¡Estoy muerto de cansancio!
Katzenwäsche machen	lavarse como los gatos
die Katze im Sack kaufen	cerrar un trato a ciegas

s **Futter** / s Hundefutter / s Katzenfutter	comida para animales / comida de perro / comida de gato
s Trockenfutter	pienso
füttern	dar de comer
r **Käfig**, -e / r Vogelkäfig	jaula / jaula de pájaro
s Katzenklo / s Katzenstreu	cajón con serrín / serrín para gatos
s **Ungeziefer** / r Schädling, -e	sabandija / parásito

Sabandijas y parásitos que afectan a los edificios y a las personas

e Ratte, -n	rata
e Maus, ⸚e	ratón
e Kakerlake, -n / e Schabe, -n	cucaracha
s Silberfischchen, -	lepisma
e Motte, -n	polilla
e Laus, ⸚e	piojo
r Floh, ⸚e	pulga
e Wanze, -n	chinche
e Zecke, -n	garrapata
r Bandwurm, ⸚er	(lombriz) solitaria

r **Tierschützer**, - // e **Tierschützerin**, -nen	defensor // defensora de los animales
r Tierschutzverein, -e	sociedad protectora de animales
s Versuchstier, -e	animal de laboratorio
r Tierfreund, -e	amigo de los animales
e **Tierquälerei**, -en	crueldad con los animales
e **Tiermedizin**	veterinaria
e Tierklinik, -en	clínica veterinaria
r **Tierarzt**, ⸚e // e **Tierärztin**, -nen / r Veterinär, -e // e Veterinärin, -nen	veterinario // veterinaria

Wir müssen den Hund leider einschläfern lassen.	Lo siento, pero tenemos que sacrificar al perro.
r Tierfriedhof	cementerio de perros
e **Zoologie** [tsoolo'gi:] / e **Tierkunde**	zoología
e Fauna	fauna
s Tierreich	reino animal
e **Tierart**, -en	especie animal
s **Säugetier**, -e	mamífero
r Schmarotzer, - / r Parasit, -en	parásito

Animales pequeños de nuestro entorno

r Wurm, ⸚er	gusano
s Insekt, -en	insecto
e Fliege, -n	mosca
e Mücke, -n / e Gelse, -n österr.	mosquito
e Wespe, -n	avispa
e Biene, -n / e Honigbiene	abeja
r Schmetterling, -e	mariposa
r Käfer, - / r Marienkäfer / r Maikäfer	escarabajo / mariquita, bichito de luz / abejorro sanjuanero
e Ameise, -n	hormiga
e Schnecke, -n	caracol
r Maulwurf, ⸚e	topo
e Schlange, -n	serpiente
e Spinne, -n	araña
s Spinnennetz, -e	tela de araña
s Eichhörnchen, -	ardilla
r Vogel, ⸚	pájaro
r Frosch, ⸚e	rana
e Kröte, -n	sapo
r Fisch, -e	pez
r Hering, -e	arenque
e Forelle, -n	trucha
r Flusskrebs, -e	cangrejo de río
r Karpfen, -	carpa

stechen (sticht, stach, hat gestochen)	picar
r **Stich**, -e / r Wespenstich	picadura / picadura de avispa
Beweg dich nicht, auf deinem Kopf sitzt ein Wespe.	No te muevas, tienes una avispa en la cabeza.
Hast du ein Mückenspray für mich?	¿Tienes un pulverizador antimosquitos para mí? / ¿Tienes Aután®?
Schau mal, ein Schmetterling!	¡Mira! ¡Una mariposa!
Gibt es hier giftige Schlangen?	¿Hay aquí serpientes venenosas?
Achtung Krötenwanderung.	Cuidado con los sapos.
r Angler, - // e Anglerin, -nen	pescador // pescadora (de caña)
r Fischer, - // e Fischerin, -nen	pescador // pescadora

Pájaros de nuestro entorno

r Singvogel	ave cantora
r Zugvogel	ave migratoria
e Amsel, -n	mirlo
e Meise, -n	herrerillo
r Star, -en	tordo
r Spatz, -en	gorrión
e Schwalbe, -n	golondrina
e Taube, -n	paloma
e Möwe, -n	gaviota
e Krähe, -n	corneja
r Rabe, -n	cuervo
e Elster, -n	urraca
r Specht, -e	pájaro carpintero
e Eule, -n	búho, lechuza
r Uhu, -s	búho
r Schwan, ⸚e	cisne
e Ente, -n	pato
e Gans, ⸚e	ganso
r Storch, ⸚e	cigüeña

r Ornithologe, -n [ɔrnito'lo:gə] // e Ornithologin, -nen	ornitólogo // ornitóloga
Hör mal, wie schön die Vögel **zwitschern** / singen.	Escucha lo bien que cantan los pájaros.
s **Nest**, -er / s Vogelnest	nido / nido de pájaro
picken	picotear
Eier legen und (aus)brüten	poner e incubar huevos
Taubenfüttern verboten.	Prohibido dar de comer a las palomas.
r Taubendreck	suciedad de las palomas

Animales del bosque y de rapiña de nuestro entorno

s (Groß- / Nieder-) Wild	caza (mayor / menor)
r Hirsch, -e	ciervo
s Reh, -e	venado
e Gämse, -n	gamuza
r Hase, -n	liebre
s Kaninchen, -	conejo
s Wildschwein, -e	jabalí
r Wolf, ⸚e	lobo
r Fuchs, ⸚e	zorro
r Marder, -	marta
r Falke, -n	halcón
r Adler, -	águila

r **Jäger**, - // e **Jägerin**, -nen	cazador // cazadora
schießen (auf +*A*) (schoss, hat geschossen)	disparar (a)
das Wild **jagen**	cazar el venado
Der Nerz wird wegen seines Fells gejagt.	El visón es cazado por su piel.
r ***Zoo**, -s [tso:] / r zoologische Garten, ⸚ / r **Tiergarten**, ⸚ / r **Tierpark**, -s	zoo / zoológico
r Streichelzoo / s Streichelgehege	[= zoológico donde se puede acariciar a los animales]
Gehen wir heute in den Zoo?	¿Vamos hoy al zoológico?
s **Gehege**, -	recinto cercado
r **Käfig**, -e	jaula
s **Aquarium**, Aquarien [ak'va:ri̯ʊm]	acuario
s **Terrarium**, Terrarien [tɛ'ra:ri̯ʊm]	terrario

Animales del zoológico

s Raubtier, -e	fiera, animal feroz, animal de rapiña
r Löwe, -n	león
r Tiger, - ['ti:gɐ]	tigre
r Panther, - ['pantɐ]	pantera
r Elefant, -en [ele'fant]	elefante
e Giraffe, -n [gi'rafə *österr. auch* ʒi…]	jirafa
s Nashorn, ⸚er	rinoceronte
r Bär, -en [bɛ:ɐ̯] / *r Braunbär / r Eisbär*	oso / oso pardo / oso polar
r Affe, -n	mono
r Orang-Utan, -s ['o:raŋ'lu:tan] / *r Menschenaffe, -n*	orangután
r Gorilla, -s [go'rɪla]	gorila
r Schimpanse, -n [ʃɪm'panzə]	chimpancé
r Pinguin, -e ['pɪŋgui:n]	pingüino
r Hai, -e	tiburón
r Wal, -e ['va:l]	ballena
r Delphin, -e [dɛl'fi:n]	delfín
r Seehund, -e	foca
s Reptil, [rɛp'ti:l]*-ien* […li̯ən]	reptil
e Schildkröte, -n	tortuga
s Krokodil, -e [kroko'di:l]	cocodrilo
r Alligator, [ali'ga:to:ɐ̯]*-en* […ga'to:rən]	caimán
s Nilpferd, -e	hipopótamo

sich vermehren ↔ **aussterben**	multiplicarse ↔ extinguirse
r Kreislauf des Lebens	ciclo vital
fressen und gefressen werden	devorar y ser devorado

Pflanzen
Plantas

e **Botanik** / e Pflanzenkunde	botánica
r **Botaniker**, - // e **Botanikerin**, -nen	botánico // botánica
e ***Pflanze**, -n	planta
***wachsen** (wächst, wuchs, ist gewachsen)	crecer
e Pflanzenwelt / s Pflanzenreich	reino vegetal
e Flora	flora
r **botanische Garten**	jardín botánico
s **Gewächshaus**, ⸚er	invernadero
anpflanzen ↔ wild wachsen	plantar ↔ crecer silvestremente
e Kulturpflanze	planta cultivada
e Gartenpflanze / e Topfpflanze	planta de jardín / planta de maceta
e winterharte Pflanze	planta resistente al frío
einjährige / zweijährige Pflanzen	planta anual / bienal
e immergrüne Pflanze	siempreviva
e ***Blume**, -n	flor
duften ↔ ***stinken** (stank, hat gestunken)	oler bien ↔ oler mal, heder
Blumen pflücken	coger flores
Wildblumen / Feld- und Wiesenblumen	flores silvestres
r **Kaktus**, Kakteen ['kaktʊs]	cactus

Flores

s Schneeglöckchen, -	campanilla de invierno
r Märzenbecher, -	campanilla de invierno [más grande]
r Krokus, -se	croco
e Tulpe, -n	tulipán
e Osterglocke / e Narzisse	narciso
s Maiglöckchen	lirio de los valles
r Flieder, -	saúco
e Pfingstrose, -n	peonía
e Rose, -n	rosa
e Nelke, -n	clavel
e Sonnenblume, -n	girasol
e Erika	brezo, erica
e Lilie, -n	lirio
e Orchidee, -n	orquídea
e Mohnblume, -n	amapola
s Gänseblümchen, -	margarita
e Margerite, -n	margarita
r Löwenzahn / e Pusteblume, -n	diente de león
s Edelweiß	flor de nieve / leontopodio
r Enzian	genciana de primavera

e **Blüte**, -n	flor
***blühen**	florecer
Die Magnolien blühen gerade / sind gerade in (voller) Blüte.	Las magnolias están ahora en flor.
befruchten	fecundar (con polen)

Partes de una flor

r Spross / r Sprössling, -e	brote
s Blatt, ⸚er	hoja
r Stiel, -e / r Stängel, -	tallo
e Knospe, -n	capullo
e Blüte, -n	flor
s Blütenblatt, ⸚er	pétalo
r Blütenstaub	polen
r (Blüten-) Nektar	néctar
e (Blumen-) Zwiebel, -n	bulbo
e Wurzel, -n	raíz

r ***Garten**, ⸚	jardín
Sie arbeitet gerade im Garten.	Está trabajando en el jardín.
r Wintergarten	invernadero
r Kräutergarten / r Gemüsegarten	jardín con hierbas aromáticas / jardín con verduras, huerto
Er hat in seinem Garten Gemüse angebaut.	Ha plantado verduras en su jardín.
e **Gießkanne**, -n	regadera
r **Rasensprenger**, -	aspersor
r Rasenmäher, -	cortacésped
Der Rasen muss mal wieder gemäht werden.	Hay que volver a cortar el césped.
gießen (goss, hat gegossen)	regar
Gießt du heute die Blumen bitte.	Riega tú hoy las flores, por favor.
s **Beet**, -e / s Blumenbeet	arriate / arriate de flores
s ***Gras**, ⸚er	césped, hierba
r Klee / s Kleeblatt	trébol / hoja de trébol
s Kraut, ⸚er	hierba
s **Unkraut**	mala hierba / LAm yuyo
Ich müsste mal wieder Unkraut jäten.	Tendría que arrancar otra vez las malas hierbas.
r Spaten, - / e Schaufel, -n	laya, pala para remover la tierra / pala
den Garten umgraben	remover la tierra del jardín
e **Gärtnerei**, -en	jardinería
r **Gärtner**, - // e **Gärtnerin**, -nen	jardinero // jardinera
r **Blumenladen**, ⸚	floristería
r **Blumenbinder**, - // e **Blumenbinderin**, -nen	el // la florista

r Florist, -en // e Floristin, -nen *schweiz.*	el // la florista
r **Strauß**, ¨e / r **Blumenstrauß** / r Strauß Blumen	ramo / ramo de flores
***frisch** ↔ **verwelkt** / welk / verblüht	recién cortada ↔ mustia
einen Strauß binden (lassen)	(mandar) hacer un ramo de flores
***bunt** ↔ **einfarbig**	de colores ↔ de un solo color
farbig ↔ uni *schweiz.*	de colores ↔ de un solo color
Bitte schneiden Sie die Blumen frisch an, bevor Sie sie ins Wasser geben.	Por favor, vuelva a cortar los tallos de las flores antes de ponerlas en agua.
e **Vase**, -n ['va:zə]	jarrón
Moment, ich muss erst die Blumen in die Vase stellen.	Un momento, tengo primero que poner las flores en un jarrón.
e **Schnittblume** / e **Topfblume**	flor cortada / flor en una maceta
r **Blumentopf**, ¨e	maceta
umtopfen	cambiar de maceta
r **Kranz**, ¨e	corona

Danke für die Blumen!	¡Gracias por nada!
Durch die Blume gesagt: …	Dicho de una forma educada: …
Das Geschäft blüht.	El negocio florece.
Ihm blüht noch was wegen dieser Sache.	Ese asunto todavía trae cola.

r Strauch, ¨er	arbusto
r Beerenstrauch	arbusto con bayas
r Busch, ¨e	matorral
r ***Wald**, ¨er	bosque
r Nadelwald / r Mischwald / r Laubwald	bosque de coníferas / mixto / de fronda, de árboles de hoja caduca
r **Forst**, -e	bosque
e Forstwirtschaft	explotación forestal
r ***Baum**, ¨e	árbol

Árboles

Nadelbäume	*Coníferas*
e Tanne, -n	abeto
e Fichte, -n	pícea
e Kiefer, -n	pino
e Lärche, -n	alerce
Laubbäume	*Árboles de hoja caduca*
e Buche, -n	haya
r Ahorn	arce
e Linde, -n	tilo
e Eiche, -n	roble
e Birke, -n	abedul
e Kastanie, -n	castaño
e Esche, -n	fresno
e Pappel, -n	álamo
e Weide, -n	sauce

r **Stạmm**, ¨-e / r Baumstamm	tronco / tronco del árbol
e **Wụrzel**, -n	raíz
r **Ạst**, ¨-e	rama
r **dịcke** ↔ **dụ̈nne Zweig**, -e	rama gruesa ↔ delgada
e Borke, -n / e Rinde, -n	corteza
s ***Blạtt**, ¨-er / e ***Nadel**, -n	hoja / aguja, hoja de pino, hoja acicular
Schau mal, wie die Blätter sprießen.	Mira cómo crecen las hojas.
Die Bäume schlagen aus.	Los árboles están echando hojas.
Die Bäume stehen in voller Blüte.	Los árboles están cargados de flores.
s **Laub**	follaje
e Baumfrucht, ¨-e	fruto de un árbol
e Eichel, -n	bellota
r Tannenzapfen, -	piña de un abeto
s ***Họlz**	madera
Der Baum muss gefällt werden.	Hay que talar el árbol.
r **Fọ̈rster**, - // e **Fọ̈rsterin**, -nen	el // la guarda forestal
s Moos	musgo
r Farn, -e	helecho
r ***Pịlz**, -e	seta
Pilze suchen / sammeln	buscar / coger setas
r essbare ↔ giftige / ungenießbare Pilz	seta comestible ↔ venenosa / no comestible

17 Erde und Weltraum
La Tierra y el espacio

17

1

Kontinente, Meere, Seen, Flüsse
Continentes, océanos, lagos, ríos

r ***Kontinent**, -e / r **Erdteil**, -e	continente
kontinental	continental

Continents

Afrika África	*afrikanisch* africano	*r Afrikaner, - // e Afrikanerin, -nen* africano // africana
Amerika América	*amerikanisch* americano	*r Amerikaner, - // e Amerikanerin, -nen* americano // americana
Asien Asia	*asiatisch* asiático	*r Asiate, -n // e Asiatin, -nen* asiático // asiática
Australien Australia	*australisch* australiano	*r Australier, - // e Australierin, -nen* australiano // australiana
r Europa Europa	*europäisch* europeo	*r Europäer, - // e Europäerin, -nen* europeo // europea

Nordeuropa / Südeuropa / Osteuropa / Westeuropa	Europa del Norte / Europa del Sur / Europa Oriental, Europa del Este / Europa Occidental
r ***Norden** / r ***Süden** / r ***Osten** / r ***Westen**	norte / sur / este / oeste
nördlich / **südlich** / **östlich** / **westlich**	septentrional, del norte / meridional, del sur / oriental, del este / occidental, del oeste
der Wind kommt aus Nordosten	el viento viene del noreste
in Mitteleuropa	en Europa Central
im Nahen Osten	en el Oriente Próximo
e nördliche ↔ südliche **Halbkugel** / e **Hemisphäre**	hemisferio norte ↔ sur
r **Äquator** [ɛ'kva:to:ɐ̯]	ecuador
e (geographische) Breite	latitud
e (geographische) Länge	longitud
r **Breitengrad**, -e	grado de latitud
e **Zeitzone**, -n	zona horaria
Tropen / Subtropen *Pl*	trópicos / subtrópicos
Ich habe fünf Jahre in den Tropen gelebt.	He vivido cinco años en países del trópico.
r **Nordpol** ↔ r **Südpol**	Polo Norte ↔ Sur
e **Arktis** / e **Antarktis**	Ártico / Antártico
r **Ozean**, -e / s ***Meer**, -e / e ***See**	océano / mar / mar
r Atlantische / Pazifische / Indische Ozean	Océano Atlántico / Pacífico / Índico
e Nordsee / e Ostsee	Mar del Norte / Mar Báltico
s Mittelmeer	Mar Mediterráneo
r Golf (von Mexiko)	golfo (de México)

r Golfstrom	corriente del Golfo
e **Bucht**, -en	bahía
e ***Küste**, -n	costa
an der Südküste von Rügen	en la costa sur de (la isla de) Rügen
vor der Küste von Helgoland	ante las costas de (la isla de) Hel(i)goland
r ***Strand**, ⸚e	playa
e ***Insel**, -n	isla
Ich würde gern auf einer kleinen Insel leben.	Me gustaría vivir en una pequeña isla.
e Halbinsel	península
r ***See**, -n	lago
Wir waren heute lange am See spazieren.	Hoy hemos dado un largo paseo al lado del lago.
Fahren wir am Wochenende an den Neusiedler See?	¿Vamos este fin de semana al Lago Neusiedl?
r Stausee, -n	embalse / pantano
r **Teich**, -e	estanque, charca
r Fischteich	vivero
s ***Ufer**, -	orilla / ribera
e Uferpromenade, -n	paseo marítimo
r ***Fluss**, ⸚e	río
r Nebenfluss	afluente
Die Mosel ist ein Nebenfluss des Rheins.	El Mosela es un afluente del Rin.
s Flussufer, -	orilla / margen / ribera del río
am Westufer / am westlichen Ufer	en la orilla / ribera occidental
r ***Strom**, ⸚e	río, corriente
e Mündung, -en	desembocadura / estuario
r **Kanal**, ⸚e	canal
r Rhein-Main-Donau-Kanal	el canal Rin-Meno-Danubio
r **Damm**, ⸚e / r Staudamm	dique
r **Wasserfall**, ⸚e	catarata / cascada
r **Bach**, ⸚e	arroyo / riachuelo
e **Quelle**, -n	manantial / fuente
e Strömung	corriente
gegen den Strom schwimmen	nadar contra corriente
e Gezeiten	marea
e **Ebbe** ↔ e **Flut**	marea baja ↔ alta

Wetter und Klima
Tiempo y clima

s ***Wetter**	tiempo
Wie ist denn das Wetter bei euch?	¿Cómo es el tiempo ahí? / ¿Qué tiempo tenéis?
Wir haben schönes ↔ schlechtes / scheußliches Wetter.	Tenemos buen ↔ mal tiempo / un tiempo horroroso

r ***Wetterbericht**, -e	parte meteorológico
e **Wettervorhersage**, -n	previsión / pronóstico del tiempo
Die Wettervorhersage war richtig ↔ falsch.	El pronóstico del tiempo fue acertado ↔ erróneo.
e ***Sonne**	sol
r ***Schatten**	sombra
Die Sonne ***scheint** (schien, hat geschienen).	Brilla el sol.
Wir hatten viel Sonne / Sonnenschein.	Tuvimos mucho sol.
Hoffentlich kommt bald die Sonne heraus.	Esperemos que salga el sol pronto.
sonnig	soleado
Es ist sehr ***warm** (wärmer, wärmst-) / ***heiß**.	Hace mucho calor.
Es ist ziemlich warm für die Jahreszeit.	Hace bastante calor para esta época del año.
e ***Wärme** / e ***Hitze**	calor
e Hitzewelle, -n	ola de calor
Eine Warmluftfront ↔ Kaltluftfront zieht über den Norden von Deutschland.	Un frente de aire caliente ↔ frío recorre el norte de Alemania.
An der Küste ist es sehr ***feucht**.	En la costa hace mucha humedad / el clima es muy húmedo.
e Feuchtigkeit / e Luftfeuchtigkeit	humedad / humedad del aire
Es ist **schwül** / schwülwarm.	Hace bochorno.
Heute ist es ziemlich drückend.	Hoy el calor es bastante agobiante.
e ***Kälte**	frío
schneidende / eisige / klirrende Kälte	(un) frío que corta / que hiela / que te hace tiritar
***kühl** / ***kalt** (kälter, kältest-) / **eiskalt**	fresco / frío / helado
Es ist wieder kälter geworden.	Hace otra vez más frío.
Die Nächte sind angenehm kühl.	Las noches son frescas y agradables.
Es ist heute recht kühl / frisch.	Hoy hace bastante frío / fresco.
***frieren** (fror, hat gefroren)	helar
r **Frost**	helada
– 3° Celsius / ***minus drei Grad** (Celsius) ↔ 3° Celsius / ***plus drei Grad**	–3° Celsius / tres grados bajo cero ↔ 3° Celsius / tres grados sobre cero
3 Grad ***unter Null** ↔ ***über Null**	3 grados bajo cero ↔ sobre cero
e ***Temperatur**, -en [tɛmpəra'tu:ɐ̯]	temperatura
e Durchschnittstemperatur	temperatura media
extreme Temperaturschwankungen	fluctuaciones extremas de la temperatura
e ***Jahreszeit**, -en	estación
r ***Frühling** / r ***Sommer** / r ***Herbst** / r ***Winter**	primavera / verano / otoño / invierno
ein **milder** ↔ **strenger** Winter	un invierno suave ↔ duro
r ***Schnee**	nieve

Bei uns liegt hoher Schnee.	Tenemos mucha nieve.
Im Winter gab es dieses Jahr kaum Schnee.	Este año en invierno apenas ha habido nieve.
***schneien**	nevar
Letzte Nacht hat es ununterbrochen geschneit.	Esta noche no ha parado de nevar.
s ***Eis**	hielo
r **Hagel**	granizo
Pass auf, auf den Straßen ist es **eisig** / ***glạtt** / **eisglatt**!	Cuidado, las carreteras están heladas / resbaladizas.
e überfrierende Nässe	superficie congelada
Der See ist **zugefroren**. Wir können Schlittschuh laufen.	El lago está helado. Podemos ir a patinar.
r Raureif	escarcha
Es **taut**.	Está deshelando.
e ***Wọlke**, -n	nube
r wolkenlose Himmel	cielo despejado
Am Nachmittag soll es sich bewölken / sollen Wolken aufziehen.	Por la tarde se nublará / aparecerán nubes.
Es ist **bewọ̈lkt** / **bedẹckt** / **wọlkig**.	Está nublado / cubierto / nuboso.
Es bleibt überwiegend bewölkt.	Seguirá la mayor parte del tiempo nublado.
Morgen bleibt das Wetter zunächst **trübe** und **regnerisch**, im Tagesverlauf **heitert** es jedoch **auf**.	Mañana seguirá el tiempo primero gris y lluvioso, por la tarde se irá despejando.
Es ist überwiegend ***trọcken** ↔ ***nạss**.	Es la mayor parte del tiempo seco ↔ húmedo.
r **Niederschlag**, ¨-e	precipitación
r **Tau**	rocío
r ***Regen**	lluvia
Es wird wohl Regen geben.	Probablemente habrá lluvia / lloverá.
ein leichter ↔ starker / wolkenbruchartiger Regen	lluvia ligera ↔ fuerte / torrencial
r Nieselregen / r Sprühregen	llovizna
r Wolkenbruch / r Platzregen	chaparrón / aguacero / LAm chubasco
vereinzelte Schauer *Pl*	lluvias dispersas
***regnen**	llover
Es regnet leicht ↔ stark.	Llueve un poco ↔ mucho.
Es gießt in Strömen.	Llueve a cántaros / a mares.
ein verregneter Tag / ein Regentag	un día lluvioso
r ***Schịrm**, -e / r Regenschirm, -e	paraguas
r Sonnenschirm, -e	sombrilla
r **Dụnst**	calina / bruma / neblina
Es ist **diesig**.	Hay neblina. / El día está brumoso.
r ***Nebel**	niebla
Es war sehr **neblig.**	Había mucha niebla.

r ***Wind**, -e — viento
r Westwind / r Wind aus westlicher Richtung — viento del oeste / viento en dirección oeste
eine leichte / schwache / frische Brise — una brisa ligera / suave / fresca
Es ist **windig**. — Hace viento. (Hace un día ventoso.)

r ***Sturm**, ¨-e — tormenta, temporal, tempestad, ciclón

ein starker Sturm — una fuerte tormenta
Es gab Sturmwarnung am See. — Hubo aviso de temporal en la costa.

orkanartige Stürme — vientos huracanados
Es **stürmt**. — Sopla un fuerte viento.
s **Unwetter**, - — tormenta, temporal, tempestad
s ***Gewitter**, - — tormenta
r Donner / r Blitz — trueno / relámpago
Es hat gedonnert. / Es hat geblitzt. — Ha tronado. / Ha relampagueado.
Sie findet Gewitter ***unheimlich**. — Le dan miedo las tormentas.
s ***Klima** — clima
s Seeklima / s Meeresklima — clima marítimo / oceánico
s Kontinentalklima / s Binnenklima — clima continental
ein mildes / trockenes / feuchtes / tropisches Klima — un clima suave / seco / húmedo / tropical
Ein Klimawechsel würde Ihnen gut tun. — Un cambio de clima le sentaría bien.

Naturkatastrophen
Catástrofes naturales

e **Naturkatastrophe**, -n — catástrofe natural
s **Katastrophengebiet**, -e — zona catastrófica
s **Erdbeben**, - — terremoto / LAm temblor
ein kleineres ↔ größeres Erdbeben — un terremoto pequeño, ligero ↔ grande, fuerte

s Nachbeben, - — réplica
s Epizentrum [epi'tsɛntrʊm], Epizentren — epicentro
ein Erdbeben der Stärke 3,5 auf der Richterskala — un terremoto de 3,5 de intensidad en la escala Richter
r **Vulkan**, -e — volcán
ein gewaltiger Vulkanausbruch — una erupción violenta de un volcán

e Lava — lava
Lavamassen *Pl* — gran cantidad de lava
e **Lawine**, -n — alud / avalancha
Es gibt Lawinenwarnung. — Hay aviso de alud.
r **Wirbelsturm**, ¨-e — ciclón

Ein heftiger Wirbelsturm fegte übers Land.	Un fuerte ciclón está azotando el país.
r **Orkan**, -e / r Hurrikan, -s ['hʊrikan]	huracán
Der Orkan richtete große Verwüstungen an.	El huracán causó grandes devastaciones.
s Opfer, -	víctima
Der Hurrikan forderte 500 Todesopfer.	El huracán se llevó 500 vidas.
r **Taifun**, -e [tai̯'fu:n]	tifón
Dem Taifun fielen 300 Menschen zum Opfer.	El tifón dejó 300 víctimas mortales.
e **Flut**, -en	inundación
e Sturmflut / e Springflut	marea viva / aguas vivas
sintflutartiger Regen	lluvia torrencial
s **Hochwasser**	inundación
e Hochwasserwarnung, -en	aviso de inundación
e **Überschwemmung**, -en	inundación
hochwassergefährdete Gebiete	zonas amenazadas de inundación
Ein großes Gebiet wurde überflutet / überschwemmt.	Una zona extensa quedó inundada.
Hunderte von Menschen sind ertrunken.	Cientos de personas se han ahogado.
e **Dürre** / e Dürreperiode	sequía / período de sequía
eine verheerende Dürreperiode	un período de sequía devastadora
e **Ölpest** / ausgelaufenes Öl	marea negra
s ***Feuer** / r Brand / r Flächenbrand	fuego / incendio / incendio de una gran superficie
e Brandkatastrophe, -n	gran incendio
Die **Rettungsmannschaften** arbeiteten unermüdlich um Verletzte zu bergen.	Los equipos de salvamento trabajaron incansablemente para rescatar a los heridos
Die Zahl der Todesopfer wird auf 100 geschätzt.	Se estima que el número de víctimas mortales asciende a 100.
Die Zahl der Todesopfer hat sich auf 128 erhöht.	El número de víctimas mortales ha aumentado a 128.
Die **Bergungsarbeiten** dauern noch an.	Las labores de rescate continúan todavía.
Zwei Menschen überlebten die Katastrophe unversehrt.	Dos personas sobrevivieron ilesas a la catástrofe.
Der Sachschaden wird auf eine halbe Million Dollar geschätzt.	Los daños materiales se estiman en medio millón de dólares.
s Rote Kreuz	Cruz Roja
r **Katastrophenschutz**	servicios de emergencia
s Technische Hilfswerk / s THW	Servicio de ayuda en casos de emergencia, Asociación de ayuda técnica y protección civil

Umweltschutz
Protección del medio ambiente

e ***Umwelt**	medio ambiente
r **Umweltschutz**	protección del medio ambiente
Auch Sie können etwas zum Umweltschutz beitragen.	También usted puede colaborar en la protección del medio ambiente.
e Umwelt schützen	proteger el medio ambiente
e **Verschmutzung**	contaminación / polución
e Umweltverschmutzung / e Luftverschmutzung / e Wasserverschmutzung	contaminación del medio ambiente / del aire / del agua
Manche Menschen haben einfach kein **Umweltbewusstsein**.	Lo que pasa es que mucha gente no tiene conciencia ecológica.
e **Umweltkatastrophe**, -n	catástrofe ecológica
Greenpeace ist eine bekannte Umweltorganisation.	Greenpeace es una conocida organización ecologista.
r **Umweltschützer**, - // e **Umweltschützerin**, -nen	el // la ecologista
trotz der Proteste von Umweltschützern	a pesar de las protestas de los ecologistas
r **Artenschutz**	protección de las especies
umweltfreundlich	ecológico
ökologisch	ecológico
Ökologischer Landbau schützt die Natur.	El cultivo ecológico protege la naturaleza.
e Überdüngung	exceso de abono / de fertilizante
Tropenwälder werden vernichtet.	Las selvas tropicales son destruidas.
e **Ozonschicht** / s **Ozonloch**	capa de ozono / agujero de ozono
FCKW zerstören die Ozonschicht.	Los clorofluorocarbonos (CFC) destruyen la capa de ozono.
Der Kohlendioxidausstoß muss verringert werden.	Hay que reducir las emisiones de dióxido de carbono.
r **Treibhauseffekt**	efecto invernadero
s Treibhausgas, -e	gas invernadero
e Klimaveränderung, -en	cambio climático
e globale Erwärmung	recalentamiento del globo
alternative / erneuerbare Energien / Energiequellen	energías alternativas / renovables / fuentes de energía
e Solarenergie / e Windenergie / e Wasserkraft	energía solar / eólica / hidráulica
r **Schadstoff**, -e	producto contaminante
r **saure *Regen**	lluvia ácida
r ***Smog**	niebla tóxica
bleifreies Benzin	gasolina sin plomo

r Katalysator, -en	catalizador
e Lärmbelastung, -en	contaminación acústica
e radioaktive **Verseuchung**	contaminación radioactiva
s ***Gift**, -e	veneno
r ***Müll** / r ***Abfall**	basura / desperdicios, residuos

e Abfallbeseitigung	evacuación / destrucción de la basura
e Abfallentsorgung / e Müllentsorgung	evacuación / destrucción de la basura
„Müll abladen verboten"	"Prohibido verter basura"
r Hausmüll	basura doméstica
r Industriemüll	basura industrial / residuos industriales
e Müllkippe, -n / e Mülldeponie, -n	vertedero / basurero
e Müllverbrennung	incineración de basuras / residuos
e Müllverbrennungsanlage, -n	planta de incineración de basuras / residuos
r Sondermüll / r Giftmüll / r Atommüll	residuos peligrosos / tóxicos / nucleares
e Mülltrennung	separación de la basura
s Altpapier / s Altmetall / s Altglas	papel / metal / vidrio usado

s **Recycling** [ri'saiklɪŋ]	reciclaje
s Recyclingpapier	papel reciclado
Recycling reduziert die Verschwendung von Rohstoffen.	El reciclaje reduce el derroche de materias primas.
e Einwegflasche, -n ↔ e Mehrwegflasche / e Pfandflasche	botella no retornable ↔ retornable / con casco
wieder verwerten / recyceln [ri'saikln]	reciclar
Viele Abfallstoffe lassen sich wieder verwerten / recyceln.	Muchos desperdicios se pueden reciclar.
wieder verwertbare Verpackung	envase reciclable
Die Firmen sind zur Rücknahme der Verpackungen verpflichtet.	Las empresas están obligadas a recoger los envases.

Astronomie und Raumfahrt
Astronomía y viajes espaciales

e **Astronomie** / e Stern- und Himmelskunde	astronomía
e **Kosmologie** / e Lehre von der Entstehung und Entwicklung des Weltalls	cosmología / ciencia del origen y desarrollo del universo
s **All** / s Weltall / r Weltraum / s Universum / r Kosmos	espacio / universo / espacio sideral / universo / cosmos

universe / cosmose radioaktive **Verseuchung**	contaminación radioactiva del universo / cosmos
e ***Erde**	La Tierra
Die Erdoberfläche ist zu 71 Prozent mit Wasser bedeckt.	Un 71 % de la superficie de la Tierra está cubierta de agua.
s **Stern(en)system**, -e	galaxia
r **Planet**, -en [pla'ne:t]	planeta
r ***Stern**, -e	estrella
r Abendstern ↔ r Morgenstern	estrella vespertina / matutina
r Polarstern	estrella
polar	
r ***Himmel**	cielo
r Sternenhimmel	cielo estrellado
Wir haben heute einen sternenklaren Himmel.	Esta noche tenemos el cielo estrellado.
s **Observatorium** / e Sternwarte	observatorio
r Himmelskörper, -	astro / cuerpo celeste
e ***Sonne**	El Sol
aufgehen (ging auf, ist aufgegangen) ↔ **untergehen**	salir ↔ ponerse
Die Sonne geht heute um 7.12 Uhr auf und um 16.35 Uhr unter.	El Sol sale hoy a las 7.12 y se pone a las 16.35.
r Sonnenaufgang ↔ r Sonnenuntergang	amanecer, salida del Sol ↔ anochecer, puesta del Sol
***scheinen** (schien, hat geschienen)	brillar
Die Sonne steht hoch ↔ niedrig / tief.	El Sol está en todo lo alto ↔ está ya bajo.
e Sonnenfinsternis, -se	eclipse de sol
r ***Mond**	La Luna
r Neumond ↔ r Vollmond	luna nueva ↔ llena
r Halbmond	media luna, cuarto creciente, cuarto menguante
zunehmender ↔ abnehmender Mond	luna creciente ↔ menguante
r Mondkrater, -	cráter lunar
e Mondfinsternis, -se	eclipse de Luna
Der Mond ist ein Trabant der Erde.	La Luna es un satélite de la Tierra.
e ***Atmosphäre**, -n [atmo'sfɛ:rə]	atmósfera
e **Ozonschicht**	capa de ozono
r **Pol**, -e [po:l]	polo
s Magnetfeld, -er	campo magnético
e **Gravitation** / e Schwerkraft	gravitación / gravedad
e Erdanziehungskraft	fuerza de atracción de la Tierra

Planetas del sistema solar

r Merkur	Mercurio
r Pluto	Plutón
r Mars	Marte
e Venus	Venus

e Erde	Tierra
r Neptun	Neptuno
r Uranus	Urano
r Saturn	Saturno
r Jupiter	Júpiter

s Sonnensystem, -e	sistema solar
e **Galaxis** / e Galaxie / e Milchstraße	galaxia / Vía Láctea
(inter)galaktisch	(inter)galáctico
s schwarze Loch	agujero negro
r **Meteor**, -en [mete'o:ɐ̯]	meteoro
r **Meteorit**, -en [meteo'ri:t]	meteorito
Gestern fiel ein Meteorit vom Himmel.	Ayer cayó un meteorito del cielo.
r Meteoritenkrater, -	cráter de un meteorito
r **Komet**, -en [ko'me:t]	cometa
e **Sternschnuppe**, -n	estrella fugaz
s **Lichtjahr**, -e	año luz
Der Planet ist 5 Lichtjahre entfernt.	El planeta está a cinco años luz.
r **Satellit**, -en [zatɛ'li:t]	satélite
e **Umlaufbahn**, -en	órbita
e kreisförmige / elliptische Umlaufbahn	órbita circular / elíptica
sich um die eigene Achse drehen	rotar sobre su propio eje
sich um die Sonne drehen	rotar alrededor del Sol
Die Planeten **umkreisen** die Sonne.	Los planetas giran alrededor del Sol.
Der Mond umkreist die Erde.	La Luna gira alrededor de la Tierra.

Sol, luna y estrellas

Wir leben schließlich nicht auf dem Mond.	No vivimos en la Luna. / No nos chupamos el dedo.
Du lebst wirklich hinter dem Mond.	Vives en la Luna / en otro planeta.
Ich könnte sie manchmal auf den / zum Mond schießen.	A veces la colgaría de un pino.
Die Sonne bringt es an den Tag.	Antes o después se sabrá la verdad.
Lassen wir uns die Sonne auf den Pelz brennen.	Vamos a tomar el sol.
Geh mir aus der Sonne!	¡Déjame en paz!
nach den Sternen greifen	aspirar a lo máximo
Dieses Projekt steht unter keinem guten Stern.	Este proyecto no ha nacido bajo una buena estrella.
Ob es klappt, das steht noch in den Sternen.	Dios sabrá si esto funciona o no.
Romeo holt seiner Julia die Sterne vom Himmel.	Romeo le ofrece a Julia lo mejor del mundo.
Er war sternhagelvoll.	Estaba borracho como una cuba.

e **Raumfahrt**	viaje espacial
im Zeitalter der Raumfahrt	en la era espacial
r Weltraumflug, ¨-e	misión / vuelo espacial
bemannt ↔ unbemannt	tripulado ↔ no tripulado
r **Astronaut**, -en [astro'naut] // e **Astronautin**, -nen	el // la astronauta
e **Schwerelosigkeit**	ingravidez / falta de gravedad
e Weltraumstation, -en	estación espacial
s Raumschiff, -e / s Raumfahrzeug, -e	nave espacial / astronave
e **Raumfähre**, -n	nave espacial Orbiter
e **Rakete**, -n	cohete
r Nachrichtensatellit	satélite de comunicaciones
r Wettersatellit	satélite meteorológico
***starten** / abheben ↔ ***landen**	despegar, ser lanzado ↔ aterrizar, alunizar
Der Countdown läuft: 10, 9, 8 … 0	Ha comenzado la cuenta atrás: 10, 9, 8 … 0
e Flugbahn	trayectoria
e Bodenstation, -en	estación terrestre
s Kontrollzentrum, -zentren	centro de control
r Weltraummüll	basura espacial
e **Astrologie**	astrología
s **Sternbild**, -er	constelación
Der Große Wagen ist ein bekanntes Sternbild.	La Osa Mayor es una constelación conocida.
s **Sternzeichen**, -	signo del zodiaco
Ich bin im Sternzeichen des Stiers geboren.	He nacido bajo el signo de Tauro.
Welches Sternzeichen hast du? – Ich bin Waage.	¿De qué signo del zodiaco eres? / ¿Cuál es tu horóscopo? – Soy Libra.

Los doce signos del zodiaco

Wassermann	Acuario
Fische	Piscis
Widder	Aries
Stier	Tauro
Zwillinge	Géminis
Krebs	Cáncer
Löwe	Leo
Jungfrau	Virgo
Waage	Libra
Skorpion	Escorpión
Schütze	Sagitario
Steinbock	Capricornio

18

Information und Kommunikation
Información y comunicación

Informationsquellen
Fuentes de información

e **Informationsquelle**, -n [ɪnfɔrma'tsio:nskvɛlə]	fuente de información
s ***Wörterbuch**, ¨-er	diccionario
s **Fremdwörterbuch**	diccionario de voces extranjeras
s **Stilwörterbuch** / s **Bildwörterbuch**	diccionario del estilo / diccionario ilustrado
ein **einsprachiges** / **zweisprachiges** / **mehrsprachiges** Wörterbuch	un diccionario monolingüe / bilingüe / multilingüe
ein deutsch-spanisches Wörterbuch	un diccionario alemán-español
s Wörterbuch der Medizin / ein medizinisches Wörterbuch	diccionario de medicina / diccionario médico
s Wörterbuch der Wirtschaftswissenschaften	diccionario de economía
etw in einem Wörterbuch **nachschauen** / ***nachschlagen** (schlägt nach, schlug nach, hat nachgeschlagen)	mirar / consultar algo en el diccionario
Was bedeutet „bzw."? – Sehen Sie doch mal im Wörterbuch nach. / Was steht denn im Wörterbuch?	¿Qué significa "bzw"? – Míralo en el diccionario. / ¿Qué dice en el diccionario?
r **Eintrag**, ¨-e (im Wörterbuch)	entrada(en el diccionario)
s (Konversations-) **Lexikon**, Lexika / e **Enzyklopädie**, -n [ɛntsyklopɛ'di:]	diccionario enciclopédico / enciclopedia
s **Nachschlagewerk**, -e	libro de consulta
s (Wörter-) **Verzeichnis**, -se	vocabulario, índice
s **Glossar**, -e	glosario
r (Ausstellungs-) **Katalog**, -e	catálogo (de una exposición)
e (Mitglieder-) Kartei, -en	ficha (de socio)
r Karteikasten, ¨-	fichero
e **Bibliografie**, -en [bibliogra'fi:]	bibliografía
s Handbuch, ¨-er	manual
s Jahrbuch, ¨-er	anuario
r **Aufsatz**, ¨-e	redacción
r ***Artikel**, - [ar'ti:kl *auch* …'tɪkl]	artículo
einen Artikel überfliegen	leer un artículo por encima
einen Artikel exzerpieren	hacer un extracto de un artículo
e ***Recherche**, -en [re'ʃɛrʃə]	investigación
Einer meiner Studenten recherchiert zum Thema „Die EU".	Uno de mis alumnos está investigando sobre el tema de "la Unión Europea".
r **Atlas**, Atlanten	atlas
s **Archiv**, -e [ar'çi:f]	archivo
e ***Bibliothek**, -en [biblio'te:k]	biblioteca
e Staats- / Uni(versitäts)- / Stadtbibliothek	biblioteca estatal / universitaria / municipal

e Fach- / Lehrer- / Privatbibliothek	biblioteca especializada / de profesores / privada
e Präsenzbibliothek ↔ e Leihbibliothek	biblioteca de consulta ↔ circulante
e **Mediothek**, -en	biblioteca audiovisual
r **Bibliothekar**, -e // e **Bibliothekarin**, -nen	bibliotecario // bibliotecaria
r **Benutzer**, - // e **Benutzerin**, -nen	usuario, lector // usuaria , lectora
e ***Bücherei**, -en	biblioteca (pública)
e Jugend- und Kinderbücherei	biblioteca juvenil / infantil
r **Katalog**, -e / s **Verzeichnis**, -se	catálogo / índice
ein Buch ***bestellen**	pedir un libro
ein Buch **ausleihen** (lieh aus, hat ausgeliehen) ↔ ***zurückgeben** (gibt zurück, gab zurück, hat zurückgegeben)	sacar ↔ devolver un libro
ein Buch ***verlängern**	prorrogar / prolongar el préstamo de un libro
die Ausleihfrist ***versäumen**	pasarse de / exceder la fecha de devolución
Bitte bringen Sie das Buch fristgerecht zurück, sonst wird eine Versäumnisgebühr fällig.	Por favor, devuelva el libro a tiempo, si no, hay que pagar una multa por retraso.
r **Lesesaal**, ⸚e	sala de lectura
r Zeitschriftenlesesaal / r Handschriftenlesesaal	sala de lectura de revistas / sala de lectura de manuscritos
Der Lesesaal befindet sich im ersten Stock.	La sala de lectura se encuentra en el primer piso.
s ***Regal**, -e / s Bücherregal / r Bücherschrank, ⸚e	estantería / estantería para libros, biblioteca / armario para libros, biblioteca
Wo steht das Buch bitte? – Im ersten Regal links.	Por favor, ¿dónde está el libro? – En la primera estantería a la izquierda.
Medien *Pl*	medios de comunicación
e ***Presse**	prensa
r Videotext	teletexto

Anglicismos / palabras inglesas en alemán

Con frecuencia la pronunciación, la entonación y la ortografía no son iguales que en inglés.

Information [ɪnfɔrma'tsi̯o:n]
(= información)
Multimedia [mʊlti'me:di̯a]
(= multimedia)
Intranet ['ɪntranɛt]
(= Intranet)
Internet ['ɪntɐnɛt]
(= Internet)
CD-ROM [tse:de:'rɔm]
(= CD-ROM)
Mikrofiche ['mi:krofi:ʃ]
(= microficha)

**E-Mail* ['i:me:l] (= mensaje electrónico)	*Mikrofilm* ['mi:krofılm] (= microfilm)
Fotokopie [fotoko'pi:] (= fotocopia)	*interaktiv* [ıntɐlak'ti:f] (= interactivo)
Floppydisk ['flɔpi'dısk] (normalmente: *Diskette*) (= disquete)	*Datenbank* ['da:tnbaŋk] (= banco de datos)

La palabra alemana *Information* es contable: *Die Informationen waren schwer zu finden.* (= Fue difícil encontrar la información.)
Daten ['da:tn̩] es plural y necesita un verbo en plural: *Die neuesten Daten zeigen das Gegenteil.* (= Los últimos datos muestran lo contrario.)

s ***Internet**	Internet
Via Internet sind wir alle miteinander vernetzt.	Todos estamos conectados vía Internet.
r **Datenbestand**, ⸚e	base de datos
e **Datenbank**, -en	banco de datos
r Datenträger, -	transmisor de datos
e ***Diskette**, -n	disquete
(sich) Daten (he-)**runterladen** (lädt herunter, lud herunter, hat heruntergeladen)	bajar datos
e ***CD-ROM**	CD-ROM (memoria sólo de lectura)
Die 12-bändige Enzyklopädie passt auf eine einzige CD-ROM.	La enciclopedia de 12 tomos cabe en un solo CD-ROM.
e ***Information**, -en (über)	información
***sich informieren über** (+*A*)	informarse sobre
(sich) Informationen **beschaffen** / **einholen**	obtener / conseguir información
Wie viele deutsche Wörter gibt es? – Keine Ahnung. Wo kann man das **nachlesen**? (liest nach, las nach, hat nachgelesen)	¿Cuántas palabras existen en alemán? – Ni idea. ¿Dónde se puede consultar eso?
Informationen **erbitten** (erbat, hat erbeten)	pedir / solicitar información
Informationen ***erhalten** (erhält, erhielt, hat erhalten) / ***bekommen** (bekam, hat bekommen)	recibir / conseguir información
Informationen **austauschen**	intercambiar información
Als Arzt unterliege ich der Schweigepflicht, ich gebe keine Informationen weiter.	Como médico estoy obligado a guardar el secreto profesional; no doy ninguna información.
vertrauliche / **zuverlässige** Informationen	información confidencial / fidedigna, digna de crédito

Wie wir aus verlässlicher Quelle erfahren haben, werden ab nächstem Jahr die Steuern gesenkt. — Como hemos oído de fuentes fidedignas, los impuestos bajarán a partir del año que viene.

s **Informationsangebot**, -e — oferta informativa
Bei diesem riesigen Informationsangebot fällt einem die Wahl schwer. — Con esta enorme oferta informativa le resulta a uno difícil elegir.

r Informationsfluss — caudal de infomación
e Informationspolitik — política informativa
s **Informationsbedürfnis**, -se — necesidad de información
s **Informationsdefizit**, -e — déficit infomativo
Fakten *Pl* / e ***Tatsache**, -n — hechos / hecho
Liefern Sie uns Fakten, dann glauben wir Ihnen. — Proporciónenos usted hechos y entonces le creeremos.
Daten *Pl* — datos
Die neuesten Daten deuten darauf hin / besagen, dass die Arbeitslosenzahlen fallen. — Nuestros datos indican que está bajando el número de parados.
Daten **abrufen** (rief ab, hat abgerufen) — pedir datos
r Datenabruf — petición de datos
Daten **weitergeben** (gibt weiter, gab weiter, hat weitergegegeben) — transmitir / pasar datos
r **Datenschutz** — protección de datos
r **Datenmissbrauch** — abuso / uso indebido de datos

Buchhandel und Verlagswesen
Librerías y editoriales

s ***Buch**, ⸚er — libro
ein **dickes** ↔ **dünnes** Buch — un libro gordo ↔ delgado
r **Leser**, - // e **Leserin**, -nen — lector // lectora
s Lesepublikum / e Leserschaft, -en — lectores
***lesen** (liest, las, hat gelesen) — leer
in einem Buch **blättern** / ein Buch **durchblättern** — hojear un libro
überfliegen (überflog, hat überflogen) ↔ **verschlingen** (verschlang, hat verschlungen) — echar un vistazo, echar un ojo ↔ devorar
ein Buch nach dem anderen **durcharbeiten** / **durchlesen** (liest durch, las durch, hat durchgelesen) — analizar / leer un libro tras otro
***langweilig** ↔ ***spannend** / ***interessant** — aburrido ↔ emocionante / interesante

Bücher für anspruchsvolle Leser	libros para lectores exigentes
Bücher für das breite Lesepublikum	libros para el público en general
r **Rezensent**, -en [retsɛn' zɛnt] // e **Rezensentin**, -nen	crítico // crítica
r **Kritiker**, - // e **Kritikerin**, -nen	crítico // crítica
e Rezension, -en / e Kritik, -en / e Buchbesprechung, -en	reseña / crítica / reseña de un libro
rezensieren / **kritisieren** / **besprechen** (bespricht, besprach, hat besprochen)	reseñar / hacer una crítica
In diesem Buch **geht es um** das Schicksal deutscher Exilschriftsteller. / Das Buch **handelt vom** Schicksal …	Este libro es sobre el destino de los escritores alemanes en el exilio. / Este libro trata del destino …
r ***Autor**, -en // e **Autorin**, -nen / r **Verfasser**, - // e **Verfasserin**, -nen / r **Schriftsteller**, - // e **Schriftstellerin**, -nen	autor // autora / escritor // escritora
s **Pseudonym**, -e [psɔydo'ny:m]	seudónimo
r Ghostwriter, - ['gɔʊstraɪtə]	escritor fantasma [que escribe un libro para otra persona]
***schreiben** (schrieb, hat geschrieben) / **verfassen**	escribir
Thomas Brussig schreibt gerade an einem weiteren Roman über die ehemalige DDR.	Thomas Brussig está escribiendo / está trabajando en otra novela sobre la antigua RDA.
e **Lesung**, -en / e Autorenlesung	lectura / lectura pública hecha por los propios autores
Können Sie das Buch bitte signieren?	¿Me podría firmar el libro?
e (persönliche) Widmung, -en	dedicatoria (personal)
r ***Text**, -e	texto
s ***Thema**, Themen	tema
e **Belletristik** ↔ s **Sachbuch**, ⸚er / **Fachbuch**, ⸚er	bellas letras, literatura ↔ libro especializado
e ***Erzählung**,-en	narración
r **Roman**, -e	novela
e **Novelle**, -n	novela corta, cuento
s Hörbuch, ⸚er	libro para oír / grabado
r Cyber-Roman ['saibɐroma:n]	novela cibernética
s **Jugendbuch**, ⸚er / s **Kinderbuch**	libro juvenil / infantil
s **Bilderbuch**, ⸚er	libro con ilustraciones
s **Fotobuch**, ⸚er / r Fotoband, ⸚e	libro / volumen con fotografías
s **Lehrbuch**, ⸚er / s **Schulbuch**, ⸚er	libro de texto / escolar
r **Reiseführer**, -	guía de viaje
r **Buchhandel** *Sg*	mercado del libro
e **Buchhandlung**, -en / r Buchladen, ⸚	librería
r Bücherstand	stand / puesto de libros
r Buchklub, -s / e Buchgemeinschaft, -en	club del libro / de lectores

e **Buchmesse**, -n	feria del libro
r Verlagsstand, ¨-e	stand / puesto de una editorial

Hay dos ferias del libro (***Buchmessen***) famosas en Alemania. La Feria de Leipzig en primavera y la de Francfort en otoño.

r **Buchhändler**, - // e **Buchhändlerin**, -nen	librero // librera
r **Bestseller**, - ['bɛstzɛlɐ] ↔ r **Ladenhüter**, -	éxito de ventas / libro más vendido ↔ libro invendible
s ***Taschenbuch**, ¨-er	libro de bolsillo
e gebundene Ausgabe ↔ e Taschenbuchausgabe	edición de pastas duras ↔ edición de bolsillo
Bücher in Großdruck	libros con letras grandes
s **Antiquariat**, -e	librería de viejo / de segunda mano
modernes Antiquariat	librería de restos de edición
ein Buch **antiquarisch** kaufen	comprar un resto de edición / un libro de segunda mano

En una ***Antiquariat*** se pueden encontrar libros que se han dejado de publicar o que tienen un valor especial: por ejemplo, *(Jubiläums-)Ausgaben* (ediciones conmemorativas), *signierte Bücher* (libros con autógrafos), *Ersterscheinungen* (primeras ediciones), *Fotobände*
(volúmenes fotográficos), *Kunstbände* (libros de arte), *gebundene Bücher* (libros de pastas duras).
En un modernes Antiquariat se venden los llamados *Ramschware* (= libros baratos), libros de segunda mano de particulares, libros con errores de imprenta (*Fehldruck*) y restos que son vendidos a cualquier precio (*verramscht*) por las editoriales antes de ser retirados del mercado (*Einstampfen*).

r **Verlag**, -e / s **Verlagshaus**, ¨-er	editorial / casa editorial
Der Max Hueber Verlag ist ein bekannter deutscher Lehrbuchverlag.	Max Hueber Verlag es una conocida editorial alemana que publica libros de texto.
r **Herausgeber**, - // e **Herausgeberin**, -nen	editor // editora
r **Verleger**, - // e **Verlegerin**, -nen	editor // editora
***veröffentlichen** / **publizieren** / **verlegen** / **herausgeben** (gibt heraus, gab heraus, hat herausgegeben)	publicar
e **Neuerscheinung**, -en	nueva publicación
***erscheinen** (erschien, ist erschienen)	salir, aparecer
Im vergangenen Mai ist „der neue Grass" erschienen.	El pasado mayo salió el nuevo (libro de [Günter]) Grass.
ein Buch **auf den Markt bringen** (brachte, hat gebracht)	lanzar un libro al mercado

lieferbare ↔ **vergriffene** Bücher	libros a la venta ↔ agotados
s Verlagsprogramm, -e	catálogo de publicaciones
r Verlagsprospekt, -e	folleto de algunas publicaciones
Das Buch steht auf dem Index.	El libro está en la lista negra.
r **Lektor**, -en // e **Lektorin**, -nen	lector // lectora
r **Redakteur**, -e // e **Redakteurin**, -nen	redactor // redactora
r Redaktor, -en // e Redaktorin, -nen *schweiz.*	redactor // redactora
ein Buch lektorieren / redigieren / Korrektur lesen	preparar / dirigir / corregir un libro
s **Manuskript**, -e / s Typoskript, -e	manuscrito / manuscrito mecanografiado
s Belegexemplar, -e	ejemplar justificativo / de prueba
s Vorausexemplar, -e	ejemplar de prueba
s **Autorenhonorar**, -e / **Tantiemen** *Pl*	derechos de autor
s **Copyright**, -s ['kɔpirait] / s Urheberrecht, -e	derecho de la propiedad intelectual / copyright
Das Copyright liegt beim Autor.	Los derechos de la propiedad intelectual están en manos del autor.
r **Übersetzer**, - // e **Übersetzerin**, -nen	traductor / traductora
e **Übersetzung**, -en	traducción
***übersetzen** / **übertragen** (überträgt, übertrug, hat übertragen)	traducir
ins Deutsche übersetzt / aus dem Spanischen übersetzt	traducido al alemán / traducido del español
e **Kürzung**, -en	abreviación, corte
kürzen / **verkürzen**	acortar / reducir
Der Roman liegt in (un)gekürzter Fassung vor.	La novela está en la versión completa ↔ abreviada.
r **Tippfehler**, -	error tipográfico
r **Druckfehler**, -	error de imprenta
r (Buch-)***Titel**, -	título (de un libro)
Wie heißt das Buch? / Wie ist der Titel?	¿Cómo se llama el libro? / ¿Cómo es el título?
r Klappentext, -e	texto de la solapa
e Titelseite, -n	portada / LAm carátula
s Impressum, Impressen	pie de imprenta
Was steht denn drin / in dem Buch?	¿De qué trata el libro?
r ***Inhalt** / s **Inhaltsverzeichnis**, -se	contenido / índice
s **Kapitel**, -	capítulo
r Abschnitt, -e	sección / parte
e ***Seite**, -n	página
Gehen / Blättern Sie bitte auf Seite 123. – Auf welche Seite?	Por favor, (vayan a la) página 123. – ¿Qué página?
e Zeile, -n	línea
s **Vorwort**, -e	prólogo / prefacio
e **Einleitung**, -en	introducción

e Fußnote, -n / e Anmerkung, -en	nota a pie de página / nota
s **Nachwort**, -e	epílogo
r **Anhang**, ⸚e	apéndice
r Index, Indices / s **Register**, - / s Personen- / Orts- / Werkregister	índice / lista / índice de personas / lugares / obras
alphabetisch / nach dem Alphabet geordnet	ordenado alfabéticamente / por orden alfabético
chronologisch / systematisch geordnet	ordenado cronológicamente / sistemáticamente

ISBN (= *I*nternationale *S*tandard *B*uch *N*ummer): Sistema de identificación para los libros. Por ejemplo, en el número de identificación internacional (ISBN) 3-19-007474-9 el número 3 significa Alemania, el 19 Max Hueber Verlag, 007474-9 es el número del libro *Großer Lernwortschatz Deutsch.*

e **Herstellung**	producción, diseño
r Einband, ⸚e / r (Schutz-)Umschlag, ⸚e	tapa, pasta / (sobre)cubierta
r Buchdeckel, -	cubierta / tapa
r (Seiten-)Umbruch, ⸚e	compaginación / ajuste
e Blaupause, -n	cianotipia / copia azul
e (Druck-)Fahne, -n	pruebas de imprenta
e **Druckerei**, -en	imprenta
Das Buch geht in den nächsten Wochen in Druck.	El libro irá a la imprenta en las próximas semanas.
e **Auflage**, -n	edición
Das Buch erscheint in einer Auflage von 5.000 Exemplaren.	El libro aparece en una edición de 5.000 ejemplares.
e zweite überarbeitete / neu bearbeitete ↔ unveränderte Auflage	segunda edición revisada / mejorada ↔ no revisada
r **Erscheinungstermin**, -e	fecha de publicación
Der Erscheinungstermin steht noch nicht fest / ist auf Mai 2005 festgelegt.	Todavía no está decidida la fecha de publicación. / La fecha de publicación será en mayo de 2005.
ein Buch setzen / ***drucken** / ***liefern** / ausliefern	componer, ir a las cajas / imprimir / distribuir un libro
r (Schrift-)Setzer, - // e Schriftsetzerin, -nen	tipógrafo // tipógrafa / el // la cajista

r Büchernarr	biblíomano / loco por lo libros
e Leseratte / r Bücherwurm	ratón de biblioteca
r Wälzer, -	libro voluminoso
r Schmöker	novelón
r Schinken	mamotreto

Presse
Prensa

e ***Presse**	prensa
Medien *Pl* / Massenmedien	medios de comunicación / medios de comunicación de masas
Medien wirken **meinungsbildend**.	Los medios de comunicación influyen en la opinión de la gente.
e ***Zeitung**, -en	periódico
eine überregionale Zeitung ↔ eine regionale Zeitung / eine Lokalzeitung	un periódico nacional ↔ regional / local
e (internationale) Ausgabe	edición (internacional)
e Abend- / Tages- / Wochenzeitung	diario de la tarde, vespertino / diario / semanario
e Boulevardpresse	prensa amarilla / sensacionalista
***lesen** (liest, las, hat gelesen)	leer
überfliegen	leer por encima
e ***Zeitschrift**, -en / e Illustrierte, -n / s (Nachrichten-)Magazin, -e	revista / revista ilustrada / revista (de información)
e Jugend- / Frauenillustrierte, -n	revista juvenil / revista femenina
e **Fachzeitschrift**, -en	revista especializada
e **Stadtzeitung**, -en	periódico de la ciudad
s **Anzeigenblatt**, ¨-er	hoja de anuncios, periódico gratis
e Gratiszeitung, -en *schweiz.*	hoja de anuncios, periódico gratis

La prensa alemana

En las publicaciones y los periódicos serios se encuentran artículos con un buen nivel de información. Dentro de esta categoría podemos incluir las siguientes publicaciones: *Süddeutsche Zeitung (SZ), Frankfurter Allgemeine Zeitung (FAZ), die tageszeitung (taz), Die Zeit y Der Spiegel.* En Suiza podemos destacar Neue Züricher Zeitung (NZZ), Facts y Blick y en Austria *Der Standard, Die Presse* y News. La prensa amarilla (*Boulevard- / Sensationspresse*, por ejemplo, *Bild y Kronen Zeitung* en Austria) y la del corazón (*Regenbogenpresse*, por ejemplo, *Die Bunte*) se centran en historias que sacian el apetito sensacionalista de la gente. Con frecuencia se pagan grandes sumas de dinero por historias sensacionalistas y fotos comprometedoras (*Scheckbuch-Journalismus*). La prensa amarilla tiene una gran tirada (*hohe Auflagenzahlen*), por ejemplo, *Die Bild-Zeitung* con 4 millones y medio de ejemplares.

r **Journalismus** [ʒʊrnaˈlɪsmʊs]	periodismo
r ***Journalist**, -en // e **Journalistin**, -nen	el // la periodista
r **Reporter**, - // e **Reporterin**, -nen	reportero // reportera
r (Presse-) **Fotograf**, -en // e **Fotografin**, -nen	fotógrafo // fotógrafa (de prensa)

r **Redakteur**, -e // e **Redakteurin**, -nen	redactor // redactora
r Redaktor, -en // e Redaktorin, -nen *schweiz.*	redactor // redactora
r Chef- / Lokal- / Sportredakteur	redactor jefe / de noticias locales / de deporte
r Kolumnist, -en // e Kolumnistin, - nen	el // la columnista
r **Korrespondent**, -en // e **Korrespondentin**, -nen	el // la corresponsal
Ich bin von der Presse. / Ich arbeite bei der Zeitung.	Soy de la prensa. / Trabajo en el periódico.
Für welche Zeitung schreiben / arbeiten Sie?	¿Para qué periódico escribe / trabaja usted?
Die langjährige *Spiegel*-Mitarbeiterin schrieb …	La veterana periodista del *Spiegel* escribe …
e Deadline, -s ['dɛdlaɪn] / e Abgabefrist, -en	plazo / fecha límite
e Nachrichtenagentur, -en	agencia de noticias
e **Pressefreiheit** ↔ e **Zensur**	libertad de prensa ↔ censura

Secciones de un periódico

e Innen- / Außenpolitik	política nacional ↔ internacional
s Feuilleton	sección de cultura
r Kulturteil	cultura
r Sportteil	sección de deportes
r Wirtschaftsteil	sección de economía
Vermischtes / e Klatschspalte	miscelánea / sociedad
e Wettervorhersage	previsión meteorológica
r Leserbrief	cartas del lector
*e Werbeanzeige / e *Werbung*	anuncios
*e Kleinanzeige / e *Annonce* [a'nõ:sə *auch* a'nɔŋsə] / *s Inserat*	anuncios (por palabras)
e Beilage	suplemento
s Magazin	magacín / suplemento
s Horoskop	horóscopo
s Kreuzworträtsel	crucigrama

e **Rubrik**, -en	sección
r ***Artikel**, - [ar'ti:kl *auch* …'tɪkl]	artículo
einen Artikel ***schreiben** (schrieb, hat geschrieben) / **verfassen**	escribir un artículo
einen Artikel **überarbeiten**	revisar un artículo
ein Artikel mit hohem ↔ niedrigem **Informationsgehalt**	un artículo con mucho ↔ poco nivel de información

e ***Nachricht**, -en	noticia
Folgende Nachricht wurde lanciert / herausgegeben: …	La siguiente noticia fue lanzada, puesta en circulación / dada …

En alemán las palabras *Nachricht* e *Information* son contables:

eine Nachricht, mehrere Nachrichten	una noticia, varias noticias
eine Information, viele Informationen	una información, mucha información

r ***Bericht**, -e / e **Meldung**, -en	información
r Zeitungsbericht / r Pressebericht	información del periódico / de la prensa
in einer Zeitung stehen (stand, hat gestanden)	estar / aparecer en un periódico
Das steht so in der Presse.	Así aparece en la prensa.
In der FAZ steht ein Bericht über die Deutschen und ihre Vereine.	En el FAZ hay un reportaje sobre los alemanes y sus asociaciones.
Das Thema geht schon seit langem durch die Presse.	Ya hace tiempo que viene apareciendo este tema en la prensa.
laut Pressebericht / Presseberichten zufolge	según las noticias de la prensa
eine gute ↔ schlechte Presse haben	tener buena ↔ mala prensa
***informieren** / ***berichten** (über) / ***melden**	informar
Aus Japan ['ja:pan] werden neue Erdbeben gemeldet.	Desde Japón nos informan de nuevos terremotos.
***bekannt geben** (gibt, gab, hat gegeben) / **bekannt machen**	anunciar / dar a conocer
***veröffentlichen**	publicar
(weiter)**verbreiten** / in Umlauf bringen	extender / poner en circulación

Tipos de textos en un periódico

e Meldung, -en	información
e Nachricht, -en	noticia
e Reportage, -n [repɔr'ta:ʒə]	reportaje
e Glosse, -n	comentario, columna
r Leitartikel, -	editorial
r Kommentar, -e	artículo de opinión
r Bericht, -e	información, informe
*s (Exklusiv-)*Interview, -s* ['ɪntɐvju: *auch* …'vju]	entrevista (exclusiva)
e Dokumentation, -en	documentación
s Feature, -s ['fi:tʃɐ]	crónica
r Fortsetzungsroman, -e	novela por entregas

e ***Recherche**, -n [re'ʃɛrʃə]	investigación
gut (besser, best-) ↔ **schlecht recherchiert**	bien ↔ mal documentado
genau ↔ schlampig recherchiert	cuidadosamente ↔ mal documentado
e ***Einzelheit**, -en / s Detail, -s [de'tai]	detalle
Nähere Einzelheiten sind nicht bekannt.	No se conocen más detalles.
e **Presseerklärung**, -en	explicación a la prensa
r Pressesprecher, - // e Pressesprecherin, -nen	el // la portavoz de prensa
eine Pressekonferenz geben	conferencia de prensa
an einer Pressekonferenz teilnehmen	participar en una conferencia de prensa
***sich ereignen**	ocurrir / pasar
In den letzten Tagen hat sich nichts Großartiges ereignet.	En los últimos días no ha ocurrido nada especial.
s ***Ereignis**, -se	acontecimiento
s **Medienereignis**, -se	acontecimiento de interés público
r **Skandal**, -e	escándalo
r Widerruf, -e	desmentido
e Falschmeldung, -en / Zeitungsente, -n	noticia falsa / bulo
eine Story groß herausstellen	presentar una historia a bombo y platillo
Das Thema „Liebe" verkauft sich immer gut.	El tema del amor siempre se vende bien.
e **Titelseite**, -n	portada [revista], primera página [periódico]
e Titelgeschichte, -n	noticia de portada
e ***Schlagzeile**, -n	titular
Wie lautet die heutige Schlagzeile?	¿Qué titulares hay hoy?
Lies mir mal die Schlagzeilen vor.	Anda, léeme los titulares.
Die hohen Benzinpreise machen schon wieder Schlagzeilen.	Los precios elevados de la gasolina están hoy otra vez en los titulares.
e ***Überschrift**, -en	titular
e (Zeitungs)Spalte, -n / e Kolumne, -n	columna
r **Zeitungshändler**, - // e **Zeitungshändlerin**, -nen	vendedor // vendedora de periódicos
r Zeitungsverkäufer, - // e Zeitungsverkäuferin, -nen	vendedor // vendedora de periódicos
r (Zeitungs)***Kiosk**, -e / r Zeitungsstand, ¨-e	quiosco / puesto (de los periódicos)
e Trafik, -en *österr.*	quiosco / puesto (de los periódicos)
r **Zeitungskasten**, ¨-	máquina de periódicos
r **Zeitungsausträger**, - // e **Zeitungsausträgerin**, -nen	repartidor // repartidora del periódico

eine Zeitung austragen / zustellen	repartir un periódico
r **Abonnent**, -en // e **Abonnentin**, -nen	suscriptor / suscriptora
s **Abonnement**, -s [abɔnə'mã:]	suscripción
eine Zeitung **abonnieren** / eine Zeitung im Abo(nnement) beziehen	suscribirse a un periódico

En Alemania la gente compra el periódico en un *Kiosk* o en una tienda. En Austria en un *Trafik*. Especialmente en el sur de Alemania y en Suiza hay cajas / máquinas con periódicos (*Zeitungskästen*) en las esquinas de las calles de las cuales uno puede sacar un ejemplar después de haber introducido una moneda. Quizás la solución más adecuada sea que el repartidor (*Zeitungsausträger*) le traiga el periódico todas las mañanas antes de las 6. El reparto está organizado por el propio periódico del que usted es suscriptor y el repartidor sólo puede repartir una publicación.

Rundfunk und Fernsehen
Radio y televisión

r ***Rundfunk** / s Radio / r Hörfunk / e Rundfunkanstalt, -en	radio / radio / radio / estación de radio(difusión)
s ***Fernsehen** / e Fernsehanstalt, -en	televisión / estación de televisión
s Rundfunkgerät, -e / s ***Radio**(gerät)	(aparato de) radio
r Fernseher, - / s **Fernsehgerät**, -e	televisor
e **Antenne**, -n / e Hausantenne / e Satellitenantenne	antena / antena colectiva / antena parabólica
s Kabelfernsehen	televisión por cable
r **Kanal**, ¨-e / r Fernsehkanal / r Rundfunkkanal	canal / canal de televisión / emisora de radio
r (einigermaßen) gute ↔ schlechte **Empfang**	recepción (medianamente) buena ↔ mala
Deutschlandradio einstellen	sintonizar "Deutschlandradio"
r (Rundfunk- / Fernseh-) **Sender**, -	emisora (de radio / de televisión)
e öffentlich-rechtlichen Rundfunk- und Fernsehanstalten	emisoras / cadenas públicas de radiotelevisión / radiodifusión
r Privatsender, - / s Privatfernsehen	emisora / cadena privada
s Pay-TV ['pe:ti:vi:]	televisión de pago
e **Sendezeit**, -en	tiempo / horas de emisión
r Sponsor, -en // e Sponsorin, -nen	patrocinador // patrocinadora
e ***Haupteinschaltzeit**, -en	hora de mayor audiencia
hohe / gute ↔ niedrige / schlechte Einschaltquoten	alta / buena ↔ baja / mala audiencia
r Videotext	teletexto

r Untertitel, -	subtítulo
r Zweikanalton	sistema dual

La televisión en Alemania, Austria y Suiza

Las emisorass públicas (***öffentlich-rechtlichen Rundfunkanstalten***: *ARD, ZDF, BR, WDR, HR, NDR, SWR, SR, MDR, ARTE, 3Sat, ORF (en Austria), SF (en Suiza)*) están obligadas por su misión educativa (*Bildungsauftrag*) a cubrir todas las áreas (*Bereiche*) en sus programaciones: noticias, política, cultura, sociedad, deporte, negocios y educación. Estas emisoras están financiadas por una cuota (*Rundfunkgebühren*) que tienen que pagar todos los hogares con un televisor o un aparato de radio.

Las cadenas privadas (***Privatsender***) están financiadas principalmente por los ingresos de la publicidad (*Werbeeinnahmen*) y por eso dependen del número de telespectadores (*Zuschauerzahlen*) o de audiencia (*Einschaltquoten*). Para las televisiones de pago (***Pay-TV***) se alquila un decodificador que es el que le permite a uno ver películas codificadas.

La mayoría de las cadenas ofrecen los servicios del teletexto (***Videotext***): información de última hora de todo tipo de noticias, política, el tiempo, deportes, programación de televisión, estado de las carreteras, etc.

s ***Programm**, -e / e ***Sendung**, -en	programación, canal / programa
***senden** / **übertragen** (überträgt, übertrug, hat übertragen) / **ausstrahlen** / ***bringen** (brachte, hat gebracht)	emitir / (re)transmitir

Falso amigo

La palabra *Programm* puede significar canal o el conjunto de programas durante un tiempo determinado (programación), pero no un programa concreto.

e ***Übertragung**, -en / e Fernsehübertragung	retransmisión / retransmisión televisiva
e Direktübertragung, -en / e Livesendung, -en ['laif...]	retransmisión en directo
Das Fußballspiel wird heute Abend im Fernsehen ***direkt** / **live** [laif] übertragen.	Esta noche retransmitirán en directo el partido de fútbol.
Die Sendungen ***beginnen** (begann, hat begonnen) ↔ **enden** um 12 Uhr.	La emisión empieza ↔ (se) cierra a las 12.
Radio hören	escuchar / oír la radio
***fernsehen** (sieht fern, sah fern, hat ferngesehen) / **fernschauen** *ugs.*	ver la televisión
Fernseh *gucken *ugs.*	ver la televisión
glotzen *ugs.* / vor der Glotze sitzen (saß, hat gesessen) *ugs.*	estar sentado delante de la caja tonta

r **Hörer**, - // e **Hörerin**, -nen / r Rundfunkhörer	el // la oyente / radioyente
r **Zuschauer**, - // e **Zuschauerin**, -nen / r Fernsehzuschauer	espectador // espectadora / telespectador
e **Fernbedienung**, -en	telemando
zappen ['zɛpn] / zwischen den Programmen hin und her schalten	zapear / cambiar de un canal a otro
Was gibt es heute Abend im Fernsehen?	¿Qué ponen esta noche en la tele(visión)?
Nachrichten / e Nachrichtensendung, -en	noticias / telediario, LAm noticioso

Programas

r Fernsehfilm, -e	película, telefilme
*r *Krimi, -s*	película policiaca, de suspense
s Fernsehspiel, -e	juego televisivo
e Sondersendung, -en	programa especial
e Fernsehserie, -n	serie televisiva
e beliebte Fernsehserie	serie televisiva de gran audiencia
r Pilotfilm (einer Fernsehserie)	primer episodio (de una serie televisiva)
e Seifenoper, -n	serie, culebrón
e Sitcom	comedia de situación
e Familienserie, -n	serie familiar
e Kindersendung, -en / s Kinderprogramm, -e	programa infantil / canal infantil, programación infantil
s Schulfernsehen	televisión escolar
e Sportsendung, -en	programa deportivo
e Unterhaltungssendung, -en	programa de entretenimiento
e Talkshow, -s ['tɔ:kʃo:]	programa de entrevistas
e Rate- / Quizsendung, -en	concurso
e Sondermeldung, -en	noticia de última hora
r Dokumentarfilm, -e	documental
r Werbespot, -s	anuncio / LAm aviso

s ***Studio**, -s	estudio
e **Ansage**, -n	anuncio
e Wiederholung, -en	repetición, reposición
e Einblendung, -en	información / aununcio superpuesto
r **Ansager**, - // e **Ansagerin**, -nen	locutor // locutora
r ***Sprecher**, - // e **Sprecherin**, -nen / r Nachrichtensprecher	locutor // locutora / presentador del telediario
r **Moderator**, -en // e **Moderatorin**, -nen	presentador // presentadora
r **Kommentator**, -en // e **Kommentatorin**, -nen	el // la comentarista

r **Talkmaster**, - ['tɔ:kma:stɐ] // e **Talkmasterin**, -nen	presentador // presentadora
r (Film-) **Produzent**, -en // e **Produzentin**, -nen	productor // productora de una película

Telefon und Fax
Teléfono y fax

s ***Telefon**, -e [*auch* 'te:ləfo:n] / r ***Apparat**, -e / r Telefonapparat	teléfono / aparato de teléfono
ein **schnurloses** Telefon	teléfono inalámbrico
Es klingelt.	Están llamando / Está sonando el teléfono.
Es läutet. *schweiz.*	Están llamando. / Está sonando el teléfono.
Kannst du bitte ans Telefon / an den Apparat gehen? / Gehst du mal hin, bitte.	Por favor, ¿puedes coger tú el teléfono / contestar tú? / ¿Vas tú, por favor?
r Mobilfunk	teléfono móvil / LAm celular
s ***Handy**, -s ['hɛndi] / s Mobiltelefon, -e	móvil / LAm celular
Hallo. Hören Sie mich (noch)? / Hallo, sind Sie noch dran?	Hola. ¿Me oye todavía? / Hola, ¿está usted todavía ahí?
Hallo? Die Verbindung ist so schlecht. Ich rufe nochmal an.	¿Hola? La línea / conexión es muy mala. Te llamo otra vez.
s Funktelefon, -e	teléfono vía satélite
e **SMS** / e **SMS-Nachricht**, -en	mensaje del móvil
Schick mir einfach eine SMS!	¡Mándame simplemente un mensaje con el móvil!
r **Telefonanschluss**, ⸚e	línea telefónica
r ISDN-Anschluss, ⸚e / r Internetanschluss, ⸚e	conexión de Internet
r (Telefon-)***Kunde**, -n // e **Kundin**, -nen	abonado // abonada (de una compañía telefónica)
r ***Anruf**, -e / s **Telefonat**, -e / s **Telefongespräch**, -e	llamada / llamada telefónica
Herr Ludwig, ein Anruf für Sie.	Sr Ludwig, una llamada para usted.
Ich warte auf einen **dringenden** Anruf.	Estoy esperando una llamada urgente.
r **Anrufer**, - // e **Anruferin**, -nen	usuario // usuaria (del teléfono)

Al teléfono

Hier (bei) Kollar.	Aquí es la casa de los Kollar.
Guten Tag, Herr Kollar. Hier ist Peter Frank.	Buenos días / Buenas tardes, señor Kollar. Soy Peter Frank.
(Hier) Kellermann. Kann ich Ihnen helfen?	Kellerman al aparato. ¿Puedo ayudarle (en algo)?
Rolf Junker, guten Morgen.	Rolf Junker al aparato, buenos días.
Hallo, hier spricht Chris. Ist Carola da?	Hola, soy Chris. ¿Está Carola?
Ja, einen Moment bitte. Ich hole sie.	Sí, un momento, por favor. Voy a buscarla / llamarla.
Nein, kann sie dich zurückrufen?	No, ¿te puede llamar ella (más tarde)?
Schlecht, aber kann ich ihr eine Nachricht hinterlassen?	Es difícil, pero ¿le puedo dejar un recado?
Guten Tag, könnte ich bitte mit Frau Weiß sprechen?	Buenos días / Buenas tardes, ¿podría hablar, por favor, con la señora Weiss?
Gerne, ich verbinde Sie.	Por supuesto, le pongo con ella.
Am Apparat. Was kann ich für Sie tun?	Soy yo. ¿Qué puedo hacer por usted?
Einen Augenblick, ich verbinde.	Un momento, le paso.
Bleiben Sie bitte am Apparat.	Por favor, no se retire.
Einen Moment bitte … Frau Weiß, Sie werden am Telefon verlangt.	Un momento, por favor … señora Weiss, alguien pregunta por usted al teléfono.
Tut mir Leid, sie ist nicht da.	Lo siento, no está aquí.
Ist da die Firma Siemens?	¿Es ahí la empresa Siemens?
Nein, hier ist Schwarz. Sie sind falsch verbunden. / Sie haben sich wohl verwählt.	No, aquí es Schwarz. Se ha equivocado de número. / Se ha equivocado al marcar.
Guten Tag. Ich rufe an wegen … /	Buenos días / Buenas tardes. Llamo por … /
Ich habe folgendes Problem: … / Und zwar geht es darum, …	Tengo el siguiente problema: … / Y se trata precisamente de …
Mit wem spreche ich bitte?	Por favor, ¿con quién estoy hablando?
Wie war (doch gleich) Ihr Name?	¿Cómo era (otra vez) su nombre?
Habe ich Ihren Namen richtig verstanden: Sabine Schäfer?	¿He entendido bien su nombre: Sabine Schäfer?

ein Telefongespräch führen	hacer una llamada telefónica
jn ***anrufen** (rief an, hat angerufen) / ***telefonieren** (mit)	llamar a alg / llamar a alg por teléfono
Ruf mich doch mal an.	Llámame de vez en cuando.

Hat jemand für mich angerufen?	¿Me ha llamado alguien?
Kann ich mal kurz telefonieren? – Gern.	¿Puedo llamar un momento por teléfono? – Claro.
Mit wem hast du denn so lange telefoniert?	¿Con quién has estado hablando tanto tiempo por teléfono?
Gib mir mal das Telefon bitte.	Por favor, pásame el teléfono.
Bitte lass mich mal kurz mit ihm sprechen.	Por favor, déjame hablar un momento con él.
***zurückrufen** (rief zurück, hat zurückgerufen)	devolver la llamada
Bitte rufen Sie mich unter (der Telefonnummer) 333 444 zurück.	Por favor, llámeme al (número) 333 444.
Rufen Sie mich bitte in einer Stunde wieder an.	Por favor, vuelva a llamarme dentro de una hora.
den Hörer ***abnehmen** (nimmt ab, nahm ab, hat abgenommen) ↔ **auflegen** / **einhängen**	levantar / coger el auricular / descolgar ↔ colgar
abheben ↔ auflegen *österr.*	levantar / coger el auricular / descolgar ↔ colgar
***sich melden** (mit + [Name])	contestar [el teléfono] (con + [el nombre])
Es hat sich niemand gemeldet.	No ha contestado nadie.
Entschuldigung, ich muss das Gespräch kurz **unterbrechen**. (unterbricht, unterbrach, hat unterbrochen)	Disculpe, tengo que interrumpir un momento la conversación.
Entschuldigung, ich muss den Hörer kurz **weglegen**.	Lo siento, tengo que dejar un momento el auricular.

Finalizar una llamada telefónica

Wir müssen jetzt langsam Schluss machen.	Tenemos que ir acabando.
Ich muss jetzt leider Schluss machen!	Lo siento, pero tengo que cortar ahora.
Können wir bitte Schluss machen, ich erwarte nämlich einen Anruf.	Por favor, ¿podemos cortar ya? Es que estoy esperando una llamada.
Entschuldigen Sie, ich habe gleich einen wichtigen Termin.	Disculpe, tengo dentro de unos minutos una cita importante.
Wir hören dann wieder voneinander.	Nos volvemos a llamar.
Vielen Dank für Ihren Anruf.	Muchas gracias por su llamada.
(Auf) Wiederhören!	¡Adiós!

e **Telefonnummer**, -n / e Faxnummer	número de teléfono / de fax
Die Rufnummer des Teilnehmers hat sich geändert.	El número del abonado ha cambiado.
Kein Anschluss unter dieser Nummer.	El número no existe.
eine Nummer ***wählen**	marcar un número
Die Nummer steht im Telefonbuch.	El número está en la guía.

e ***Vorwahl**(nummer)	prefijo
Wie ist Ihre Vorwahl?	¿Cómo es su prefijo?
e **Durchwahl** / e Durchwahlnummer, -n	extensión / número de extensión
Können Sie mich bitte mit Direktor Schulze verbinden? – Da ist gerade besetzt. Ich gebe Ihnen seine Durchwahl: 365.	¿Me puede poner, por favor, con el director Schulze? – Ahora está comunicando. Le doy el número de su extensión: 365.
Es ist gerade ***besetzt** ↔ ***frei**.	Está comunicando ↔ sonando.
Es ist ständig besetzt. Ich probiere es später nochmal.	Está siempre comunicando. Probaré otra vez más tarde.
s **Freizeichen** ↔ s Besetztzeichen	señal de libre ↔ señal de comunicando
r Wählton / r Rufton	tono / señal
Kann ich Sie zurückrufen? – Ja, und zwar unter folgender Nummer: 734…	¿Lo puedo llamar yo / más tarde? – Sí, y al siguiente número: 734…
s ***Fax**(gerät), -e	fax
ein Fax ***bekommen** (bekam, hat bekommen) ↔ **faxen** / ein Fax ***schicken**	recibir ↔ enviar un fax
Haben Sie unser Fax nicht erhalten?	¿No han recibido nuestro fax?
Könnten Sie es per Fax schicken?	¿Lo puede enviar por fax?
Ich gebe Ihnen meine Faxnummer.	Le voy a dar mi número de fax.
Kann ich Ihnen gleich unser Angebot (durch-)faxen?	¿Les puedo enviar en seguida nuestra oferta por fax?
r ***Anrufbeantworter**, -	contestador automático
den Anrufbeantworter ***einschalten** ↔ ***ausschalten**	conectar ↔ desconectar el contestador automático
auf den Anrufbeantworter ***sprechen** (spricht, sprach, hat gesprochen)	dejar un mensaje en el contestador automático
eine ***Nachricht hinterlassen**	dejar un mensaje
den Anrufbeantworter / die Nachrichten **abhören**	escuchar el contestador automático / los mensajes
Hier ist der Anschluss von Petra Keller. Sprechen Sie bitte nach dem Signalton.	Éste es el teléfono de Petra Kellers. Por favor, deje su mensaje después de la señal.
e Basisstation, -en	teléfono principal / central
s Ladegerät, -e	(re)cargador
r Stecker, -	enchufe
s **Telefonkabel**, -	cable del teléfono
s **Telefonnetz**, -e	red telefónica
e **Telefonleitung**, -en	línea telefónica
Ich kann Sie kaum verstehen. Die Verbindung ist so schlecht.	No la puedo entender bien. La línea / conexión es muy mala.
Das Festnetz ist mal wieder **überlastet**. Ich bekomme einfach keine freie Leitung.	La red telefónica / Las líneas está(n) otra vez saturadas. No consigo ninguna línea libre. / No engancha.

Das Festnetz ist **zusammengebrochen**.	La red telefónica está colapsada.
Die Leitung ist ***tot**.	No hay línea.
Unser Telefon ist **gestört**.	Nuestro teléfono está estropeado.
s ***Telefonbuch**, ¨-er	guía telefónica
die **Gelben Seiten** *Pl* / s Branchenverzeichnis, -se	las páginas amarillas / índice por profesiones
e (Telefon-) ***Auskunft**	información (telefónica)
e Inlands- / Auslandsauskunft	información nacional / internacional
e **Telefongebühr**, -en	tarifa telefónica
r ***Tarif**, -e / r Ortstarif	tarifa / tarifa local
e (monatliche) Grundgebühr, -en	tarifa mínima (mensual)
e **Einheit**, -en	unidad / paso
s Ortsgespräch, -e / s Ferngespräch, -e	llamada local / conferencia
e gebührenfreie ↔ gebührenpflichtige Nummer	número gratuito ↔ número con recargo
einen Telefonanschluss *beantragen / einrichten lassen	solicitar una línea telefónica
s Servicetelefon, -e / e Hotline, -s	servicio telefónico / hot line
e Servicenummer, -n	número de un servicio telefónico
e (Telefon-)**Zentrale** / e Vermittlung	centralita
e Nebenstelle, -n	extensión
e ***Telefonzelle**, -n / e **Telefonsäule**, -n	cabina teléfónica / poste telefónico
e Telefonkabine, -n *schweiz.*	cabina teléfónica
s Münztelefon, -e / s Kartentelefon, -e	teléfono de monedas / de tarjeta
e ***Telefonkarte**, -n	tarjeta telefónica
e Telefonwertkarte, -n *österr.* / e Taxcard *schweiz.*	tarjeta telefónica
Bitte eine Telefonkarte zu 10 Euro.	Por favor, una tarjeta telefónica de 10 euros.
Bitte die Telefonkarte mit 10 Euro aufladen.	Por favor, recargue la tarjeta telefónica con 10 euros.

Interjecciones al teléfono

Was?	¿Qué?
Ja?	¿Sí?
So?	Ah, ¿sí?
Wirklich?	¿De verdad?
**Sicher.*	Seguro.
Aha.	Ajá.
**Ach so.*	Ah, ya.
Naja.	Bueno (,no lo sé).
**Bitte? / Wie bitte?*	¿Cómo?
*Na *klar.*	Claro.

Computer, Internet und E-Mail
Ordenador, Internet y correo electrónico

r ***Computer**, - [kɔmpju:tɐ] / r PC, -s [pe:ˈtse:] / r **Rechner**, -	ordenador / LAm computador / LAm computadora
am Computer arbeiten	trabajar en el ordenador
Tag und Nacht sitzt er vor dem Computer.	Día y noche está sentado delante del ordenador.
r **Laptop**, -s [ˈlɛptɔp] / s **Notebook**, -s [ˈno:tbʊk]	ordenador portátil / agenda electrónica, ordenador de bolsillo
ein guter / schneller / leistungsstarker Rechner	un ordenador bueno / rápido / potente
den Computer (neu) starten / hochfahren ↔ herunterfahren	encerder (de nuevo) ↔ apagar el ordenador
Programme installieren ↔ löschen	instalar ↔ borrar un programa
s **Rechenzentrum**, - zentren	centro informático
r **Benutzer**, - // e **Benutzerin**, -nen / r **Anwender**, - // e **Anwenderin**, -nen	usuario // usuaria
Daten *Pl*	datos
e elektronische Datenverarbeitung / EDV	procesamiento electrónico de datos
Daten **eingeben** (gibt ein, gab ein, hat eingegeben) / ***speichern** / (wieder) **abrufen** (rief ab, hat abgerufen)	introducir / almacenar / recuperar datos
herunterladen / downloaden	bajar / descargar

Conjugación de verbos extranjeros

Muchos verbos extranjeros entran en el alemán con la terminación *-ieren*, por ejemplo *fotokopieren*, y son conjugados como verbos regulares:
ich fotokopier -e, er fotokopier -t, sie fotokopier -en.

Pero desde finales de los años 90, con el aumento de la popularidad de la informática y los nuevos medios de comunicación, los términos ingleses son adoptados directamente y tienen la terminación *-en*. Estos verbos tienen también terminaciones regulares:

downloaden [ˈdaʊnlo:dn̩] *(er loadet down / downloadet, hat downgeloadet)*
faxen [ˈfaksn̩] *(er faxt, hat gefaxt)*
mailen [ˈme:lən] *(er mailt, hat gemailt)*
surfen [ˈzø:ɐ̯fn̩, ˈzœrfn̩] *(er surft, hat gesurft)*

Si no está seguro de cómo se conjugan estos préstamos lingüísticos, consulte su diccionario o la gramática del Duden Verlag en Internet.

r Datenbestand, ¨-e	base de datos
e **Datenbank**, ¨-e	banco de datos
Daten sichern / (ab)speichern	archivar / grabar / almacenar

r **Datenschutz**	protección de datos
r / e Datenschutzbeauftragte, -n der Bundesregierung	Comisionado Federal para la Protección de Datos
s Datenschutzgesetz	Ley para la Protección de Datos
r Gläserne Mensch	[= los datos de cada individuo están almacenados en algún lugar]

Ordenador-Hardware

e Zentraleinheit, -en	procesador
*r *Bildschirm, -e / r Flachbildschirm, -e* / r *Monitor, -e	pantalla / pantalla plana / monitor
*e *Festplatte, -n*	disco duro
r Speicher, -	memoria
r Zusatzspeicher, -	memoria adicional
r Prozessor, -en	procesador
*s *Laufwerk, -e*	lector
r Zip-Drive	disquete de gran capacidad
*e *Diskette, -n*	disquete
*e *CD-ROM, -s*	CD-ROM
e DVD, -s	DVD
r CD- / DVD-Brenner, -	grabador(a) de CD / DVD
e Videokamera, -s	cámara de vídeo
*e *Tastatur, -en*	teclado
*e *Taste, -n / e Funktionstaste*	tecla / tecla de función
*e *Maus, ¨-e*	ratón
s Mauspad, -s ['mausped]	alfombrilla para el ratón
s Verbindungskabel, -	cable de conexión / empalme
s Netzteil, -e	transformador
r Akku, -s	pila
*r *Stecker, -*	enchufe
e Schnittstelle, -n	interfaz / interface
*r *Drucker, - / r Tintenstrahldrucker /* r Laserdrucker	impresora / impresora de tinta / impresora de láser
r Scanner, - ['skɛnɐ]	escáner
s (interne ↔ externe) Modem, -s	módem (interno ↔ externo)

e **Hardware** ['ha:ɐ̯tvɛ:ɐ̯]	hardware / soporte físico
e ***Software** ['zɔftvɛ:ɐ̯]	software / soporte lógico
e Freeware ['fri:vɛ:ɐ̯] ↔ e ***kommerzielle** Software	programa gratis /de código abierto ↔ programa de uso comercial
s Handbuch, ¨-er	manual
die Hotline ['hɔtlain]anrufen	llamar a un servicio telefónico
s **Betriebssystem**, -e	sistema operativo
s **Verzeichnis**, -se	directorio
r **Ordner**, -	carpeta
(neu) **hinzufügen** ↔ **löschen**	insertar ↔ borrar
s ***Fenster**, -	ventana

s ***Menü**	menú
das Menü ***öffnen** ↔ ***schließen** (schloss, hat geschlossen)	abrir ↔ cerrar el menú
verkleinern ↔ ***vergrößern**	reducir ↔ aumentar
programmieren	programar
r Programmierer, - // e Programmiererin, -nen	programador // programadora
s ***Programm**, -e	programa
benutzerfreundlich	de fácil manejo para el usuario
laden / **herunterladen** (lädt herunter, lud herunter, hat heruntergeladen)	subir, cargar / bajar, descargar
installieren ↔ deinstallieren [deɪnstaˈliːrən]	instalar ↔ desinstalar
ein Programm laufen lassen	encender / activar un programa
e **Anwendung**, -en	aplicación
s Textverarbeitungsprogramm, -e	programa de peocesamiento / tratamiento de textos
einen *Text eingeben (gibt ein, gab ein, hat eingegeben)	introducir un texto
e Tabellenkalkulation	cálculo con tablas
ein Bild einscannen [ˈai̯nskɛnən]	escanear una foto
e ***Datei**, -en	fichero / archivo

Usted puede hacer con un fichero / archivo lo siguiente:

erstellen	crear
überarbeiten	actualizar
**öffnen ↔ *schließen*	abrir ↔ cerrar
abspeichern	almacenar
*auf Diskette *speichern*	almacenar en un disquete
löschen	borrar
**kopieren*	copiar
komprimieren ↔ dekomprimieren	comprimir ↔ descomprimir
zippen ↔ entzippen	codificar ↔ de(s)codificar
übermitteln / versenden	transmitir / enviar
herunterladen	bajar / descargar
**drucken / ausdrucken*	imprimir

s **Computernetz**, -e	red de ordenadores
r Netzbetreiber, - / r **Server**, - [ˈsœːʌə]	servidor
vernetzt sein	estar conectado a la red
s ***Internet** / s **World-Wide-Web** [ˈvøːɐ̯ltˈvai̯tˈvɛp *auch* ˈvœrlt--] / s **Netz**	Internet / malla, telaraña mundial / red
e **Einwahl** / e **Anwahl** ↔ e **Abwahl**	conexión por línea conmutada ↔ desconexión
sich ins Internet **einwählen** / ins Internet gehen	entrar en Internet

sich im Internet **einloggen** ↔ aus dem Internet **ausloggen**	conectarse a ↔ desconectarse de la red / Internet
Bist du online (-offline)? ['ɔnlai̯n]– Ja, ich bin drin! *ugs.*	¿Estás conectado / en línea (-desconectado)? – Sí, lo estoy.
Das Netz ist **überlastet**. Ich komme nicht rein.	La red está saturada. No puedo acceder.
Ich bin aus dem Netz geflogen / rausgeflogen.	Se ha cortado la conexión.
im Internet sein	estar en Internet
im Internet **surfen** ['zø:ɐ̯fn *auch* 'zœrfn]	navegar / (surfear) en / por Internet
im Internet einzelne Seiten **aufrufen** / *anschauen	abrir / mirar algunas páginas de Internet
Daten aus dem Internet ***herunterladen** / **downloaden** ['dau̯nlo:dn̩] / ***kopieren**	bajar, descargar / copiar datos de Internet
r / e (Internet-)Anwender, - / r User, - ['ju:zɐ]	usuario (de Internet)
s **Intranet**	Intranet
s **Passwort**, ¨-er	contraseña / palabra de acceso
e PIN, -s / r PIN-Code ['pɪnko:t]	PIN (número de identificación personal) / clave del PIN
das Passwort **eingeben** (gibt ein, gab ein, hat eingegeben) / ***ändern**	introducir / cambiar la contraseña

En Internet

surfen	navegar / (surfear)
e Suchmaschine, -n	buscador
r Link, -s	enlace / vínculo / link
**klicken / anklicken*	pulsar
e Web-Seite, -n	página web
e Homepage, -s	página inicial / página-hogar
r Chat-Room, -s	sala de chat / para chatear
chatten	chatear

Las palabras del mundo informático se pronuncian generalmente como en inglés, por ejemplo *surfen* ['zø:ɐ̯fn̩, 'zœrfn]o *chatten* ['tʃɛtn], pero los verbos siempre están conjugados como los alemanes: *er surft / chattet; er hat gesurft / gechattet.*

e ***E-Mail**, -s ['i:me:l]	mensaje (electrónico) / emilio / e-mail
e E-Mail-Adresse, -n	dirección electrónica
@ / at [ɛt] / r Klammeraffe *ugs.*	arroba
Wie ist Ihre E-Mail-Adresse?	¿Cuál es tu dirección electrónica?
eine E-Mail **beantworten** / **weiterleiten** / **löschen**	contestar / reenviar / borrar un mensaje
eine E-Mail **empfangen** / erhalten	recibir un mensaje (electrónico)
mailen	enviar mensajes electrónicos

eine E-Mail ***senden** / ***schicken** / **verschicken**	enviar un mensaje (electrónico)
e ***Anlage**, -n	anexo / (documento) adjunto
Ich schicke Ihnen die Datei gleich als Anlage in einer E-Mail.	Le mando el archivo como anexo del mensaje.

Lo que usted hace en el ordenador

*eine *Taste *drücken / gedrückt lassen ↔ loslassen*	pulsar / dejar pulsada ↔ soltar una tecla
**einschalten ↔ *ausschalten*	encender ↔ apagar
die Diskette einlegen ↔ herausnehmen	insertar / meter ↔ sacar el disquete
*den *Stecker hineinstecken ↔ herausziehen*	enchufar ↔ desenchufar
*etw *einstellen / verstellen*	ajustar algo
anschließen ↔ unterbrechen	conectar ↔ desconectar

r Kopierschutz	protección antipirateo
r **Hacker**, - ['hɛkɐ] // e Hackerin, -nen	el // la pirata informático / -a
r **Virus** ['vi:rʊs], Viren	virus
Mein Computer ist abgestürzt.	Mi ordenador se ha bloqueado.

Briefe und Post
Cartas y correo

e ***Post** / s **Postamt**, ⸚er	correo, (oficina de) correos
bei der Post arbeiten	trabajar en correos
r **Postmitarbeiter**, - // e **Postmitarbeiterin**, -nen	empleado // empleada de correos
r / e **Postangestellte**, -n	empleado de correos
s **Postfach**, ⸚er	apartado de correos / LAm casilla de correos
e Schalterhalle, -n	sala de ventanillas
r ***Schalter**, -	ventanilla
Gehen Sie zum Abholschalter da drüben bitte.	Por favor, vaya usted allí a la ventanilla de recogidas.
s **Porto** / Postgebühren *Pl*	franqueo / tarifa postal
***wiegen** (wog, hat gewogen)	pesar
Können Sie bitte den Brief wiegen. Stimmt das Porto?	¿Puede, por favor, pesar la carta? ¿Están bien los sellos [el franqueo]?
e (Brief-)Waage, -n	peso (para cartas)
e ***Briefmarke**, -n / e Sondermarke, -n	sello / LAm estampilla / sello especial
eine Briefmarke auf den Brief ***kleben** / einen Brief frankieren	pegar un sello en una carta / franquear una carta
Briefmarken sammeln	coleccionar sellos
r ***Briefkasten**, ⸚en	buzón

einen Brief einwerfen	echar una carta
Wirfst du bitte den Brief für mich in den Briefkasten?	¿Me puedes echar la carta al buzón?
Schau mal in den Briefkasten, ob was da ist.	Mira en el buzón a ver si hay algo.
Ich gehe mal kurz runter **den Briefkasten leeren**.	Voy a bajar un momento a vaciar el buzón .

> En Alemania, Austria y Suiza todo lo que tiene que ver con correos es amarillo: las furgonetas, los buzones (*Briefkästen*), etc.
> También hay servicios privados de correo y de envío de paquetes.

r ***Brief**, -e	carta
per Post / mit der Post ***schicken**	enviar por correo
zur Post gehen (ging, ist gegangen)	ir a correos
den Brief auf die / **zur Post** ***bringen** (brachte, hat gebracht) ↔ **von der Post** ***abholen** / ***holen**	llevar una carta a correos ↔ recoger una carta de correos
einen Brief ***aufgeben** (gibt auf, gab auf, hat aufgegeben) / **abschicken** / **verschicken**	enviar / mandar una carta
einen Brief **stempeln**	poner el matasellos a una carta
Der Brief wurde in Berlin abgestempelt / aufgegeben.	El matasellos de la carta es de Berlín. / La carta fue enviada desde Berlín.
r ***Empfänger**, - // e **Empfängerin**, -nen ↔ r ***Absender**, - // e **Absenderin**, -nen	destinatario // destinataria ↔ el // la remitente
e ***Adresse**, -n	dirección
r Adressaufkleber, -	pegatina con la dirección
e ***Postleitzahl**, -en	código postal
Wie ist die Postleitzahl?	¿Cuál es el código postal?
r ***Briefumschlag**, ¨-e / s Kuvert, -s *österr.* / s Couvert, -s *schweiz.*	sobre
r Freiumschlag, ¨-e	sobre franqueado
Hilfst du mir die Briefe fertig machen? Sie müssen noch in den Umschlag gesteckt und beschriftet / adressiert werden.	¿Me ayudas a terminar estas cartas? Todavía hay que meterlas en los sobres y ponerles la dirección.
den Brief **zukleben**	cerrar la carta

Direcciones en el sobre

Las direcciones en los países de habla alemana se escriben así:
1ª línea: nombre
2ª línea: calle
3ª línea: A (para Austria) código postal, ciudad
(4ª línea: país)

Es obligatorio escribir el remite en el sobre, ya sea en la parte superior izquierda delantera o en el centro superior de la parte de atrás.

e ***Pọstkarte**, -n	(tarjeta) postal
s Telegramm, -e	telegrama
e Waren- / Büchersendung, -en	envío de mercancías / de libros
e Infopost	información por correo
e Postwurfsendung, -en / e Werbesendung, -en	envío postal colectivo / propaganda
s ***Paket**, -e	paquete / LAm encomienda / LAm recomendado
s ***Pạ̈ckchen**, - / s Packerl, - *österr.*	paquete pequeño
Was ist billiger? Brief oder Päckchen?	¿Cómo es más barato? ¿Como carta o como paquete?
per Express	urgente
mit / per *Lụftpost schịcken	enviar por avión / por vía aérea
auf dem Luftweg / Landweg / Seeweg	por avión / por tierra / por mar
s ***Einschreiben**, -	carta certificada
e Nachnahme, -n	reembolso
r Wertbrief, -e	carta con valor declarado
internationaler Antwortschein	bono de respuesta / cupón internacional
e Postanweisung, -en	giro postal
pọstlagernd	lista de correos

En correos

Was kostet dieser Brief in die Schweiz per Luftpost bitte?	Por favor, ¿cuánto cuesta esta carta a Suiza por vía aérea?
Ich möchte das Einschreiben abholen.	Me gustaría recoger la carta certificada.
Gehen Sie zu Schalter 4.	Vaya a la ventanilla 4.
Haben Sie Ihren Ausweis dabei?	¿Tiene usted su documento de identidad?
Füllen Sie bitte die Paketkarte aus und unterschreiben Sie da.	Por favor, rellene la tarjeta para el paquete y firme aquí.
Da fehlt noch der Absender.	Falta el remite.

r ***Briefträger**, - // e **Briefträgerin**, -nen / r **Postbote**, -n // e **Postbotin**, -nen / r (Post-)**Zusteller**, - // e **Zustellerin**, -nen / r Pöstler, - *schweiz.* — cartero // cartera

Ist Post für mich da? — ¿Hay correo para mí?

Schau mal nach, ob die Post schon da war. — Mira a ver si ya ha llegado el correo.

Ist das ***Schreiben** vom Finanzamt endlich da? — ¿Ha llegado ya por fin la carta de Hacienda?

Das Paket ist **verloren gegangen**. Könnten Sie bitte nachforschen, was passiert ist? — El paquete se ha perdido. ¿Podría usted, por favor, ver qué ha pasado?

Dieser Brief war zehn Tage ***unterwegs**. — Esta carta ha tardado diez días.

Der Brief konnte nicht zugestellt werden. — La carta no pudo ser entregada.

r Nachsendeantrag, ⸚e — solicitud para que se envíe el correo a una nueva dirección

e Nachsendeanschrift — dirección nueva

Bitte **nachsenden**! — ¡Por favor, enviar a la nueva dirección!

Falls unzustellbar, bitte zurück an Absender. — En caso de no encontrarse al destinatario, devuélvase al remitente.

Gebühr bezahlt Empfänger — envio contra reembolso

Korrespondenz
Correspondencia

e **Korrespondenz** / r **Schriftverkehr** — correspondencia

***schriftlich** — por escrito

Wir verkehren nur noch schriftlich miteinander. — Sólo nos comunicamos por escrito.

etw schriftlich festhalten — poner algo por escrito

***schreiben** (schrieb, hat geschrieben) — escribir

schreiben an (+*A*) — escribir a

schreiben mit — escribir con

***falsch** ↔ ***richtig** schreiben — escribir correctamente ↔ incorrectamente

Schreiben Sie den Brief bitte **auf Spanisch**. — Por favor, escriba la carta en español.

s ***Schreiben**, - / s Schriftstück, -e — carta / escrito / documento

ein **amtliches** / **vertrauliches** Schreiben — una carta oficial / confidencial

Das Schreiben muss noch heute raus / rausgeschickt werden. — Hay que enviar la carta hoy mismo.

aufsetzen / einen **Entwurf** machen	redactar / hacer un borrador
e schöne / leserliche ↔ unleserliche / krakelige ***Schrift**	letra bonita / legible ↔ ilegible / garrapatosa
***korrigieren** / gegenlesen (lassen)	corregir / dar a leer a alg para que lo corrija
Bitte legen Sie mir das Schreiben gleich zur Unterschrift vor.	Por favor, entrégueme inmediatamente la carta para firmarla.
***unterschreiben** (unterschrieb, hat unterschrieben) / unterzeichnen	firmar
Bitte unterschreiben Sie hier mit Ihrem vollem Namen.	Por favor, firme usted aquí con su nombre completo.
abzeichnen	firmar
e Kopie, -n	copia
r ***Brief**, -e	carta
s Briefformat, -e	formato de la carta

Ejemplo de una carta de negocios

Martin Müller
Einsteinstr. 55
D-75201 Stuttgart
Tel. 0711 – 33 44 55

Firma Selters
Winterburger Landstraße 124
CH-4530 St. Gallen

	Stuttgart, den 20. November 2004 / 20.11.2004
Ihr Schreiben vom 11. November 2002	(ref) Su carta del 11 de noviembre de 2004
[salutación]	
Sehr geehrte Damen und Herren,	Muy señores míos:
Sehr geehrter Herr Rappo / Sehr geehrte Frau Rappo,	Estimado Sr. Rappo / Estimada Sr. Rappo:
[posibles oraciones introductorias]	
vielen Dank für Ihr Schreiben vom 11.11.2004.	Muchas gracias por su carta del 11-11-2004.
wir teilen Ihnen hiermit mit …	Le comunicamos con la presente …
ich wende mich an Sie mit der Bitte, …	Me dirijo a usted para pedirle …
ich beziehe mich auf unser Telefongespräch vom 11.11.04.	Me dirijo a usted de acuerdo con nuestra conversación telefónica del 11-11-04.

wir freuen uns, Ihnen mitteilen zu können, dass …	Nos alegramos de poderle comunicar que …
wir bedauern sehr, Ihnen heute mitteilen zu müssen, dass …	Sentimos mucho tenerle que comunicar hoy que …
hiermit / mit diesem Schreiben bitten wir Sie um …	Con la presente le rogamos que …
[oraciones para terminar]	
Für Ihre Bemühungen vielen Dank im Voraus.	Le agradezco por adelantado su esfuerzo.
Wir hoffen, bald von Ihnen zu hören.	Esperamos tener pronto noticias suyas.
Wir bitten um Ihr Verständnis.	Esperamos que lo comprenda.
Mit bestem Dank für Ihre Bemühungen.	Agradeciéndole su esfuerzo …
Frau Raez wird sich in den nächsten Tagen mit Ihnen in Verbindung setzen.	En los próximos días la señora Raez se pondrá en contacto con usted.
Ich freue mich auf unser nächstes Treffen und verbleibe bis dahin (siguiente línea) *mit freundlichen Grüßen*	Me alegro de nuestro próximo encuentro, y hasta entonces se despide muy atentamente
[despedidas finales]	
Mit freundlichen Grüßen	Muy atentamente
Beste Grüße	Los mejores deseos
(firma)	
PS (Postskript(um)):	PS (postdata)
**Anlage(n)*	Anexo

s ***Angebot**, -e	oferta
Wir machen ihnen ein besonders günstiges Angebot.	Le hacemos una oferta especialmente buena.
e **Bestellung**, -en	pedido
e Bestätigung, -en	confirmación
e **Reklamation**, -en / e Beschwerde, -n	reclamación / queja
e Rechnung, -en	factura
e **Kurznotiz**, -en / s Memo, -s	nota
r **Kurzbrief**, -e	carta corta, nota
e Einladung, -en	invitación
e **Zusage**, -n ↔ e **Absage**, -n	aceptación ↔ rechazo, negativa
e **Anfrage**, -n	pregunta, demanda
e ***Antwort**, -en	respuesta / contestación
Bitte antworten Sie mir ***möglichst** bald.	Por favor, contésteme usted lo antes posible.

e ***Bewẹrbung**, -en / s Bewerbungsschreiben, -	solicitud / carta de solicitud
e **Kụndigung**, -en	despido (de un trabajo)
e E-Mail, -s	mensaje (electrónico), e-mail, emilio
s Fax, -e	fax

Abreviaturas

*Fa. / *Fịrma*	co. / compañía
i.A. / im Auftrag	por encargo (de)
z.Zt. / zur Zeit	en este momento
bzw. / beziehungsweise	o / respectivamente
z.Hd. / zu Händen / zu Handen (österr.)	a la atención de / para entregar a
ggf. / gegebenenfalls	si se diera el caso
*etw. / *ẹtwas*	algo
dt. / deutsch	alemán
*evtl. / *eventuẹll*	en caso necesario
o.Ä. / oder Ähnliches	o similar
u.a. / unter anderem	entre otras cosas
etc. / et cetera	etc / etcétera
usw. / und so weiter	etc / etcétera
z.B. / zum Beispiel	e.j. / por ejemplo
b.w. / bitte wenden	v.V.l.h. / al dorso
u.A.w.g. / um Antwort wird gebeten	Se ruega respondan.
ca. / circa	alrededor de
vgl. / vergleiche	compare
s.u. / siehe unten	véase (más) abajo
s.o. / siehe oben	véase (más) arriba
am 10. d.M. / dieses Monats	el 10 de este mes

19 Wirtschaft und Geschäftsleben
Economía y vida de negocios

Unternehmen und ihre Organisation
Empresas y su organización

s **Unternehmen**, -	empresa
Er arbeitet für ein führendes Unternehmen in der Computerbranche.	Trabaja en una empresa líder del ramo de la informática.
e Unternehmensführung, -en	gestión de empresas
r **Unternehmer**, - // e **Unternehmerin**, -nen	empresario // empresaria
r / e **Industrielle**, -n	industrial
r **Firmensitz**, -e	domicilio social de una empresa
e **Hauptverwaltung**, -en	administración / oficina central
e **Niederlassung**, -en	sucursal
e **Filiale**, -n / e Zweigstelle, -n	filial / sucursal / delegación

s Unternehmen, -	empresa
*e *Firma, Firmen*	empresa
r Konzern, -e	agrupación industrial
s Firmenkonsortium, -konsortien	consorcio
*s *Werk, -e*	factoría
*r *Betrieb, -e*	negocio establecimiento
*e *Fabrik, -en*	fábrica

e **Organisationsstruktur** / s Organigramm	organización de una empresa / organigrama
e **flache** ↔ **steile Hierarchie**, -n [hierar'çi: *auch* hir...]	estructura (jerárquica) horizontal ↔ vertical
Hierarchien werden langsam abgebaut.	Las jerarquías se van reduciendo / van desapareciendo.
s Lean-Management ['li:nmɛnɛdʒmənt] / e Leanproduction ['li:nprɔ'dʌkʃn]	lean management, empresa ajustada / lean production [= producción adaptada a la demanda al menor coste posible]
s **Outsourcing** ['autsɔ:sɪŋ]	outsourcing / externalización
Bestimmte Unternehmensaktivitäten werden ausgelagert / an Fremdfirmen weitergegeben.	Determinadas actividades de una empresa son realizadas en otro lugar / pasan a otras empresas.
e **Teamarbeit** / e **Projektarbeit**	trabajo en equipo / trabajo en un proyecto
in einem Team arbeiten	trabajar en un equipo
r **Ausschuss**, ¨-e	comité / comisión
r Arbeitskreis, -e	grupo de trabajo
e ***Sitzung**, -en / s **Meeting**, -s ['mi:tɪŋ]	reunión, sesión
e **Besprechung**, -en	reunión

Wir müssen für 10 Uhr ein Meeting **ạnsetzen**.	Tenemos que fijar una reunión para las 10 de la mañana.
die Sitzung ***erọ̈ffnen** / **unterbrẹchen** (unterbricht, unterbrach, hat unterbrochen) / ***schließen** (geschlossen)	comenzar / interrumpir / concluir una reunión
in einer Sitzung / in einem Meeting sein	estar en una reunión
r **Mịtarbeiter**, - // e **Mịtarbeiterin**, -nen	empleado // empleada
Wir beschäftigen zur Zeit 134 Mitarbeiter.	Actualmente tenemos 134 empleados.
r **Sạchbearbeiter**, - // e **Sạchbearbeiterin**, -nen	administrativo / administrativa
r **Referẹnt**, -en // e **Referẹntin**, -nen	experto // experta (sobre un área o tema concreto) / el // la ponente
r / e **leitende *Ạngestellte**, -n	ejecutivo

Una empresa está compuesta por

e Unternehmensleitung, -en	gerencia de la empresa
r Vorstand, ⸗e	junta directiva
r / e Vorstandsvorsitzende, -n	presidente
r Aufsichtsrat	consejo de administración
r / e Aufsichtsratsvorsitzende, -n	presidente del consejo de administración
r Direktor, -en // e Direktorin, -nen	director // directora
r Firmenleiter, - // e Firmenleiterin, -nen	el // la gerente, jefe // jefa
*r *Chẹf, -s // e Chefin, -nen*	jefe // jefa
e Geschäftsführung, -en	gerencia
r Geschäftsführer, - // e Geschäftsführerin, -nen	encargado // encargada / el // la gerente
r Gesellschafter, -	socio, compañero
r Arbeitnehmervertreter, - // e Arbeitnehmervertreterin, -nen	el // la representante de los trabajadores

La parte comercial de una empresa

*e *Verwạltung*	administración
r Verkauf / r Vertrieb	(departamento de) ventas
e Planung	(departamento de) planificación, proyectos
s Controlling [kɔn'tro:lɪŋ]	(departamento de) controlling
r Einkauf	(departamento de) compras
e Personalabteilung	departamento de personal
e Buchhaltung	(departamento de) contabilidad

La parte técnica de una empresa

*e Fertigung / e *Produktion*	(departamento de) producción
e Entwicklung	desarrollo
*e *Fọrschung*	investigación

e ***Abteilung**, -en	departamento
In welcher Abteilung sind Sie tätig?	¿En qué departamento trabaja usted?
r Geschäftsbereich, -e	campo de actividades, sección
r **Leiter**, - // e **Leiterin**, -nen	jefe // jefa, director // directora
r Leiter der EDV-Abteilung	jefe del departamento de procesamiento de datos
r Werksleiter	director de la factoría
r **Abteilungsleiter**, - / r Bereichsleiter	jefe de departamento / de sección
Im ***Allgemeinen** sind wir mit dem neuen Abteilungsleiter zufrieden.	En general estamos contentos con el nuevo jefe de departamento.
r Verkaufsleiter / r Vertriebsleiter	jefe de ventas
r Verwaltungsleiter / r Personalleiter	jefe de administración / jefe de personal
r Prokurist, -en	apoderado
r Meister, -	maestro (artesano), capataz
e **oberste** / **mittlere** / **untere Führungsebene**, -n	escalafón directivo superior / medio / inferior
aufsteigen (zu) (stieg auf, ist aufgestiegen)	ascender
s **Management** ['mɛnɪtʃmənt]	dirección
r **Manager**, - ['mɛnɪdʒɐ] // e **Managerin**, -nen	ejecutivo / ejecutiva
r Topmanager, - ['tɔpmɛnɪdʒɐ]	alto ejecutivo
im Management arbeiten	formar parte de la dirección
e Managementaufgabe, -n	tarea / función directiva

Tareas directivas

*Mitarbeiter *führen*	dirigir al personal
anleiten / anweisen / jn beauftragen (mit)	dar instrucciones / dar órdenes / encargar algo a alg
motivieren	motivar
*Aufgaben *verteilen*	repartir las tareas / funciones
kontrollieren	controlar
überwachen	supervisar
Gespräche führen (mit)	tener conversaciones (con)
*ein Projekt *leiten / durchführen*	dirigir / llevar a cabo un proyecto
(Jahres-)Ziele definieren	definir los objetivos (anuales)
verhandeln / Verhandlungen führen	negociar / dirigir negociaciones
**diskutieren / besprechen*	discutir / hablar (de un tema)
**entscheiden / Entscheidungen treffen*	decidir / tomar decisiones

e Verwaltungsarbeit, -en	trabajo administrativo
s operative Geschäft, -e	operación / maniobra
Das operative Geschäft läuft gut ↔ schlecht.	La operación está yendo bien ↔ mal.
r gute ↔ schlechte **Führungsstil**	estilo de dirigir bueno ↔ malo
e **Unternehmenskultur**	cultura corporativa

e **Corporate Identity** ['ko:ɐpərət|ai'dɛntiti] / e Firmenzugehörigkeit	identidad corporativa
e **soziale Kompetenz**	capacidad de relacionarse
e **Umstrukturierung**, -en	reestructuración
e **Unternehmensberatung**, -en	asesoramiento empresarial

Marketing
Mercadotecnia

s **Marketing**	mercadotecnia / marketing
e Produktidee, -n	idea para un producto
r ***Markt**, ¨e	mercado
Angebot und Nachfrage	oferta y demanda
etwas **auf den Markt *bringen** (brachte, hat gebracht) / werfen	sacar / lanzar algo al mercado
ein neues Produkt an den Mann (/ die Frau) bringen	buscar compradores para un nuevo producto
e **Marktforschung**, -en / e Marktanalyse, -n	estudio / análisis de mercado
r **Marktführer**, -	líder del mercado
Der Markt für Sportgeräte ist zurzeit gesättigt.	El mercado de aparatos / artículos de deporte está actualmente saturado.
e **Zielgruppe**, -n	destinatarios (de un producto)
Eine bestimmte Altersgruppe wurde befragt.	Se preguntó a un grupo de edad determinado.
r Testmarkt, ¨e	mercado de prueba
Umfrageergebnisse *zeigen: …	Los resultados de la encuesta muestran que …
e Markentreue / e Markenidentität	fidelidad (del consumidor) a una marca / características de una marca
s Marktvolumen / s Marktpotenzial	volumen / potencial del mercado
e **Prognose**, -n	pronóstico
e **Marketingstrategie**, -n	estrategia de mercado
s **Marketingkonzept**, -e	plan de comercialización
Zur Steigerung des Marktanteils wurde ein neues Marketingkonzept entwickelt.	Se desarrolló un nuevo plan de comercialización para aumentar la participación en el mercado.
s **Image** ['ɪmɪtʃ]	imagen
sein Image aufbauen / verbessern	crear / mejorar su imagen
s Firmenlogo, -s	logotipo de la empresa
e Verkaufsförderung / e Absatzförderung	promoción / promoción de ventas

s Direktmarketing / e Direktwerbung	venta / publicidad directa
s **Mẹrchandising** ['mø:ɐtʃndaizɪŋ *auch* 'mœrtʃ...] / verkaufsfördernde Maßnahmen	merchandising / técnicas de comercialización
e **Publịcity** [pa'blɪsiti]	publicidad
e ***Wẹrbung**, -en / e ***Reklame**, -n	publicidad / anuncio / propaganda
für ein Produkt Reklame machen	anunciar un producto
vergleichende Werbung	[= anuncio en el que se comparan dos productos]

La publicidad o un anuncio puede ser ...

informativ	informativo
ästhetisch ansprechend	estéticamente atractivo
zum Kauf motivierend	que te motive a comprar
**lạngweilig*	aburrido
aggressiv	agresivo
geschmacklos	de mal gusto
politisch inkorrekt	políticamente incorrecto
originell	original
klischeehaft	tópico
glaubwürdig ↔ unglaubwürdig	creíble ↔ increíble
witzig	gracioso
phantasievoll	imaginativo
kreativ	creativo
überraschend	sorprendente
irritierend	irritante

e **Wẹrbeindustrie** / e **Wẹrbebranche**	industria publicitaria
in der Werbung tätig sein	dedicarse a la publicidad
e **Wẹrbeagentur**, -en	agencia publicitaria
r künstlerische Leiter // e künstlerische Leiterin einer Werbeagentur	director artístico // directora artística de una agencia de publicidad
kreativ / schöpferisch	creativo
e Werbeabteilung, -en	departamento de publicidad
Sie haben einen großen Werbeetat.	Tienen un presupuesto muy alto para publicidad.
Werbeausgaben *Pl* ↔ Werbeeinnahmen *Pl*	gastos ↔ ingresos por publicidad
Es wird viel Geld für die Werbung ausgegeben.	Se gastarán mucho dinero en la publicidad.
e **Wẹrbekampagne**, -n	campaña publicitaria
eine Werbekampagne starten	comenzar una campaña publicitaria
eine aggressive Werbekampagne	una campaña publicitaria agresiva
Da wird kräftig die Werbetrommel gerührt.	Se anunciará a bombo y platillo.

r Werbeträger, -	medios publicitarios
werbewirksam	efectividad (de la publicidad)
r **Slogan**, -s ['slo:gn̩] / r Werbeslogan / r Werbespruch, ⸚e	eslogan / eslogan publicitario
r Werbetext, -e	texto publicitario
r **Texter**, - // e **Texterin**, -nen	redactor publicitario // redactora publicitaria
e **Werbeanzeige**, -n	anuncio
s Werbeinserat, -e *schweiz.*	anuncio
eine Anzeigenserie schalten	poner una serie de anuncios
in der Zeitung werben	anunciar en el periódico
r **Werbespot**, -s	anuncio
Wann wird der Spot gesendet / ausgestrahlt?	¿Cuándo ponen el anuncio?
s Werbefernsehen / r Werbefunk	anuncio de televisión / de radio
s Product-Placement ['prɔdakt'ple:smɛnt]	[= emplazamiento o inserción de productos en series famosas o películas]
e **Messe**, -n / e ***Ausstellung**, -en	feria / exposición
e Fachmesse / e Publikumsmesse	feria especializada / feria para todo el público
r **Aussteller**, -	expositor
r Ausstellungsbesucher, -	visitante de la feria / muestra / exposición
Besuchen Sie uns doch an unserem Messestand.	Visítenos en nuestro stand.
s **Werbematerial**, -ien	material publicitario
r ***Prospekt**, -e / r Katalog, -e	folleto / catálogo
s **Prospekt**, -e *österr.*	folleto
r Handzettel, - / e Broschüre, -n	octavilla, hoja publicitaria / folleto
e Reklamesendung, -en	propaganda comercial
e **Infopost** / e Postwurfsendung, -en / r Werbebrief, -e / e Werbesendung, -en	propaganda por correo / envío postal colectivo / carta de propaganda / propaganda comercial
Bitte keine Reklame einwerfen!	¡No queremos publicidad!
e **Reklamewand**, ⸚e / e Plakatwand, ⸚e	pared para anuncios
e **Leuchtreklame** / e Neonreklame	anuncio luminoso
e Schaufensterdekoration, -en / e Auslage, -n	exhibición en el escaparate / exhibición
s Werbegeschenk, -e	regalo de propaganda
Gutscheine verteilen	distribuir vales
e **Werbewirkung**	efecto de la publicidad
sich identifizieren mit	identificarse con
Man wird unterschwellig / indirekt zum Kaufen **verführt**.	Uno es inducido subliminalmente / indirectamente para que compre.

Die Werbung spricht sie nicht an.	No reaccionan ante el anuncio. / No responden ante el anuncio.
e **Öffentlichkeitsarbeit** / Publicrelations ['pablıkri'le:ʃn̩s] / PR	relaciones públicas
r **PR-Mann**, ⸗er // e **PR-Frau**, -en	el // la relaciones públicas
r Firmensprecher, - // e Firmensprecherin, -nen	el // la portavoz de una empresa
e **Pressekonferenz**, -en	conferencia de prensa
e Pressemappe, -n	carpeta informativa para la prensa

Vertrieb
Ventas

r **Vertrieb** / r **Verkauf**	(departamento de) ventas
r Vertriebspartner, - (im Ausland)	distribuidor (en el extranjero)
r Vertriebsweg, -e	canal de distribución
exportieren	exportar
r ***Export** / r Außenhandel	exportación / comercio exterior
s Exportgeschäft, -e	comercio / negocio de exportación
r Außendienst	personal de ventas, trabajo al exterior
r Außendienstmitarbeiter, - // e Außendienstmitarbeiterin, -nen	vendedor // vendedora
r ***Vertreter**, - // e **Vertreterin**, -nen	el // la representate
r Makler, - // e Maklerin, -nen	el // la agente inmobiliario / de bolsa
e **Provision** / e Courtage, -n [kʊr'ta:ʒə]	comisión
***verkaufen** / vertreiben	vender / llevar un producto
Wir sind der **führende Anbieter** für Rollerblades.	Somos los principales / primeros proveedores de patines.
r **Marktführer**, -	líder del mercado
r ***Kunde**, -n // e **Kundin**, -nen	cliente // clienta
r Bestandskunde ↔ r Neukunde	cliente antiguo ↔ nuevo
s Neukundengeschäft, -e	negocio con nuevos clientes
s ***Angebot**, -e	oferta
ein Angebot einholen / um ein Angebot bitten	solicitar / pedir una oferta
***anbieten** (bot an, hat angeboten)	ofrecer
r ***Auftrag**, ⸗e	pedido
Wir erteilen Ihnen den Auftrag über 1.000 Bürostühle Modell AX.	Le hacemos el pedido de 1.000 sillas de oficina modelo AX.
einen Auftrag **ausführen** / ***erledigen**	llevar a cabo / efectuar un pedido
Die Auftragslage ist zur Zeit gut ↔ schlecht.	Nuestra situación actual de pedidos es buena ↔ mala.

r **Auftraggeber**, - // e **Auftraggeberin**, -nen	el // la cliente / comprador // compradora
e Auftragsbestätigung, -en	confirmación de un pedido
Der Auftrag wurde zurückgestellt / **storniert**.	Se ha anulado el pedido.
Bis wann können Sie den Artikel ***liefern**?	¿Cuándo pueden suministrarnos / enviarnos el artículo?
e **Lieferung**, -en / e Warenlieferung	suministro / suministro de mercancías
Lieferung frei Haus.	suministro gratuito / entrega gratuita
r Lieferant, -en / e Lieferantin, -nen	suministrador // suministradora
r Lieferauftrag, ¨-e	orden de envío
Die Lieferfrist beträgt 2 Wochen.	El tiempo de envío es de dos semanas.
Leider haben wir gerade Lieferprobleme.	Por desgracia tenemos actualmente problemas de envío.
Dieser Artikel ist zurzeit leider nicht **lieferbar**.	Por desgracia ese artículo está en este momento agotado.
e ***Rechnung**, -en	recibo
e ausstehende ↔ bezahlte Rechnung	recibo / cobro pendiente ↔ recibo pagado
eine Rechnung *bezahlen	pagar un recibo
***Angeblich** hat er die Rechnung schon bezahlt.	Parece ser que ya ha pagado el recibo.
e Zahlungsfrist einhalten ↔ versäumen	cumplir ↔ pasarse el plazo de pago
e Mahnung, -en / e Zahlungserinnerung, -en	reclamación / aviso de pago
fristgemäß / fristgerecht zahlen	pagar dentro del plazo determinado
Zahlungsaufschub einräumen	acordar / conceder una prórroga / moratoria del pago
e **Logistik**	logística
r ***Transport**, -e	transporte
s Transportunternehmen, - / e Spedition, -en	compañía de transportes / agencia de transportes
eine Spedition beauftragen (für)	contratar una agencia de transportes (para)
Transportkosten *Pl*	gastos de transporte
Versandpapiere *Pl*	documentos de expedición / envío
etwas **versenden**	enviar algo
e Fracht *Sg*	flete / carga
Die Auslieferung erfolgt ab Lager.	Las mercancías pueden ser abastecidas por el almacén.
s **Lager**, - / s Warenlager	almacén / almacén de mercancías
s Lagerhaus, ¨-er	almacén
s **Inventar** / r Warenbestand	inventario

Das Lager ist ***voll** / gefüllt ↔ ***leer**.	El almacén está lleno ↔ vacío.
Das Modell ist nicht mehr **vorrätig** ↔ noch vorrätig / **auf Lager**.	De ese modelo ya no tenemos existencias ↔ todavía tenemos existencias / tenemos en el almacén.
Wir liefern aus, solange der Vorrat reicht.	Seguiremos distribuyendo hasta que se acaben las existencias.
e (zweijährige) ***Garantie**	garantía (de dos años)
Unser Name steht für gute Qualität.	Nuestro nombre es una garantía de buena calidad.
Das fällt nicht unter die Garantie.	Esto no lo cubre la garantía.
kulant sein	ser favorable, de fácil avenencia
e Kulanz *Sg*	buena voluntad, formalidad
e **Lizenz** [li'tsɛnts] / e Konzession (erteilen)	(conceder una) licencia
s **Franchising** ['frɛntʃaizɪŋ]	franquicia
Diese Restaurantkette wird in Franchise-Form geführt.	Esta cadena de restaurantes pertenece a una franquicia.

Finanzen und Bankverkehr
Finanzas y operaciones bancarias

Finanzen *Pl*	finanzas / economía
geordnete ↔ zerrüttete Finanzen	economía saneada ↔ ruinosa
***finanziell**	financiero / económico
Unsere finanziellen ***Mittel** sind begrenzt.	Nuestros recursos económicos son limitados.
Unsere finanzielle ***Lage** ist gut ↔ schlecht.	Nuestra situación económica es buena ↔ mala.
Finanziell steht die Firma gut da.	La empresa está económicamente saneada.
maximale ↔ minimale / durchschnittliche Erträge	beneficios máximos ↔ mínimos / medianos
r **Leiter**, - // e **Leiterin**, -nen (der **Finanzabteilung**)	director // directora del departamento financiero
r Schatzmeister, - // e Schatzmeisterin, -nen / r Kassenwart, -e	tesorero // tesorera / cajero
s **Geschäftsjahr**, -e / s **Wirtschaftsjahr**	ejercicio económico / año financiero
s **vorangegangene** / **jetzige** / **kommende** Geschäftsjahr	ejercicio pasado / presente / próximo
ein Geschäftsjahr ***abschließen**	cerrar un ejercicio económico
e positive ↔ negative **Bilanz**, -en	balance positivo ↔ negativo
mit ***Gewinn**, -en ↔ ***Verlust**, -en	con ganancias ↔ pérdidas

s **Rechnungswesen**	contabilidad
r **Zahlungsverkehr**	transacciones / movimientos de pago
r Zahlungseingang ↔ r Zahlungsausgang	entrada / ingreso ↔ salida
***buchen** / **verbuchen**	(a)sentar en los libros / registrar en cuenta
s Buchungswesen	[teoría de la] teneduría de libros
e **Buchführung** / e **Buchhaltung**	teneduría de libros / contabilidad
s ***Konto**, Konten	cuenta corriente
Bitte verbuchen Sie das auf das Konto „Vermischtes".	Por favor, registre esto en la cuenta "varios".
Schwarze Konten / Schwarzkonten / Schwarzgeld	cuentas ilegales / dinero negro
s ***Geld**, -er	dinero
Geld **einnehmen** (nimmt ein, nahm ein, hat eingenommen) ↔ ***ausgeben** (für) (gibt aus, gab aus, hat ausgegeben)	cobrar ↔ gastar dinero (en)
e **Einnahme**, -n ↔ e **Ausgabe**, -n / e Aufwendung, -en	cobro ↔ gasto
Soll ↔ **Haben**	débito ↔ haber
s **Guthaben**, -	saldo a su favor / haber
r **Übertrag**, ¨-e	suma anterior
s Abschreibungsobjekt, -e	objeto amortizable
über geringe ↔ große **Geldmittel** verfügen	disponer de pocos ↔ muchos medios (económicos)
Neue Geldmittel werden nicht mehr zur Verfügung gestellt.	Ya no se dispondrá de nuevos medios económicos.
r finanzschwache ↔ finanzkräftige **Geldgeber**, - / r **Investor**, -en	socio capitalista / inversor económicamente débil ↔ fuerte / potente
Geld *sparen	ahorrar dinero
mit dem Geld sparsam umgehen ↔ das Geld großzügig ausgeben / verprassen *ugs.*	gastar poco dinero / ser ahorrativo ↔ gastar mucho dinero / despilfarrar
Die Firma kommt ihren **finanziellen Verpflichtungen** nicht mehr nach.	La empresa ya no puede hacer frente a sus obligaciones financieras.
zahlungsunfähig werden	volverse insolvente
Insolvenz anmelden	declararse insolvente
die Zahlungsunfähigkeit abwenden	evitar la insolvencia
in Konkurs gehen	declararse en quiebra / quebrar
***existieren**	existir
Die Firma existiert nicht mehr.	La empresa ya no existe.
Schulden *Pl* machen / anhäufen	endeudarse / acumular deudas
Der Schuldenberg wächst.	la montaña de deudas crece.
jm Geld ***leihen** / Geld **verleihen**	prestar dinero a alg / prestar dinero

(sich) Geld ***borgen** / **ausleihen** / (aus)borgen *österr.* (von)	pedir prestado dinero (a)
r ***Kredit**, -e [*auch* ...'dɪt]	crédito
einen Kredit ***bekommen** (bekam, hat bekommen) / ***aufnehmen** (nimmt auf, nahm auf, hat aufgenommen)	conseguir / pedir un crédito
(jm) einen Kredit **gewähren** ↔ ***ablehnen**	conceder ↔ denegar un crédito
kreditwürdig sein	ser solvente, digno de crédito
e **Rate**, -n / e **Ratenzahlung**, -en	plazo / pago a plazos
etwas **in Raten *zahlen**	pagar a plazos
Die erste Rate ist im Mai **fällig**.	El primer plazo vence en mayo.
Er zahlt sein Auto in monatlichen Raten von 200 Euro ab.	Está pagando su coche en plazos mensuales de 200 euros.
Die Firma muss all ihre Schulden auf einmal zurückzahlen.	La empresa tiene que pagar todas sus deudas de una sola vez.
schuldenfrei sein	no tener deudas

Geld	**dinero / LAm plata**
Kohle	pasta
Knete	pasta
Pinke Pinke / Kröten / Kies	guita / cuartos / parné
Das ist ein Haufen Geld.	Eso es un montón de dinero.
Das ist eine Stange Geld.	Eso es un dineral.
Das ist ein Batzen Geld.	Eso es un dineral.
Geld verpulvern / verjubeln	malgastar / despilfarrar el dinero
Geld verschleudern / verprassen	emplear mal / derrochar el dinero
Geld zum Fenster rausschmeißen	tirar la casa por la ventana
Diese Familie stinkt vor Geld.	Esa familia es riquísima.
Sie schwimmen im Geld. / Sie haben Geld wie Heu.	Nadan en la abundancia.
Sie wissen nicht wohin mit ihrem vielen Geld.	No saben qué hacer con tanto dinero.
Sie haben das nötige Kleingeld dafür.	Tienen suficientes medios / recursos.

e ***Bank**, -en	banco
e Sparkasse, -n	caja de ahorro
e **Bankfiliale**, -n / e **Zweigstelle**, -n	sucursal de banco
Bei welcher Filiale sind Sie?	¿En qué sucursal está usted?
e Europäische Zentralbank / e EZB	Banco Central Europeo
e Landeszentralbank	banco central regional / de un estado federal
r **Banker**, - ['bɛŋkɐ *auch* 'baŋkɐ] // e **Bankerin**, -nen / r **Bankier**, -s [baŋ'ki̯e:]	banquero // banquera
r **Tresor**, -e	caja fuerte
s **Schließfach**, ¨-er	compartimento en una caja fuerte

e ***Kasse**, -n	caja
r **Geldautomat**, -en	cajero automático
r Bankomat, -en *österr. / schweiz.*	cajero automático
Ich muss noch schnell Geld am Automaten holen / abheben.	Tengo que ir un momento a sacar dinero del cajero automático.
e **Geheimnummer**, -n / e PIN-Nummer eingeben	marcar / pulsar el número secreto / PIN
s ***Konto**, Konten	cuenta
s Girokonto / s Sparkonto	cuenta corriente / de ahorro
s Festgeldkonto / s Wertpapierkonto	cuenta con dinero a plazo fijo / de valores
s Nummernkonto	número de cuenta
e Kontogebühr, -en	gastos de banco
s Homebanking ['hoʊmbæŋkɪŋ] / s Internetbanking ['ɪntɐnɛtbɛŋkɪŋ]	banco en casa / banca electrónica
e Direktbank, -en	banco directo / por Internet
r **Bankkunde**, -n // e **Bankkundin**, -nen	cliente // clienta de un banco
r Geschäftskunde, -n / r Privatkunde, -n	cliente de negocios / particular
r **Kundenberater**, - // e **Kundenberaterin**, -nen	asesor // asesora del cliente

En el banco

*(bei einer Bank) ein Konto *eröffnen*	abrir una cuenta (en un banco)
e Servicekarte	tarjeta para diversas transaciones
e Geldkarte	tarjeta para sacar dinero
e Kundenkarte (österr.)	tarjeta para sacar dinero
e EC-Karte	tarjeta EC [eurocheque]
*e *Scheckkarte / e Bankomatkarte (österr.)*	tarjeta EC / tarjeta para sacar dinero
*e *Kreditkarte*	tarjeta de crédito
e Einzahlung, -en ↔ e Auszahlung, -en	depósito ↔ retirada
*Geld auf ein Konto *einzahlen*	ingresar dinero en una cuenta
*an der *Kasse Geld einzahlen*	ingresar dinero en la caja
*Geld *abheben*	retirar / sacar dinero
r bargeldlose Zahlungsverkehr	pago por transferencia
e Überweisung, -en	giro / transferencia
e Bankleitzahl / BLZ	código bancario
e Kontonummer, -n	número de cuenta
*Geld auf ein Konto *überweisen*	transferir / girar dinero a una cuenta
das Konto / die Karte sperren lassen	congelar / bloquear una cuenta / una tarjeta

r große ↔ kleine **Geldbetrag**	cantidad de dinero grande ↔ pequeña
s **Bargeld**	dinero en efectivo
Ich habe kein Bargeld bei mir.	No llevo dinero.

s **Kleingeld**	dinero suelto , calderilla
Haben Sie Kleingeld? / Können Sie mir einen 10-Euroschein wechseln?	¿Tiene usted dinero suelto? / ¿Me puede cambiar un billete de 10 euros?
r ***Schein**, -e / r Geldschein / e Banknote, -n	billete / billete de banco
Wollen Sie den Betrag in großen oder kleinen Scheinen?	¿Quiere usted el dinero en billetes grandes o pequeños?
s **Hartgeld** / e **Münze**, -n	monedas / moneda
e ***Brieftasche**, -n / s **Portmonee**, -s [pɔrtmo'ne: *auch* 'pɔrtmɔne] / r **Geldbeutel**, - / e ***Geldbörse**, -n	cartera / monedero / monedero / monedero
e **Währung**, -en / **Devisen** *Pl*	sistema monetario / divisas
r Wechselkurs, -e / r Devisenkurs	valor al cambio
Geld *wechseln / ***umtauschen**	cambiar dinero
Wir wechseln zum Tageskurs ohne Extragebühr.	Cambiamos según el valor de hoy sin cargos adicionales.
r ***Euro**, -s ['ɔyro] / r ***Cent**, -s [sɛnt *auch* tsɛnt]	euro / céntimo
r (amerikanische) Dollar, -	dólar (americano)
s (englische) Pfund, -	libra esterlina
r ***Schweizer Franken**, - / r ***Rappen**, -	franco suizo / céntimo

Dinero

Wir haben 60.000 Euro auf der Bank.	Tenemos 60.000 euros en el banco.
Das Sofa kostet 389 Euro.	El sofá cuesta 389 euros.
Das macht dann elf Euro und dreißig Cent.	Son once euros (y) treinta (céntimos).
Geben Sie mir bitte 5 Euro zurück.	Déme, por favor, 5 euros de vuelta.
*Zahlen Sie *bar oder mit *Karte?*	¿Paga usted en efectivo o con tarjeta?
Wie viel wollen Sie anzahlen?	¿Cuánto quiere dar usted de señal?

Berufe
Profesiones

r ***Beruf**, -e	profesión
r **Traumberuf**, -e	trabajo ideal
***werden** (wird, wurde, ist geworden)	hacerse, llegar a ser, convertirse en
Was möchtest du mal werden? – Tester für Computerspiele.	¿Qué te gustaría ser de mayor? – Uno de los que prueban los juegos de ordenador.

beruflich	profesionalmente
Was sind Sie von Beruf? / Was machen Sie beruflich? – Ich bin Radiosprecherin (von Beruf). / Ich arbeite als Radiosprecherin.	¿Qué profesión tiene usted? – Soy locutora de radio (de profesión). / Trabajo de locutora.
Welchen Beruf haben Sie **erlernt**? – Ich bin **gelernter** Schreiner, aber jetzt arbeite ich als Möbel-Designer.	¿Qué profesión ha aprendido usted? – Soy carpintero de profesión, pero ahora trabajo como diseñador de muebles.
e **Branche**, -n ['brã:ʃə]	ramo
In welcher Branche sind Sie denn tätig? – In der Textilbranche.	¿En qué ramo trabaja usted? – En el textil.
s **Arbeitsverhältnis**, -se	relación laboral
r **Mitarbeiter**, - // e **Mitarbeiterin**, -nen	empleado // empleada
Ich arbeite bei VW.	Trabajo en la Volkswagen.
Mein **früherer** / **jetziger** / **künftiger** Arbeitgeber war / ist …	Mi patrón anterior / actual / futuro era / es …
Er hat **mehrjährige** Berufserfahrung als Krankenpfleger.	Tiene varios años de experiencia como enfermero.
r / e **Berufstätige**, -n ↔ r / e **Arbeitslose**, -n	que ejerce una profesión ↔ desempleado / parado
Er ist ***berufstätig** ↔ **arbeitslos**.	Está trabajando ↔ desempleado / parado.
ein künstlerischer / kaufmännischer / handwerklicher Beruf	una profesión artística / mercantil / artesana
s **Handwerk**	artesanía
s **Dienstleistungsgewerbe**, -e	industria de sevicios / sector servicios
s produzierende **Gewerbe**, -e	industria de manufacturas

Trabajos

Handwerker	*Artesanos*
Frisör	peluquero
Koch // Köchin	cocinero // cocinera
Dachdecker	tejador
Schneider	sastre
Bierbrauer	cervecero
Drucker	impresor, tipógrafo
Gärtner	jardinero
Elektriker	electricista
kaufmännische Berufe	*Profesiones mercantiles*
Sekretär	secretario
Sachbearbeiter	administrativo
Assistent der Geschäftsführung	ayudante de dirección
Kaufmann // Kauffrau	comerciante // comercianta / empleado // empleada de comercio

Händler	comerciante
Buchhalter	contable
Bankkaufmann // Bankkauffrau	empleado // empleada de banco
Dienstleistungsberufe	*Trabajos del sector servicios*
Masseur	masajista
Bibliothekar	bibliotecario
Verkäufer	vendedor // vendedora
Telefonist	telefonista
*Hausmann // *Hausfrau*	amo // ama de casa
Bademeister	socorrista
Sicherheitsdienst	(empleado de) seguridad
Haushälterin	ama de llaves
Raumpfleger	empleado de limpieaza
Lehrberufe	*Trabajos de la enseñanza*
Trainer	entrenador
**Lehrer*	profesor, maestro
Musiklehrer	profesor de música
Lehrbeauftragte	profesor pagado por curso / por horas
**Professor*	catedrático
Heilberufe	*Trabajos en la sanidad*
Arzthelfer	auxiliar, recepcionista en una consulta
Medizinisch-Technische(r)-Assistent(in) (MTA)	Asistente Técnico Sanitario (ATS)
Geburtshelfer	tocólogo, comadrona
Arzt // Ärztin	médico // médica
Pfleger	enfermero
Zahnarzt // Zahnärztin	el // la dentista
Apotheker	farmacéutico
**Sozialarbeiter*	asistente social
Sozialpädagoge // Sozialpädagogin	pedagogo // pedagoga social
künstlerische Berufe	*Profesiones artísticas*
Maler	pintor
Designer	diseñador
Architekt	arquitecto
Im Staatsdienst	*En la administración pública*
Berufssoldat	soldado profesional
**Polizist*	policía
Staatsanwalt // Staatsanwältin	fiscal
Lehrer	profesor, maestro
Gerichtsvollzieher	ejecutor judicial / alguacil
Akademiker	*Trabajos académicos*
Physiker	físico
**Ingenieur*	ingeniero

Rechtsanwalt // Rechtsanwältin	abogado // abogada
Historiker	historiador
Geisteswissenschaftler	investigador (de temas de letras)
El sufijo femenino es *-in*.	

r **Akademiker**, - // e **Akademikerin**, -nen	académico // académica
r / e ***Angestellte**, -n	empleado
r Büroangestellte	oficinista
r **Kaufmann**, ¨-er // e **Kauffrau**, -en	comerciante // comercianta / empleado // empleada de comercio
r Bürokaufmann	oficinista con formación en comercio
e **Arbeitskraft**	mano de obra
r **Arbeiter**, - // e **Arbeiterin**, -nen	trabajador // trabajadora
r Facharbeiter	trabajador cualificado
e ungelernte Kraft	trabajador no cualificado
r Hilfsarbeiter, - // e Hilfsarbeiterin, -nen	peón
e ***Stellung**, -en / e ***Stelle**, -n	colocación / empleo / puesto
r Posten, - *österr.*	colocación / empleo / puesto
beschäftigt sein bei	estar colocado en
e ***Arbeit**, -en / r ***Job**, -s [dʒɔp]	trabajo
***arbeiten** / schuften *ugs.*	trabajar / matarse trabajando
jobben ['dʒɔbn̩]	trabajar esporádicamente
e **leichte** ↔ körperlich **schwere** / harte Arbeit	trabajo ligero ↔ trabajo físico duro
***interessant** ↔ **uninteressant**	interesante ↔ falto de interés
abwechslungsreich ↔ **eintönig** / ***langweilig** / **monoton**	variado ↔ monótono / aburrido / monótono
Sie hat viel Erfolg im Beruf. / Sie ist (in ihrem Beruf) sehr erfolgreich.	Tiene mucho éxito en su trabajo.
r ***Arbeitnehmer**, - ↔ r ***Arbeitgeber**, -	empleado ↔ patrono
Sie arbeitet bei Siemens.	Trabaja en Siemens.
r ***Beamte**, -n // e **Beamtin**, -nen	funcionario // funcionaria
r / e Angestellte im öffentlichen Dienst	empleado del Estado
r / e **Selbstständige**, -n	autónomo
Er hat eine **feste Stelle**. ↔ Er ist **freiberuflich** / ***selbstständig** tätig.	Tiene un puesto fijo ↔ Es autónomo.
r Freiberufler, - // e Freiberuflerin, -nen / r freie Mitarbeiter, - // e freie Mitarbeiterin, -nen	trabajador // trabajadora independiente / colaborador // colaboradora

Hauptberuflich war sie Verkäuferin, ***nebenbei** ist sie noch putzen gegangen.	Su profesión principal era vendedora, pero al mismo tiempo iba a limpiar.
ehrenamtlich tätig sein	trabajar voluntariamente sin retribución / llevar a cabo un trabajo honorífico
e ***Ausbildung**, -en	formación
Er wird zum Werkstattmeister ausgebildet.	Va a hacer la formación de maestro mecánico.
e ***Aussicht**, -en / e Berufsaussicht, -en	perspectiva / perspectiva laboral
r **Berufsanfänger**, - // e **Berufsanfängerin**, -nen ↔ r ***Profi**, -s	el // la principiante ↔ el // la profesional
e Probezeit	período de prueba
Jetzt beginnt der Ernst des Lebens.	Ahora empieza la vida seria.
e ***Lehre**	aprendizaje
Sie ist noch in der Lehre.	Todavía está haciendo su aprendizaje.
e Lehrzeit, -en	período de aprendizaje
r / e ***Auszubildende**, -n / r / e **Azubi**, -s	aprendiz
Er muss erst **angelernt** werden.	Hay que enseñarle primero.
r ***Lehrling**, -e / r Geselle, -n / r Meister, -	aprendiz / oficial / maestro
e **Lehrstelle**, -n	puesto de aprendizaje / plaza de aprendiz
Nach langem Suchen hat er endlich eine Lehrstelle gefunden.	Después de buscar mucho ha encontrado un puesto de aprendizaje.
e **Berufsschule**, -n	escuela de formación profesional
s ***Praktikum**, Praktika	práctica
ein Praktikum machen	hacer unas prácticas
r ***Praktikant**, -en // e **Praktikantin**, -nen	el // la practicante / persona en prácticas
s **Arbeitsamt**, ⸗er	oficina de empleo
s Berufsbildungszentrum, -zentren	centro de formación profesional
Gehen Sie doch mal zum Arbeitsamt.	Pues vaya usted a la oficina de empleo.
e **Berufsberatung**, -en	orientación profesional
e **Stellenvermittlung**	agencia de empleo, bolsa de trabajo
e ABM-Stelle, -n / e Arbeitsbeschaffungsmaßnahme	puesto de nueva creación / medidas para la creación de trabajo
e **Fortbildung**	curso de perfeccionamiento
e ***Weiterbildung**	(curso de) formación continua
s Stelleninserat, -e / e Stellenanzeige, -n	anuncio de trabajo
e ***Bewerbung**, -en	solicitud

***sich bewerben** um (+ *A*) (bewirbt, bewarb, hat beworben)	solicitar / presentar la solicitud / concursar / presentarse
Er bewirbt sich um die Stelle als Assistent.	Se ha presentado para el puesto de asistente.
Hiermit bewerbe ich mich um einen Ausbildungsplatz zur Bankkauffrau.	Con la presente solicito una plaza de aprendizaje como empleada de banco.
s **Bewerbungsschreiben**, -	solicitud de empleo
r **Lebenslauf**, ¨-e	currículum
r **Bewerbungsbrief**, -e	solicitud de empleo
r **Bewerber**, - // e **Bewerberin**, -nen	el // la solicitante / el // la aspirante
zu einem Bewerbungsgespräch / Vorstellungsgespräch eingeladen werden	ser llamado a una entrevista de tabajo
an einem Auswahlverfahren / Assessment-Center [ɛ'sɛsməntsɛntə(r)] teilnehmen	participar en un proceso de selección / en un centro de evaluaciones
e Qualifikation, -en	cualificación
***geeignet sein** (ist, war, ist gewesen)	ser adecuado
e ***Voraussetzung**, -en	condición / requisito
die Voraussetzungen für die Stelle erfüllen	cumplir los requisitos para el puesto

20 Im Büro
En la oficina

20
1

Am Arbeitsplatz
En el trabajo

r **Arbeitsplatz**, ¨-e	lugar de trabajo
s ***Büro**, -s	oficina
Wo bist du gerade? – Auf dem Weg zur Arbeit / zum Büro.	¿Dónde estás ahora? – De camino al trabajo / a la oficina.
s **Bürogebäude**, -	edificio de oficinas
s **Großraumbüro**	oficina colectiva
s Architekturbüro	despacho de arquitectura
e **Kanzlei**, -en / e Anwaltskanzlei	bufete / despacho de abogados
s ***Zimmer**, -	habitación
s Konferenzzimmer, - / s Besprechungszimmer, -	sala de conferencias / sala de juntas
***dienen**	servir
Das Zimmer dient als Stauraum.	La habitación sirve de trastero.
Er arbeitet am **Empfang**.	Trabaja en la recepción.
s Vorzimmer, -	despacho de la secretaria
e **Buchhaltung** *Sg*	contabilidad
e **Poststelle**, -n / e Versandstelle, -n	habitación del correo / departamento de expediciones
e ***Kantine**, -n	cafetería / comedor / cantina
e Essensmarke, -n	vale / ficha para la comida
e **Büroeinrichtung** *Sg*	equipamiento de oficina

Equipamento de oficina I

*r *Schreibtisch, -e / s *Pult, -e (schweiz.)*	escritorio
r Computertisch, -e	mesa de ordenador
r Schreibtischstuhl, ¨-e	silla de escritorio
r Bürostuhl, ¨-e	silla de oficina
r Schreibtischsessel, - / r Bürosessel, - (österr.)	silla de escritorio / silla de oficina
*s *Regal, -e*	estantería
r Aktenschrank, ¨-e	archivador
r Hängeordner	archivador suspendido
e Ablage, -n	depósito / almacén
e Schreibtischlampe, -n	lámpara de escritorio
e Schreibtischunterlage, -n	cartapacio
r Papierkorb, ¨-e	papelera
e Magnetwand	pizarra magnética
e Pinnwand	pizarra de corcho

s **Personal** *Sg* / e Belegschaft *Sg*	personal / plantilla
r **Arbeitskollege**, -n // e **Arbeitskollegin**, -nen	compañero // compañera de trabajo
r ***Chef**, -s // e **Chefin**, -nen	jefe // jefa
r **Mitarbeiter**, - // e **Mitarbeiterin**, -nen	empleado // empleada
r **Sekretär**, - // e **Sekretärin**, -nen	secretario // secretaria
e Chefsekretärin / e persönliche Assistentin, -nen // r Assistent, -en	secretaria de dirección / el // la asistente personal
e Schreibkraft, ⸚e	mecanógrafo
s Mädchen-für-alles	chica para todo
e **Visitenkarte**, -n	tarjeta de visita
Darf ich Ihnen meine Visitenkarte überreichen?	¿Le puedo dar mi tarjeta de visita?
e **Zusammenarbeit** / e **Teamarbeit**	cooperación / trabajo en grupo
im Team arbeiten	trabajar en grupo
ein Team bilden	formar un grupo
e **Arbeitsstelle**, -n / r **Arbeitsplatz**, ⸚e	puesto
de trabajo	
***fest** ↔ **befristet**	fijo ↔ temporal
e Halbtageskraft	empleado de media jornada
e Teilzeitkraft, ⸚e	empleado a tiempo parcial
e Zeitarbeit	trabajo temporal
e ***Tätigkeit**, -en	actividad / ocupación / trabajo
e **Bürotätigkeit**, -en	trabajo de oficina

Equipamento de oficina II

r Computer, -	ordenador
r Laptop, -s	ordenador portátil
r ISDN-Anschluss, ⸚e	conexión ISDN
r Organizer, -s	agenda electrónica
*r *Drucker, -*	impresora
r Scanner, -	escáner
*s *Handy, -s* ['hɛndi] / *s Mobiltelefon, -e*	móvil / LAm celular / teléfono móvil
e Telefonanlage, -n	instalación telefónica
*r *Anrufbeantworter, -*	contestador automático
s Faxgerät, -e	fax
s Diktiergerät, -e	dictáfono
*r *Kopierer / r Fotokopierer, -*	fotocopiadora
e Schreibmaschine, -n	máquina de escribir
e Rechenmaschine, -n	calculadora
r Taschenrechner, -	calculadora de bolsillo
r Reißwolf	máquina para destruir documentos

e ***E-Mail**, -s ['i:me:l] / e **Mail**, -s	mensaje electrónico / mensaje
mailen (gemailt)	enviar un mensaje electrónico
In der Anlage finden Sie drei Dateien.	En el anexo encontrará tres ficheros.
s ***Internet** / s **Intranet**	Internet / Intranet
Unsere Firma ist **vernetzt**.	Nuestra empresa está conectada a la red.
r ***Brief**, -e / s ***Schreiben**, -	carta
r **Geschäftsbrief**, -e	carta de negocios
r Kurzbrief, -e	carta breve, nota
s ***Fax**, -e [faks]	fax
***schreiben** (schrieb, hat geschrieben)	escribir
etw **in den *Computer** [kɔm'pju:tɐ] **eingeben** (gibt ein, gab ein, hat eingegeben) / **eintippen** / ***tippen**	escribir algo en el ordenador
Bitte setzen Sie das Schreiben kurz auf.	Por favor, redacte la carta.
e ***Anlage**, -n	anexo
e Beilage, -n *österr.* / *schweiz.*	anexo
Legen Sie dem Schreiben diese Kopie bei.	Envíe esta copia con la carta.
s **Dokument**, -e	documento
r Tippfehler, -	error tipográfico
r Rechtschreibfehler, -	error ortográfico

Actividades en la oficina

**organisieren*	organizar
**telefonieren*	llamar por teléfono
faxen	enviar un fax
*mailen / per E-Mail *schicken*	enviar mensajes electrónicos
verhandeln	negociar
Termine ausmachen	concertar citas
Briefe / Schreiben verfassen	redactar cartas
Briefe / Memos schreiben	escribir cartas / notas
Akten ablegen	archivar actas
Tabellen erstellen	hacer tablas
Abrechnungen machen	hacer cuentas, preparar facturas
*an Besprechungen *teilnehmen*	participar en reuniones
Mitarbeiter anlernen / anleiten	instruir / enseñar a empleados
Arbeit weitergeben / delegieren	pasar / delegar trabajo
*Seminare / Messen *vorbereiten*	preparar seminarios / ferias
das Besucherprogramm organisieren	organizar el programa de los visitantes
*Gäste *betreuen / empfangen*	acompañar / recibir a los invitados

e **Besprechung**, -en / e ***Sitzung**, -en / s **Meeting**, -s ['mi:tɪŋ]	reunión
ein Meeting abhalten	celebrar una reunión
Er ist gerade in einer Besprechung.	Está reunido / en una reunión.
Die Besprechung ist auf heute 3 Uhr angesetzt.	La reunión ha sido fijada para hoy a las 3.
r Zeitplan, ⸚e	horario, programa
e **Vereinbarung**, -en	acuerdo
eine **schriftliche** ↔ **mündliche** Vereinbarung treffen	llegar a un acuerdo por escrito ↔ de palabra
s **Protokoll**, -e	acta
Wer schreibt heute das Protokoll?	¿Quién escribe hoy el acta?
Nehmen Sie das bitte ins Protokoll auf.	Por favor, que conste esto en acta.
mit der Arbeit ***fertig sein** (ist, war, ist gewesen)	terminar con el trabajo
Er macht seinen Job gut ↔ schlecht.	Hace su trabajo bien ↔ mal.
seine Arbeit ***erledigen**	realizar / completar su trabajo
Seine Arbeit **termingerecht** ↔ **verspätet** abliefern.	entregar su trabajo a tiempo ↔ con retraso
r ***Termin**, -e	plazo, cita
***sich bemühen** um +*A*	esforzarse por, intentar
Können Sie sich für mich um einen Termin beim Chef bemühen?	¿Puede intentar conseguirme una cita con el jefe?
r **Termindruck**	apremio del tiempo (para terminar algo)
einen Termin ansetzen / **vereinbaren** ↔ **absagen** / platzen lassen	fijar / concertar ↔ anular una cita
einen Termin einhalten ↔ **verschieben** (verschob, hat verschoben)	cumplir ↔ posponer un plazo de entrega
***sich irren**	equivocarse
Heute ist kein Meeting? Oh je, ich habe mich im Tag geirrt.	¿Hoy no hay ninguna reunión? Huy, me he equivocado de día.
r ***Kalender**, -	calendario / almanaque
r **Terminkalender**, -	agenda
r volle Terminkalender	agenda completa
Er hat keine Termine mehr frei. ↔ Er hat am Montag um 17 Uhr noch einen Termin frei.	No tiene tiempo para dar ninguna cita más. ↔ Todavía puede dar una cita el lunes a las 5 de la tarde.
r Tischkalender, -	calendario de mesa
r Jahresplaner, -	agenda anual
r Workaholic, -s [wœ:kə'hɔlɪk]	obseso del trabajo
r ***Stress**	estrés
anstrengend	trabajoso, fatigoso, que requiere mucho esfuerzo

1

El empleado ideal

**zuverlässig*	de confianza, formal
belastbar	resistente al trabajo / estrés
flexibel	flexible
(hoch-)qualifiziert	altamente cualificado
**erfahren*	experimentado
kompetent	competente
**sozial / kommunikativ*	sociable / comunicativo
ehrgeizig	ambicioso
zielstrebig	perseverante
teamfähig ['ti:mfɛ:ɪç]	capacitado para trabajar en grupo

r **Firmenausweis**, -e	carné de la empresa
e elektronische Zeiterfassung / e Stechuhr, -en	registro electrónico del tiempo / reloj de fichar
Musst du stempeln?	¿Tiene que fichar?
e **Arbeitszeit**, -en	horas de trabajo, jornada laboral
e Arbeitszeitregelung, -en	regulación de las horas de trabajo
gleitende Arbeitszeit / flexible Arbeitszeiten ↔ feste Arbeitszeiten	horas de trabajo variables / flexibles ↔ fijas
e Kernzeit, -en	horas centrales
s Arbeitszeitkonto, -konten	cómputo de las horas trabajadas
r Arbeitszeitbeginn ↔ s Arbeitsende	comienzo ↔ final de la jornada laboral
***anfangen** (fängt an, fing an, hat angefangen) / ***beginnen** (begann, hat begonnen) ↔ ***aufhören mit**	empezar / comenzar ↔ dejar de
Er fängt um halb neun zu arbeiten an. / Er beginnt um halb neun mit der Arbeit.	Empieza a trabajar a las ocho y media.
Wann machen Sie heute Schluss? – Nicht vor 19 Uhr. / Erst gegen 19 Uhr.	¿Cuándo termina usted hoy? – No antes de las 7 de la tarde. / No hasta alrededor de las siete.
e **Wochenarbeitszeit** / e 35-Stunden-Woche	horas laborables a la semana / 35 horas semanales
e **Arbeitsstunde**, -n	hora de trabajo
r **Feierabend**	final de la jornada laboral
nach Dienstschluss	después del trabajo
e **Krankmeldung**, -en / s **Attest**, -e	baja laboral / certificado médico
ein hoher ↔ niedriger Krankenstand	un nivel alto ↔ bajo de enfermos en la plantila
sich *krank *melden	darse de baja
krank feiern	no ir a trabajar por motivos de salud
r ***Urlaub** / ***Ferien** *Pl* ['fe:ri̯ən]	vacaciones
r bezahlte ↔ unbezahlte Urlaub	vacaciones pagadas ↔ no pagadas
r Sonderurlaub	vacaciones especiales

Urlaub ***nehmen** (nimmt, nahm, hat genommen)	tomar / coger las vacaciones
Ferien nehmen *schweiz.*	tomar / coger las vacaciones
den Urlaub genehmigt bekommen	tener permiso para tomar las vacaciones
sich einen Tag frei nehmen	coger / tomarse un día libre
e ***Überstunde**, -n	hora extra(ordinaria)
Überstunden machen	hacer horas extra(ordinaria)s
Überstunden abfeiern / ausbezahlen	librar por las horas extras realizadas ↔ pagar las horas extras
e **Geschäftsreise**, -n	viaje de negocios
***abrechnen**	deducir, saldar / liquidar
Die Reisekosten werden mit diesem Formular abgerechnet.	Los gastos de viaje se saldarán tras cumplimentar este formulario.
s **Büromaterial**, -materialien	material de oficina
s ***Papier** *Sg*	papel
s **Briefpapier**	papel de carta
s **Kopierpapier** / s **Faxpapier**	papel de fotocopia / de fax
Das Kopierpapier ist aus. / Es ist kein Kopierpapier mehr da.	Se ha acabado el papel de fotocopiar. / Ya no hay papel para fotocopiar.
Können Sie bitte neues Kopierpapier besorgen / bestellen.	¿Puede usted conseguir / encargar papel de fotocopiar?
e ***Notiz**, -en	nota
e Aktennotiz	apunte
Notizen ***machen** / **notieren** / ***aufschreiben** (schrieb auf, hat aufgeschrieben)	tomar notas, apuntes / anotar
Einen Moment, das muss ich mir kurz aufschreiben.	Un momento, esto lo tengo que anotar rápidamente.
r **Notizzettel**, -	nota
r **Notizblock**, ¨-e / s Notizbuch, ¨-er	bloc de notas / cuaderno de notas, libreta
e **Akte**, -n	expediente, acta
Bringen Sie mir bitte bei ***Gelegenheit** die Akte Enran. Das hat aber keine ***Eile**.	Tráigame el expediente del señor Enran cuando tenga ocasión, pero no corre prisa.
Können Sie diese Akte bitte ablegen.	¿Puede archivar este expediente, por favor?
e **Aktenmappe**, -n / e **Aktentasche**, -n	carpeta / cartera, maletín
r **Ordner**, - / r Hängeordner	clasificador / archivador suspendido
r Aktenordner, -	archivador
einordnen / **einsortieren**	clasificar
die Dokumente ***ordnen**	ordenar / poner en orden los documentos
Bitte heften Sie das ab. / Legen Sie das bitte unter Verträge ab.	Por favor, archive esto. / Por favor, archive esto bajo "contratos".

Bringen Sie mir bitte den Ordner mit den Bestellungen.	Tráigame, por favor, el clasificador con los pedidos.
Holen Sie bitte den Vertrag aus dem blauen Ordner.	Por favor, coja el contrato del clasificador azul.
e Unterschriftenmappe, -n	carpeta de documentos / correspondencia para firmar
e Durchlaufmappe, -n	carpeta de circulares
s ***Fach**, ⸚er / s Postfach	gaveta, compartimento / bandeja para la correspondencia
e **Ablage**, -n	depósito / almacén
Dieser Stapel gehört in die Ablage.	Este montón debe ser archivado.
Ich muss heute viel Papierkram erledigen.	Hoy tengo que liquidar mucho papeleo.
diktieren	dictar
stenografieren	taquigrafiar
r **Bürobedarf** / r **Büroartikel**, -	artículos de oficina

Artículos de oficina

*e *Schere, -n*	tijeras
e Büroklammer, -n	clip / LAm, broche / LAm atache
e Heftklammer, -n	grapa
r Hefter, -	grapadora / LAm abrochador
r Papierclip, -s	clip / LAm, broche / LAm atache
r Locher	taladradora / perforadora
e Reißzwecke, -n / r Reißnagel, ⸚	chincheta
e Pinnnadel, -n	alfiler (para una pizarra de corcho)
r Magnet, -en	imán
r Spitzer, -	sacapuntas
e Nachfüllpatrone	cartucho de tinta recargable
s Tipp-Ex®	Tipp-Ex® / líquido corrector
r Radiergummi, -s	goma (de borrar)
Tesafilm® / Tesa® / s Klebeband, ⸚er	Fixo® / cinta adhesiva / celo(fán)
r Tixo® (österr.)	Fixo® / cinta adhesiva / celo(fán)
r Tesafilm-Abroller, -	portacinta de Fixo®
s Klebeband	cinta adhesiva
r Klebestift, -e / r Kleber, -	barrita de pegamento / pegamento
Post-it®	notas adhesivas
Papiere zusammenheften / lochen / klammern	grapar / taladrar / grapar papeles
**Zettel an die *Wand heften*	grapar notas en la pared

e ***Tafel**, -n	pizarra / encerado
s Flipchart, -s ['flɪptʃɑrt *auch* …tʃa:ɐ̯t]	pizarra blanca / flipchart
e **Magnetwand**, ⸚e	pizarra magnética
e **Pinnwand**, ⸚e	pizarra / panel de corcho
s schwarze Brett, -er	panel de anuncios
r **Stift**, -e	lápiz, bolígrafo

Ich bräuchte einen Stift. / Könnte ich kurz Ihren Stift haben?	Necesito un lápiz. / ¿Me deja un momento su lápiz?
r Tafelstift, -e	lápiz de pizarra
e **Stiftablage**, -n	lapicero
Der Stift geht / schreibt nicht mehr.	El boli ya no funciona / pinta.
r ***Bleistift** / r Buntstift	lápiz / lápiz de color
r ***Kugelschreiber**, -	bolígrafo
e (auswechselbare) **Mine**, -n	mina (recambiable)
r **Filzstift**, -e / r Filzschreiber, -	rotulador
r **Marker**, -	(lápiz) marcador
r **Füller**, - / e Füllfeder, -n / r Füllfederhalter, -	pluma (estilográfica)
e **Tinte**, -n	tinta
e **Patrone**, -n / e Druckerpatrone	cartucho / cartucho, tinta de impresora

Kommunikation am Arbeitsplatz
Comunicación en el trabajo

s ***Gespräch**, -e	conversación
Er führt intensive Gespräche mit seinem künftigen Chef.	Está manteniendo largas conversaciones con su futuro jefe.
s **Geschäftsgespräch**, -e	conversación de negocios
ein vertrauliches / privates Gespräch / ein Gespräch unter vier Augen	una conversación confidencial / privada / a solas
e Aussprache, -n	intercambio de opiniones / discusión
e Unterredung, -en	conversación
e **Präsentation**, -en	presentación
e **Besprechung**, -en	reunión
eine Besprechung ansetzen / abhalten	convocar / celebrar una reunión
auf einer Besprechung sein / eine Besprechung haben	estar en una reunión / tener una reunión
verhandeln / weiterverhandeln	negociar / seguir negociando

El orden del día en una reunión

*Zuerst / Am *Anfang / Als erstes / Zu Beginn möchte ich …*	Primero / Al principio / Ante todo / Para comenzar me gustaría …
Dann / Danach / Anschließend / Im Anschluss …	Entonces / Más tarde / A continuación / Acto seguido …
Als Nächstes / Außerdem / Dazu / Zusätzlich …	Lo siguiente / Por otro lado / Además de ello / Además…
*Abschließend / Zum *Schluss / Und *schließlich …*	Para concluir / Para terminar / Y finalmente …

ein Gespräch ***beginnen** (begann, hat begonnen) ↔ **abbrechen** (bricht ab, brach ab, hat abgebrochen)	empezar ↔ interrumpir una conversación
ein Gespräch **unterbrechen** (unterbricht, unterbrach, hat unterbrochen) ↔ **fortführen**	interrumpir ↔ proseguir una conversación
mit jm **ins Gespräch *kommen** (kam, ist gekommen)	entablar una conversación con alg
jn in ein Gespräch verwickeln	envolver a alg en una conversación
sich viel ↔ kaum am Gespräch beteiligen	participar activamente ↔ apenas participar en una conversación
ins Gespräch vertieft sein	estar metido en una conversación
jm **ins *Wort fallen** (fällt, fiel, ist gefallen) / jn unterbrechen	interrumpir a alg

Comenzar una conversación

Entschuldigung, darf ich Sie kurz unterbrechen?	Disculpe, ¿le puedo interrumpir un momento?
Eine Zwischenfrage.	Una pregunta. [cuando se interrumpe a alguien]
Darf ich etwas dazu sagen?	¿Puedo añadir / decir algo?
Ich möchte etwas dazu sagen.	Me gustaría decir algo al respecto.
Entschuldigung, dazu würde ich gern etwas sagen.	Disculpe, al respecto me gustaría decir algo.
Darf ich da ganz kurz einhaken?	¿Puedo hacer un pequeño inciso?
Tut mir Leid, wenn ich Sie unterbreche, aber …	Siento interrumpirlo, pero …
*Entschuldigung, Sie *behaupten, dass …*	Disculpe, usted afirma que …
Einen Moment noch.	Un momento.
Wenn Sie mich bitte zu Ende reden lassen würden.	Si usted, por favor, me dejara terminar de hablar.
Darf ich das noch eben ausführen?	¿Puedo terminar lo que estoy diciendo?

e **Gesprächsführung**, -en	moderación / conducción de una conversación
e Gesprächsleitung,- en	moderación / conducción de una conversación
r **Referent**, -en // e **Referentin**, -nen	el // la ponente
r / e **Vortragende**, -n	ponente
r Vortragsstil, -e	forma de exponer
ein Gespräch **moderieren**	conducir / moderar una conversación
***begründen**	justificar / alegar pruebas / probar
Können Sie das begründen / an einem Beispiel belegen?	¿Puede probar esto / probarlo con un ejemplo?

Presentar un debate

Unser Thema heute ist: …	Nuestro tema hoy es: …
Heute befassen wir uns mit dem Thema: …	Hoy vamos a tratar el tema: …
Unsere Tagesordnung: …	Nuestro orden del día: …
Ziel unseres Gespräches ist: …	El objetivo de nuestra conversación es: …

Ceder la palabra a alguien

Bitte Frau Müller.	Frau Müller, por favor.
Wer möchte beginnen?	¿Quién desea empezar?
Was ist Ihre Meinung dazu?	¿Cuál es su opinión al respecto?

Volver al tema

Darf ich an den Zeitplan erinnern.	¿Puedo recordarle nuestro programa?
Unsere ursprüngliche Frage war …	Nuestra pregunta inicial era …
Es ist jetzt 11 Uhr. Stellen wir die Frage zurück und machen erst einmal weiter mit der Tagesordnung.	Son las 11. Dejemos para más tarde esta cuestión y continuemos con el orden del día.
Ich würde jetzt gerne zum nächsten Punkt kommen.	Me gustaría ahora pasar al siguiente punto.
Kommen wir noch einmal zurück zur Frage: …	Volvamos ahora otra vez a la pregunta: …

Subrayar algo

Entscheidend ist, …	Lo crucial / decisivo es …
Besonders wichtig erscheint mir dabei, …	Especialmente importante me parece …
Eines möchte ich unterstreichen: …	Me gustaría subrayar algo: …

Resumir

Ich fasse zusammen: …	Resumiendo: …
Folgendes haben wir heute erreicht / entschieden: ..	Hoy hemos conseguido / decidido lo siguiente: ….
Ich halte fest: …	Para que conste en acta: …
Können wir somit festhalten, dass …	Podemos hacer constar en acta que …

Cerrar un debate

Damit kommen wir zum Schluss.	Y con esto llegamos al final.
Wir sind am Ende. Ich danke Ihnen für Ihre Aufmerksamkeit / Ihre rege Beteiligung.	Hemos finalizado. Les agradezco su atención / su animada participación.
Tja, das wär's dann für heute. Vielen Dank.	Bueno, esto ha sido todo por hoy. Muchas gracias.

e **Verhandlung**, -en	negociación
verhandeln	negociar
zustimmen ↔ ***ablehnen**	aprobar ↔ rechazar
bedingt zustimmen	acordar parcialmente

Estar de acuerdo

Abgemacht.	De acuerdo.
*Ja, *genau!*	Sí, exactamnete.
*Das sehe ich *genauso.*	Así es exactamente como yo lo veo.
Da bin ich ganz Ihrer Meinung.	Estoy totalmente de acuerdo con usted.
Dem kann ich nur zustimmen.	No tengo nada en contra.

No estar de acuerdo

*Ich sehe das *anders.*	Lo veo de otra forma.
*Ich habe da meine *Zweifel.*	Tengo mis dudas.
*Da bin ich mir nicht so *sicher.*	No estoy tan seguro de eso.
Dem kann ich leider nicht zustimmen.	Lo siento, pero con eso no puedo estar de acuerdo.
Tut mir Leid. Aber das sehe ich anders.	Lo siento, pero mi punto de vista es otro.
*Da muss ich Ihnen *widersprechen.*	No tengo más remedio que contradecirle.
*Das mag Ihr *Standpunkt sein, aber ich sehe das anders.*	Ése será su punto de vista, pero yo lo veo de otra forma.

Hacer aclaraciones

Habe ich Sie richtig verstanden? …	¿Lo he entendido bien? …
*Das habe ich nicht verstanden. Könnten Sie das noch einmal *wiederholen?*	Eso no lo he entendido. ¿Lo puede repetir otra vez?
Was meinen Sie damit? Das ist mir nicht ganz klar.	¿Qué quiere decir con eso? No lo acabo de entender.
Eine kurze Zwischenfrage: …	Una preguntita: …

Volver sobre lo dicho

Ich habe mich da vielleicht nicht klar ausgedrückt. Noch einmal also: …	Quizás no me haya expresado con suficiente claridad. Lo vuelvo a repetir: …
Darf ich etwas richtig stellen?	¿Puedo hacer una rectificación?

e **Bürokommunikation**	comunicado en la oficina, circular
e **Anweisung**, -en / e ***Bitte**, -n	instrucción / petición
e ***Nachfrage**, -n	demanda

Realizar el trabajo

Was kann ich für Sie tun? / Kann ich was für Sie tun?	¿Qué puedo hacer por usted? / ¿Puedo hacer algo por usted?
Was ist (gerade) zu tun?	¿Qué hay que hacer ahora?
Ich hätte eine Bitte: …	Me gustaría pedir(le) algo: …
*Könnten Sie das für mich *erledigen?*	¿Podría hacer esto para / por mí?
*Könnten Sie noch zusätzliche Arbeit *übernehmen?*	¿Podría hacerse cargo de algún trabajo extra?
Könnten Sie heute länger bleiben / Überstunden machen?	¿Podría quedarse hoy más tiempo / hacer horas extras?
Ja, aber erst heute Nachmittag.	Sí, pero no hasta esta tarde.
Nein, ich bin im Moment leider zu beschäftigt … Vielleicht später?	No, ahora mismo estoy muy ocupado … ¿Quizás más tarde?
Tut mir Leid, ich habe gerade so viel zu tun.	Lo siento, ahora mismo tengo mucho que hacer.

r **Smalltalk**, -s ['smɔ:ltɔ:k] — conversación de todos los días
Small-talk machen / plaudern (mit) — charlar

Conversaciones de todos los días

Ich hoffe, Sie hatten eine gute Anreise.	Espero que haya tenido un buen viaje.
Wie war Ihr Flug?	¿Cómo fue su vuelo?
Sind Sie mit Ihrer Unterkunft zufrieden?	¿Está contento con su alojamiento?
Das Wetter heute ist wirklich schön / gut / angenehm / schrecklich.	El tiempo hoy es realmente bonito / bueno / agradable / horroroso.
Sind Sie das erste Mal hier?	¿Es la primera vez que está usted aquí?
Wie finden Sie die Stadt?	¿Qué le parece la ciudad?
Wie ist das Klima / der Verkehr / … eigentlich bei Ihnen?	¿Y cómo es el clima / el tráfico / … en su país?
Was machen Sie in Ihrer Freizeit?	¿Qué hace en su tiempo libre?

Österreich Austria

Die mit *süddt.* markierten Wörter werden auch in Süddeutschland gebraucht.
Las palabras marcadas con *süddt.* también se utilizan en el sur de Alemania.

1.	**Kontakte / Kommunikation**	**Relaciones / Comunicación**
1.1	Servus. ['zɛrvʊs] / Grüß Gott. *süddt.*	Hola.

Títulos

En Austria se utilizan los títulos mucho más que en Alemania. Se emplean con frecuencia, por ejemplo, *Ing.* (*Ingenieur* – ingeniero después de un bachillerato técnico), *Mag.* (*Magister / Magistra* – licenciado // licenciada), *DI* (*Diplomingenieur* – diplomado en ingeniería) y *Dr.* (*Doctor*). Otro uso especial de Austria es que a los profesores de instituto (*Gymnasium*) también se les llama *Frau / Herr Professor* (*Huber*).

En Austria las letras *J* y *Q* se pronuncian de forma diferente: *J* se pronuncia [je] (en lugar de [jot]) y *Q* [kwe] (en lugar de [ku]).

2.	**Der Mensch**	**El ser humano**
2.5	r Pensionist, -en // e Pensionistin, -nen	el // la pensionista / jubilado // jubilada
	r Frühpensionist, -en // e Frühpensionistin, -nen	persona que se ha jubilado anticipadamente
2.7	angreifen (griff an, hat angegriffen)	coger / agarrar
3.	**Die Familie**	**La familia**
3.3	r Bub, -en *süddt.*	niño
4.	**Dinge des Alltags**	**Vida cotidiana**
4.1	e Jause, -n ['jauzə]	merienda, tentempié
	jausnen ['jauzn] / ['jausnən]	merendar / tomar un tentempié / algo [entre comidas]
	s Schlagobers *Sg* ↔ r Sauerrahm *Sg*	nata / LAm crema dulce ↔ nata / LAm crema ácida
	s Schlagobers *Sg*	nata montada / batida
	r Topfen *Sg*	cuajada
	r Knödel, - *süddt.*	bola de masa (de pan o patata) hervida
	s Faschierte *Sg*	carne picada
	s Frankfurter Würstel, -	salchicha de Francfort
	r Karfiol [kar'fi̯o:l]	coliflor
	Kohlsprossen *Pl*	col de Bruselas
	e Marille, -n *süddt.*	albaricoque
	e Ribisel, -n ['ri:bi:zl] *süddt.*	grosella

4.2	g(e)spritzter Apfelsaft	zumo / LAm jugo de manzana con agua mineral

Café – Kaffee

En Austria, y especialmente en Viena, la cafetería / el café (**Kaffeehaus**) es un lugar muy frecuentado en el cual se puede tomar una taza (bowl) de café, leer la prensa nacional e internacional y encontrarse con amigos. Es bastante normal pasar varias horas en un café y sólo tomar una o dos consumiciones.
Las variedades más populares son el **Melange** (café con leche espumosa) y el **Kleine / Große Braune** (café fuerte pequeño / grande con leche). Con cada taza de café sirven un vaso de agua.

4.3	s Zündholz, ¨-er *süddt.*	cerilla
4.5	r Schlüpfer, -	braga(s)
4.6	e Trafik, -en [tra'fɪk]	quiosco / puesto, estanco

Trafik (también: Tabak – Trafik)

Un **Trafik** es una pequeña tienda (con frecuencia sólo una habitación) donde se pueden comprar periódicos, revistas, tabaco y también sellos. En muchos de estos estancos también se venden formularios oficiales necesarios para solicitar algo, tiques para aparcamientos y billetes para los transportes públicos.

5.	**Zu Hause**	**En casa**
5.1	übersiedeln	mudarse
	e Übersiedlung, -en	mudanza
	e Stiege, -n *süddt.*	escalera
	s Stiegenhaus, ¨-er *süddt.*	descansillo / rellano
	e Glocke, -n *süddt.*	timbre
	läuten *süddt.*	llamar al timbre
	r Rauchfang ¨-e / r Kamin, -e *süddt.*	chimenea
5.2	r Plafond, -s [pla'fõ:] *süddt.*	techo
	r Kasten, ¨- *süddt.*	armario
	s Leintuch, ¨-er *süddt.*	sábana
	r Überzug, ¨-e *süddt.*	funda
	r Fauteuil, -s [fo'tœj]	sillón / butaca / butacón
	r Sessel, -	silla
	e Abwasch, -en	fregadero
	r Eiskasten, ¨-	frigo(rífico) / nevera
	das Licht / die Lampe einschalten / aufdrehen ↔ ausschalten / abdrehen	encender ↔ apagar la luz / la lámpara
	r Vorhang, ¨-e *süddt.* / r Store, -s ['ʃto:ɐ̯] *auch* ['sto:ɐ̯].	cortina, visillo
	r Mistkübel, - *süddt.*	cubo de la basura
5.3	kehren *süddt.*	barrer
	die Wäsche waschen / schwemmen / schleudern	lavar / enjuagar / centrifugar la ropa

5.4	e Eierspeise, -n	huevo revuelto
	den Germteig gehen lassen	dejar que fermente / que suba la masa con levadura
	den Schlag schlagen	montar la nata

6. Feste und Freizeit — Fiestas y tiempo libre

Fiesta Nacional Austriaca – *Nationalfeiertag in Österreich* (26.10.)

En Austria los días de las festividades católicas son festivos en todos los estados federales. Los protestantes tienen el Viernes Santo como fiesta adicional.

6.1	auf Urlaub sein	estar de vacaciones
	auf Urlaub fahren	ir de vacaciones
6.4	s Gasthaus, ¨-er	restaurante
	s Beisel, -n ['baizl]	bar
	r Heurige, -n	taberna
	r Würstelstand, ¨-e	puesto de salchichas
	r gespritzte Apfelsaft	[= mezcla a partes iguales de zumo de manzana y agua mineral]
	r rote / weiße Gespritzte, -n ['g(ə)ʃprɪtstə]	[= mezcla a partes iguales de vino y agua mineral]
	r rote / weiße Sturm	vino joven (tinto / blanco)
6.8	e Zündholzschachtel, -n *süddt.*	caja de cerillas

7. Gesundheit und Krankheit — Salud y enfermedad

7.1	sich verkühlen *süddt.*	resfriarse / constiparse

8. Staat und staatliche Institutionen — El Estado y las instituciones estatales

8.1	r Bezirkshauptmann, ¨-er	jefe de distrito
	s Magistrat, -e	concejo municipal
8.3	r Landeshauptmann, ¨-er // e Landeshauptfrau, -en	presidente // presidenta de un estado
	e Republik Österreich	República Austriaca
	r Nationalrat	Parlamento

Elecciones

Cada elector puede emitir un voto para uno de los partidos. Además puede elegir de una lista de ese partido a su candidato preferido de su estado federal o región.

8.6	e Weihnachtsremuneration, -en ['vainaxtsremuneratsio:n]	paga de Navidad
8.8	e Kinderbeihilfe	subsidio por hijos
	e Familienbeihilfe	subsidio por familia
	s Wochengeld	dinero después del nacimiento [sólo unos meses]

	e Karenz	baja maternal
	s Kinderbetreuungsgeld	subsidio de educación [para el padre / madre que se queda en casa para criar a su hijo]
	e Pensionsversicherung	seguro de pensiones
	e Pension,- en	pensión / jubilación
	e Versicherungspolizze, -n [...po'lɪt͡sə]	póliza de seguro
8.10	e Gendarmerie, -n [ʒandarməri:']	policía / gendarmería
	r Gendarm, -en [ʒan'darm]	policía / gendarme [en localidades pequeñas]
8.11	s Bundesheer	fuerzas armadas / ejército

10. Bildung — Educación

El sistema educativo

En Austria sólo hay pequeñas diferencias entre los sistemas educativos de los distintos estados federales.
La educación obligatoria comienza a los 6 años y termina a los 15. Tanto los colegios públicos como los libros de texto son gratuitos.
La **Volksschule** (escuela primaria = 1°– 4° curso) les proporciona a todos los alumnos la misma educación básica.
La **Hauptschule** (5°– 8° año o cursos 1°– 4° de la *Hauptschule*) continúa con la educación general básica y está orientada a preparar a los alumnos para que entren en la escuela de formación profesional y también posiblilita a los alumnos más aventajados pasar a colegios de un nivel superior. Los alumnos que no pasan a ningún colegio de nivel intermedio o superior terminan normalmente su formación con el **Polytechnischer Lehrgang** (9° año). Los niños con problemas de aprendizaje van a la **Sonderschulen** (1°– 9° año).
Después de la escuela primaria los alumnos también pueden asistir a distintos institutos de enseñanza secundaria (5°–12° año o cursos 1°– 8° en el **Gymnasium**), por ejemplo a un instituto especializado en lenguas modernas (*Neusprachliches Gymnasium, Realgymnasium,* etc). Los institutos ofrecen una educación general amplia y dividen a sus alumnos en dos niveles: el básico (5°– 8° año) y el superior (9°–12° año), hasta que pueden entrar en la universidad. El examen que permite a los alumnos estudiar en la universidad se llama *Matura* en Austria. Las escuelas superiores independientes (por ejemplo *Oberstufenrealgymnasium*) son un tipo especial de colegios que están abiertos a alumnos a partir del 8° año, y también los forman para que puedan acceder a la universidad.
Los alumnos de la *Hauptschule* y del *Gymnasium* pueden pasar después del 8° año (4° curso) a una escuela de formación profesional de nivel medio que enseña a los alumnos una profesión concreta, a una escuela de formación profesional de nivel superior (por ejemplo *Höhere Technische Lehranstalten, Handelsakademie*), que prepara a los alumnos para que entren en la universidad al mismo tiempo que les ofrece una formación profesional práctica, o a un *Oberstufenrealgymnasium*. En Austria los estudiantes tienen que pagar la matrícula en la universidad y escuelas superiores. Una carrera se termina normalmente con un examen final (Diplomprüfung).

10.1	e Volksschule, -n	escuela primaria
	e Sonderschule, -n	escuela de educación especial
	e Matura *Sg.* (= s Abitur)	selectividad [=requisito para poder entrar en la universidad]
	maturieren	hacer el examen de selectividad / acceso a la universidad
	inskribieren	inscribirse
10.2	r (Unterrichts-)Gegenstand, ⸚e	asignatura / materia
	r Freigegenstand, ⸚e	asignatura optativa
10.3	e Prüfung, -en	examen
	r Maturant, -en // e Maturantin, -nen	persona que está haciendo o ha hecho la selectividad
	e Sponsion, -en [ʃpɔnˈtsi̯o:n]	ceremonia de graduación en la universidad
	Sie hatte letztes Jahr Sponsion. / Sie hat ihr Studium letztes Jahr abgeschlossen.	El año pasado terminó la carrera / se licenció.
	e Diplomprüfung, -en	examen final de carrera / de licenciatura

Notas

en el colegio		**para una tesis doctoral**
sobresaliente	1 = *sehr gut*	summa cum laude
notable	2 = *gut*	magna cum laude
bien	3 = *befriedigend*	cum laude
suficiente	4 = *genügend*	rite
insuficiente	5 = *nicht genügend*	

10.4	e Hausübung, -en	deberes / tareas

14. Verkehr — la circulación

14.1	e Straße, -n / e Gasse, -n (enge Straße in der Stadt)	calle / callejón / callejuela
	e Umfahrung, -en // e Umfahrungsstraße, -n	carretera de circunvalación
	r Pannenstreifen, -	arcén
	r Vorrang *Sg*	preferencia
	s Pannendreieck aufstellen	poner el triángulo de peligro / avería

Infracciones de tráfico

De forma distinta a lo que ocurre en Alemania, en Austria no existen puntos de penalización cuando se comete una infracción de tráfico. Los conductores o bien pagan una multa o, en casos de infracciones más graves, se les retira el permiso por un tiempo determinado.

14.2	den Zug erreichen / erwischen *ugs.* verpassen / versäumen	tomar / pillar / coger el tren ↔ perder el tren
	r Speisewagen, -	coche-restaurante
15.	**Zeit, Raum, Menge**	**Tiempo, espacio, cantidad**
15.3	s Dekagramm, -e / s Deka, - (*abbr.:* dag)	decagramo = 10 gramos
16.	**Stadt und Land**	**Ciudad y campo**
16.1	e Bezirkshauptmannschaft, -en	oficina de administración del distrito
16.4	s Herrl // s Frauerl	dueño // dueña
	e Gelse, -n	mosquito
18.	**Information und Kommunikation**	**Información y comunicación**
18.3	e Trafik, -en	quiosco (de periódicos), estanco
18.5	abheben ↔ auflegen	descolgar ↔ colgar
18.8	zu Handen	para entregar a / a la atención de
19.	**Wirtschaft und Geschäftsleben**	**Economía y vida de negocios**
19.4	r Bankomat, -en	cajero automático
	e Kundenkarte, -n	tarjeta para sacar dinero
	e Scheckkarte, -n / e Bankomatkarte, -n	tarjeta EC [eurocheque] / tarjeta para sacar dinero
19.5	r Posten, -	colocación / empleo / puesto
20.	**Im Büro**	**En la oficina**
20.1	r Schreibtischsessel, - / r Bürosessel, -	silla de escritorio / de oficina
	e Beilage, -n	anexo
	r Tixo®	Fixo® / cinta adhesiva / celo(fán)

Österreichische Standardvarianten

aus der Wortliste zum *Zertifikat Deutsch*

(Standarddeutsche Entsprechung in Klammern)

Variantes del austriaco estándar

de la lista del *Certificado de alemán*

(entre paréntesis el equivalente en alemán)

abdrehen (ausmachen) Drehen Sie bitte das Licht ab!	apagar Por favor, apague la luz.
e **Abfahrt**, -en (Ausfahrt)	salida
absperren (abschließen) Ich glaube, ich habe vergessen, die Tür abzusperren.	cerrar Creo que se me ha olvidado cerrar la puerta con llave.
abwaschen (wusch, gewaschen) (abspülen)	fregar
am (auf dem) **Land leben**	vivir en el campo
angreifen (griff, gegriffen) (anfassen) Greifen Sie bitte die Waren nicht an.	tocar Por favor, no toque las mercancías.
anschauen (ansehen) Den Film müssen Sie sich unbedingt anschauen. / Sie schaute mich erschrocken an.	mirar / ver Tiene que ver la película. / Me miró asustada.
auf (in) **Urlaub sein** Im Mai war ich auf / in Urlaub.	estar de vacaciones En mayo estuve de vacaciones.
aufmachen (öffnen) Wann machen die Geschäfte auf? Kannst du bitte das Fenster aufmachen?	abrir ¿Cuándo abren las tiendas? ¿Puedes abrir, por favor, la ventana?
(aus)borgen ((aus)leihen) Sie können das Buch in der Bibliothek ausborgen. / Ich habe mir von ihm 50 Schilling geborgt.	pedir prestado Usted puede sacar el libro de la biblioteca. / Le he pedido prestados 50 chelines.

ausschauen (aussehen) 1. Sie schauen wieder besser aus. 2. Sie schaut genauso aus wie ihr Bruder. 3. Es schaut so aus, als ob es mit der Wirtschaft wieder aufwärts ginge.	tener el aspecto 1. Otra vez tiene mejor aspecto. 2. Tiene el mismo aspecto que su hermano. 3. Parece como si la economía se estuviera recuperando.
s **Beisel**, -(n) (Kneipe)	bar
die **Berge** *Pl* (Gebirge)	montañas
e **Brieftasche**, -n (Geldbörse)	cartera, monedero
brennen (brannte, hat gebrannt) (an sein) In ihrem Zimmer hat die ganze Nacht das Licht gebrannt.	estar encendido En su habitación ha estado la luz encendida toda la noche.
bringen (fahren)	llevar a un sitio en coche
r **Bub**, -en (Junge)	niño
ebenfalls (gleichfalls)	igualmente
eingeschrieben Ich habe den Brief eingeschrieben geschickt. (Ich habe den Brief per Einschreiben geschickt.)	certificado He enviado la carta certificada.
einsperren (einschließen) Ich habe die Papiere im Schreibtisch eingesperrt.	encerrar He guardado bajo llave los papeles en el escritorio.
r **Erdapfel**, ¨- (Kartoffel)	patata
s **Faschierte** [fa'ʃi:rtə] *Sg* (Hackfleisch)	carne picada
r **Fauteuil**, -s [fo'tœj] (Sessel)	butaca / butacón
fertig / müde (kaputt) Ich bin noch ganz fertig / müde von der Reise.	hecho polvo / cansado Todavía estoy hecho polvo / cansado del viaje.
e **Fisole**, -n [fi'zo:lə] (Bohne)	judía
e **Fleischhauerei**, -en (Metzgerei)	carnicería
s **Gasthaus**, ¨-er (Kneipe)	restaurante / bar

gehen (ging, gegangen) (fahren) Der nächste Zug geht / fährt in 20 Minuten.	ir (en un medio de transporte) El próximo tren sale dentro de 20 minutos.
r **Gehsteig**, -e (Bürgersteig)	acera
s **Geschäft**, -e (Laden)	tienda
gerade (eben) Ich bin gerade / eben erst angekommen.	justamente / acabar de Acabo de llegar.
e **Glocke**, -n (Klingel)	timbre
halt (eben) Ich gebe es auf, ich habe halt / eben kein Glück.	simplemente, justamente Lo dejo, simplemente no tengo ninguna suerte.
s **Hendel**, - (Hähnchen)	pollo
heuer (dieses Jahr) Heuer / dieses Jahr fahren wir nach Italien auf / in Urlaub.	este año Este año vamos a Italia de vacaciones.
in der Früh (Morgen) Heute in der Früh / Morgen habe ich die Straßenbahn verpasst.	por la mañana Esta mañana he perdido el tranvía.
e **Kassa**, Kassen (Kasse)	caja
r **Kasten**, ¨ (Schrank)	armario
s **Kipferl**, -n (Hörnchen)	cruasán
e **Kiste**, -n (Kasten)	caja
r **Knödel**, -(n) (Kloß)	bola de masa (de pan o patatas) hervida
e **Krankenkassa**, -kassen (Krankenkasse)	seguro de enfermedad
r **Krankenschein**, -e (Versicherungskarte)	tarjeta del seguro de enfermedad
s **Kuvert**, -s [ku'vɛːɐ̯] (Briefumschlag)	sobre

läuten (klingeln)	llamar al timbre
r **Lehrling**, -e (Auszubildender)	aprendiz
r **Lift**, -e (Aufzug)	ascensor
r **Lohn**, ⸚e (Gehalt)	salario / sueldo
e **Matura** *Sg* (Abitur)	selectividad / acceso a la universidad
e **Marille**, -n (Aprikose)	albaricoque
s **Mineral(wasser)**, - (Wasser) Zwei Gläser Mineralwasser, bitte! / Zwei Mineral, bitte!	agua mineral Por favor, dos vasos de agua mineral / dos aguas minerales.
r **Mistkübel**, - (Mülleimer)	cubo de la basura
momentan (augenblicklich) Nach den Nachrichten kommt ein Bericht über die momentane / augenblickliche Lage.	actual(mente) Después de las noticias ponen un documental sobre la situación actual.
e **Nachspeise**, -n (Nachtisch)	postre
r **Nationalrat**, ⸚e (Bundestag)	Parlamento
offen sein (auf sein) Das Fenster ist offen.	estar abierto La ventana está abierta.
e **Orange**, -n [o'rã:ʒə] (Apfelsine)	naranja
e **Ordination**, -n (Arztpraxis / Sprechstunde)	consulta, hora de consulta
s **Packerl**, -(n) ['pakərl] (Päckchen)	paquete pequeño
e **Palatschinke**, -n [pala'tʃiŋkə] (Pfannkuchen)	crepe / LAm panqueque
r **Paradeiser**, - [para'daizɐ] (Tomate)	tomate
s **Parterre** *Sg* [par'tɛr(ə)] (Erdgeschoß)	planta baja
e **Pension**, -en [pɛn'sio:n] (Rente)	pensión / jubilación

in Pension gehen (in Rente gehen) Am liebsten würde ich mit 50 in Pension gehen.	jubilarse Me encantaría jubilarme a los 50 años.
r **Polster**, - (Kissen)	cojín
kosten (versuchen) Kosten / versuchen Sie doch einmal meinen Apfelkuchen.	intentar, probar Pruebe mi tarta / pastel de manzana.
putzen (reinigen) Ich habe den Anzug putzen / reinigen lassen.	limpiar He mandado el traje a limpiar.
rennen (rannte, ist gerannt) (laufen) Für meine Aufenthaltserlaubnis bin ich von Amt zu Amt gerannt / gelaufen.	correr, ir deprisa Para conseguir mi permiso de residencia he ido de oficina en oficina.
e **Rettung**, -en (Krankenwagen) Wir müssen die Rettung rufen.	ambulancia Tenemos que llamar a la ambulancia.
s **Sackerl**, -(n) (Tüte)	bolsa
schalten (springen) Die Ampel schaltet / springt auf Rot.	cambiar El semáforo cambia a rojo.
schauen (gucken) Schau einmal!	mirar ¡Mira!
r **Schlag** / s **Schlagobers** *Sg* (Sahne)	nata montada
sich schrecken (erschrecken) Schreck dich nicht! / Erschreck nicht!	asustarse ¡No te asustes!
e **Schularbeit**, -en (Klassenarbeit)	examen (en el colegio)
s **Schwammerl**, -n (Pilz)	seta
e **Semmel**, -n (Brötchen)	panecillo
r **Sessel**, -(n) (Stuhl)	silla
s **Sofa**, -s (Couch [kautʃ])	sofá

e **Speise**, -n (Gericht) Was ist deine Lieblingsspeise / dein Lieblingsgericht?	comida ¿Cuál es tu comida favorita?
s **Spital**, ⸚er (Krankenhaus)	hospital
e **Station**, -en (Haltestelle)	estación
steigen (stieg, ist gestiegen) (treten) Ich bin auf ein Stück Glas gestiegen / getreten.	pisar He pisado un trozo de cristal.
e **Stiege**, -n (Treppe)	escalera
super (prima) Das ist echt super!	estupendo Eso es estupendo.
e **Telefonwertkarte**, -n (Telefonkarte)	tarjeta telefónica
r **Topfen** *Sg* (Quark)	cuajada
e **Trafik**, -en [tra'fɪk] (Kiosk)	quiosco / puesto, estanco
e **Türschnalle**, -n (Türklinke)	picaporte
übersiedeln (umziehen) Familie Meier ist übersiedelt / umgezogen.	mudarse La familia Meier se ha mudado.
vergessen auf *+A* (vergisst, vergaß, hat vergessen) (vergessen) Ich habe *auf* den Termin vergessen.	olvidarse Me he olvidado de la cita.
sich verkühlen (sich erkälten)	resfriarse / constiparse
verlangen (nehmen) Er hat 500 Schilling für diese kleine Reparatur verlangt.	pedir, exigir Ha pedido 500 chelines por ese pequeño arreglo.
versäumen (verpassen) Ich habe den Zug versäumt / verpasst.	perder He perdido el tren.
vis-à-vis [viza'vi:] (gegenüber) Das Geschäft liegt direkt vis-à-vis von der Post.	enfrente de La tienda está exactamente enfrente de correos.

e **Volksschule**, -n (Grundschule)	escuela primaria
r **Vorrang** *Sg* (Vorfahrt) Er hat den Vorrang nicht beachtet.	preferencia No ha respetado la preferencia.
r **(Bahn-)Waggon**, -s [va'go:n] (Wagen)	vagón
r **Zug**, ¨-e (Bahn)	tren
zumachen (schließen) Machen Sie bitte das Fenster zu.	cerrar Por favor, cierre la ventana.
zusperren (schließen) Wenn wir weiter so wenig Aufträge bekommen, müssen wir unseren Betrieb zusperren / schließen.	cerrar (con llave) Si seguimos recibiendo tan pocos encargos tendremos que cerrar nuestro negocio.
s **Zündholz**, ¨-er (*Pl* auch: **Zünder**) (Streichholz)	cerilla
e **Zwetschke**, -n (Pflaume)	ciruela

Wortschatz-Listen zu österreichischen und schweizerischen Standardvarianten aus: „Zertifikat Deutsch – Lernziele und Testformat", Frankfurt a. M., 1999, mit freundlicher Genehmigung der WBT Weiterbildungs-Testsysteme, des Goethe Instituts, des Österreichischen Sprachdiploms und der Schweizer Konferenz der kantonalen Erziehungsdirektoren.

Schweiz Suiza

Die mit *süddt.* markierten Wörter werden auch in Süddeutschland gebraucht.
Las palabras marcadas con *süddt.* también se utilizan en el sur de Alemania.

1.	**Kontakte / Kommunikation**	**Relaciones / Comunicación**
1.1	Salü. ['saly] *auch* [sa'ly:] / Grüezi. ['gry:ətsɪ]	Hola
	Adieu. [a'diø:]	Adiós
2.	**Der Mensch**	**El ser humano**
2.1	r Übername, -n	apodo / mote
2.2	r Märzenflecken, -	pecas
2.4	r Nuggi, - ['nʊgi]	chupo / chupete
2.5	r / e Pensionierte, -n	pensionista / jubilado
	r / e frühzeitig Pensionierte, -n	persona que se ha jubilado anticipadamente
2.7	tönen	sonar
3.	**Die Familie**	**La familia**
3.3	r Bub, -en *süddt.*	niño
	s Göttikind, -er	ahijado
	r Götti, - // e Gotte, -n	padrino // madrina
	den Schoppen geben	dar el biberón
	r Nuggi, - ['nʊgi]	chupo / chupete
	das Baby ['be:bi] abziehen	desnudar al bebé
	s Sackgeld	paga
4.	**Dinge des Alltags**	**Vida cotidiana**
4.1	s Morgenessen, - / r / s Zmorge(n), - ['tsmorge(n)]	desayuno
	s Nachtessen	cena
	e Glace, -n ['glasə]	helado
	s Ruchbrot	pan negro
	s Semmeli, - / das Bürli, -	panecillo
	r Fruchtkuchen, -	tarta de frutas
	r Nussgipfel, -	[cruasán relleno de algún producto seco; nueces, avellanas, etc]
	s Guetsli, - ['gʊətsli]	galleta
	s Birchermüesli, - / s Müesli, - ['myəsli]	muesli
	s Trutenfleisch	carne de pavo
	s Poulet, -s ['pulɛ]	pollo
	s Wienerli, - / s Frankfurterli, -	salchicha de Francfort
	r Kartoffelstock	puré de patatas
	s Rüebli, - ['ryəbli]	zanahoria
	Peperoni *Pl*	pimiento

	Zucchetti *Pl* [tsʊ'kɛttɪ]	calabacín
	r Fruchtsalat	ensalada de frutas / macedonia
	e Weinbeere, -n	pasa
	e Baumnuss, ¨-e	nuez
4.2	e Ovomaltine	Ovomaltine [bebida hecha de malta]
	r Liqueur [lɪ'kø:r]	licor
	r Zapfenzieher, -	sacacorchos

En Suiza la gente suele beber café después de comer. Hay **Milchkaffee/Schale** (café con leche) y **Café crème** [kafe'krɛm] (café con nata). Las especialidades italianas como **Espresso** [ɛs'prɛso] y **Cappuccino** [kapʊ'tʃi:no] se beben mucho.

4.3	s Zündholz, ¨-er	cerilla
4.4	r Coiffeur, -e ['kwafør] // e Coiffeuse, -n ['kwaføz]	peluquero
4.5	sich abziehen	desvestirse / desnudarse
	e Windjacke, -n	anorak
	r Jupe, -s ['ʒyp]	falda
	r Veston, -s ['vɛstɔ̃]	chaqueta / *Esp* americana / *LAm* saco
	s Gilet, -s ['ʒilɛ]	chaleco
	r Socken, -	calcetín
4.6	e Papeterie [papɛtə'ri:], -n [...i:ən]	papelería
	r Ausverkauf *süddt.*	rebajas / liquidación
	r Totalausverkauf	liquidación total
	r Bon, -s [bõ]	vale

5. Zuhause — En casa

5.1	s Untergeschoss *süddt.*	sótano
	e Hausglocke, -n	timbre
	läuten *süddt.*	llamar al timbre
5.2	r Kasten, ¨- *süddt.*	armario
	tischen ↔ abtischen	poner ↔ quitar la mesa
	r Fauteuil, -s ['fotœi]	sillón / butaca / butacón
	s Lavabo, -s ['lavabo]	lavabo
	das Licht / die Lampe anzünden ↔ ablöschen	encender ↔ apagar la luz / la lámpara
	r (Abfall-) Kübel, -	cubo de la basura
	r Abfallcontainer, - [...kɔn'te:nɐ]	contenedor de la basura

6. Feste und Freizeit — Fiestas y tiempo libre

6.1	in die Ferien fahren	ir de vacaciones

Las fiestas principales

En Suiza varían las fiestas oficiales de cantón a cantón dependiendo de si son católicos o protestantes. Todavía existen fiestas religiosas oficiales específicas de un lugar o cantón determinado que se remontan a tradiciones antiquísimas.

6.2	e Klassenzusammenkunft, ¨-e	reunión de antiguos alumnos
6.3	ein Rendez-vous ['rã:devu] abmachen / verabreden	citarse
6.4	s Nachtessen, -	cena
	r Hauptgang, ¨-e	plato principal
	grillieren [grɪ'li:rən] *auch* [grɪ'ji:rən]	hacer a la parrilla

En el restaurante

En Suiza el servicio está incluido en el precio, así que no es estrictamente necesario dar propina. De todas formas casi todo el mundo redondea la cuenta y deja un 5 %.

6.6	e Velotour, -en ['velotur]	recorrido en bicicleta
	e Identitätskarte, -en	carnet / documento de identidad

7. Gesundheit und Krankheit — Salud y enfermedad

7.1	s Arztzeugnis, -se	certificado médico
7.2	e Ambulanz, -en	ambulancia
	e Notfallstation, -en	servicio de urgencias en un hospital
7.3	e Spezialschule, -n	escuela especial
7.4	e medizinische Praxisassistentin, -nen	enfermera / auxiliar
	sich abziehen	desnudarse
	s Arztzeugnis, -se	certificado médico
7.6	s Spital, ¨-er	hospital
	e Notfallstation, -en	servicio de urgencias en un hospital

8. Staat und staatliche Institutionen — El Estado y las instituciones estatales

8.1	e Schweiz / e Schweizerische Eidgenossenschaft (Confoederatio Helvetica, CH)	Suiza / la Confederación Helvética
	Er kommt aus der Schweiz.	Es de Suiza.
	r Kanton, -e	cantón
	r Stadtpräsident, -en / r Ammann, ¨-er	alcalde

8.2	e Bundesverfassung	constitución
	r Nationalrat	Parlamento
	s Bundesgericht	Tribunal Federal de Garantías Constitucionales / Tribunal Constitucional
	e Volksabstimmung, -en / s Referendum	referéndum
8.3	r Bundesrat	Gobierno Federal Suizo
	s Departement, -e ['departəmɛnt]	ministerio
	r Bundesrat, ⸚e // e Bundesrätin, -nen	ministro // ministra federal
	r Bundespräsident, -en // e Bundespräsidentin, -nen	presidente del país

Partidos políticos en Suiza

Los cinco partidos más importantes de Suiza:
e SP = e Sozialdemokratische Partei – Partido Socialdemócrata
e FDP = Freisinning-Demokratische Partei – Partido Liberal Demócrata
e CVP = Christlich demokratische Volkspartei – Partido Popular Democratacristiano
e SVP = Schweizerische Volkspartei – Partido Popular Suizo
e Grüne = e Grüne Partei – Los Verdes

8.4	r Parteipräsident // e Parteipräsidentin	presidente / secretario general de un partido
	e Stimmabgabe, -en (per Post)	voto (por correo)

Elecciones

Cada elector vota a un candidato, recibiendo también un voto automáticamente el partido al que pertenece el candidato elegido.
El resultado final se obtiene con la suma de los votos obtenidos por los partidos y por los candidatos.

8.5	s Departement für auswärtige Angelegenheiten	Ministerio de Asuntos Exteriores
	r Mediator, -en // e Mediatorin, -nen	mediador // mediadora
8.7	s Steueramt	(delegación de) Hacienda
	e Steuerrechnung, -en	liquidación de impuestos
8.8	e AHV / e Alters- und Hinterbliebenen versicherung	seguro de pensiones
8.9	e Bundesverfassung	constitución
	r Laienrichter, - // e Laienrichterin, -nen	asesor // asesora
8.10	e Busse ['bu:sə]	multa (de tráfico)

La ß

A diferencia de la ortogtrafía alemana y austriaca, la *ß* no existe en la variante suiza. Normalmente las palabras del alemán suizo con s doble (*ss*) se pronuncian como las del alemán estándard con *ß*, por ejempo: *e Busse* ['bu:sə] no ['bʊsə] como *e Buße* o *e Strasse, -n* ['ʃtra:sə] como *e Straße, -n*).
En general tanto el alemán estándar suizo como el austriaco difieren bastante en la pronunciación del lenguaje estándar en Alemania.

	e Hauptwache	cuartel general de la policía
	r Polizeiposten, -	comisaría
8.11	e Armee	fuerzas armadas / ejército

9. Politische und soziale Fragen — Cuestiones políticas y sociales

9.2	r Mediator, -en // e Mediatorin, -nen	mediador // mediadora
9.5	e Pensionskasse, -n	seguro de pensiones
	e Pension, -en (auch nicht vom Staat)	pensión [no necesariamente del Estado]

10. Bildung — Educación

10.1	e Primarschule, -n	escuela primaria
	e Spezialschule, -n	escuela de educación especial
	e Matura *Sg.*	selectividad [= requisito para poder entrar en la universidad]

Sistema educativo I

En Suiza los gobiernos de cada cantón son responsables de los colegios y guarderías, de ahí que haya diferencias entre los sistemas de cada uno de ellos. No obstante pueden ser orientativas las siguientes ideas generales:
Los colegios públicos son gratuitos. Los libros de texto tampoco cuestan nada salvo en los institutos. La asistencia a la escuela es obligatoria para los niños / jóvenes entre los 6 (o 7) y 15 (o 16) años. El período escolar obligatorio abarca la asistencia a la ***Primarschule*** (escuela primaria = cursos 1°– 6°) y a la ***Sekundarschule*** (escuela secundaria = cursos 7°– 9°) así como a la ***Berufsschule*** (formación profesional). También es posible entrar directamente en el ***Gymnasium*** (instituto = cursos 7°– 12°) después de la *Primarschule* o después de haber asistido dos años a la *Sekundarschule* (en este caso el *Gymnasium* sólo dura 4 años). En cada colegio se consigue al final una titulación diferente:

Sekundarschule	(cursos 7°– 9°)	*Mittelschulabschluss*
Gymnasium	(cursos 7°– 12°)	*Matura*

10.3	s Testatblatt, ¨-er	certificado [de haber aprobado una asignatura en la universidad]

r Maturand, -en // e Maturandin, -nen	persona que ha hecho / está haciendo la selectividad

Sistema educativo II

En Suiza los estudiantes tienen que pagar matrícula en las ***Universitäten*** y ***Hochschulen*** aunque éstas estén financiadas por el Estado.
Una carrera universitaria dura por lo menos 4 años y se finaliza con un ***Lizentiatsprüfung*** (licenciatura) o un *Diplomprüfung* (diplomatura). A continuación se puede conseguir un grado académico superior haciendo un ***Doktorat*** (doctorado).

s Lizentiat [litsɛn'tsia:t]	licenciatura
e Lizentiatsprüfung, -en	examen final de carrera / examen de licenciatura
e Diplomprüfung, -en	examen final de carrera / examen de diplomatura
s Doktorat [dɔkto'ra:t]	doctorado

Notas

en el colegio		para un doctorado en la universidad
sechs	= *sehr gut* (sobresaliente)	*summa cum laude*
fünf	= *gut* (notable)	*magna cum laude*
vier	= *befriedigend* (bien)	*cum laude*
drei	= *ausreichend* (suficiente)	*rite*
zwei	= *mangelhaft* (insuficiente)	
eins	= *ungenügend* (deficiente)	

14. Verkehr — La circulación

14.1	r Veloweg, -e	carril de bicicletas
	s Lichtsignal, -e	semáforo
	s Signal, -e	señal de tráfico
	parkieren	aparcar
	r Führerausweisentzug	retirada del carné de conducir

Infracciones de tráfico

En Suiza existen multas para las diferentes infracciones de tráfico, desde la sanción por aparcar mal hasta otras más serias. Cuando se comete una infracción grave le pueden retirar a uno el permiso de conducir.

14.2	r Kondukteur, -e ['kɔndʊktø:r]	revisor
	r Lokomotivführer, - // e Lokomotivführerin, -nen	el // la maquinista
	r / s Perron, -s ['pɛrõ]	andén
	r Gepäckrolli, -	carrito del equipaje
	s Billett, -e [bɪl'jɛt]	billete

	e Platzreservation [...rezɛrva'tsi̯on]	reserva de asiento
14.3	s Tram, -s ['tram] *süddt.*	tranvía
	r Billettautomat, -en [bɪl'jɛtau̯toma:t]	máquina de billetes
14.4	e Reservation, -en [rezɛrva'tsi̯on]	reserva

16. Stadt und Land — **Ciudad y campo**

16.1	r Bezirk, -e	distrito rural

18. Information und Kommunikation — **Información y comunicación**

18.2	r Redaktor, -en // e Redaktorin, -nen	redactor // redactora
18.3	e Gratiszeitung, -en	hoja con anuncios, periódico gratis
18.5	Es läutet.	Están llamando. / Está sonando el teléfono.
	e Telefonkabine, -n	cabina telefónica

19. Wirtschaft und Geschäftsleben — **Economía y vida de negocios**

19.2	s Werbeinserat, -e [...ɪnze'ra:t]	anuncio
19.4	r Bankomat, -en	cajero automático

20. Im Büro — **En la oficina**

20.1	e Beilage, -n	anexo
	Ferien nehmen	tomar / coger las vacaciones

Schweizerische Standardvarianten

aus der Wortliste zum *Zertifikat Deutsch*

(Standarddeutsche Entsprechung in Klammern)

Variantes del suizo estándar

de la lista del *Certificado de alemán*

(entre paréntesis el equivalente en alemán)

r **Ạbwart**, -e (Hausmeister)	portero / conserje
r **Ạmmann**, ¨-er (Bürgermeister)	alcalde
e **Ạnnonce**, -n ['anõs] (Anzeige)	anuncio
auf (bei) Meine Frau arbeitet auf / bei der Post.	en Mi esposa trabaja en correos.
r **Betrieb**, -e (Werk)	empresa, taller
s **Billẹtt**, -e [bɪl'jɛt] (Fahrkarte)	billete
s **Billẹtt**, -s [bɪl'jɛt] (Eintrittskarte)	entrada
bleich (blass)	pálido
r **Blọck**, -s / ¨-e (Wohnblock)	bloque de pisos
e **Bụ̈chse**, -n ['byksə] (Dose)	lata
r **Cạmion**, -s ['kami̯õ] (Last(kraft)wagen)	camión
r **Chaụffeur**, -e ['ʃɔfør] (Fahrer)	conductor
r **Coịffeur**, -e ['ko̯afør] (Friseur)	peluquero
e **Coịffeuse**, -n ['ko̯aføz] (Friseurin)	peluquera
das (die) **Cola**	Coca-Cola
s **Coụvert**, -s ['kuvɛr] (Briefumschlag)	sobre
s **Dẹssert**, -s ['dɛsɛr] (Nachtisch)	postre

dünken (erscheinen) Dieser Punkt dünkt mich / erscheint mir besonders wichtig.	parecer Este punto me parece especialmente interesante.
das (die) **E-Mail** ['i:me:l]	mensaje electrónico
exakt [ɛ'ksakt] (genau) Das Feuerwerk beginnt exakt um zwanzig Uhr. / Hier müssen Sie sehr exakt arbeiten.	exactamente Los fuegos artificiales empiezan exactamente a las ocho de la tarde. / Aquí hay que trabajar con exactitud.
r **Fauteuil**, -s ['fotœj] (Sessel)	butaca / butacón
Ferien *Pl* (Urlaub)	vacaciones
r **Führerausweis**, -e (Führerschein)	carné / permiso de conducir
e **Gebrauchsanleitung**, -en (Gebrauchsanweisung)	instrucciones de uso
Gesundheit! (Prost!)	¡Salud!
e **Glace**, -n ['glasə] (ice(-cream))	helado
e **Gratulation**, -en [gratula'tsjo:n] (Glückwunsch)	enhorabuena
haben (besitzen)	tener, poseer
r **Harass**, -e (Kasten) Ich habe zwei Harasse / Kasten Bier gekauft.	caja He comprado dos cajas de cerveza.
s **Heft**, -e (Illustrierte)	revista
herauskommen (erscheinen)	publicar, aparecer
die Jungen *Pl* (Jugendliche) Diese Veranstaltung wird immer besonders von Jungen besucht.	la juventud, los jóvenes A esta actividad siempre acuden sobre todo los jóvenes.
r **Jupe**, -s ['ʒyp] (Rock)	falda
r **Kasten**, ¨-n (Schrank)	armario
Kleider *Pl* (Kleidung)	ropa

e **Konfitüre**, -n [kɔnfi'ty:rə] (Marmelade)	mermelada
s **Korn** (Getreide)	cereales
läuten (klingeln)	sonar
r **Lohn**, ¨-e (Gehalt)	sueldo / salario
e **Matura** (Abitur)	selectividad / acceso a la universidad
s **Menü**, -s (Mahlzeit) In der Schweiz gibt es meist nur einmal am Tag ein warmes Menü.	comida Normalmente en Suiza sólo hay una comida caliente al día.
momentan (augenblicklich) Nach den Nachrichten kommt ein Bericht über die momentane Lage.	actual(mente) Después de las noticias ponen un informe sobre la situación actual.
s **Morgenessen** (Frühstück)	desayuno
nach (entlang) „Gehen Sie immer der Straße nach."	a lo largo de Siga siempre esta calle.
r **Nationalrat**, ¨-e (Bundestag)	Parlamento
e **Note**, -n ((Geld-)Schein) Kannst du diese Hundertfrankennote wechseln?	billete ¿Puedes cambiar(me) este billete de cien francos?
s **Parterre** [par'tɛr] *Sg* (Erdgeschoss)	planta baja
s / r **Perron**, -s [pɛ'rõ] (Bahnsteig)	andén
e **Pfanne**, -en (Topf)	olla
r **Pneu**, -s ['pnɔy] (Reifen)	rueda
s **Portemonnaie**, -s ['pɔrtmɔne] (Geldbörse)	monedero, cartera
r **Pöstler**, - ['pœstlɐ] (Briefträger)	cartero
s **Poulet**, -s ['pule] (Hähnchen)	pollo

pressieren (sich beeilen) Wenn wir pressieren, erreichen wir den letzten Zug noch.	darse prisa Si nos damos prisa, cogemos todavía el último tren.
r **Prospekt**, -e (Broschüre)	folleto
protestantisch (evangelisch)	protestante
s **Pult**, -e (Schreibtisch)	escritorio
das **Radio, -s** (Rundfunk)	radio
r **Rahm** (Sahne)	nata
reformiert (evangelisch)	protestante
e **Reklame**, -n (Werbung)	anuncio
r **Rock**, ¨-e (Kleid)	vestido
r **Schluss** (Ende) Die Wagen der ersten Klasse sind am Schluss des Zuges.	final Los vagones de primera clase están al final del tren.
sich pensionieren lassen (in Rente gehen)	jubilarse
s **Sofa**, -s (Couch [kautʃ])	sofá
s **Spital**, Spitäler (Krankenhaus)	hospital
r **Stadtpräsident**, -en (Bürgermeister)	alcalde
e **Station**, -en (Haltestelle)	parada
e **Taxcard**, -s [phon] (Telefonkarte)	tarjeta telefónica
e **Telefonkabine**, -n (Telefonzelle)	cabina telefónica
r **Titel**, - (Überschrift)	titular
s **Tram**, -s ['tram] (Straßenbahn)	tranvía
s **Trottoir**, -s ['trɔtwar] (Bürgersteig)	acera

unterdessen (inzwischen) Herr Müller kommt gleich zurück. Sie können unterdessen in seinem Büro warten.	mientras tanto, entretanto El señor Müller vuelve enseguida. Mientras tanto puede esperar en su despacho.
Velo fahren (Rad fahren)	montar en bicicleta
s **Velo**, -s ['velo] (Rad / Fahrrad)	bicicleta
vis-à-vis [viza'vi:] (gegenüber) Das Geschäft liegt direkt vis-à-vis von der Post.	enfrente de La tienda está exactamente enfrente de correos.
r **Vortritt** (Vorfahrt) Er hat den Vortritt nicht beachtet. (Straßenverkehr)	preferencia No ha respetado la preferencia.
s **Warenhaus**, ¨-er (Kaufhaus)	grandes almacenes
s **Zündholz**, ¨-er (Streichholz)	cerilla

Wortschatz-Listen zu österreichischen und schweizerischen Standardvarianten aus: „Zertifikat Deutsch – Lernziele und Testformat", Frankfurt a. M., 1999, mit freundlicher Genehmigung der WBT Weiterbildungs-Testsysteme, des Goethe Instituts, des Österreichischen Sprachdiploms und der Schweizer Konferenz der kantonalen Erziehungsdirektoren.

Lista de palabras

Aquí encuentran las palabras:
1.1 = número del capítulo (capítulo 1.1)
■1.1 = número del capítulo (recuadro en el capítulo 1.1)
A = capítulo **Austria** (páginas 451 – 456)
CH = capítulo **Suiza** (páginas 464 – 470)
ZD-A = capítulo **Variantes del austriaco estándar** (páginas 457 – 463)
ZD-CH = capítulo **Variantes del suizo estándar** (páginas 471 – 475)

A

A

B

C

C

C

D

D

E

E

E

F

G

G

H

I

J K L

M

M

M

N

O

P

P

P

Q R

R

T

U

V
W
XY

Z

Z

Register

Hier finden Sie die Wörter:
1.1 = Kapitelnummer (Kapitel 1.1)
■1.1 = Kapitelnummer (Kasten in Kapitel 1.1)
A = Kapitel **Österreich** (Seite 451 – 456)
CH = Kapitel **Schweiz** (Seite 464 – 470)
ZD-A = Kapitel **Österreichische Standardvarianten** (Seite 457 – 463)
ZD-CH = Kapitel **Schweizerische Standardvarianten** (Seite 471 – 475)

A

A

B

C

C

D

D

E

F

G

G

H

K

K

K

L

M

M

N

O

P

O
P

S

S

T

T

U

U

V

V

W

Z

Z

Z